谨将本书

献给：生养和哺育我的巴山蜀水、父老乡亲。
献给：和我一同经历那段苦难岁月，活着或死去的朋友们。
我要特别致谢陈永迪先生，还有执着守护并反思那段历史记忆的同道，没有他们的帮助和支持，这部书稿无法完成。

—— 作 者

【记忆丛书·地方文革】

四川文革史

The Cultural Revolution in Sichuan Province (I)

第一卷

周孜仁 著

美国华忆出版社
Remembering Publishing. USA

Copyright © 2025 by Remembering Publishing, LLC. USA

ISBN： 978-1-68560-198-0 (Paperback)
978-1-68560-199-7 (eBook)
Remembering Publishing, LLC
RememPub@gmail.com

The Cultural Revolution in Sichuan Province (Volume I)
By Zhou Ziren

四川文革史（第一卷）

周孜仁 著

出　　版： 美国华忆出版社
版　　次： 2025 年 8 月 第一版 第一次印刷
字　　数： 322 千字

All Rights Reserved.
No part of this book may be reproduced in any form or by any electronic or mechanical means, including information storage and retrieval systems, without permission in writing from the publisher. The only exception is by a reviewer, who may quote short excerpts in review.

作品内容受国际知识产权公约保护，版权所有，侵权必究

1958年3月成都会议期间,毛泽东在李井泉陪同下参观成都郊区农村。(紧贴毛身后边者为李井泉)这次会议揭开了毛泽东"跑步进入共产主义"的"乌托邦"序幕,紧接的发生的,是丰饶的四川"天府之国"开始了饿死上千万人的人间惨祸。

1967年毛泽东和亲自点名批准的四川新权力班子成员合影照。右2为革委会主任、成都军区政委张国华,左1为副主任、成都军区司令梁兴初。右1为文革中翻案上位的刘结挺、右3为同时翻案上位的刘妻张西挺。

周恩来及中央文革始终是四川文革的操盘手。这是1967年"二月镇反"平反后，四川部分造反派代表在北京接受接见时合影。周恩来和江青之间的小女生为甫出监狱的著名学生领袖江海云。叶群、康生、陈伯达、王力、关锋、肖华等均出席接见并合影。

文革中被批斗西南局大佬。照片中除李井泉外，另二人分别为刘植岩（西南局书记处书记兼秘书长）和程子华（西南局书记处书记兼西南三线建委常务副主任）

1967年1月29日,"夺取"成功的重庆造反派召开庆祝大会。"旧市委"大佬系数押解到场批斗。高帽如林。被斗者名号黑牌上荦荦可辨。

1966年8月,首倡四川大规模群体骚乱的"八一五造反行动"现场照。

重庆花季少女们全都离开校园，到喧嚣市街区"炮轰市委"。

全国学生大串联，极大推动了文革乱局。四川是当年红军长征途径之区，更让革命小将趋之若鹜。这是北京红卫兵在曾经被红军"飞夺"过的泸定桥上发愿宣誓。

派性争斗让文化革命很快转化为武化革命，先是冷兵器时代。图为发生在重庆北碚第一次大规模武斗。八一五派和反到底派隔桥对战。

1967年5月北京第一次解决批准四川、重庆问题之后，各派群众对立情绪迅速升温。这是宜宾地区的一个武斗场面。每一座民房都成为战场制高点，每一片屋瓦都成为投掷武器。

泸州武斗,钢钎队伍出击之前。

宜宾地区武斗,男女老幼齐上阵。

重庆建设机器厂是"三线建设"规划中最大的常规武器生产厂。武斗爆发，该厂理当成了最佳武器供应仓库。从图中可以看出，群众的武斗装备很现代化了。

重庆武斗队员试射火炮留影。

武斗死了人,照例修一座纪念陵园,竖一座纪念碑。文革结束,当局下令消除"痕迹",这些墓地和纪念碑被通通铲了个"白茫茫大地真干净"。

出于阴错阳差的原因,重庆沙坪坝公园里的埋有433具武斗死者的墓地,竟然被保留了下来,新世纪还有幸被莫名其妙当局定为"市级文物保护单位"。只是已不许任何人参观。

宜宾市的"新生红色政权",曾组织了三次"武装支泸"大武斗。仅泸州化工厂即死亡70余人,伤者数百。图为位于长江边"高坝"的烈士陵园。几十年风雨侵蚀,新冢旧坟混杂,陵园早变成苍烟落照之下无人看管的乱葬岗。

造反派们获得"胜利"之时,都喜欢模仿1960年代中共自我赞美的"音乐舞蹈史诗"《东方红》,组织文艺宣传队鼓吹己方的功绩。图为1968年,四川省革委会正式成立时,成都八二六《东方红》宣传队演出"史诗"《四川很有希望》时期演员合影照。

重庆的八一五派宣传队也搞了一台自我吹嘘的"史诗"《八一五风暴》。

为了表示对伟大领袖的"四个无限"（无限热爱、无限信仰、无限崇拜、无限忠诚）。为毛泽东塑像一时遍地成风，规模、高度、体量一个比一个庞大。图为四川美院教授叶毓山（后右4）在塑像工地脚手架上带领众人学习毛泽东语录以"指挥战斗"。

文革后期，四川开明派老省长李大章（右2）及相关老干部，成为社会稳定的压舱石。图为"913事件"后四川省委、成都军区主要领导合影。自左至右分别为：谢正荣、段君毅、秦基伟、李大章、严政。

1975年，中共著名的"农业专家"赵紫阳被派往满目疮痍的农业大省四川担任一把手，成为结束"天府之国"文革乱局的一大标志性事件。图为赵紫阳带领省委领导到乡下调研并参加劳动。

成都为毛泽东逝世举行隆重追悼大会。图为默哀的造反头领们。右起第四为著名工人领袖邓兴国。

文革结束,标志着毛泽东急于实现共产主义"乌托邦"的冒险破产。作为该试验的标志性产物"人民公社"随之消亡。图为中国第一个"撤社建乡"的试点:四川广汉县向阳乡,于1980年6月16日举行换牌仪式。

目 录

地方文革史丛书总序　　啟　之 I

序　　徐友渔 III

导　言 1

 1．沉重的历史宿命　/ 1

 2．"西南王"的运程盛衰　/ 4

 3．四川地下党的苦难历程　/ 7

 4．潮起潮落　/ 9

 5．无声的嘱托　/ 15

第一章　　通向文革之路

    （1958 年 3 月—1966 年 5 月）............................. 18

 第一节　成都会议 18

 第二节　"七千人大会"上的抗争 22

 第三节　毛泽东的理论抢滩 34

 第四节　"年年讲、月月讲、天天讲"的巴蜀故事 37

  1．李井泉反攻倒算　/ 37

  2．微型"朝廷"的命运　/ 41

  3．诡异的《红岩》现象　/ 46

  4．老马未识途　/ 52

第二章　从"五十天迷局"到再发动的"两个月"

    （1966 年 6 月—1966 年 10 月）......................... 58

第一节　李井泉仓促应战.. 58
　　1. 慌张与迷乱　/59
　　2. 升级版"三家村"　/63

第二节　五十天"迷局".. 70
　　1. 四川大学：工作组踏进雷区　/70
　　2. 重庆大学：重庆市委遭遇"滑铁卢"　/80

第三节　文革"再发动".. 91
　　1. "炮打司令部"　/91
　　2. "八一五"事件狂飙突起　/93
　　3. 李井泉灭火忙　/97

第四节　"八二六事件"：主场揭幕战.................................. 102
　　1. 山雨欲来　/102
　　2. 二十七小时抗争　/110

第五节　大乱风潮弥漫.. 113
　　1. 破"四旧"与"血统论"　/113
　　2. "血统论"惨祸　/114
　　3. "破四旧"　/116

第六节　反扑与抗争.. 122
　　1. 李井泉抓点创经验　/122
　　2. 行刺毛泽东　/128
　　3. "八二八惨案"　/129
　　4. 千人绝食和徒步上京告状　/136

第七节　"八二六"的溢出效应... 139
　　1. 川大"八二六"事件　/139
　　2. 成都"九五事件"：两个"大块头"登上舞台　/145
　　3. "朝圣"将群体骚乱化解于无形　/148

4. 北钢会盟 / 150

5. "红卫兵成都部队"成立 / 154

第三章　批"资反路线"加速巴蜀乱局
　　　　（1966年10月—1967年1月） 160

第一节　造反风潮向全社会蔓延 160

第二节　工人造反运动兴起 163

第三节　李井泉手段老旧 168

第四节　"大串联"：造反学生向全社会渗透 171

第五节　不能不说的罗广斌 173

第六节　刘结挺、张西挺悄然出场 176

第七节　"一一·一三大会"：四川文革的历史峡口 178

1. 毛泽东点名李井泉 / 178

2. 李井泉被迫检讨 / 180

3. 历史峡口的夺路之战 / 182

4. 大会造反 / 185

5. 纷争群起 / 188

6. 众声喧哗的未了篇 / 191

第八节　李井泉撂下烂摊子 193

1. 成都工人革命造反兵团赴京告状 / 194

2. 邓兴国出山 / 196

3. 四川行政权力之树枝摇叶散 / 198

第九节　"智擒"李井泉 201

第十节　重庆：对"保守派"大举碾压 206

1. "一二·四血案" / 206

2. 虚假的尸展和煽情的谎言 / 211

  3. 罗广斌京城告状 / 215

 第十一节 巴蜀大乱成局 218

  1. 1966年底的形势 / 218

  2. 造反派分裂：群众组织牌面的另一面 / 221

第四章 夺权狂欢和镇反炼狱
（1967年1月—1967年4月）... 225

 第一节 一月革命：四川的夺权 225

 第二节 重庆夺权嘉年华 232

  1. 短暂的狂欢 / 232

  2. 派别矛盾被夺权激化 / 233

  3. 54军的选择 / 237

  4. 暗流涌动 / 240

 第三节 "二月镇反" 242

  1. 军人的认知分歧 / 242

  2. "一·二九事件" / 247

  3. 李大章蒙难 / 249

  4. 黑云压城 / 251

  5. 造反派的末日 / 254

  6. 大网垂天 / 256

  7. "二一七信件" / 259

  8. 成都军区：法由己出，抓！抓！抓！ / 265

  9. 专县的镇压与抗争 / 270

  10. 天宝落网 / 272

  11. 万县开枪杀人 / 274

 第四节 重庆的另类风景 276

  1. 批斗李井泉 / 276

2. 革联会的重庆镇反　/279

　　3. 罗广斌的命运　/283

第五节　成都的抗争 284

　　1. 牢狱纪事　/284

　　2. 红成进退维谷　/286

　　3. 送战友北归　/288

　　4. "二月逆流"的破产　/289

　　5. 四川当局尴尬的撤退　/291

　　6. 四川"二月镇反"抓捕人数简析　/297

第五章　第一次解决四川问题
　　　　（1967年4月—5月）.. 299

第一节　四川问题摆上桌面 299

　　1. 概说　/299

　　2. 突破口　/300

　　3. 政治赌局的刘、张惊魂　/300

　　4. 政治需要和事实真相　/305

第二节　大洗牌 308

　　1. 预热：对受难者进行安抚和泄愤　/308

　　2. 刘、张上位　/310

第三节　成都军区的变迁 316

　　1. 短命的甘、韦班子　/316

　　2. 张、梁上台　/318

第四节　派别阵线的重组 320

　　1. 以"二月镇反"划线　/320

　　2. "五六惨案"　/320

第五节　中央对"五六惨案"反映................................329
　　1. "红十条"发布　/329
　　2. 隐患　/332

第六节　迷乱的重庆与"红五条"................................334
　　1. 造反阵营分裂　/334
　　2. 群众组织重新洗牌　/337
　　3. 革联会的抉择　/341
　　4. 重大八一五：从迷乱到坚定　/343
　　5. 重大八一五再度成为核心　/345
　　6. "红五条"下达　/346

第六章　"十条"下达后之四川局变
　　　　（1967年5月—9月）................................352

第一节　保守派覆灭前的回光返照................................353
　　1. 宜宾"五一三血案"　/354
　　2. 中和场事件　/356
　　3. 万县"六三惨案"　/360

第二节　红成宣泄情感的行为表达................................363
　　1. 抵制"五二三大会"　/363
　　2. "炮轰刘张"的策动　/367

第三节　重庆"五条"之后的迷乱................................369
　　1. 误判引发的闹剧　/369
　　2. "六五血案"和施家梁兵败　/372
　　3. 熊代富"虎口余生"和砸派向军方挑战　/377

第四节　主战场的缠斗................................380
　　1. 红成被边缘化　/380
　　2. 红成冲冠一怒　/382

3．艰难北上路　/384

第五节　钦差大臣巡游旋风 386

 1．谢、王短暂川行　/386

 2．刘、张势力扩容　/391

第六节　"万人告状团"京城铩羽 394

 1．红成坐冷板凳　/394

 2．周恩来接见　/397

 3．武陵江的无奈应对　/403

地方文革史丛书总序

啟 之

地方文革史研究是《记忆》2017年启动的学术项目，原来的计划是，在文革结束六十周年的时候，推出十个省区的地方文革史著作。事实证明，这脱离了"东方大国"的实际——当时答应承担这一项目，并且落实到专人的只有四个省区。而在六十周年到来之际，真正完成的只有两个半——除了云南文革史和四川文革史是这期间完成的之外，山西文革史稿则是由2014年自印的《文革在山西》修订而来。

在后毛时代，任何人、任何单位都不可能完成这个项目，他们面对的是无法克服的困难。首先，最有能力承担这一项目的群体被排斥在外——当局明令禁止专业人士研究文革，学术刊物拒绝刊发相关文章，国外的学术会议不准参加，国内不准召开相关会议。这迫使大学师生、研究院所的研究人员等受过正规学术训练的人们不得不远离这个领域。

由此一来，这个项目就历史地落在了一批民间学者的肩上，而多头多面多层级的联合管控也使他们的工作从一开始就陷入困境——扣压书刊，检查信箱，监控微信，上门查没，警局约谈，不断地警告你：你的研究成果将会被西方敌对势力利用，将会成为国内的不稳定因素。你的书不准在国外出版。与此同时，你的子女亲属也会遇到麻烦，为保住工作，他们不得不按照有司的意志做父母的工作。如果你仍不屈服，他们就拿出撒手锏——断你退休金和医保。

这些人的遭遇和处境，勾勒出一种史无前例的"浮世绘"——古稀老者，长年出没于闾阎坊间，搜集资料，采访当事人。八旬翁妪，写作校对，不舍昼夜。七旬作家，白天在摆摊卖煎饼，晚上回家核对史料。……这些人，相距千里，从未谋面，但心志相同——要在告别人世之前，完成对地方历史的记录和写作。而在他们的房前屋后，隐现着国安、国保、公安的警车，出没着扫黄打非办、文化执法队的形迹，闪动着党委办、保卫处、宣传部、社区保安、居委会主任的身影。

就在这种险恶之境中，他们用传世之作创造了人间奇迹。这让我想起了勃列日涅夫时代的"夜间人"与"厨房政治"，想到苏联那些自由思想的写作者。他们以耳语为剑，化笔为刀，将地下刊物作为掩体，或检讨历史，或批判时政，或忆昔述往。斯大林时代的暴政和罪恶尽现同胞眼底。中苏对比，中国的特色赫然在目：散落在城镇的退休工程师、老年农民工，秉持着以史为鉴的传统，在现代科技预防性管控的网孔之中，站在改开的打卡地与"六四"的斑斑血迹之上，以草根之躯，普罗之笔，书写着对历史与道路，主义与制度的思考。

毫无悬念，百年之后，这个"浮世绘"将以各种艺术形态，摆放在国内图书馆的外借书架上，出现在中国历史和艺术博物馆之中。

《记忆》以一己之力启动这个项目，明知不可为而为之；虽成果鲜薄，却也创造了极权之下民间撰史的奇迹。那些远离"朝廷之显学"的"二三素心人"，冒险犯难，"虽千万人吾往矣"，将他们孤独而坚强的背影投射到"新时代"的背景之上。美国华忆出版社宁负债而存诚信，舍实利而取大义。为纪念文革发动六十周年的书籍提供免费服务。此三者，以各自的低端屡弱，诠释着"文化自信"的真谛。

序

徐友渔

周孜仁著《四川文革史》是一部论述全面、完整、立论公允的有关四川省文化大革命历程的力作，值得向广大读者和文化大革命研究者介绍和推荐。

四川在当时是中国的人口第一大省，又被中共领导人确定为备战的"三线"基地。四川人以坚韧倔强、敢于斗争著称，自古以来就有"天下未乱蜀先乱，天下已治蜀未治"的说法，因此，我们固然可以说，研究每一个省的文革历程都是研究中国文革历史必不可少的环节，但是还应该看到，四川文革历程的描述和研究，更是具有另外一层重要性。长期以来，四川文革的亲历者和研究者中有不少人一直在商议要写出一部真实反映四川地区文革情况的史书，但因四川的文革过程反复多变，事件和头绪既多且乱，派性对立复杂激烈，文革中活跃份子在文革后看法分歧多样，许多议论和规划都迟迟未能实现。现在，作者克服种种困难，完成了《四川文革史》这一巨著，实在是一件可喜可贺的大事。当然，可以想见，此书出版之后既会受到赞扬，也会受到批评和指责，尤其是来自不同派别立场的前红卫兵以及本派战友的不满，但是，这不要紧，书中在史实叙述和观点立论方面的瑕疵可以讨论和订正，而作者的勇气和艰苦努力定将得到肯定。

以省（含自治区、直辖市）为单位来叙述和研究文革的历史，具有相当的自然合理性、难度和特性。各省的分别往往是自然条件（江河、山脉等）区隔的结果；而历史、人文、民风的异同会在文革运动的持久性、阶段性和激烈程度等方面表现出来。在中国的权力构架中，省是最为重要的单位，文革运动中，除北京之外最重要的被斗争对象（所谓的"走资本主义道路的当权派"）以及群众组织在规模和层级上的最大限度，都是以省为单位做出区划的。相应地，中共中央对于各个地区的最终解决方案、关于把某些群众组织定性为左派革命组织、一般革命组织或者保守组织的判定，也是以省为单位的。

本来，在省之上还有"大区"这样一个层级，但它的意义和作用在文革中并不明显。有鉴于此，西方学者的文革研究（在很长一段时间中国还没有文革研究）在发展到一定阶段之后，就出现分省的或者以省为单位的著述，比如哈佛大学出版社在1971年出版的《中国几省的文化大革命》（The Cultural Revolution in the Provinces），描述和总结了黑龙江、上海、四川等地的文革运动发展情况；又如一位澳大利亚学者福斯特（Keith Forster）在1990年出版的《中国浙江省的造反与派性斗争（1966—1976）》（Rebellion and Factionalism in a Chinese Province: Zhejiang, 1966—1976）。这些著作固然可以视为勇敢的尝试，但因为时间和条件的限制，其简单粗糙和错漏之处甚多，是可以想见的。

自20世纪90年代以来，一些中国学者陆续写出了若干部描述一个省（自治区）——例如内蒙古、云南、湖北、山西——文革历程的著述，质量都相当高，不过，这些著作的内容大都集中于文革运动的某些事件或者某些方面。就我的阅读范围而言，《四川文革史》是第一部对中国一省的文革历程中做出整时段、全方位描述的著作，因此，此书的第一个优点就是它的论述的全面性和完整性。

本书的第二个优点，是它既写出了四川文革与其他省区文革运动的共性，也写出了本省文革运动与其他地区不同的特性。这两个维度的共同呈现，使读者可以对文革的过程与性质有深入的理解和透视。

我们可以将全国文革形势的共性归纳为以下12大要素，一、文革发动时省委、市委纷纷抛出主管宣传、文教的官员加以批判斗争，以示自己对毛泽东发动的文革拥护和响应；二、在各大专院校，校党委和工作组把敢于提意见的学生打成"右派"或"反革命"；三、以口号"老子英雄儿好汉，老子反动儿混蛋"为代表的"血统论"大肆泛滥，各地兴起抄家、毁坏文物古迹的"破四旧"运动；四、通过毛泽东8次检阅红卫兵，通过中央文革小组组长陈伯达在中央工作会议上的讲话，通过中央军委批发的关于为被打成"右派"或"反革命"学生平反和退还档案材料的指示，造反的学生反败为胜，在政治上占据优势；五、在1966年底至1967年初造反派与保守派群众组织的决战中，前者以政治攻势或武斗打垮了后者；六、造反派打败保守派以后，分化为激进造反派和温和造反派，两派的派性斗争愈演愈烈，其激烈程度超过与保守派的斗争；七、军队奉毛泽东的命令介入文革后，一般而言是当地军区支持保守派，野战军支持造反派；八、造反派响应毛泽东的号召开始夺权之际，发生了军队镇压造反派的"二月镇反"；九、中央以发布决定的方式，逐省解决问题，表态把该省的群众组织定性为左派组织、一般革命组织或者保守组织，并指定该省领导班子的组成人选；十、在毛泽东接见北京五大学生领袖之后，学生被赶下政治舞台；十一、由中央发动，掀起"清理516"运动，打击和镇压造反派中的积极分子；十二、以"清理三种人"为名，清洗并处罚进入各级权力机构（即"革委会"）中的造反派头目，将其罢免甚至判刑。

根据本书的论述，至少有两种要素在四川省更为明显和突出，那就是：一、"二月镇反"就其规模和严厉程度而言在全国是最厉害的；二、武斗的规模和激烈程度是全国最高的。造成第一点的原因是，中央军委对四川的形势直接做了表态，这使得军队和公安系统的镇压有恃无恐、动力十足。第二点的原因是，作为三线基地的四川有许多制造枪炮的军工厂，群众组织获取武器比较容易。

形成四川文革特色的因素有多种，根据本书的叙述，干部问题是其中最重要的一种，读者可以从以下三个方面感知干部问题在形成四川文革特色中所起的作用。

第一，四川地区的头号"走资派"李井泉不但为广大民众怨恨，而且为广大干部切齿痛恨，他不但苦了四川的百姓，而且坑了四川的干部。因此，四川造反的烈火熊熊燃烧，斗争的矛头特别集中，干部中支持和参加造反的人数特别多。1959年，在中共中央召开的庐山会议上，毛泽东把主张纠正左倾路线的彭德怀等人打成"反党集团"，会后李井泉回到四川，召开干部会议，他不传达庐山会议的结论，而是把彭德怀的《意见书》分发给大家，任其发表赞同意见，然后公布中央的决议，这样把许许多多干部打成"右倾分子"或"反党分子"。

20世纪60年代初，由于中共发动"大跃进"和"人民公社"运动，中国发生了大饥荒，四川农村也饿死了很多人，而李井泉为了邀功领赏，竟然拒绝中央调拨粮食入川的提议，相反地，他在本来已经缺粮的四川农村变本加厉再行征收粮食供外调，以示政绩，使得四川农村饿殍遍地。所以，本书作者在导言中说："四川文革之蜂起与暴烈，正是李井泉作恶的直接效应。"

第二，四川文革运动中出现过严重的地下党问题。在国共内战时期，四川有大批青年投向共产党一边，他们在四川各地从事地下工作或者游击活动，配合北方共产党的军事行动。1949年中共建政之后，他们成为执政者队伍中的另类。一方面，四川地下党留下的人马太多，网络太密，相对于军队南下干部，他们能力强，有文化；另一方面，党对他们并不放心，毛泽东的指示是对地下党"降级安排，控制使用，就地消化，逐步淘汰"。而李井泉则是变本加厉，把许多人打成反党集团，力图将四川地下党铲除净尽。不公正的待遇使得老地下党员和其他类似人员起来造反，但遭到迅速而严厉地镇压。江青发出指令："'三老会'（老红军、老干部、老地下党员）反动得很，要坚决镇压，组织要解散，核心成员一定要专政。"中共九届二中全会后，全川掀起的"批清"运动对所谓反动组织"三老会"，对四川地下党员的清理迫害更加残酷疯狂，受株连者达10万之众。可以说，在四川，干部起来造反并遭到镇压，在全国人数是最多的。

第三，刘结挺、张西挺这对政治夫妻的罢官—造反—平反—任要职—再度被打倒的经历，成为四川文革中重要的、戏剧性的篇章。刘、张本为军队干部，南下四川后分别担任宜宾地、市委书记，后来在党内斗争中双双失去职务。文革爆发后，刘、张乘机到北京去告状，要求平反，并宣布自己造反。北京当局出于利用刘、张问题打倒李井泉的考虑为其平反，并让他们在新成立的四川省领导班子中担任要职。刘、张秉承江青和中央文革小组的旨意，疏远曾经帮助他们告状翻案的"红卫兵成都部队"而亲近其对立派，这引起前者的不满，并组织大批人马"上京告状"。刘、张坚持亲一派疏一派的政策还引起四川东南一些专县两派群众组织的大规模武斗，使得四川的局面变得几乎无法收拾，最后，由主政四川的张国华、李大章联手报告中央，使刘、张再次成为阶下囚。

文革中，干部起来造反并一度获取高位的，我们可以在山西、黑龙江等少数省份看到几例，但像刘、张这样几起几落大起大落夫妻共进退并对当地派性斗争起重大影响的，似乎只发生在四川。

第四，四川文革出现"双城记"现象。一般而言，在中国各省，文革运动的中心和重点是该省的省会城市，那里大学多而集中，交通方便、信息丰富，人们的思想更为开放与活跃；该省的第一次大规模群体聚集，第一次造反组织的成立，运动中对于该省省级报刊、电台的夺取和接管，也大多发生在省会城市。但是，四川文革的特殊性在于，四川另一大城市重庆在运动的激烈程度、重要性、惊动中央的频次等方面，一点不比省会成都逊色。两地的运动进程、派性划分和派性斗争既相似平行又各具特色，分别成为川东和川西文革运动的重镇。作者在该书的导言中说："与其他省市不同，四川文革一大特点，是大规模群体骚乱肇始于重庆而非省会成都，并领跑全川。"确实，"轰动四川的'八一五事件'，掀起川内第一波群体性风潮。"而强大的54军的存在及其对于815派的支持，使重庆和川东地区的文革运动呈现出特殊的样态。

中共中央关于解决四川问题的决定（即所谓"红十条"）下达以后，成都和重庆的双城并立和对抗的态势日益明显。"红十条"指定的4位领导人分为3派：第二把手，新任成都军区司令员梁兴初站在重庆54军一边，支持815派而反感其对立面反到底派；而第三、四把手刘结挺、张西挺则支持反到底派，他们两人掌管着四川省革委会筹备小组的办事机构，在宜宾地区和川东南其他地方有很多支持者，足以与强大的54军对抗；而第一把手张国华则处于中间地位，在两派之间搞调和。到了1967年9月，梁兴初干脆跑到重庆，长时间不回成都，在那里支持54军，严厉批评反到底派。到了11月中旬，还发生了54军和815派控制的《新重庆报》和刘、张控制的《四川日报》两家官方报纸公然唱对台戏的事件。这时，四川的文革俨然存在两个中心，一个是位于川东的重庆，另一个是位于川西的省会成都。一边的领导力量是军人，另一边的领导力量是被平反的、受中央文革小组支持的造反干部。

四川文革所包含的内容极其丰富，头绪繁多、过程复杂，但作者处理起来却显得游刃有余。本书的叙述条理清晰，对各类事件、各种人物的描写生动、鲜活，对许多场景的刻画，让人有身临其境之感。对一些传闻，作者能够做出明确地肯定或者否定的结论，对一些似是而非的流言，能给予令人信服的澄清。这不仅是一个写作水平的问题，看得出来，作者是亲身经历过文革的人。不仅如此，对本书若干章节的仔细研读可以知道，作者还是文革中的积极分子，是许多重大事件、重大活动的参与者和见证人。

看过相当数量的有关文革历史的著述之后，我时常想：对于文革的研究、言说或者回顾，当事人的身份究竟是有利因素，还是不利因素？

最近二三十年，一些文革的积极参与者在海外出版社或网络上发表了自己的回忆录和对于文革的研究与评价，有些作品引发了一些争议，被指责说不公正和不客观，带着当年派性的余绪。这引起人们思考一个问题：文革历史，由当事人写好，还是由后来者或者没有利害关系的旁观者写好？有道是"当局者迷旁观者清"，或者说"不识庐山真面目，只缘身在此山中"。

按照一般的说法，只有在经历过一段时间的沉淀之后，人们才能够客观、理性、正确地看待历史，才能够摆脱自我利益的羁绊和情感的偏见，公正地书写历史。

抽象地说，以上看法很有道理。如果说，在艺术领域，"距离产生美"是至理名言，那么在历史领域，"距离是真理的必要条件"大致也能成立。但是，与美学不同，真实是历史的生命线，而距离——不论是时间距离还是空间距离——对真实起磨蚀作用。这一点，当我们阅读海内外一些有关文革的论述时会有痛切的感受，因为那些隔岸观火、隔靴搔痒、张冠李戴的描述和评论离文革的真实实在是太遥远了！

　　文革是一个颠倒黑白、指鹿为马的时代，文革中充满了政治话语和谎言，不论是在中央首长的讲话中还是在红卫兵的小报上，都充满了局外人和后来者难于理解的口号和话语，破解这些话语的含义，揭示其真实的意图，是书写文革史的基本功。文革是一场波云诡谲、斗智斗狠的政治斗争，在文革中扮演过某种角色的经历，有益于揭示出事件的起因和含义。在这个意义上，《四川文革史》的作者在文革中的经历与身份无疑起到了很大的正面作用。

　　当然，"当事者"的身份要起正面作用，还需要一个条件，这就是他们需要尽可能地摆脱文革的意识形态束缚，对于普世价值有相当的体认。从一些当年文革运动群众组织领袖的回忆录和言论看，做到这一点并非易事。我欣喜地看到，本书的作者既是文革的积极参与者，又是具有自我批判精神的反思者，他的言说已经摆脱了当年的文革话语，虽然严格说来，如果本书内容及某些表述与当年运动的距离感更强一些，那就更好了。

　　近年来，关于"文革是否会在中国重演"的问题，引起了人们的关注和讨论，与这个问题紧密相关的问题是"文革到底是什么？"《四川文革史》以其丰富的内容和中肯的评论回答了这个问题，它有助于人们了解历史、观察现实、看清未来。

导　言

1. 沉重的历史宿命

巴蜀旧郡四川[1]，以其丰饶、雄奇、险塞以及悠长神秘的历史，为诗人墨客所咏诵，为政治家所倚恃、为阴谋家所觊觎，亦为兵家所必争也。因此，文化大革命这场史无前例的乌托邦冒险从天而降，给四川带来的灾难和不幸，就尤其令人瞩目。耿耿十年，为控制川省乱局，最高当局发布了诸多文件、讲话。其中被俗称为"三一五指示"[2]是为最者，周恩来讲话开篇即引一古语警示："天下未乱蜀先乱，天下已治蜀后治。"足见北京政治中枢对整饬川局的心绪难宁。

上述议评川局治乱的断语见于蜀人欧阳直《蜀警录》，其义本为痛陈明末农民造反头领张献忠屠川惨祸，继后被治川者奉为警策。事实上，作为青藏高原、云贵高原、秦巴山地及湘西山地四围环峙的盆地故郡，蜀道难通而民丰物阜，乡俗勤勉而秉性厚韧，称其首倡乱局而曰"先乱"，并无史据可证。但作为全国危难时局的避难所和战略后方，则不鲜其例，最近的史案首推抗战，川人忍辱负重，奉献牺牲，终得守住故国破碎山河，直撑到世界反法西斯战争最后胜利。中共《新华日报》曾专发社论慨赞《感谢四川人民》[3]；紧接中共军阵击

1　经国务院正式批准，重庆于 1997 年 7 月 1 日起成为直辖市。文革期间尚为四川省辖区。故本书所记四川，含蜀地（成都及相关地、市、县）和巴地（重庆及相关地、市、县）。
2　指 1968 年 3 月 15 日《总理、伯达、康生、江青、姚文元、谢富治、吴法宪、叶群、汪东兴等中央首长接见四川省革筹、成都军区和五十军、五十四军领导时的讲话》（中央办的毛泽东思想学习班四川班，1968 年 3 月 19 日。四川省革命委员会筹备小组政工组、中国人民解放军成都部队政治部翻印）以后引用均同。
3　见 1945 年 10 月 8 日《新华日报》社论称："四川人民对于正面战场，是尽了最大最重要的责任的，直到抗战终止，四川的征兵额达到三百零二万五千多人；四川为完成特种工程，服工役的人民总数在三百万人以上；粮食

鼓入川，接盘满目疮痍的巴蜀旧地。史载，1949年国军溃逃，已收走全年粮税，新朝初定，不得不再次下狠手收粮，面对武装征粮队，四川父老不得不再次勒紧裤带，交出可怜的填腹粮米[4]，确保了新政权稳步定鼎并快步运行。谓"天下已治蜀后治"，庶几近之。

1958年3月，毛泽东巡幸巴蜀，漫游古祠，泛舟三峡[5]，四川俨然一派欣欣向荣。"麦苗青，菜花黄，毛主席来到咱们农庄"[6]，颂词欢歌一时响遏行云。可惜，正是中共历史上这一次著名的成都会议首倡"总路线""大跃进""超英赶美""跑步进入共产主义"……全中国很快卷入热昏旋风之中。农业大跃进的主旋律"三高五风"（高指标、高估产、高征购；共产风、浮夸风、强迫命令风、生产瞎指挥风、干部特殊化风）横扫巴蜀，于是"层层压，一个压一个，压到老实人也说假话"，川人被再次打入深渊。大小酷吏对基层干部（为数不少的基层干部本身也属微型酷吏）和种粮百姓均遭捆绑、吊打、抄家、砸柜倒罐……棍棒之下,何粮不得？无非多死点人罢了。1959至1961三年时间，四川饿死人口1000多万！[7]

被官方竭力宣传为"三年严重自然灾害"的大饥荒，在1962年1月召开的扩大的中央工作会议（史称"七千人大会"）上，被刘少奇转述农民的说法称为"三分天灾，七分人祸"，各地与会干部纷纷吐苦水，发怨言，或直接或委婉地表达了对"三面红旗"的不满。事

是抗战中主要的物质条件之一，而四川供给的粮食，征粮购粮借粮总额在八千万石以上，历年来四川贡献于抗战的粮食占全国征粮总额的三分之一，而后征借亦自四川始。此外各种捐税捐献，其最大的一部分也是由四川人民所负担。仅从这些简略统计，就可以知道四川人民对于正面战场送出了多少血肉，多少血汗，多少血泪！

4　东夫《四川记忆：1950-1962》第一章第二节"空前的重税"载："1950年间补征1949年公粮和征收1950年公粮，共计竟然达到11394万斤。"为"1948年国民政府征收量的4.5倍以上。"

5　成都会议期间，毛泽东曾在李井泉陪同下，游览武侯祠、杜甫草堂、都江堰等多处巴蜀胜迹。

6　歌曲《毛主席来到咱农庄》，以毛泽东视察四川郫县红光农业合作社为题创作。张士燮填词，金砂谱曲。上世纪五十年代，一时唱遍大江南北。之所以称农庄，是当时因袭老大哥苏联"集体农庄"之称谓。

7　杨继绳《墓碑》第三章"天府饥魂"载，四川省在大饥荒期间，死人数在1000万到1200万之间。

后，江青说，毛主席在七千人大会时憋了一口气。一门心思要挽回下降的威望，唯恐"大权旁落"的毛泽东，执意以一场名曰"无产阶级文化大革命"的运动，将他身后可能发生的"赫鲁晓夫式的秘密报告"扼杀于萌芽之中。

四川再遭劫数。邪恶被无端的仇恨触发，詈骂不足以发泄荒诞的愤怒，互害成为自保的首选；血肉相搏从而枪炮相向就成必然的续章。巴蜀人曾在钓鱼城下表现过的勇武[8]，尤其是在中共宣传的"英烈"故事反复彰显的献身亡命，使四川的市街野原，成为无数冤魂的屠场，浩浩川江，成为喋血浮尸的坟墓。

1967年9月19日，毛泽东在武汉接见湖北省新任领导人曾思玉、刘丰及陪同的解放军代总参谋长杨成武，"听说重庆打了一万多发炮弹，开始也不大相信，以后听梁兴初同志讲为什么打，怎么打的，都报告了主席。主席说好，这是个训练，战备演习，拿了枪炮，不打不过瘾。"[9]

1968年3月15日，江青与周恩来等一起接见四川军政领导人时讲话称："特别重庆打得稀烂，阵线就比较清楚了，好得很。"[10]

1968年周恩来批评七机部造反派"九一六"负责人叶正光[11]时亦有此说："你们打得还不够格，你们向重庆学习嘛，也去烧房子，也去开坦克。"[12]

川人血肉模糊的尸骨，大人物嘴里轻松的调侃，再次不幸地证实了四川"后治"的历史宿命。标识毛泽东亲自发动和领导文革"伟大胜利"的"新生红色政权"革命委员会，全国29个省、市、自治区，按成立时间排序，四川位列第25。

8　元蒙时代，大汗蒙哥率兵攻打重庆合川，被阻击于钓鱼城凡40年不克。蒙哥殁于该地。
9　权延赤《微行——杨成武在1967》，页220。
10　引自"三一五指示"。
11　新四军军长叶挺之子。
12　任捷《火箭在发射——任新民传》，页144。

2. "西南王"的运程盛衰

文革之所以能在四川迅速发动从而酿成大惨祸，与执掌西南，首先是四川省7000万百姓生杀大权的首席长官李井泉直接相关。

李井泉，江西临川人，1909生。1927年南昌起义部队南下时参军。1930年夏，李井泉受东江特委派遣去中央苏区红四军前委送信联络，旋得前委书记毛泽东青睐："你很年轻，精明强干，又有文化，很适宜做政治工作。"随即被分配到毛泽东任政委的红一方面军办公室做秘书。

红军时期，李井泉被安排去前线培养，从普通秘书提拔为师政委；抗战爆发，担任120师358旅政委。1938年6月，中共开辟大青山根据地，要求派往该地区的领导"须政治军事皆能对付"的"精干者"。毛亲自点将李井泉，任支队司令员兼政委。1941年，李凯旋，入中央党校学习后于1945年8月再被委派山西任晋绥野战军政委，与晋绥野战军司令员贺龙平起平坐。得毛泽东一路提拔，1946年春，李任中共中央晋绥分局书记[13]兼晋绥军区政委，其党内职务已高于贺龙。建国后，李井泉进阶再提速，短短十年，由川西区委书记晋升为四川省委第一书记，继而西南局第一书记，继而中央政治局委员。

自1935年甘孜会师李井泉就与贺龙共事，二人关系密切。毛、贺蜜月期，李井泉自然左右逢源；一旦毛、贺交恶，李便成了牺牲品。七千人大会后，李井泉始与毛疏离，同期，贺龙在毛、刘（少奇）俩主席之间站队有错，亦失毛宠。深谙毛道的林彪趁势落井下石，他在一次讲话里说："李井泉是大黑帮。经过几十年的观察，这个人最阴险，一句真心话都没有说过。"[14]文革肇启，李井泉与刘澜涛[15]成为第一批倒下的中央局书记，便成题中之义了。中央对李井泉的指责虽未提及令川民最为愤恨的大饥荒问题，但李大搞浮夸风、共产风，仍然

13　贺龙为常委。
14　林彪在1966年11月一次中央政治局扩大会议上的讲话。（见西南局机关造反指挥部揭发材料，载《新西南》第3、4期合刊，1967年9月13日）。
15　刘澜涛，文革开始时任中央西北局书记。

是被群众斗得最厉害，也是他检查交代得最多的罪行。文革期间，其妻肖里在关押地服过量安眠药自杀，其子李明清就读北京航空学院，被造反派乱拳打死[16]，川人均额手称快，足见其民怨之大。

李井泉形容刻板，不苟言笑，还在晋绥分局任书记时便以霸道和"左"倾著称[17]，主政四川后，其作风霸道和政策极左的恶名更让四川官员闻之瑟缩，用当时四川官场流行的话说，李井泉在党内生活里常执"家长作风"。阿坝藏族自治州革委会主任、藏族干部杨岭多吉说得最直白："李井泉的会议我参加过，大家都像耗子见到猫一样"[18]。

某次，四川省委在重庆潘家坪招待所召开三级干部会，李井泉主持。李讲话历来声微气弱，坐在礼堂后边的人难以听清。一位县委书记站起来大声提议："后边听不见，请把扩音器声音加大点"。李厉声追问："谁在后边吵吵嚷嚷？"工作人员报告后边有人听不清楚，李不耐烦地将手一摆，命令："叫他出去，立即出去！"那位县委书记立即被"请"出场外，会场果然"鸦雀无声"了。[19] 在李井泉眼里，他治下的四川干部不过是他李姓家奴罢了。四川无论百姓、干部（包括基层和高层），说到"李政委"，无不切齿。甚至中共老资格官员、四川省长李大章亦私下称其为"飞扬跋扈的独裁者"。[20]

川人对李多有怨愤，首先因为持续3年的大饥饿，家家有本苦

---

16 肖里(1917-1969)，时任四川省轻工业厅副厅长兼政治部主任。肖出生于河南商水县士绅殷实之家，祖父为武进士，曾获"御前侍卫"功名。李、肖婚后共生有六男二女。次子李明清文革时就读于北航6系（导弹系），与另外四位高干子弟公开写大字报"炮轰"中央文革，被造反派学生批判群殴后死亡。

17 重庆市委书记孙先余为晋绥老同志。在重庆市委常委会上公开说过：四川的"左"与晋绥的"左"是同一格调，省委那位主要领导人一贯的"左"，他还没有接受过去的教训，至今劣根未除。他的阶级 分析是主观臆断，不切实际。见廖伯康关于1962年重庆市委18次全会的回忆。廖时任重庆市委办公厅副主任兼重庆市团委书记。

18 《赵紫阳在四川》页75。

19 于克书回忆文稿《上书毛主席反映四川真情始末——我在四川"萧李廖反党事件"中的经历》。于克书时任共青团重庆市委副书记。

20 东夫《麦苗青，菜花黄——大饥荒川西纪实》页345。

泪账。1961年，四川农村已然饿殍盈野，某夜，李井泉在重庆潘家坪高级招待所玩牌消暑，省委办公厅主任黄流急匆匆来报，称李大章省长来电："周总理听说四川粮食困难打电话到成都找政委商量，国务院准备从黑龙江调粮食给四川救急。"省长接电话后立即从成都紧急来电求告，请李政委接电指示。不想李井泉玩兴正浓，不耐烦地挥挥手道："你去接就是啦！"少顷，黄流返回又报，再扫牌兴，李井泉愤愤甩牌怒道："我们的困难，我们自己解决，为什么去压国务院呢？我们也是个小国务院嘛！能解决自己的困难。"奉命陪玩儿的重庆市团委副书记于克书对乡下骇人听闻的饥灾深怀焦虑，直等到李赢了几圈，开心了，这才小心翼翼试探："政委，农村确实需要粮食啊！周总理给粮食能救活多少人哪！"

不料李井泉再次摆手作怒："打牌，打牌，休谈政治。"[21]

农村大面积饥饿死人，城里人亦未能幸免。1960年8月。李井泉治下的四川当局竟突然袭击，宣布从9月1日起启用新的四川省地方粮票，除全国粮票外，庶民百姓省吃俭用积攒度荒的地方粮票一律作废：4800万公斤口粮顿时灰飞烟灭！[22] 此举无异于在经济危机时宣布钞票作废。官方对百姓如此公开大规模抢掠，全国仅此一例。

再说干部。1959年庐山会议，毛泽东大反右倾，痛批"彭大将军"。参会代表李井泉对粉碎"彭德怀反党集团"已大获"胜利"一清二楚，回川贯彻会议精神却对此闭口不言，反倒有意将彭德怀挨批的《意见书》先发给大家看，上午看下午讨论。其时巴蜀农村形势正日趋严酷，彭的《意见书》引起不少川官共鸣，纷纷表态赞同，孰知

---

21 于克书《上书毛主席反映四川真情始末——我在四川"萧李廖反党事件"中的经历》。李井泉来重庆休闲，市委常派于克书、和罗广斌等青年干部陪同打牌。1962年向毛泽东写信反映李井泉在四川强迫命令瞎指挥导致大饥荒和大量非正常死亡的严重情况，遭到李井泉打击报复，被打成"萧李廖反党集团"重要成员，批判后撤职下放。

22 1960年9月1日，"经四川省人民委员会批准，四川省粮食厅发布关于发行新的四川省地方粮票、油票和废除旧的地方粮票、油票的通知，宣布4800万公斤旧粮票（实际是四川省干部群众从很低的粮食定量中节约下来的）作废。"见中共四川省委党史研究室编写《中国共产党四川历史大事记（1949-1978）》2000年4月第一版，页207。

会议次日，李即宣布中央对彭结论，干部们方知重演了一回 1957 年"引蛇出洞"的旧剧，心里大呼上当——只是这一回，他们自己成了被引出来的"蛇"："右倾机会主义分子"。

作恶和报应是对等的。作恶太多，报应必然最狠。我们很快将会看到，四川文革之蜂起与暴烈，对李井泉及其党羽批斗之凶狠与无情，正是李本人作恶的直接效应。虽然林彪事件后的中共"十大"，李井泉被再次忝列"中央委员"，继而复官，他回川游走，见人就赔礼认错，声称"哪里跌倒从哪里爬起来"，以期旧地再起。可惜无人应承，曾经炙手可热的"土皇帝"最后只得寂居京师，以中顾委常委之职于 1989 年离世，终年 79 岁。

中国多有典籍记载民众对酷吏及其苛政之仇憎。《新五代史·赵在礼传》有载："在礼在宋州，人尤苦之。已而罢去，宋人喜而相谓曰：'眼中拔钉，岂不乐哉！'"做官做成百姓的"眼中钉"，实为吏事之一大悲哀。李井泉因圣宠而崛起又因圣弃而败落，其败落竟会有如此广泛而强烈的民意基础，实当为官者戒。

3. 四川地下党的苦难历程

自辛亥革命以降，四川一直是中国近代革命的发轫之地，为中共高层贡献了许多重量级人物：吴玉章、张澜、邓小平、朱德、刘伯承、聂荣臻、陈毅、杨尚昆……特殊的历史氛围和革命先贤的感召，四川许多知识青年（包括曾担任毛泽东秘书的田家英[23]等智囊精英），亦均由此地出发，义无反顾地参加尚处于地下状态的共产党，走上奋斗牺牲之路。从十年内战参与川陕根据地工作始[24]，到抗战时期周恩来在

---

23 田家英(1922 年-1966 年)，本名曾正昌，四川双流人。1936 年在成都参加抗日救亡工作。次年参加中华民族解放先锋队。1938 年入陕北公学学习。同年加入中共。1948 年至 1966 年任毛泽东秘书；1954 年后兼任国家主席办公厅、中共中央政治研究室、中共中央办公厅副主任等职务。

24 曾任中共四川省委书记的罗世文，参与领导了江津、荣（县）威（远）、广汉、梁山、德阳等地的农民暴动和兵变，1933 年，和廖承志一起到川陕根据地工作，遭张国焘非法关押，直到长征胜利才获平反。抗战，罗世文被党中央派回四川从事抗日民族统一战线，被捕后和在成都长期从事地下工作

重庆领导中央南方局开展了整整6年斗争,再到解放战争前夕吴玉章、王维舟在重庆正式成立中共四川省委,领导四川、西康、云南、贵州四省斗争。四川的地下党员们演绎出许多可歌可泣的英雄故事。这些都为中共成功夺取全国(包括四川)政权,做出了他人无法替代的贡献。

但是,"地下党"的命运在建国后不幸遭遇了"过山车"般的翻转——尤其在专横跋扈、嫉贤妒能的李井泉治下,两个致命的问题出现了:

留在四川的"老资格",和身处京城、已成中共高官的老乡很容易声息相通——所谓"萧(泽宽)李(止舟)廖(伯康)反党集团"冒死向北京反应"省委主要领导人上不听中央,下不听群众"[25]致使四川饿死1000万人的惨祸,就是首先惊动了位居北京中枢的杨尚昆,继而邓小平等多位四川老乡。地方官员与京官交往过密,历来被各朝各代视为宦场大忌。李井泉要坐稳四川老大的位置,必得消除这个隐患。

中共接管川政前夕,四川地下党发展过快,确有鱼龙混杂,良莠不齐之嫌。西南局定鼎,曾对此进行过清理,按毛泽东所制"降级安排,控制使用,就地消化,逐步淘汰"十六字令,剔除了许多不合格者,甚至投机分子。但作为中共老区,在四川担任领导职务、土生土长的川籍干部实在太多——这些人注定让李井泉不放心,也注定要利用一切机会进行削减,如:"反右"中打掉的重庆市委所谓"张(文澄)[26]陈(孟汀)反党集团",1963年利用阶级斗争再升级,重庆再打掉"萧李廖反党集团";文革伊始,李井泉首先整肃的马识途、李

的"川康特委军委委员"车耀先一起被国民党杀害于重庆歌乐山戴笠停车场。

25 这是廖伯康向杨尚昆汇报四川饿死人时使用的隐语,"省委主要领导人"即指李井泉。见廖伯康《历史长河里的一个漩涡》(当代四川要事实录第一辑)页159。

26 张文澄(1915-1998)四川仁寿人,1937年参加中共,在周恩来领导下从事川滇等地的地下工作。1950年代初任重庆市委宣传部长。1957年春,李井泉将其打成"右派",并在重庆宣传文教口打出一个"张陈反党集团"。陈,即陈孟汀,时任重庆市文教部长。

亚群、沙汀"三家村黑帮"，亦清一色由老地下党组成。

孰料这一回出师未捷，李井泉自己先被打翻在地。而被李井泉整得死去活来的地下党们更没料到，压在头上的李氏大山刚刚崩塌，另一场毁灭性灾难又凌空骤降。"新生红色政权"革委会一经成立，清理阶级队伍、一打三反、清理"五一六""三老会（老红军、老干部、老地下党员）"……更为严苛的打击接踵而至。四川地下党再次成为被整肃的异类。中央领导在"三一五指示"中发出狠话："'三老会'反动得很，要坚决镇压，组织要解散，核心成员一定要专政"，至中共九届二中全会后，全川掀起的"批清"运动对所谓反动组织"三老会"，对四川地下党员的清理迫害更加残酷，株连十万之众。被批斗、打伤、致残，有的甚至被判刑，死于非命。[27]

4. 潮起潮落

与其他省市不同，四川文革一大特点，是第一波群体性社会骚乱肇始于重庆而非省会成都，构建成四川文革的"双城记"。有学者试图从重庆政治历史影响、自然地理环境、甚至市民地域性格对此做出解析。比如：重庆曾为抗战"陪都"及西南地区最大的政治经济中心、"大三线建设"最大的中心城市；比如：共产党建国之初的西南局曾设置于此，撤局后大批军政干部始调入省会成都；又比如：重庆地处长江、嘉陵江交汇处，恶劣的生活环境和通达的地理位置铸就渝人耿直火爆的地域性格和码头袍哥的侠义传统。

这些都是原因。但细究史料，引爆重庆文革最要命的因素，准确地说，应该是文革初肇的 1966 年 7 月，北京为了倒李（井泉)，采取非正常手段，对西南局书记处书记、重庆市委第一书记任白戈发起了突然袭击[28]，极端敏感的重庆大学青年学子于是群情大愤，其时，

27　李亚宁《从迫害四川地下党到镇压四川"三老会"——我所亲历的四川文革第一大案始末》。
28　任白戈（1906-1986），30 年代初曾任"左联"秘书长，文革爆发时为西南局书记处书记、重庆市委第一书记兼重庆市长。1968 年 6 月 2 日，《人民日报》、《解放军报》发表社论《七千万四川人民在前进——热烈欢呼四川省

作风廉洁、深得学生敬佩的校长郑思群正被市委工作组逼供，不堪凌辱，断然自戕……这些构成导火线，终得首演了轰动四川的"八一五事件"。八届十一中全会闭会，李井泉从北京仓皇来渝弹压，动作强劲却蹩脚，反而让群体骚乱向全川泛滥奔涌。1966年11月13日，李井泉在成都群众的首次批判会上趁乱潜逃，两月后被造反学生从上海"智擒"捉回。全川群众造反狂飙突进，当局幕后操弄的"保皇派"全线瓦解。紧接，各地"夺权"运动訇然而起，五花八门，不一而足，"保皇派"全线瓦解。

毛泽东为防局乱，旋即令军队介入文革，支持"左派"。可惜，成都军区偏偏为保守派站台，对造反派实施大规模抓捕，此为著名的四川"二月镇反"。全川一抓就10万人！巴蜀政局顷刻间全境噤声——此为四川文革之初始时段也。

需要补充的是，李井泉治下蒙受打击的干部，借力第一时段的群众骚乱，或明或暗，陆续起而抗争，且有一对幸运者意外逆袭成功：文革前因自多劣迹、被四川省委撤职、开除党籍的刘结挺、张西挺夫妇。二人被北京高层断然圈定为最佳"打李（井泉）利器"，二人落马前任职的宜宾地区被圈定为解决四川问题的"突破口"。由是，以平反"二月镇反"破题，自1967年4月1日始，北京当局紧锣密鼓召集多次专题会议解决四川问题；5月7日，正式颁布《关于处理四川问题的决定》（俗称"红十条"），定性李井泉、廖志高为西南地区最大的走资派，任命张国华为四川省革筹小组组长，梁兴初、刘结挺为副组长，张西挺为组员。有鉴于驻军重庆的"副统帅"嫡系五十四军，其支持的"八一五派"确系造反派，"红十条"下达后，中央又颁布了《关于处理重庆问题的意见》（俗称"红五条"）。

当是时也，巴蜀社会格局已成。以"二月镇反"为界，所有群众组织重新洗牌站队并形成全川性的、势不两立的两大派：成都的学生"八二六"派、工人造反兵团（简称"兵团"）与重庆的"反到底"

革命委员会成立》，将任白戈与其他几位被打倒的领导干部一起并称"中国赫鲁晓夫……在西南及四川地区的代理人李井泉、廖志高、任白戈、黄新廷之流"。1977年后曾任中共四川省委顾问、中共中央顾问委员会委员等。

结盟，自命"红十条"；重庆的"八一五派"和"红卫兵成都部队"（简称"红成"）结盟，以"拥军"自诩。而已然获北京标称为"正确路线代表"，并手握川局行政实权的刘、张，为巩固扩展自身政治权益，理当亲前者而疏后者，两派纷争由是愈演愈烈。一派发誓："刘张坐牢我坐牢，刘张杀头我杀头"，一派则发誓："刘张坐牢我把门，刘张杀头我提刀"。批判的武器很快被代之以武器的批判，著名的重庆大武斗，川东万县、涪陵等地的大屠杀，川南"武装支泸（州）"等"准战争"相继登场。

可惜，和北京高层的政治"标的"相较，这些触目惊心的血腥惨祸以及巴蜀庶民的深重苦难，全然轻若鸿毛，不屑一提，北京高层既然高调认可刘、张并赋予超重权能，岂能自我打脸？1968年3月15日，北京召开第二次解决四川问题会议，中央要员集体出面，强断是非，宣布"反刘、张就是为李、廖翻案。""就是刘、邓复辟。"[29]没有任何人再敢说三道四，势不两立的两派头领于是规规矩矩"大联合"。两个月后，5月31日，"新生红色政权"四川省革命委员会在一片锣鼓喧嚣中宣告成立。

事情并没有结束。等到象征文革伟大胜利的"九大"开过，1969年11月，北京再次召集会议第三次解决四川问题。12月25日，中央对四川省革委会、成都军区党委上报的《关于解决四川当前若干问题的报告》做出批示，经毛泽东允肯"照办"后以中发（69）87号文件发出（史称"一二·二五"批示）。社会结怨太深、官场树敌太多，刘、张被重新被定义为"个人野心家、阴谋家"踢下舞台[30]。四川需要恢复秩序了。

自"红十条"下达即被北京确立的川省一把手张国华，行事周全稳重被坊间戏称为"八级泥水匠"（和事佬），如今则被北京指为对刘、张错误"制止不力"，遂在"一二·二五"批示中免去"成都军

29　见《三一五指示》。
30　1978年6月20日刘、张被捕；1982年3月四川省高级法院以"阴谋颠覆政府罪、反革命宣传煽动罪、诬告陷害罪"判处刘结挺有期徒刑20年，剥夺政治权利5年；张西挺判有期徒刑17年，剥夺政治权利5年。

区支左领导小组"组长之职，林彪旧部、四野虎将梁兴初顶替为"成都军区支左领导小组"组长，梁与成都军区副政委、同属四野旧部的谢家祥，成为四川文革政局的实际掌门人。梁、谢以清除"刘、张社会基础"为名发起"一批双清"运动，再造冤、假、错案，戕害庶民群众，全川收审人数和"二月镇反"等同，再达十万，整肃之烈度可知也。孰料"九一三"林彪事件突发，"一批双清"无疾而终，文革剧情再次大反转。

轮到清算"梁、陈、谢"[31]了。现在需要为"一批双清"的受难者平反昭雪了。在一片穷追猛打的喧嚣声中，风云一时的军方势力黯然淡出文革舞台。此前，两派群众代表在反复折腾或奄奄一息、或折戟落马。所谓文革创举"新生红色政权"的三要素：军队、干部、群众代表，最后只剩下重归旧位的"老干部"了。

四川的"大三线"建设是北京高层的一大"心病"，让代表秩序和经验的技术官僚出来收拾"烂摊子"、恢复生产、也让人过点安定日子——就此而言，北京的心病与川民百姓的心病，在某些频次上同步了。

必须承认，四川官场与庶民心气相通的"清流""贤吏"不乏其人。比如：顶着压力解散公共食堂、分自留地为百姓留一条生路的"邓青天"（邓自力）[32]、冒死赴京为四川饥民告状的萧（泽宽）李（止舟）廖（伯康）集团[33]。比如：比如仗义执言的省官明朗、地区级小

---

31 梁、陈、谢分别指梁兴初、陈仁麒和谢家祥。其中陈仁麒（1913-1994），福建省龙岩县（今龙岩市）人。1970年12月由炮兵政委任上调成都军区任第二政委。"九一三事件"发生后，与梁兴初、谢家祥一道被中央认定为"上了林彪贼船"。

32 邓自力任泸州地委书记期间，因体察民情，率先解散农村公共食堂，给农民多划自留地，1959年被李井泉打成四川头号"右倾机会主义分子"，成为"四川的彭德怀"，与和他同受处分的另两位地委书记崔璋、陈怀堂一起被打为"邓崔陈反党集团"。

33 萧泽宽原为重庆市委组织部长；李止舟原系重庆市委副秘书长；廖伯康原系重庆市委办公厅副主任兼共青团重庆市委书记，罪名是萧李廖等人"正当我国遭受三年严重自然灾害之际……恶毒攻击党，攻击三面红旗"，由此而打为"反党集团"。

吏宋文彬、曾笳[34]等等。他们为民请命，抵制"左"倾路线，被李井泉一一打入了炼狱。但是，我们又必须看到，除了上述值得尊敬的清流，为数更多的官员，他们的政治素质和精神品格始终停留在"打天下、坐天下"的水准，他们最想要做的，就是对羞辱过他的造反草民实施报复，重享掌权行令的快感。

"九一三事件"后，周恩来对"极左"思潮和做派小心翼翼发起纠偏，旋即被毛泽东认定为明批"极左"实批文革而予以否定。为续接文革香火，让江青一伙再演"借钟馗打鬼"的戏码："批林批孔"，将矛头直指"周公"。那些曾怀抱崇高理想投入文革而遭受打击报复者，那些在各种清查运动遭遇迫害者，那些心怀私念而文革际遇不顺者，于是混杂交错，再度呼啸而起。这一次重庆人又占了先机，一个自称"民办'十大'宣传队"的组织，企图克隆八年前解放碑"广播站"的旧章，煽动全城叛乱。合川县的当年"司令"拉一帮人里应外合，分割了不少实实在在的地方权力。还有，川北名县广元的造反派还建起了一个俗称"河街政府"的隐形权力机构，与官方分庭抗礼，热闹一时。

可惜，内乱至此，芸芸草民对文革的激情政治早已淡漠，上述那些零七八碎的喧嚣很快烟消火灭。现实的麻烦是，刚刚出现转机的巴蜀经济持续恶化，企业生产陷于瘫痪，成渝交通枢纽几近堵塞。与此同时，全国烽烟四起，国家面临再次陷入动乱的风险，以周恩来为首的官僚集团不得不发起反击，以"把运动纳入党的领导"之名连发"金牌"，制止文革初的乱局重演。毛泽东也敏感觉察到"全面内战"很可能卷土重来，只得紧急刹车，发一个"还是安定团结好"的最高指示。"批林批孔"无疾而终。

1975年，由邓小平主持的整顿让川人重新看到希望。

7月，这位素秉现实主义的铁腕人物接见四川省委主要领导，强调四川要树立"农业第一"的思想。邓指出，四川没有肉吃，没有菜

---

34 明朗，原四川省委宣传部副部长。1956年省党代会未投李井泉票，1962年又匿名向毛泽东写信状告李井泉，被群众视为"反李英雄"。宋文彬和曾笳分别为温江地委书记、副书记，1958年因反对粮食浮夸虚报遭李井泉迫害。

吃，到很远的地方去拉菜，就很不安定。他还要求加强管农业的领导班子，要研究农业方面的政策，包括养猪政策。政策不能随便改变，改变了群众就不信任。四川要在几年内把农业搞上去。8月，省委召开地、市、州、县委书记会议传达贯彻。入冬，全省农村上了100多万劳动力搞农田基本建设。这些措施迅速扭转了四川农业生产下降的局面，总产值和粮食、生猪等产量均有增长。猪肉和粮食比任何神圣的口号都更具诱惑力，难怪当时四川流行一句名言："邓小平上台，千百万猪头落地。"

在文革中饱经磨难的党内政治现实主义者、著名的农业专家赵紫阳，正是在这关键时间点从广东来到了四川就职。这似乎是一种历史因缘，300多年前，四川的先人也正是从两广两湖一带万里迁徙，来"填补"了战乱摧毁的巴蜀废墟。

四川民间曾经风传，说先于赵紫阳来川就任的刘兴元，受毛泽东之嘱，曾专游成都武侯祠，看清人赵藩撰写的一副对联：

能攻心，则反侧自消，从古知兵非好战

不审势，既宽严皆误，后来治蜀要深思

事实遗憾地表明，始终注意路线正确的刘兴元来川多年，政治上左顾右盼，行动上小心翼翼，实在无大作为[35]。而同样来自广东的赵紫阳对四川文革的反思、省度与把握，包括对于川人的期盼，都是清醒的。四川在全国的地位重要如此，大刀阔斧实施整顿的邓小平断然换帅，不能不说是灾难深重的川人一大幸事。北京决定赵紫阳到四川，任省委第一书记、省革委会主任和成都军区第一政委，三副担子一肩挑，一步到位。

毛泽东已病入膏肓，作为日落前的回光返照，四川和全中国一道，注定还得遭遇一轮劫难："批邓、反击右倾翻案风"。

初尝权力禁果却得而复失的风云人物，因个人命运与文革命运捆绑太紧，必须做最后一搏。可是更多的，早已被乱局折腾得疲惫不

---

[35] 刘兴元作风谨慎，加上四川地方工作一直靠李大章全力撑持，到四川后虽名为一把手，实际上明哲保身，无所作为而已。批林批孔后期，全国像刘兴元这样在地方主政的军队干部，陆续回归部队了。

堪的芸芸草民只想等待天明；个别勇敢分子甚至不顾一切地豁了出去，公开为文革高奏挽歌。1976年3月4日，曾经最先领跑文革骚乱的重庆，一位叫白智清的钢厂技术员在解放碑贴出反对批邓的大字报，大声呐喊"我爱我的祖国！"接着再到省会叫板，公开点名批判文革派理论权威张春桥，把大字报直接贴到成都盐市口。与之同时发生的是，成都的造反好汉重演了一幕10年前胁迫省委主要领导上京告状的短暂闹剧。重庆的造反者强行将所有局长拉到省会"逼宫"……四川十年内乱似乎刹那间压成一个浓缩版。

凑巧的是，上天也来添乱。1976年8月中旬，川西平武、松潘发生大地震[36]。整个成都当官的、当兵的、有权的、没权的、想权的、闹权的，包括市井草民，引车卖浆者流，一派人心惶惶、鸡犬不宁。于是，历史终于在一个月后在9月9日突然转向：毛泽东残阳坠落。背负沉重历史宿命的中国第一人口大省，开始走向新生。

5. 无声的嘱托

1984年夏天，本书作者周孜仁从边疆公差回渝，与同为八一五事件发起人之一，其时供职于重钢大轧车间的同学吴庆举旧地重逢。吴问他是否还记得沙区公园旁的那片公墓？周答当然。八一五派数百武斗死者就掩埋在那儿。1967年夏天墓葬初成，正是炮火连天时。毒日头下一派高高低低的墓碑石柱，刻满呼唤年轻人献身的豪言壮语。类似的公墓，当时在重庆朝天门码头、体育馆花台、牛角沱转盘、上清寺街心花园、潘家坪、杨家坪转盘、重庆大学松林坡、重庆一中操场、建设厂河边、工业学校校园、北碚东阳镇……大大小小计20余处散落。全四川就更多了，不知几百几千！几年后消除"文革痕迹"，这些零星乱坟全都被铲除净尽。沙区公墓埋葬尸体400余，合

---

36 1976年8月16日，松潘、平武之间发生7.2级地震。地震属震群型，主震之后又发生22日6.7级地震和23日7.2级地震。这次地震有感范围较大，西至甘肃高台，南至昆明，北至呼和浩特，东至长沙，最大半径1150公里。

葬墓113座[37]，太多太杂，公园拿不出许多钞票去消除"痕迹"，也不愿无端惹来死者亲属众怒，迟迟无行动。

有好事者将"群众意见"投访至四川省委，省委将信转给时任重庆市委书记的廖伯康。文革中被八一五派及重庆驻军认定为"反到底派黑手"的廖伯康，亲自到沙坪公园进行了考察，深感此地对保存历史记忆以警醒后人有十分重要的作用，会同常委研究，最后决定"不拆毁，不开放，不宣传"。由市财政拨款两万元，筑墙一围以为保护——一个奇特的历史景观便这样侥幸，这样莫名其妙地被尘封在了闹市中一片寂寞的荒林蔓草之中。是日，仅两个幸存的文革旧人在苔痕迷离的墓穴间流连，任山城夏日的密雨将全身淋得透湿。

如今，这座全中国唯一幸存的文革墓园已名满天下，重庆市政府将墓地认定为"市级保护文物"[38]。难堪的是，30多年过去，这个占地区3000平米（4.5亩）、仅有几百冤魂的可怜安息之所，在雄踞960万平方公里的泱泱大国辽阔国土上却越来越难以容身，人们真担心某一月黑风高之夜，它会被当局悄悄地铲个干净。

一千多年前，中国古人就说过："以铜为镜，可以正衣冠；以人为镜，可以明得失；以史为镜，可以知兴替"。可是当代中国，为什么偏偏有人害怕这段属于他们自己，同样属于整个民族的历史呢？这段历史是由一贯自诩为"伟大、光荣、正确"的执政者自己发动，并用理想主义、英雄主义和献身精神煽动全民（包括躺在荒林泥土下这些年轻的亡灵）疯狂卷入的。本书作者与他的同胞们正是被这蛊惑人心的号召卷进了文革，这个巨大的历史事件让他们的人生道路突然中断或永远转向，于是和无数普通人一样，去感受一种超越生活之上的所谓崇高的目的和意义，还有虚妄的激情与浪漫……他们都深

---

37 重庆人民出版社编辑陈晓文、及曾钟等长期从事沙坪坝文革死难者墓穴的勘测、调查、研究，著有多篇论文，本文所采用数据，均摘自陈、钟论文。
38 1985年廖伯康时任中共重庆市委书记。在任期间得知对重庆沙坪公园内文革中八一五派所建武斗死者墓地有要求拆毁的意见，到现场调查了解后，向市委常委会报告并做出决定：拨款两万元修围墙保护起来，采取"三不"措施：不开放，不宣传，不拆毁。2009年12月15日，该墓群被重庆市政府正式列为市级文物保护单位。

感这一段个人历史的荒唐和可笑、可悲，但却绝不愿回避。相反，他们认为，恰恰是这段遭遇成全了自己人生刻骨铭心的一次启蒙，使他们学会用自己的头脑思考：关于既往，关于现在，也关于未来。他们同样认为，一个自信的国家、自信的民族，对自己的历史也应该采取这个态度。不要回避，更不应刻意掩盖，并逼迫国人遗忘。恐惧自己的历史是胆怯，甚至是滑稽的。回避、掩盖非但愚蠢，更为可耻。

正因为此，我开始了这个应该由历史学家来完成的工程。我坚信，这项工程对于国家、民族、个人，都是有益的。

第一章

通向文革之路

(1958年3月—1966年5月)

第一节　成都会议

毛泽东第一次驾临四川是1958年3月。正是春暖花开季节，川西平原满眼金黄的菜花和嫩绿的麦苗。毛泽东由省委书记李井泉陪同，心情很好地遍寻古蜀胜迹，去川西平原最富庶的郫县红光农业合作社视察，与受宠若惊的老头儿、老太太拉家常……

这正是毛泽东带领中共定鼎大陆，纵横捭阖、凯歌连连的高光时刻。反右运动刚刚在全国范围把所有乱发杂音的政治势力剪除净尽；经济建设第一个五年计划刚刚顺利完成。1958年新年伊始，南宁会议[1]自豪宣布："我们现在看见了从来没有看见过的人民群众在生产战线上这样高涨的积极性和创造性""一个新的生产高潮已经和正在形成"[2]。胜利的形势估计鼓舞人心，激励全党和全国人民的跃跃难抑的生产建设热情。2月2日，《人民日报》社论[3]首次提出了"大跃进"的口号。

毛泽东正是在这种情况下来到成都的。3月8日至26日，毛泽东在此召开了政治局扩大会议，史称"成都会议"。会议正式确立了

1　南宁会议召开于1958年1月11日至22日。
2　见《工作方法六十条(草案)》。
3　见1958年2月2日《人民日报》社论。

"鼓足干劲、力争上游、多快好省地建设社会主义的总路线",肯定了当时已经出现的"大跃进"标志中国已进入"一天等于二十年"的伟大时代。

一个月后,5月5日至23日在北京召开的中共八大二次会议,将"大跃进"运动正式推向全国,以"一大二公"为基本特征人民公社化运动,也随之产生。气势如虹、但很快便毁誉不一的所谓"三面红旗":总路线、大跃进、人民公社,由此成焉。

关于成都会议,两个要点必须一提。

一是会议提出了两种个人崇拜、即"正确的个人崇拜"和"不正确的个人崇拜"一说,并明确认定"正确的个人崇拜"之必要。毛泽东宣布:"对马克思、恩格斯、列宁、斯大林正确的东西,我们必须崇拜,永远崇拜,不崇拜不得了,真理在他们手里,为什么不崇拜呢?""问题不在于个人崇拜,而在于是否真理。是真理就要崇拜,不是真理就是集体领导也不成。"[4]事情到此,服从真理和个人崇拜两个不同概念被强扭一起,于是"手握真理的人"必得至高无上,尊奉崇拜,共产党的集体领导可以当废纸扔掉了。此意延伸,就是,既然中共几十年历史已经表明,真理总是掌握在毛泽东手里,因此全党必须对他个人崇拜。此语一出,旋即有人表忠,广东省委第一书记陶铸称:"对主席就是要迷信",上海市委第一书记柯庆施亦称:"我们相信主席要相信到迷信的程度,服从主席要服从到盲从的程度"。二是根据毛泽东建议,会议通过《中共中央把小型的农业合作社适当地合并为大社的意见》。该"意见"直接推动刚刚完成的农业集体生产组织从所谓"高级合作社"向更高级的形式过渡。

现在,有毛泽东神一般的权威,又有"大跃进"的狂热背景,一场推动农业集体生产组织向所谓更高级的形式过渡"小社并大社"进而建"公社"的群众运动快速蔓延。同年5月,中共八大二次会议后,全国"大办"人民公社的热潮全面提速。当是时也,中国还是个农业国,运动对整个国家的社会生活的影响之巨大可想而知。

---

4 毛泽东《在成都会议上的第二次讲话》1958年3月10日。

7月,《红旗》发表理论家陈伯达的文章,转述了毛泽东构思的公社思想,即我们的方向,应该是逐步地有次序地把工业、农业、商业、学校、民兵组成一个大公社,从而构成我国社会的基本单位。8月17日至30日,中央政治局在北戴河举行扩大会议,通过《关于在农村建立人民公社问题的决议》,指出:建立农、林、牧、副、渔全面发展,工、农、商、学、兵互相结合的人民公社,是指导农民加速社会主义建设,提前建成社会主义,并逐步过渡到共产主义所必须采取的基本方针,决定在全国农村普遍建立人民公社。会后,全国迅速开展了农村人民公社化运动。到10月底,全国农村人民公社化全部完成,参加公社农户占全国农户的99%。8月到10月,全国74万个农业生产合作社合并为2.6万个人民公社。人民公社"一大二公",几千年的泱泱中华农业国,彻底消灭小生产和私有制,一律"公有化",其状酷似古希腊斯巴达城邦的军事共产主义。决议激动人心地宣布:"看来共产主义在我国的实现,已经不是什么遥远将来的事情了,我们应该积极地运用人民公社的形式,探索出一条过渡到共产主义的具体途径。"

除了陈伯达,左倾理论家们几乎都加入了这场乌托邦大合唱。时任中共上海市委宣传部部长张春桥9月16日发表文章《破除资产阶级的法权思想》[5]称:大跃进的形势迫切地要求我们在调整相互关系方面跃进、再跃进,一切忠实于共产主义事业的同志们,一定能够站在运动的前头,把我们党的这种光荣传统,在新的条件下,彻底恢复和发扬起来,彻底破除资产阶级的法权思想,"一致为社会主义和共产主义奋斗",文章诅咒那些说提倡工资制度、反对"供给制"的人"把马克思的教训忘得干干净净"。质问:"千千万万的人进行了几十年的武装斗争,爬雪山,过草地,两万五千里长征,有谁发过工资?""抗日战争、解放战争、抗美援朝战争的胜利,难道也是靠工资刺激出来的吗?"

毛泽东"马上得天下"让他对"马上治天下"充满了自信与豪横。

5　上海市委机关刊物《解放》1958年第六期。

他不需要什么经济规律，他迷恋血火争霸的文韬武略和胜者通吃的快感，他对"八级工资制"代表的经济秩序嗤之以鼻，他需要用美丽的空想向经济铁律宣战。张春桥的文章让圣心大悦，毛泽东亲加按语交《人民日报》转载[6]。

在一片热昏狂飙劲吹之下，各地人民公社尽相加大共产主义因素：取消自留地、副业生产、集市贸易，搞供给制、集体所有过渡全民所有、不要等价交换、按劳分配，吃饭不要钱……共产主义因素继续扩大，于是"一平二调"[7]成风，强迫命令、瞎指挥、数据瞒报、浮夸到了惊人的程度。如果说，那种所谓的理想本身就是乌托邦空想，那么实际结果完全是一场对秩序和规律的大破坏。空想和规律对垒，作用力和反作用力是相等的，反作用力甚至成倍增大。人民公社和大跃进对经济规律的破坏招致的报复，很快到来了。

四川作为农业大省，经济规律的灾难性报复最为显性，而且一溃千里，无法阻止。"共产主义是天堂，人民公社架桥梁"这句激动人心的承诺，打开了一道通向地狱之门。

杨继绳先生的史著《墓碑——中国六十年代大饥荒纪实》第三章"天府饥魂"，讲述了四川饿死人的情况：

> 四川是个粮食调出大省，50年代中期平均每年调出32.24亿斤，三年"大跃进"放卫星，创高产，大话说过了头，连续三年减产，1960年产量比1949年减少了30亿斤，但粮食外调任务有增无减，1960年达到68.4亿斤，比过去增加一倍以上。从1959年起，三年内全省人均留粮包括种子、饲料和口粮，从原来的512斤猛降到260斤。由于强迫命令征了过头粮，粮库告罄，春荒没有返销粮，农民只好饿以待毙。三年灾难期间，四川的一千多万人就是这样活活饿死的。[8]

1960年底，重庆市委抽调大批机关干部组成整风整社工作团下乡救急，工作团负责人之一、共青团市委副书记于克书这样回忆亲眼

6　见1958年10月13日《人民日报》。
7　指劳动成果平均分配，生产队的财产、产品实行无偿调拨。
8　杨继绳《墓碑——中国六十年代大饥荒纪实》页84。

看见的惨状:"去到白市驿、青木关等地,沿途见到小孩饿得哭哭啼啼,妇女为保男劳力只有吃野菜、树根,野菜吃光了,吃白泥巴。有次我们在路上,亲眼看见有两个上学的孩子倒在路上怎么也爬不起来,我们去拉他们,只见他们嘴上吐白沫,把他们送回家后,不久双双死去。还有个父亲把饿死的女儿都吃了。"[9]

毛泽东的乌托邦冒险只能延期了。八年后的1966年夏天,毛泽东发布《五七指示》,再次勾勒他所向往的图景:限制和逐步消灭分工、限制和逐步消灭商品,分配上大体平均,自给自足或半自给自足等等。如果说军事共产主义模式在抗日"军事割据根据地"是必要可行甚至成功的话,当整个国家已经进入大规模经济建设时代再来"刻舟求剑",不啻是笑话,而且只会造就灾难。问题在于,毛泽东作为一代雄主,从来都太成功、太自恋,只要能想到的,他何事不成?何攻不克?

1966年,中央的政治生活已经极不正常。毛泽东终于通过《五七指示》向全党全军全国,再次宣布他的乌托邦建设纲领,进而发动了比1958年"大跃进"激烈若干倍的政治冒险——"文化大革命"。

深谙毛泽东心思的陈伯达、张春桥等人,成了文革主将。

第二节 "七千人大会"上的抗争

继续回到四川的"大跃进"年代。

---

[9] 1962年,重庆市委派农村整风整社工作团、组下基层调查四川高指标、浮夸和瞎指挥等导致大饥荒和大量人员非正常死亡的情况。萧泽宽为工作团团长;廖伯康为工作团办公室主任(负责联系三个工作团)、李止舟为长寿工作团团长;于克书任巴县工作团任副团长。因上述人员向北京反映李井泉的左倾错误及四川大量死人的真实情况,均遭到李井泉打击报复,定为"萧李廖反党集团",于克书亦被打为"重要成员"。于克书1984年离休,2004年病逝。引文摘自于生前留下的遗稿《上书毛主席反映四川真情始末——我在四川"萧李廖反党事件"中的经历》(载网刊《蜀道》第3期,2011年1月28日)。

全民热昏，假话竞赛，交相欺瞒，四川和整个中国都失去了起码的理智。疯狂太过，以至于毛泽东也感觉不能不降降温了[10]。1959年4月29日，他就农业方面的六个问题[11]给各省、地、县到公社和生产大队、小队六级干部直接写了一封《党内通信》，伟大领袖不无忧虑地劝诫：

> 同现在流行的一些高调比较起来，我在这里唱的是低调，意在真正调动积极性，达到增产的目的。如果事实不是我讲的那样低，而达到了较高的目的，我变为保守主义者，那就谢天谢地，不胜光荣之至。[12]

信中所提六个问题，确实都点准了"穴位"，如包产问题，他说："根本不要管上级规定的那一套指标。不管这些，只管现实可能性。例如，去年亩产实际只有三百斤的，今年能增产一百斤、二百斤，也就很好了。吹上八百斤、一千斤、一千二百斤，甚至更多，吹牛而已，实在办不到，有何益处呢？"如密植问题，毛称："有些人竟说愈密愈好。不对。老农怀疑，中年人也有怀疑的。"如节约粮食问题，毛称："按人定量，忙时多吃，闲时少吃，忙时吃干，闲时半干半稀，杂以番薯、青菜、萝卜、瓜豆、芋头之类。"如播种面积问题，还有讲真话问题，毛称："包产能包多少，就讲能包多少，不讲经过努力实在做不到而又勉强讲做得到的假话。"毛泽东晓喻的这些话，无非寻常道理罢了，对左倾政治退烧却很有必要，注定亦将深得农民和基层干部拥护。

出人意料的是，李井泉偏偏对此进行软抵制。本来，刚过去不久的毛泽东成都会议之行，李井泉从陪同考察都江堰到送至重庆朝天

---

[10] 1959年1月，毛泽东派中央办公厅副主任田家英带工作组（组员有戚本禹、逄先知、李学谦和骆文惠）到郫县等地实地调查，已经获知四川农村浮夸、灾难等情况，毛泽东对四川的情况应当是知道了。

[11] 六个问题分别是：包产问题、密植问题、节约粮食问题、播种面积问题、机械化问题和讲真话问题。

[12] 毛泽东《党内通信》，《毛泽东著作选读》（下册），人民出版社1986年版，页810-811。

门码头,再同乘江轮游览长江三峡,一月余鞍前马后,零距离低媚顺侍而得专宠,成都会议后仅一月余,李井泉便增选为中央政治局委员[13]。恰恰为此,李井泉自觉已深谙了领袖行事套路,于是自以为是地提出,贯彻《党内通信》"可以发到县委,口头传达到公社,经过酝酿后再传达到生产队中去,不要转变太急,防止消极情绪。"嗣后,四川省委于5月16日又发文强调,四川省"1959年农业生产的八条规定中规定的密植规格不拟再改。《党内通信》中指出的主观主义,强迫命令当然要反对,但是保守主义,尾巴主义也要反对。我省今年1260亿斤粮食的计划指标不能动摇"[14],继而变本加厉坚持高指标和瞎指挥。据成都市委书记廖井丹揭露:"《党内通信》刚发来时,他(指李井泉)就想不发,随后见扣不住,才往下发,不久,又往回收。以后在金牛坝开会又问廖志高[15]收回来了没有,说收了才算事。"时任中共成都市委第一书记的廖井丹称:

李井泉反对毛主席党内通信是个大关键。内江地委书记张厉讲党内通信发下去要亡党亡国,(对此)李井泉包庇不让追查,原来话是他讲的……李井泉为什么那么害怕《党内通信》呢?因为打中了他的要害——"一吹二压三许愿",讲假话。毛主席指示的包产、机械化、讲真话各条,他几乎全都没办。……毛主席是五九年春天讲的,而李井泉在五九年冬,还大力吹万斤亩,硬要郊区和温江专区亩产万斤……全国各省在主席指示下去后,都基本上降下指标,只有四川一省冒上去。瞎指挥更严重。……一九六〇年全国人代会,讲四川产量是1260亿斤,实际那时只有300多或400亿斤。虚报那么多,农民

---

13 在5月25日召开的八届五中全会上,李井泉、柯庆施和谭震林被增选为中央政治局委员。在地方封疆大吏中,进政治局的仅有李井泉和柯庆施,二人被坊间称为位居长江头尾的两大"左王"。

14 杨超等主编《当代四川简史》,北京,当代中国出版社,1997年5月版。页121。

15 廖志高(1913-2000年),四川冕宁县人。1934年4月加入中共,随中央红军参加长征。先后任四川工委副书记、川东特委书记,西康省政府主席、军区政委,四川省委第三、第一书记。

手中只有那么些，怎么能不出问题呢？[16]

1960年，四川省委宣传部副部长明朗率川剧团出访欧洲半年，回来即听另一位副部长李亚群讲了许多饿死人的事，二人扼腕叹息："彭总[17]都不能说话了，党内还什么人敢说话！""我们干革命为了什么？把老百姓弄成这个样子，问心有愧啊！"言语间禁不住潸然泪下。

明朗，陕西南郑县人，出身教师之家，1936年参加红军，从陕北南下四川，从二野三纵副政委兼政治部主任做到省委宣传部副部长，明朗外表文质彬彬而内富军人豪侠之气。1956年，四川首届省党代会，李井泉发现有人对他投了反对票，一直令公安部门追查破案未果；这个投反对票的勇士，就是此公[18]。川人的灾难让明朗悲情难抑，随即写下散曲两首以舒愤懑：

其一：【风入松】反右倾

随团出访已闻风，彭总话苍生。归来举国凝霜雪，反右倾，刮到基层。但见罪名滚滚，分明几句实情。何人侥幸得安宁？似地冻云封。忧国忧民难相问，对城乡，谁不头痛！生气消亡殆尽，从此党内无声。

其二：【正宫：叨叨令】"克里空"

鸡婆一天生三蛋；稻粮亩产十余万；公社心脏焉能散：都从报刊新闻见。喇叭任人吹，魔术任人玩，青云直上金銮殿。[19]

事情恶化至此，中央不得不紧急刹车。1962年1月11日至2月

---

16 廖井丹《我所犯严重错误主要事实（1967年3月10日）》，原载1968年4月成都工人革命造反兵团市人委分团《横空出世》第13期。

17 指彭德怀。1959年7月，中央政治局在江西庐山召开扩大会议。会议目的是分析形势，以便从"左"的错误中汲取教训，对今后工作做出科学安排。彭德怀在会上向毛呈送了一封"意见书"（俗称《万言书》），痛陈1958年以来的"左"倾问题。毛大怒，会议主题遂转向为反右倾机会主义，持续大跃进。

18 明朗《我投了反对票》，见《当代四川要事实录》（第二辑）页5。

19 1958年人民公社时期为根本取消农村个人家庭生活，一律吃公共食堂，故称为公共食堂。"公社心脏"。见东夫《麦苗青菜花黄》香港，田园书屋，2008年版，页347。

7日，北京紧急召开了一次规模空前的中央工作会议，共有七千多名县委书记以上的干部参加，史称"七千人大会"。"七千人大会"开始的主题是"反对分散主义"。对出席大会的四川大多数干部看来，要反分散主义第一个该反的就是李井泉。他不是非常得意地自称四川就是"小国务院"吗？李井泉最为众人气愤的，就是公然下令把毛泽东的《党内通信》收回，继续搞他的"高产""密植"，坚持"公社心脏"——公共食堂不得解散……使得四川饥饿死人的情况继续蔓延。事实上，《党内通信》发表后不到半年就遇上庐山会议、大反右倾，李井泉自然更加神气，不仅无视四川农村凋敝，还宣布要再掀大办钢铁、大搞基本建设高潮，声称"我们（不仅）给国家调了那么多粮食和猪"，还要大批调出钢铁。其头脑之热昏、行为之蛮横有增无减。1958年到1960年，四川工业、基建累计损失43亿元，占这3年累计财政收入的57%。致使本已凋零的巴蜀经济雪上加霜。[20]

在这个中共党史上以"发扬党内民主"著称的会议大会上，李井泉作为四川组领导，规定总结经验教训只联系自身的实际，既不上挂，也不下联，给省委提意见者均被斥为"态度不端正"。整个四川组会气氛沉闷，私下则议论蜂起。长期被李井泉压制的四川干部们终于无法忍受，开始群起抗争，纷纷提出：既然总结经验教训，不联系实际从何说起？中央本来就要求各地领导做自我批评，四川省委不做检讨如何交待？情急之下，李井泉不得不令省长李大章代为检讨。李大章事后这样表达了他的无奈：

究竟谁应当代表省委做检查？是谁在毛主席六条指示[21]上妄加批语，封锁毛主席声音的？是谁在四川大搞高指标、高征购、瞎指挥等浮夸风，如在四川日报大登特登亩产万斤水稻"经验"，并大力推而广之的？是谁在三年暂时困难时期，从四川过多的调出粮食，把省内口粮标准压得很低，致使各地发生人口逃亡和死人情况的？是谁抵制中央解散公共食堂的精神，坚持继续大办公共食堂的；……主要

20　东夫《麦苗青菜花黄》，同上，页346。
21　指《党内通信》。

就是李井泉。他不检讨，又该谁来检讨？[22]

李大章，川南泸州合江人，1900年生，长李井泉9岁，资历亦早于李井泉。少年时从合江中学毕业即赴法勤工俭学，投身革命，1922年加入旅欧中国少年共产党，1924年转为中国共产党党员。1927年回国后历任中共陕西省委宣传部长、青岛市委书记、河北省委宣传部长，抗战时期历任中共北方局宣传部长、太行分局副书记兼宣传部长。解放战争时期历任中共牡丹江省委书记、中共中央东北局宣传部副部长等职。建国后，在李井泉治下任四川省长。李大章为人正派厚道，工作作风稳慎务实，在遵守组织原则方面尤称典范。最经典的案例莫过于1959年庐山会议，李大章随李井泉代表四川赴会，知道彭德怀被批判、定性到彻底落马的全过程。可回川后贯彻会议精神，李井泉偏偏克隆毛泽东1957年"引蛇出洞"战例，先对川内干部实施"政治测试"，然后大揪"右倾分子"。如此阴损手段，李大章连夫人孙明[23]亦不敢告知，致使其落入陷阱，无辜沦为右倾。

李大章系四川党内"老资格"，为人宽容，为官勤勉，正好成为李井泉形象的反面陪衬人。李大章代李井泉检讨受过，众代表愈益不平，会议一时群情汹汹，阵脚大乱。

曾写散曲舒愤懑的省委宣传部副部长明朗，忍无可忍，终以"一个四川干部"之名给中央写了一封致"毛主席、刘主席、周总理、朱总司令并党中央"匿名信——为避笔迹惹祸，特地让就职于国家劳动部的弟弟明吉顺重抄一遍，偷投街边邮筒。全文如下：

我是在四川工作的一个干部，第一次到北京来参加会议（中央工作会议），来的时候抱着很大希望，希望把肚子里的话都说出来，回去愉愉快快地工作，现在，会已开了十几天，看起来，这个希望是不能实现了。

中央提倡说老实话，所以我想写这封信，把我知道的情况反映到中央。

---

22 李大章《揭发反革命修正主义分子李井泉的反党罪行之六》（1967年1-2月）。
23 孙明时任四川省轻工厅副厅长。

这次开会，头几次叫我们体会文件精神，不联系实际。后来许联系实际了，但又叫各人联系各人的，不要把责任往上推，往下推。这几天有人给省委提了点意见，又说发言要端正，于是又像在四川开会一样，大家坐在那里磨时间。

不许讲话，不许讲批评省委的话，这大概就是四川省委领导这次会议的方针，这不过是李井泉闹分散主义的一个表现罢了。

在四川工作的干部，上上下下不敢讲话，已经不是什么秘密了。只举几个闹分散主义的例子。

一、毛主席的六条党内通讯，四川省委不准传达，不准贯彻，叫下边从积极方面理解。

二、毛主席反"左"的八句话，四川省委改成三把刀子变成反右。

三、中央关于自留地，私人养猪的五条紧急指示，四川省委顶住没有执行。

四、四川自作聪明提出"一条心，一个样""公共食堂是人民公社的心脏"等政治口号，助长强迫命令和瞎指挥。

五、不执行中央甄别干部的指示，泸州地委第一书记邓自力[24]的错误是划自留地，解散公共食堂，毛猪下放。甄别的结果，"批判基本上正确"，直到现在省委并没有承认错误，邓自力也没有复职，对其他人的处分当然也"基本正确"。

六、四川省委前几年规定，农民的口粮标准是八两，不久以前规

---

24 邓自力，中共泸州地委书记。1959年初，邓自力在调查中发现公共食堂和当时实行的"工资制和供给制相结合"的分配制度严重影响群众生活，挫伤生产热情，因而先在富顺县，后在全地区支持了农民的要求，停办了食堂，并把猪一律退给私人喂养，把食堂的蔬菜地、饲料地下放给社员作自留地。在农业生产上降低不切实际的包产指标，划小承包单位，在生产队下设生产小队，每队8至10户，有的3至5户，实际上成了核算单位。同时在纳溪县还进行了包产到户的试点。这种具有改革人民公社管理体制意义的重大尝试，对于渡过农村的困难，起了明显的积极作用，深受农民群众欢迎，被人称为"邓青天"。1959年9月，四川贯彻"庐山会议"精神、"反右倾"运动开始，四川省委举行第一届第十一次全体会议，对邓自力等50多名领导干部进行了揭发批判，并通过了《关于贯彻执行党的八届八中全会<为保卫党的总路线、反对右倾机会主义而斗争的决议>的决议》和《关于泸州地委以邓自力为代表的右倾机会主义错误的决议》等文件。

定四两、五两、六两（十六两的秤）有的地方执行下来，农民一天一人只能吃二两、三两、四两，现在还在饿死人。

七、中央关于改变基本核算单位的文件，没有发到县，不许县里试点，现在中央做了决定，又规定一个公社保留一个大队不变。

八、最近中央指示进行社会主义教育，四川省委改成"打击投机倒贩、贪污盗窃活动，进行社会主义教育规定万分之几逮捕法办，千分之几斗争打击，百分之几批判，硬说干部中有百分之几十的人搞投机倒贩，还规定县委书记要到成都交账，哪个交不出不准到北京开会。

李井泉这样搞分散主义，结果是怎样呢？结果大量死人、死猪、减产。有的县饿死的人将近总人口的百分之二十以上。四川全省到底饿死了多少人，还要饿死多少人，谁也不知道。像这样严重的问题，李井泉怎么敢叫下面讲活呢？

中央如果要反分散主义，就应该反反这种人的分散主义。

1962 年 1 月[25]

匿名信竟然被中央办公厅收到，而且 1 月 25 日印发政治局常委参阅。创造了当代四川历史的一大奇迹。

按照原来的计划，1 月 1 日会议开幕，并讨论通过刘少奇的主旨报告，同时听取讨论中央主要领导讲话后于 29 日结束。闭幕日是农历腊月 24，众人正好回家过春节。毛泽东突然宣布延长时间，继续开会，称这次会议还要解决党内民主集中制问题，上下通气问题，他号召发扬民主，开个"出气会"。他要大家打消一切顾虑，向上级、重点向省委的缺点错误展开批评，"白天出气，晚上看戏，两干一稀，大家满意"。他宣布，7000 人一起在北京过春节！接下来的大会，毛泽东发表了关于党内民主集中制的长篇讲话，谈古论今，旁征博引，行云流水，博得代表掌声、笑声和欢呼声不断。

毛泽东讲话结束，全场起立，掌声经久不息，许多人热泪盈盈，说几年来大家想说而不敢说的话，都由伟大领袖用最精粹的语言酣

25　明朗《我在七千人大会上写了匿名信》，《炎黄春秋》2007 年第 2 期。

畅淋漓地表达了出来，令人何等鼓舞。毛泽东有一句话让与会川官印象尤深：

> 我们现在有一些第一书记，连封建时代的刘邦都不如，倒有点像项羽。这些同志不改，最后要垮台的。不是有一出戏叫"霸王别姬"吗？这些同志如果不改，难免有一天要"别姬"就是了。[26]

李大章回忆："我记得，主席在七千人大会上讲话后，李井泉马上找我说：主席这次讲话，主要是对我们四川讲的。我们四川省委是团结的，工作有成绩是大家的功劳，犯错误是大家一起犯的。后来李井泉总结了一句话，叫做'团结起来犯错误'"。[27]

事后披露，会议期间，李井泉在邓小平家里看到了明朗的信，并且立即部署亲信追查匿名者。

有最高领袖发话，"出气会"顿掀高潮，各省代表矛头均指向本省的主要负责人，四川会议自然轮到李井泉了："霸王别姬"之说令他惶恐。他不能不检讨。其实，从根本上来说，事情的根子出在最高层，但他咋敢责任上推？但是把罪过由自己承揽下来，又实在担待不起。检讨会上，他已无昔日霸王威风，只见得支支吾吾，东拉西扯，试图博得众人同情、谅解，未曾想参会干部多对检讨并不予认可，纷纷提出批评，昔日霸王"李政委"竟然哭了起来。

幸得邓小平到四川组亲自解围，说会议不能继续这样开下去了，李井泉也不要再作检讨了。省委有责任，中央也有责任，账不能都算到某一级头上。邓小平讲完就带李井泉离开了会场。此后许久再无人开腔，直到散会。再次开会，局面翻转。率先发言的竟然是饿死人最多的涪陵父母官：地委书记孙俊卿，孙刚说几句就涕泪哽咽，不能成声："李政委检讨……李政委犯了错误……是我们没把工作做好……"。接着就像是经过彩排过似的，一个接一个作自我批评，按照"团结起来犯错误"的精神，分担李井泉过失。

事实上，"团结起来犯错误"是中央定下的基调。正如毛泽东讲

---

26 东夫《麦苗青菜花黄》香港，田园书屋，2008年版，页350。
27 同上书，同页。

话所说："我们这几年工作中的缺点、错误，第一笔账，首先是中央负责，中央又是我首先负责；第二笔账是省委、市委、自治区党委的；第三笔账是地委一级的；第四笔账是县委一级的；第五笔账，就算到企业党委、公社党委了。总之，各有各的账"。[28]毛泽东耿耿于怀的，其实并非四川李井泉式的分散主义，而是安徽搞包产到户的曾希圣式的分散主义。一度受毛泽东信任的安徽省委第一书记曾希圣大跃进初期也很左，安徽浮夸死人也很严重，然而从1961年初开始，曾希圣便在安徽全面推行后来称之为包产到户的"责任田"，使生产迅速恢复。在第二阶段的"出气会上"，刘少奇参加安徽组讨论，把刮"五风"和搞包产到户搅成一团来批，当场宣布撤销曾希圣安徽省委第一书记职务，由李葆华继任。事实上，李井泉这样忠心耿耿执行大跃进路线，毛泽东绝无让他"别姬"之意，无非对众怒汹汹的四川组暂行安抚罢了。李井泉虚惊一场。

七千人大会稀释了"大跃进"以来的全国性狂热，也扭转了自庐山会议反右倾以来的迷惘与颓势，1962年成为1956年以来中国社会第二个宽松时期。甄别平反"右倾"分子、为知识分子"脱帽加冕"[29]，为部分右派分子摘帽……这些，似乎都预示新一年政治环境的暖暖春意，从而为经济调整的"八字方针"[30]顺利推进铺平道路。1963年2月，中央再次召开工作会议提出，再用二三年的时间，除

---

28 毛泽东《在扩大的中央工作会议上的讲话》，（1962年1月30日）庐山会议后开展的"反右倾"斗争被重点批判和定为右倾机会主义分子的干部和党员全国共300多万人，七千人大会前后，对错划的"右倾"分子进行甄别平反工作，1962年4月27日，中共中央书记处制定和发出了《关于加速进行党员、干部甄别工作的通知》，甄别平反工作全面开展。

29 3月在广州召开的《全国科学工作会议》和《全国话剧、歌剧、儿童剧创作座谈会》，周恩来对两个会议的代表做了《论知识分子问题》的讲话。陈毅在会上正式为知识分子"脱帽加冕"（脱资产阶级知识分子之帽，加劳动人民知识分子之冕。）

30 八字方针指"调整、巩固、充实、提高"。即调整国民经济各部门的比例关系，主要是农轻重、工业内部、生产与基建、积累与消费等比例关系；巩固已经取得的经济建设成果；充实那些以工业品为原料的轻工业和手工业品的生产，发展塑料、化纤等新兴工业；提高产品质量，改善企业管理，提高劳动生产率。

继续改善国民经济的比例关系之外,着重加强生产能力的填平补齐、改善企业管理、提高经济效益。

四川和全国情况一样。1963年8月四川召开省第三届第一次人民代表大会,省长李大章自豪宣布,四川经济"已在节节后退中站稳脚跟,开始从被动转入主动,重新走上比较顺利的发展道路。"全省经济的复苏迅速,各项经济指标从1963年起节节回升。到1964年下半年,四川的经济面貌与"大跃进"以前相比较,发生了巨大的变化。

随着公共食堂的解体和基本核算单位下放,四川农村经济迅速恢复,重现勃勃生机。1962年,四川粮食产量增加24%,农业总产值增加8%。同期的粮食征购率和征购量则降至1953年以来的最低水平,[31]农民生活显著改善。当年秋收,端的是"稻花香里说丰年,听取蛙声一片"的升平景象,市场农产品显著增多,物价狂涨的势头被扼制。从1963年到1965年,农业总产值又以年递增8.3%的速度增长,粮食产量三年间增加600万吨以上。

这几乎是所有极权政权的特色:办好事、办坏事都一样高效率,要么大辉煌,要么大灾难——1958年是前者,1960年是后者。其实,追逐财富是人的本能,只要没有雄主伟人为追求丰功大业而自以为是地指手画脚、强加干预,庶民们都会吃苦奋发,创造出人间奇迹。中国古代的为君者之术是"无为而治""省苛事,薄赋敛,毋夺民时"。这些政治哲学创造过著名的"文景之治"。20世纪五六十年代的四川故事,再次证明了这一真理。

经济如此迅速地恢复,并不是毛泽东最想要的。因为这场卓有成效的全面调整,正是由刘少奇、周恩来、邓小平等人具体主导。庐山会议后,刘少奇已顶上第一线,1962年夏刘少奇去中南海游泳池向毛汇报工作,毛当面斥责刘:"你急什么?压不住阵脚了?为什么不

---

[31] 四川的粮食征购量自1953年以来节节上升,当年征购原粮52.95万公斤,占产量的29.6%,为10年中最低点,到1959年的77.4万公斤和48.9%达最高峰。1961年降为44.77万公斤和38.8%,1962年则再降为41.9万公斤和29.2%。

顶住？"刘竟然激动地说："饿死这么多人，历史要写上你我的，人相食，要上书的！"毛答："三面红旗也否了，地也分了，你不顶住？我死了以后怎么办！"[32] 斯大林被鞭尸的噩梦，"睡在身边的赫鲁晓夫"的幽灵，开始在毛泽东的头上徘徊。

  危机已经过去。刘少奇的地位却成了毛的一大心病。逢年过节报纸的套红头版，毛、刘俩主席同样大小的头像并列，他绝对难以忍受。事实上，全国上下，暗地里让毛泽东不能忍受者更不知位数几许了！甚至"偶因一回顾，便为人上人"的李井泉在七千人大会之后，对于恩主及其做派也开始心有耿耿，据西南局机关干部揭露，1963年8月，李井泉通过四川省监委书记梁歧山之口如是说："对毛主席怎样看，现在有许多新情况你们不了解，反对毛主席不一定是错误。"1964年1月西南局召开第四次委员会，李井泉又云："毛泽东思想无往而不胜，天天在喊，可是天天还是肉烂猪死。"1966年4月，李井泉对《四川日报》批示："最近的报纸上，这也是活学活用毛主席著作，那也是活学活用毛主席著作，是不是有那么多的活学活用？不要牵强附会，把宣传毛泽东思想简单化、庸俗化，要把宣传毛泽东思想用在抗旱上，否则就是空话。"1966年初，李井泉在南充研究工作，有人提出要学习毛主席著作，李井泉说："学个屁，去劳动半天不比学习更好吗？"[33]

  毛泽东是否得知了各路诸侯这些"跳船"动静？没有史料证实或证伪，但身处一线的刘少奇已获得足够拥戴，毛泽东已感觉大权旁落，他需要反击了。

---

32 林小波《四清运动始末》，《党史文苑》2005年第9期。
33 摘自"反革命修正主义分子李井泉的滔天罪行"西南局机关革命造反指挥部编大批判材料。

第三节　毛泽东的理论抢滩

古语云:"兄弟阋于墙,外御其侮",西方政治学鼻祖马基雅维利说得更赤裸裸:"明智的君主应当善于利用敌人的弱点来巩固自己的权力。""应当通过对外战争来转移民众的注意力"。借口"外部势力"侵扰制造偏见、煽动民粹、凝聚人心,几乎是所有极权者的圭臬。

1960 年代初中苏关系裂痕已现,释放北邻欺我、趁"自然灾害"之危撤走专家、催粮逼债的传言[34],在缓解民愤上确实发挥过作用。如今外敌既现,完全不需要专门"制造",借力发力就可以了。1961 年 10 月苏联召开 22 大,周恩来率领的中共代表团提前离场,正式拉开共产党两巨头分裂的帷幕,为批驳苏共,宣示对正宗马列教义的忠诚与拱卫,双方展开了长达数年的论战……所有这些,都为毛泽东重塑受到挑战的个人威望、构建中国特色乌托邦学说、所谓"无产阶级专政下继续革命理论"提供了现成的政治场景。于是毛泽东迅速抢滩,占领政治制高点。

按照社会发展五阶段论[35]的经典说法,社会主义是从资本主义和共产主义之间一个"过渡阶段"。在 1962 年 9 月召开的八届十中全会上,毛泽东高屋建瓴地将"社会主义"重新定义,称为"一个相当长的历史时期",在此历史时期"始终存在阶级、阶级矛盾和阶级斗争",因此,阶级斗争必须要"年年讲""月月讲""天天讲",所有工作都必须"以阶级斗争为纲"。一度缓和的中国社会生活,重新收紧,接下来,名目繁多的政治运动:"阶级斗争教育"、学习雷锋、思想革命化、"忆苦思甜"、城市"五反"、农村"社教"、小四清、大四清[36]

34　当时中国欠苏联的债务在国家财政支出中占比很小,且并非用粮食还债,而是通过出口有色金属矿、轻工业品和手工艺品进行折算抵债。将三年饥荒归因于苏联逼债是不准确的。
35　指原始社会、奴隶社会、封建社会、资本主义社会、共产主义社会。
36　1963 年 3 月 1 日,中央发出《关于厉行增产节约和反对贪污盗窃、反对投机倒把、反对铺张浪费、反对分散主义、反对官僚主义运动的指示》,要求在县以上机关和企业事业单位,有领导、有步骤地进行一次"五反"运动。

呼啸而来，让人目不暇接。

与"老大哥"苏联"修正主义"的论战打得难分难解，1964年，另一超级大国美国借"北部湾事件"正式介入越南战争，直逼中国南方，再加上印度、印尼、南斯拉夫等"国际反动派"跟着起哄鼓噪，"帝、修、反"全都联合起来掀起了"反华大合唱"。此局对于刺激中国人脆弱的民族主义神经，进而调动芸芸众生的政治兴奋感和斗争狂热，实在绰绰有余。毛泽东读史，对失败的开国之君梁武帝萧衍曾给予关注，并用唐人罗隐的诗句点评之："时来天地皆同力，运去英雄不自由"。大跃进的灾难已经过去，展望20世纪60年代初叶的国内外舞台，天地同力，英雄自由，毛泽东需要来一票更大的动作了。

1964年5月，中共中央正式提出建设大三线的重大战略决策；6月，由中央和国务院派出的联合工作组在成都组成；9月，成立西南三线建设筹备小组，由李井泉和国家计委程子华负责；次年2月26日，中央决定成立西南局三线建设委员会，由李井泉任主任，程子华、阎秀峰（西南局书记处书记）任副主任；下半年再增派彭德怀、钱敏为副主任。国务院有关各部亦先后在四川设立各自的指挥机构，四川省派省委书记和有关厅局负责人组成支援重点建设领导小组（以后改为委员会），按三线建委的统一部署开展工作。四川有关市、地亦成立了相应工作机构。此外，还成立了成昆铁路建设和以重庆为中心的常规兵器工业基地建设的指挥机构……可谓紧锣密鼓、气势汹涌。巴山蜀水，毛泽东的指示和感言一时间上下疯传："建不建设攀枝花，不是钢铁厂问题，是战略问题""你们不去安排，我要骑毛驴下西昌""如果没有投资，可把我的稿费拿出来""不建设好攀枝

1963年2月，中央工作会议决定在全国农村发动一次普遍以"四清"（清理账目、清理仓库、清理财物、清理工分，亦称"小四清"）为主要内容的社会主义教育运动。1964年9月18日，党中央发出《关于印发农村社会主义教育运动中一些具体政策规定的修正草案的通知》（简称《后十条》），1965年1月14日，党中央又发布《农村社会主义教育运动中目前提出的一些问题》（简称《二十三条》）提出，"清政治、清经济、清组织、清思想"。此为"大四清"。

花，我睡不好觉"[37]。

1965年4月12日，中共中央正式发出关于加强战备工作的指示，号召全党、全军和全国人民在思想上、工作上准备应付最严重的局势。共产主义取得全世界胜利的战斗指挥中心，俨然已转移到了中国。

所有这些，都让巴蜀庶民难以安睡。尤其从未涉世大学生，更哪堪这般高强度刺激！苏共二十二大召开，西南重镇的万人大校重庆大学学生，每天下课第一件事，就是风也似跑图书馆看新闻。《人民日报》只一份，阅报者一大堆，于是由挤在最前的同学大声朗读。当读到东欧唯一那盏小不点儿的"社会主义明灯"总书记霍查在苏共大会上怒怼赫鲁晓夫，宣布"宁肯站着死，绝不跪着生"，图书馆大厅顿时掌声雷动。

即便社会底层的政治贱民、失意者以及对人生前景迷茫无助的畸零人……低限的工资只能让他们到郊野河边廉价的茶馆去喝3分钱一杯的盖碗茶，那年月的书面阅读和信息交流，也"越来越多地被国家的政治生活中的大事吸引。尤其是那些来自正面的甚至'反面'的大块头文章，都是大手笔。这些文章气势恢宏，文采丰富，笔锋犀利，刀刀见血。读这些文章，使人大开眼界……我们青年工人，事实上已经站在了他的旗帜周围。当1966年他向刘邓司令部发起总攻击的时候，我们这些青年工人就义不容辞地为他的革命路线冲锋陷阵，流血牺牲……"[38]

时任外交部长陈毅元帅在1965年9月29日的中外记者招待会上，将中共面对斗争的自信发泄到了极致。城乡尚无电视，招待会现场通过纪录片向全国播出。陈毅说："对于美帝国主义强加给我们的侵略战争，希望他们早点来，欢迎他们明天就来，美帝国主义，印度反动派，日本军国主义他们一起来，让修正主义者也在北方配合他们

---

[37] 杨超等主编《当代四川简史》北京，当代中国出版社，1997年5月版。页162。

[38] 丘先甫回忆录《我这七十年》，自印书，页42。丘后来成为成都工人造反派领袖之一。．

一起来，最后我们还是会胜利的！"元帅那句中气十足的川音："我们等待帝国主义来，我已经等了 16 年了，头发都等白了！"其气势豪迈而风趣，让银幕前的芸芸草民无不热血偾张。

生活在这火热斗争的年代多么幸福啊！激情诗人贺敬之宣称，经过"一千次选择""一万次寻找"，他最后选择了几乎宿命的呐喊：

生，一千回，生在中国母亲的怀抱里，
活，一万年，活在伟大毛泽东的事业中！
呵，一切都已经证明过了……
一切一切呵，还在证明：
这里有，永远不会退化的红色种子；
这里有，永远不会中断的灿烂前程！[39]

实现人生价值，国人已别无选择，只有为伟大的共产主义主义献身，只有为毛泽东的事业献身。

只是，上层政治舞台的脚本情节，比诗人和年轻人单纯的激情复杂得多、隐秘得多。毛泽东提出的阶级斗争主题，对各层级的权力拥有者和嗜好者虽然利好、亦多灾祸，无论借机报复，或剪除异己，或发起挑战……总之，都获得了极大的操作空间。

四川社会重新剑拔弩张。

第四节 "年年讲、月月讲、天天讲"的巴蜀故事

1. 李井泉反攻倒算

七千人大会期间，李井泉被"一个四川干部"匿名告御状成功，还惹得最高领袖用"霸王别姬"把他挖苦了一通。睚眦必报的"西南

---

[39] 摘自《雷锋之歌》。原诗为楼梯形风格，此处仅摘原文。

王"这口气肯定咽不下去。他必须清算这笔账。贯彻七千人大会精神，李井泉知道重庆干部意见多，情绪大，担心给全省的传达会捅娄子，吩咐重庆市委第一书记任白戈在重庆先行传达，有气在本地出，别给全省会议添乱。

任白戈，四川南充县人，1906生于龙泉乡一贫苦农民之家。辛亥以降，四川始终是中国革命风潮激荡之地，少年任白戈遂幸遇了多位前辈先贤指点和赏识：包括张澜、吴玉章、杨闇公[40]等。在这样的背景下踏上人生之路，任白戈14岁便参加了C·Y继而转为C·P；1927年国共反目，他接任重庆党团临时地委书记之职，再转上海，与沙汀等人创办"辛垦书店"并开始了著述生涯，先后出版《伊里奇辩证法》《黑格尔的辩证法》多部先锋译著，加入了"左翼作家联盟"活动，并与后任中共意识形态总管的周扬结谊。1937年任进入延安割据区10余年间，先后任抗大总校政治教员、晋冀鲁豫军区宣传部长，华北兵团、华北野战军第一兵团、第十八兵团宣传部长。1949年10月随陈锡联兵团进军大西南。重庆政权易手，从此任白戈始任军管会文管会主任、西南军政委员会文教部副部长至1959年秋，继之接替履新上海的曹荻秋，担任了重庆市委第一书记兼市长。

从上述经历大体可以认定，任白戈当属知识分子味相对浓厚的中共官员。"知识分子"是近代历史上出现的概念，与中国古代"士"庶几近之。他们忠于道德理想，总是力图寻找能实现道德理想的政治力量并为之服务。同侪孙先余[41]有感于李井泉的霸凌专横，对任白戈的民主作风感慨尤深。他这样评价任白戈主政的重庆市委：全体官员的关系是和谐的、团结的，从而"为战胜人祸天灾造成的重重困难奠定了基础"。

恰恰因为任白戈治下的施政环境相对民主、宽松，李井泉要对重

---

40 张澜，时任南充中学校长，中共建国后任首届副主席；吴玉章与谢觉哉、徐特立并称中共"三老"，曾任中国人民大学首任校长；杨闇公，中共地下党四川第一任省委书记，系后任中办主任、国家主席的杨尚昆之兄。
41 孙先余是晋绥时期李井泉的老部下，时任重庆市委书记处书记兼工业部部长。该评价记于在回忆文稿《忆白戈同志》。

庆市委特别警觉就理所当然了。1957年整饬"张（文澄）陈（孟汀）反党集团"，李井泉担心任白戈下不了手，打算从省上另派官员来做书记备胎，顶头独裁者的威胁让任白戈最后乖乖屈服。这一回，李井泉吩咐任白戈在重庆先行传达七千人大会精神，有气在本地出，别给全省会议添乱，任书记谨奉上命，老老实实于1962年2月底，率先召开了市委第十八次全委扩大会议。任白戈比对北京做法，"照葫芦画瓢"，号召发扬民主，实行"三不"政策："不抓辫子""不戴帽子""不打棍子"，而且还加上一条："不装袋子"（即代表发言及材料不进个人档案），而且还规定小组记录只记事，不记发言人姓名，只谈事不要涉及人，避免追究个人责任等等。传达会开得热闹空前。

据亲历者回忆[42]，代表们就四大议题畅所欲言，一扫反右运动之后凡事看领导脸色表态之风：一、关于对四川形势的估计。副市长邓垦发言最为直截了当："对四川农业形势应作正确估计，不能硬套三七开。'大跃进'这些年造成严重后果，饿死了那么多人，把老百姓害苦了。把困难归结为是天灾造成，不科学，应该是在天灾基础上加了人祸。其实就是没有天灾，刮这样的共产风，也非困难不可。"二、关于贯彻执行毛泽东和党中央的方针政策问题。有代表明确表示："三面红旗"本身就是"左"的产物，而四川确实是推行"左"倾错误一个重要的地方支柱，并且在"左"的方面大有创造发挥。三、关于阶级斗争问题。代表认为，省委脱离实际，过分强调阶级斗争，对干部实行过火斗争，搞得干部人人自危，不敢讲真话。四、关于省委领导的民主思想和民主作风。这个议题众人意见更大，不少干部总是揣摩领导的心理和需要来表态行事，党内党外都是如此。即使在党委会上讨论工作也不能说不同的意见，不能商量问题，一把手说了算。怎么不出问题呢？……所有锋芒无不直指李井泉。某日任白戈到党群小组听意见，李止舟非常愤怒地站起来发飙："有些人就是上不听中央，下不听群众。我们这些人算个卵，你说他听不听？"语惊四座，

---

42 参见廖伯康《历史长河中的一个漩涡——四川萧李廖事件回眸》。《当代四川要事实录》（第一辑）。

谁都知道李止舟所骂何人。任白戈也知道此话是故意说给听，却默然无奈。会议开得快活，以至副市长邓恳即兴念起了打油诗："年已五十满，活得不耐烦，闲来无事干，打打太极拳"。

果然一派古代廷臣诤谏、清流群议之状。文人书记任白戈的总结报告赞评会议开得很好，到会同志思想敞开了，发言热烈，冲破了许多框框和束缚，做到了知无不言，民主空气活跃，大家心情舒畅。这次会议"可以说是来了一个翻箱倒柜，对过去工作中的矛盾做了比较充分的揭露，有助于总结经验教训。矛盾揭露以后大家在许多问题上的认识逐步趋向一致。问题见面了，共同语言更多了，今后的工作应该做得更好。"最后，任白戈保证：第一，我以党性担保，把大家所反映的情况如实向中央反映；第二，我以党性担保决不打击报复。

事实上，经宦场反复捏搓，任白戈充其量就是一个守法尽职的循吏，一颗捏在李井泉手里的软柿子。事实很快证明，任白戈的上述两条保证，一条都没兑现。尽管市委秘书长辛易之将会议材料中所有尖锐、敏感的文字或删或改之后，才上报西南局，但是丝毫不妨碍李井泉对不听话的重庆干部立马实施打击报复。

次年4月，重庆市委召开著名的二十次一届二十次全委（扩大）会议，传达四川省委工作会议精神，并检查重庆市一年来的工作，开展"批评与自我批评"，通过"下楼""洗澡"，"使与会的绝大多数负责干部放下包袱"。萧泽宽、李止舟、廖伯康在十八次扩大会议小组会关于大跃进和反右倾斗争等问题发表的意见，终于成了"辫子""帽子""棍子"，会上一片大张挞伐。"反党集团""反党阴谋活动"就此坐实。李止舟、廖伯康被撤销一切职务、留党察看处分，下派工厂劳动；萧泽宽调离重庆，到北京任国家侨务委员会政治部副主任。[43]温良恭顺的任白戈，就在这次重庆市委二十次全委（扩大）会议后三个月，被李井泉圈定为中共西南局书记处书记。

重庆的政治环境和社会生活，再次岁月静好。

---

43 中共十一届三中全会后，1982年12月23日，重庆市委决定对萧、李、廖案彻底平反。

2. 微型"朝廷"的命运

在重庆市开始"岁月静好"的同时,七千人大会给川官注入的勇气,将"万里长江第一城"宜宾的一对混双"权力组合"揪上了台面。

男主刘结挺,1919年出生于山东平邑县农民之家,1933年加入中共,后脱党。1938年重新入党后被派到军阀孙殿英部从事地下工作,后回新四军抗大四分校从事政工。1945年任华中军区八分区独立三团政治处主任。1947年春任华中一分区二十八团副政委、政委。1949年中共发动渡江战役前,任十八军炮兵营政委。进军大西南时任十八军五十二师一五四团副政委。1950年2月,十八军奉命进军西藏,刘结挺在乐山体检时发现腰椎骨质增生、尾椎破裂等病,不宜进藏,遂留川内,任宜宾县委书记后改任江安县委书记。1951年任宜宾地委组织部部长,两年后升地委副书记、书记兼宜宾军分区政委、党委书记。1961年,泸州、宜宾两专区合并而为宜宾专区,刘任地委第二书记。

女主张西挺,原名简玉霞,河南淮滨县人,1941年参加中共后改名。1946年虽被俘叛变自首[44],但因兵荒马乱,这一历史污点并未影响其随中共大军南下,并与刘结挺结婚,随夫君来到四川,任了宜宾市委(县级市)第一书记。

有床笫关系为纽带,又同地为官,对于权力欲旺盛的基层官员,实在是持势擅权、为霸一方的绝佳保障。事实上,这对权力组合确实把这样的优势发挥得足够充分,整起人来可谓信手拈来,随心所欲。十余年间,夫妇俩利用政治运动及其他机会,捏造材料、蒙上欺下,凡不驯服者皆遭诬陷打击。经四川省监委调研查实,刘、张二人制造的冤案最为极端者,计有李鹏案件、郭一案件等,共13起。

所幸者,刘、张二人的官职不算太大,无非高估了该官位的权力边界胡来了一把;其次,他们想灭掉的对手同样也有各自的官场背

---

[44] 1972年6月18日,中共四川省委向中共中央做出《关于张西挺被俘叛变的审查报告》,同时发布的还有《关于审查刘结挺历史问题的情况报告》。

景，因此，刘、张的整人之乐注定只是短命的游戏。再说，擅权癖李井泉正因为北京开会因同僚密告了通天状，被毛泽东用"霸王别姬"为例克了一通，他需要在巴蜀政坛为自己洗清卖白，同时表现自己的豁达开明，这便轮到了刘张夫妇的末日。四川省委专案小组 1963 年 3 月做出了对他们的处理结论："刘结挺、张西挺在宜宾担任领导工作多年，作风霸道，爱训人、骂人，听不得不同意见，严重违法乱纪，打击陷害同志。"

举证之一是：1958 年宜宾市召开党代会换届选举，代表中有人不同意再选张西挺任书记，曾议论另提候选人。孰料会后市委便组织专案组将几个相关人员打成"反党集团"，一并开除党籍、劳动教养、开除公职、撤职等。[45]

蒙冤者通过各种渠道和方式向上级反映冤情。到 1961 年，北京开始反思并调整政策，冤假错案的甄别陆续启动，刘张夫妇终被纳入上级督查的视线；七千人大会之后，四川省委和宜宾地委正式对刘结挺、张西挺提出批评，并派员前赴宜宾调研查实；1962 年四川省委第十七次全体会议决定停止刘、张职务并成立专案组进行审查。次年 3 月，专案组向省委提交《关于审查刘结挺、张西挺严重违法乱纪问题的报告》并由省委报请中央批准，撤销了刘结挺、张西挺的职务，从宜宾调到成都，适度限制自由并对二人继续实施审查。

省监委对刘、张所涉 13 个案件进行半年多复查，于 1964 年 6 月 18 日正式做出《中共四川省委监委关于刘结挺、张西挺严重违法乱纪、打击陷害同志的调查报告》称：

> 刘结挺、张西挺自 1955 年担任地、市委书记以来，由极端严重的资产阶级个人主义，发展到夫妻合谋，滥用职权，严重破坏党纪国法的地步。在他们领导的地区，实行顺我者昌、逆我者亡的统治。对

---

[45] 龚自德口述，张继禄等录音整理《四川"文化大革命"中的两个野心家的浮沉》（四川人民出版社 2004 年 2 月出版《当代四川要事实录》第 2 辑，页 219。龚自德，四川省党史研究室处长、四川省中共党史学会秘书长，长期从事中共党史、解放军军史、中国革命史、中国近现代史的研究、编撰和书刊编审工作。文革后，对"刘张问题"进行了专题研究。

敢于坚持原则，在工作中提出不同意见，或者批评、揭发了他们的错误，或者被他们怀疑为揭发了他们错误的同志，都视为眼中钉，怀恨在心，利用政治运动及其他机会，采用制造舆论、捏造材料、蒙上欺下的阴谋手段，进行打击陷害，以巩固他们独断专行、为所欲为的个人地位。经查实，刘结挺、张西挺共制造了李鹏案件、郭一案件、黄新寿案件、张家璧案件、刘洁纯案件、胡绍钦案件、陈玉清案件、"内部侦察"案件、吕逢权"反党集团"案件、罗念宝案件、傅德忠案件、蒋尔清案件、廖测宽案件等共十三起冤、假、错案。

下面简介的二案足以折射高度极权的环境下，官场的生态是何等畸形，亦足见擅权者个人禀赋是何等邪恶阴暗：

一、李鹏案。李鹏原为宜宾地委常委、宜宾专署专员，系与刘结挺同级别的行政搭档。李鹏本系老红军，资历深厚而非顺杆攀爬的诺诺之辈，这就有了李鹏在公开会议上和刘结挺常常发生意见争执、决意相左之举。刘遂对李素怀忌恨，必欲除之而后快。1957年"整风运动"伊始，李鹏在行署机关黑板报上写了两篇稿子，宣传整风的伟大意义和政策，号召给领导提意见。干部们在政策鼓舞之下开始揭发刘结挺工作上、作风上的问题。刘结挺则联络对黑板报文章持相反意见的同僚发起反击。李鹏人称"草鞋专员"，作风深入，颇受拥戴，且李鹏所指刘结挺以权谋私之劣迹条条"钢鞭"，如：不经党委集体讨论，擅自将老婆张西挺的工资提至行政十三级。那年月全民生活紧缺，经济问题对挑动众人仇恨见效之剧可想而知；还有，其时张西挺尚富青春，曾一再勾引年轻警卫员胡绍清遭拒，香艳故事最吸眼球，一度闹得满城风传。刘结挺为掩"家丑"而怒起杀心，将胡投入冤狱[46]……刘张夫妇作风霸凌，独断专行。还有，地委常委、军分区副

---

[46] 陷害胡绍清亦列入刘张所造13个冤案之一。据龚自德《四川文革中的两个野心家的浮沉》一文介绍，胡绍清是刘结挺的警卫员，就住在刘结挺家里。张西挺本来有一个保姆，但是张西挺却叫胡绍清住在她的寝室里面帮她带小孩。1964年处理刘张的材料上是这样子写的：张西挺逼迫胡绍清与她同睡，胡绍清拒绝后，搬到刘结挺的套间去住，张西挺又到胡绍清的床上去纠缠，再次遭到胡绍清的拒绝。于是，张西挺就在日常工作上对胡绍清无故批评指责，胡绍清因气愤与张西挺顶撞了几次；张西挺竟无耻地反诬胡

政委郭一力挺李鹏。刘结挺首战告败。

紧接，整风运动转而为"反右"斗争。11月，刘结挺旋以保卫党的名义对李鹏发起反击，刘结挺除布置搜集李鹏材料，还亲自操刀，将李鹏在宜宾川剧院的讲话和在宣传会议上发言底稿，掐头去尾、断章取义，包装成一完整的"向党进攻"证据。处理报告称李鹏要和地委争夺整风运动的领导权；群众赞李鹏为"李青天"，报告材料则改为李鹏被右派分子赞为"李青天"；刘结挺在地委会上提出专署成立党组、由李鹏分管农业，如今刘结挺则反诬李鹏"反对地委对农村工作的领导"，向党进攻等等。刘结挺起草的处理报告未经地委审议便上报省委，报告被省委否决，刘干脆直接向地委宣布说省委已定李鹏是右派，对外则称李鹏犯严重右倾错误，属不戴帽的右派。1959年5月，刘结挺向省委再写报告，认定李鹏是右派分子，不公开戴帽，撤销党内外一切职务、留党察看两年、工资降三级——这个报告仍未提交地委审议便上报省委。宜宾方面据此报告正式执行。

李鹏不服，多次去成都提出申诉——已是大饥荒年代，全民生活困难，刘结挺得知李鹏反情，对李再作深度处理：取消李鹏理应享受的食品照顾，令李到五粮液酒厂劳动，不准外出，不准下车间，不准搞业务，只准参加种菜劳动……形同囚犯。李鹏空有"老红军"金牌加身，好端端被折磨致病、致死。丧葬之日，刘结挺继续追杀，严令悼词中不准写李鹏为党工作、红军生平诸事迹，墓碑不得刻"千古"两字。

二、郭一案。在倒李（鹏）事件中与刘、张唱"对台戏"的地委常委郭一，本不属刘结挺权力管辖范围：郭任职军分区副政委，属军队系列干部，可郭一的夫人张勇军偏偏是宜宾市委组织部副部长，不幸罩在市委书记张西挺治下。刘结挺要收拾郭一，只需老婆配合便

绍清有违法乱纪的事情还没有处理。刘结挺听后找胡绍清谈话。胡绍清把真实情况告诉了刘结挺，刘结挺怕暴露"家丑"，反而栽诬胡绍靖两次企图奸污张西挺，遂于1959年8月定胡绍清为坏分子；未经胡绍清所在的党支部讨论和任何组织决定，便开除了胡绍清的党籍，连夜送公安部门劳动教养。

可。张西挺本非善类，整人轻车熟路。她首先将张勇军定为反党集团成员并开除党籍，接下来，刘结挺顺理成章将郭一捆上了政治囚车。

张勇军案事发不久，1959年的庐山风暴骤降，"反右倾"和"反翻案"成为政治正确的关键词，刘结挺祭起这两柄"杀手锏"，指控郭一指挥宜宾"反党集团"进行"右倾翻案"。夫妻二人不仅亲自上阵，还指令并未兼有军分区任何职务的地委书记王茂聚、组织部长郭林川等参加群殴，在军分区四级干部会，对郭一进行长达42天的斗争。手法多样，无不穷尽党内斗争手段之极致，如逼供录音、签字，作假证明、篡改档案、滥加罪名，无限上纲（其诬罪最为惊悚者，是捏造郭一在"清共委员会"担任机要工作，故而是为"混入我党的阶级敌人"）等。1959年秋天，李井泉庐山归来，不是以"引蛇出洞"之计搞过一回"政治测验"，让四川干部落入"右倾"之彀吗？可叹郭一恰恰在那盘出"诈局"中被引了出来，对"彭德怀反党意见书"表示了赞同，这就让刘、张抓了个正着，以郭一的"右倾机会主义"言论，将其打为"漏网右派"。刘结挺提出开除郭一党籍，撤销党内外一切职务，送去劳动改造，因郭系军职，省委未予批准。可怜罩在张西挺阴影之下的张勇军却难逃劫运，工资待遇猛降三级，由下放劳动改为监督劳动，挑煤，备受折磨致残。

除上面提到的李鹏、郭一、胡绍清之外，其他遭遇刘、张打击迫害的官员有：专区计划委员会副主任刘洁纯、专区财委副主任张家壁、市委第二书记兼市长吕逢权、市监委副书记刘国梁、市委宣传部副部长王恩伯、市委组织部干部彭城福、市检察院检察长秦秀忠、检察员卢德明、市公安局治安股原股长蒋尔清、消防队队长李永声，老红军、市民政科科长罗念宝、市搬运公司副经理傅德忠、市劳光玻璃厂公方代表兼厂长、先进工作者廖测宽、劳光玻璃厂技术人员景晋侯、市委事务员陈玉清等。其中开除党籍12人、留党察看4人、撤销职务3人、开除公职1人、内有2人被判处有期徒刑、3人送劳动教养、2人送农村或菜场与"四类分子"一道监督劳动。李鹏被折磨致死、景晋侯服刑中病死，吕逢权、张勇军、张家壁、傅德忠被折磨成或重病或残疾；秦秀忠、王恩伯、卢德朗、张勇军等被迫害后再次遭到清理斗争，王恩伯、张勇军还被加重处分；郭一、吕逢权、王恩伯、张家璧都是夫妇双双被整；王恩伯、傅德忠被整得妻离子散，黄新寿、刘结纯被迫害后，其小孩也未能幸免。

刘结挺、张西挺整人下手之狠、之重，让人叹为观止。客观地说，那年代的中国，这类捕风捉影、继而无中生有、罗织罪名、无限上纲置人于死地的例子并不鲜见。只要手中有权，要弄死一个"敌人"或无辜者，比掐死一只蚂蚁还简单。刘、张问题的特点在于，他们一口气搞了这么多人，而且都是同僚、都是有头有脸的人，而且注定还想要把所有对手铲除净尽，难度本身太大。还有，下属的权力僭越，最容易让上司暗生尾大不掉的顾忌。李井泉本人是个擅权狂，刘、张的过头行动很容易让其心生警觉。

下面的故事该让蒙冤者欣慰了：从1963年4月正式立案调查，到8月，省监委书记梁岐山和省委组织部副部长安法孝主持监委常委会研究认定刘、张的错误系"由严重个人主义发展到打击报复陷害同志""开除党籍是无疑的，刑事处分、打击报复应该这样处理。"最后由李井泉召开了有省委常委和地、市委书记参加的小会，对刘、张的处理进行专门讨论，会议提出四种意见。一、判处死刑（一人）；二、开除党籍并法办（绝大多数）；三、开除党籍（人数次于二）；四、留党察看（仅李井泉一人）[47]。10月，四川省委在重庆召开地、市委书记扩大会议，再召开有省监委委员参加的省委全委会。正式决定开除刘结挺、张西挺党籍，免于刑事处分。夫妇俩被调离宜宾，先是秘密软禁在成都红牌楼公社反省，解禁后转罗家碾招待所谪居，等待漫长的、吉凶未卜的命运。

3. 诡异的《红岩》现象

共产党定鼎大陆，思想文化始终是毛泽东特别关注、随时打理的领域。八届十中全会上，毛泽东提出"利用写小说来进行反党活动，

---

[47] 见四川省委监委常委会1963年8月18日会议记录及省监委书记梁岐山1967年4月29日的大字报。

这是一大发明。"[48]文化及文化人的整肃随之开始，1963年5月由《文汇报》发表文章批判新编昆曲《李慧娘》和廖沫沙的《有鬼无害论》，继而掀起报刊公开点名批判的风潮。11月，毛泽东尖锐批评："文化部不管文化。封建的、帝王将相的、才子佳人的东西很多……要好好检查一下，认真改正。如不改变，就改名'帝王将相部''才子佳人部'，或'外国死人部'"。电影界随之罗网垂天，《北国江南》《早春二月》《逆风千里》《桃花扇》……一部接着一部挨批。

值此文化园地寒蝉凄切之时，1962年，一部长篇小说偏偏在山城重庆异峰凸起：《红岩》。该书一经问世，影响力很快跨出了文学界，跨出了重庆、四川，甚至跨出了中国，成为整整一代中国年轻人的生活教科书并造成海外影响。小说作者罗广斌和另外两位重庆作家杨益言、刘德彬共同创作的[49]文化作品，成了那年代最亮丽的风景线，罗广斌成了超级文学明星。

罗广斌，出身四川忠县[50]官宦之家，同父异母兄长罗广文，系国民党十五兵团司令。罗虽出身豪门，却非膏粱纨绔，读中学时即因争恋爱自由而离家出走，追随同乡近邻、中共地下党骨干马识途[51]去了昆明。其时马就读于西南联大，罗追随其后，一边读书同时积极参加中共组织的学生运动。抗战结束后罗返重庆，接受川东地下党派遣，去秀山县以教书为掩护开辟革命据点。1948年春，重庆地下党负责人刘国定、冉益智[52]双双叛变，地下党组织顷刻瓦解。负责此案的国

---

48 此语系毛泽东就小说《刘志丹》出版的讲话。
49 《红岩》出版时署名仅为罗广斌、杨益言。另一作者刘德彬未署名，皆因刘担任重庆市教育工会主席期间被划为"中右"。事实上，"一一·二七"前已经出狱的杨益言与罗、刘两位大屠杀见证人相比，无论资历、经历都比罗、刘逊色许多。刘德彬系三十年代党员，因叛徒出卖，和江姐一道被捕并一道解押进渣滓洞监狱。小说有关江姐和农村武装斗争部分，基本上是刘德彬提供素材并执笔写的。粉碎"四人帮"后纠正冤假错案，刘德彬的"右派错案"得以改正，并恢复了小说《红岩》的署名。
50 现属重庆市。
51 马识途和罗广斌两家在忠县为通好世交。
52 刘国定，中共地下党重庆市委书记。冉益智为工委副书记兼组织部长。1948年4月22日，中共重庆地下党市委机关报《挺进报》因叛徒告密遭破获，刘、冉二人率先叛变。

民党西南军政长官，公署二处处长徐远举曾亲自知会十五兵团司令罗广文，说乃弟罗广斌是共产党员。罗广文回复说"我兄弟调皮得很，你可以把他找来管教管教。"于是罗广斌被抓捕，关进重庆歌乐山渣滓洞后转囚白公馆。1949年11月27日，国民党从重庆撤退，对囚禁于渣、白二处的地下党人实施集体屠杀——这就是中共重庆革命史上著名的"一一·二七"大惨案——只是罗广斌以其特殊身份被网开一面，侥幸脱险。小说《红岩》未能署名的作者刘德彬倒真是从屠杀中死里逃生，只不过越狱时受了伤。

人们印象中的渣滓洞、白公馆一直是血淋淋的人间魔窟。事实上，由于身份特殊，罗广斌被捕后并没受过刑，只因对狱卒态度桀骜，确也曾罚以铁镣，即使遭如此惩戒，仍不妨碍他戴着脚镣在放风地坝跳踢踏舞。身陷囹圄，耳闻目睹，加上其他人（如刘德彬）提供的亲身经历，这就构成小说故事狱中斗争的基本素材。中共接管重庆政权后，原川东地下党负责人萧泽宽等人一直在市委分管组织工作，对罗、刘二位脱险者信任有加，让他们去屠杀现场认尸收殓，确认死者中的中共党员，并以死难烈士的革命经历和狱中表现写出小传、评出级别，继而举办展览，办纪念特刊，接待安排脱险者，做革命传统教育报告等等。小说《红岩》由是渐渐成型，并最终破壳而出，一鸣惊人。仅中国青年出版社首期支付的稿费，就达七万元之巨，这在1960年代，无异于天文数字。作者罗广斌、杨益言一时名利双收，名满天下。

可是，随着阶级斗争风声日紧，《红岩》创作集体，特别是罗广斌处境却日趋尴尬。

小说出版次年，《红岩》成形期曾给予了诸多幕后支持和关照的重庆市委组织部部长萧泽宽在市委第20次扩大会上被打为了"萧李廖反党集团"头目。萧的倒台自此成为罗广斌一大心病。其次，罗广斌和另一正走霉运的地下党高官马识途更难撇清关系。马乃罗广斌同乡好友兼革命引路人，还是地下党（川康）领导人兼作家。曾发表文章《我和〈红岩〉》谈罗广斌的成长，谈他如何帮助罗写小说时如何处置史实等诸端旧事，甚至说他和《红岩》的孕娩有近乎父子般的感情等等。

罗广斌身处危墙之下，虽欲远祸而不可得；更要命的是，阶级斗争风声日紧，罗广斌出狱到底是"越狱"还是"释放"？为何释放？是否叛变？这些都构成了档案上的巨大疑点。《红岩》出版，著者声誉日隆。日本共产党一位书记访问重庆，当面向市委书记任白戈提出邀请罗广斌访问日本，市委未予应允。名声如此巨大，以至于大到国门之外去了，搞清楚作者的历史就显得更加紧迫。重庆市委决定成立以公安局副局长秦世杰为组长的专案组，对罗广斌的出狱问题刨根究底。

市委的怀疑和公安部门的专案调查是藏在暗处的。依旧处于高光时刻的罗、杨两个幸运儿依旧继续享受《红岩》带来的巨大快感。最让他们激动的是，1962年末，二人应专召上京参加文化系统整风，竟然受到江青特别宠召。江青开门见山，专谈小说能不能改的问题，并明白告知，这是毛主席的意思。江青说[53]：

改，就是要有破有立。破什么？批夏衍改编的电影剧本就说得很明白，那是一条错误的城市领导农村的路线。1948年—1949年川东地下党犯的错误是上海局领导重庆市委，重庆市委又领导华蓥山的农村武装斗争，还有就是盲动主义的《挺进报》等等。

立什么？当然就是以农村包围城市，通过武装斗争解放了全国的毛主席革命路线。（而小说之所以认为《红岩》可改）就在于小说写了华蓥山农村武装斗争，塑造了领导斗争的英雄人物——江姐。

罗、杨二人惶恐称诺。北京归来，即向市委少数领导做了专题传达，范围极小，事情便显得格外神秘也格外重要。江青关于改编京剧《红岩》的具体指示要点如下：

总的原则：1. 敢于革命，打破框框；敢于标新立异，标社会主义之新，立无产阶级之异。思想不受限制。2. 要气势磅礴，斗争尖锐复

---

[53] 以下内容参见杨世元《文革风暴中的重庆市文联》。杨其时为市文联负责作家创作联络的业务组长。（网刊《昨天》2012年6月30日第6期）

杂，一定要比生活高。运用一切艺术行为，为塑造英雄形象和思想高度服务。3.把敌人写够，要专门写反美斗争；写敌人，是为了突出我们的人，以我为主。4.反对写小资产阶级的思想感情、个人命运、骨肉之情。5.古为今用……。6.深入生活，广泛收集材料。

江青特别指示罗广斌，说小说《红岩》要再收集材料，以便修改。关于江姐的再创造，江青更有专示："小说中江姐弱了，要重新塑造一个。她不是一个人，是高度概括很多的人的女共产党员的形象。江姐要重新计划。许云峰有多高，江姐就可以有多高。江姐的外形要文一些，然而要有几分英气。人们喜欢江姐，由于她和老太婆去搞了武装斗争。江姐要合法斗争、非法斗争全用，她有秘密工作的经验。"还有"要改成江姐不死。"江青再次强调这是毛主席的意见。要中之要是："主席说，小说为什么不能改？"第一夫人非常慷慨地宣称：为了帮助你们写好江姐，我把我的历史讲给你们听……总而言之，文艺界的超级女皇把一切都敲定了，除了已经拍摄的黑白片《烈火中永生》，还要改拍上下集彩色宽银幕电影。江青亲自抓控的京剧样板戏《红岩》剧组也奉命成立，编剧是汪曾祺、阎肃，由北京京戏院组成最强阵容出演，由赵燕侠饰江姐。江青随即令上述人等专赴渣滓洞体验生活，并特别叮嘱罗、杨二人积极配合。罗广斌甚至亲下现场客串了一把"狱卒"（"猫头鹰"）徐贵林……

动静如此之大，以至对四川地下党从来心有耿耿的李井泉不得不有所表示了。这位"江西老表"对文艺本无兴趣，得知第一夫人如此这般，料定背后必有玄机，于是迅速跟进，指示四川必须要搞一部川戏《江姐》以示其对领袖的亦步亦趋，行动又需绝对保密，以避与天后争功之嫌。李井泉发令，等京戏《红岩》上演半月之后，川戏立即跟进亮相。编剧为重庆歌舞团著名诗人陆棨，重庆市文联作家张继楼襄助。川剧初版在重庆潘家坪高级招待所做过极小范围彩排，对观剧人均严加招呼："说不得哟！"

极权政治的社会生态，让所有人都缺失了安全感。即使李井泉向最高领袖输诚也如此小心翼翼，仿佛干一桩见不得人的勾当，遑论艺人墨客，升斗小民？

事实上，罗广斌正顶戴《红岩》的光环享受荣誉和快感，政府当局暗地里对他的监控同时也在紧锣密鼓进行。专案组查了与他前后出狱的十几人——在国民党军统档案里，这十几人的记录全都是"拟释放"——释放的原因各别，但罗广斌是在屠杀前被释放既遂绝对属实：发生"一一·二七"大屠杀当天，罗广斌的父亲罗宇涵和罗广文的参谋长林茂，确实就坐在重庆行辕二处徐远举的办公室，准备接走罗广斌。据罗宇涵致女儿的信称，他是确知罗广斌已出狱之后，方才回成都的。其时，国民军管兄长罗广文正统领五个军拱卫重庆，罗广斌不过是他交给徐远举去"管教管教"的兄弟，徐焉敢滥杀？其他军统头子，如沈醉、郭旭，后来亦持此说。事情既有这样的悬疑背景，作家罗广斌名声如日中天之时，政治上亦只能是上峰疑虑更甚之日。其时市文联专门负责作家活动组织的业务组长杨世元，这样回忆罗广斌处境之尴尬：

> 三线国防工厂请罗广斌、杨益言去做报告，他们前脚走，后脚宣传部就叫我给厂里打电话，通知厂党委说：他们做了报告就行了，不必让他们到车间去参观。显然这是"保密车间"要对他们保密。我就觉得有点蹊跷。这样的电话，叫我打一回，还没得啥子，叫我打的回数多了，我心头就要犯疑了。[54]

所有这些，罗广斌本人当然不会毫无察觉。几年后，罗向人讲起其所受政治歧视和迫害，还十分动容。但是他对这些尴尬一律无力拒绝。再后来，罗广斌被下放到重庆远郊的长寿湖渔场当了个类似"弼马温"的副场长。光芒耀眼的文学明星，只能在寂寞的朝雾夕阳间无奈地消磨才华横溢的日子。可以想见，他多么渴望一场暴风雨。

---

[54] 杨世元《文革风暴中的重庆市文联》，网刊《昨天》2012年6月30日第6期。

4. 老马未识途

马识途本名"马千木",1915年生于忠县名门望族,父亲马玉之在四川军阀刘湘时代出任过三任县长,按"本家子弟十六必须出峡"的家训,少年马千木负笈出川,去乱世天下寻求立身之道。辗转京、沪后考入南京中央大学化学工程系,立志工业救国。紧接抗战爆发,马千木断然停学转入救国活动,1938年在武汉加入中共,宣誓后即改名"马识途",取"觅得正路"之意。正是青春豪情时,马受中共党组织委派,转徙于鄂北、鄂西从事农村工作。先后在枣阳、光化、谷城等地任特委委员、县委书记、鄂西特委副书记等职。皖南事变发生,国共反目,马遭遇叛徒出卖,发妻刘惠馨及尚未满月的女儿被捕入狱。马识途侥幸逃脱,远遁昆明,考入了西南联大,先后就学于外文系和中文系,与中国近代左派文化大师闻一多、罗常培、楚图南、吴晗结师友之谊,同时以中共联大书记之名组织学运。抗战胜利后马识途旋即受派回川任川康特委副书记等职,迎接新一轮国共战端。中共建政,马识途历任四川省建设厅厅长、省建委主任、西南局和四川省委宣传部副部长、中科院西南分院党委书记、四川省人大副主任。还有些属于文学艺术的头衔,如:四川省文联主席、作协主席、中国作协理事。

在以农、工干部、南下干部为主体的四川官员群落,马识途如此渊源家世、高等教育背景和资深地下党领导身份,显然有些另类。更要命的是,因为工作原因,他根深蒂固的文人气质不可避免地和李井泉扛上了。

李井泉一贯号称四川是个"小国务院",经济领域必须"大而全""小而全"。作为人口大省,四川百姓穿衣用棉是一大难题,每人每年仅能凭票购买一丈五尺布(大饥荒三年,配额减低至每人每年3尺),李井泉决定来一次解决穿衣问题的"大跃进",号召全川大种棉花。可惜巴蜀夏秋多雨阴湿,最是不宜种棉。其时马识途领导的中科院四川分院专家一致认为,应顺应自然规律,扬长避短,四川多种粮食与省外棉区作粮棉之易。此议大忤李井泉的兴致。

李井泉亲自带头在办公楼外花坛毁花铲草，办起微型"试验田"。一把手来了劲，西南局、省委、市委、各级政府部门干部跟着一哄而上，也在各自庭院绿化地、花坛、草坪大种棉花。党报媒体及政府各简报、通报一顿猛吹狂噪，还摽着劲儿要培植"棉花王"，争夺奖状奖旗……"高产冠军"自然被李井泉唾手而得：种在一把手花坛里的棉花，在技术员的指导和花儿匠的精心照料之下，获得高产，按比例推算，每亩土地竟可收获一百几十斤（当时大田产量实际只有三四十斤）！谁说川西坝不能种棉花？李氏花坛的特大丰收，证明第一书记决策之英明，于是将西南局、省市党政领导部门领导统统招来举行"花坛现场会"，报社记者现场报道。与会官员争先恐后捧场。"一把手"不苟言笑，此时难得喜意洋洋。不幸的是，李井泉在官员群中发现了马识途，立即将眼光扫将过去——马在西南局分管科学，管科学的人赞美花坛植棉成功肯定更具科学性权威。面对一把手的急切热望，马识途竟然一语不发，让李井泉颜面大扫。更糟的是，事后李专程到重庆召开省委棉花会议，恰逢马陪同中科院专家到四川调研，享有国际声望的植物地理学家侯学煜，及农学家、土壤学家及区域经济学家，对四川的植棉政策均提出了与"西南王"全然相左的看法，认为有些秋雨连绵的地区如川西和雅安等地区及盆地山区，不宜种棉花而应该多种粮食和发展山区经济。马识途根据此行的资料笔记写出文稿《走马行》寄《光明日报》发表，专道京城科学家一致认为四川不宜种棉——老马在省委正开棉花会议之际，公然在全国大报上写文章与"李政委"唱反调，简直就是捅了马蜂窝！棉花大会顿时开壶，代表齐声嚷嚷：把马识途拉到重庆会上来批判！[55]

棉花惹出的麻烦还没完，马识途又在四川水利方针上和李井泉干上了。李在农村考察后自信满满地提出一个"以机电提灌为主，提蓄结合"的水利方针，下令全省雷厉风行执行之。每年从中央要来的钱几乎全部用来购买了提水机械，花钱不少却没解决根本问题。凑巧北京又来了一批中科院专家，又由马识途陪同去巴蜀各地考察，专家

---

55 参看马识途《沧桑十年》北京，中共中央党校出版社，1999年第一版，页50。

们的意见再次对李井泉打脸：要根本解决四川水利问题，首先必须大搞绿化，涵养水源。"大办钢铁""超英赶美"那些年，四川森林植被遭受的破坏是毁灭性的。要让水保留于土层，必须首先大搞绿化，特别川中丘陵地带那些"馒头山"都得尽快戴上"绿帽子"。

这一回又是全国性大报、而且是《人民日报》！报纸刊登国家级农水专家撰写的《南方水利方针座谈纪要》谈及四川部分，明确提出要"以蓄为主，提蓄结合"。此一部分内容的提议者正是马识途麾下一名研究员叫张先婉者。如此公开叫板"一把手"钦定方针，惹得西南局领导顿然大怒，某部长将一张《人民日报》推到马识途面前，斥问："她在这篇《纪要》中写到四川的水利方针，是经过你同意的吧？"

老马解释，说该研究员是位女专家，"工作很不错"还是一位共产党员。部长越发恼怒，直接命令："她首先是共产党员，敢于公开反对省委的方针政策，这是政治错误！应该进行批判。你回去就组织这个批判。"

老马冷冷回复李井泉的代言人："这篇文章是在《人民日报》上发表的，我们追究一个在中央党报上发表文章的作者，如果反映上去，那是什么问题，请你考虑。"

对方顿时哑火。

让马识途这颗"蒸不烂、煮不熟、捶不扁、炒不爆、响当当的铜豌豆"留在眼皮子底下成天搞事，实在让李井泉心烦。现在正好乡下搞四清，于是李井泉决定将马识途派赴川北南充搞"四清"，挂职县委副书记，具体则是从担任生产大队"四清"工作组组长到公社"四清"工作队队长，直到担任一个区的工作团团长，去农村基层和那些土佬儿厮缠。眼不见为净。

中共造反岁月，马识途从事地下工作，长期奔走乡村野地，对农村生活的贫苦和农民对幸福生活的期盼铭刻于心，地下工作者亦正是以此鼓动农民造反，助力推翻国民党政权。中共定鼎大陆，马识途主管四川全省工业和科学，长期生活于城市，如今"下放"为"七品知县",直接去乡下村民家"三同"[56],这才突感惊诧:中共执政十多年,搞了"土改"搞"合作化",搞了"合作化"搞"公社化"……老百姓日子依旧苦寒如此,有的社员还衣不蔽体,食不果腹。马识途深愧于心。他在回忆录《沧桑十年》[57]中感慨:"现在我下放做一个县官,古话叫做'牧民官',只有真心诚意地给他们做牛马,办点实事来报答他们,让他们的生活过得好一点,我心里才过得去。"

可是,这次下乡的任务偏偏是抓阶级斗争。他按照上级发布的精神,向农民们反复宣传,说农村生活之所以贫苦,皆因阶级斗争没有抓好,皆因站在他们头上的基层干部,许多已经变坏了,成了解放前骑在他们头上的保甲长了。他们下来的任务,就是帮助社员"捉走资本主义道路的当权派":

我们下来办的第一件事,就是把所有的基层干部都"赶上楼"去,夺了他们的权,然后一个一个地清查,一个一个地"下楼",宣布"解放"。这样的斗争,一搞就是几个月,真是斗得风声鹤唳,草木皆兵,好像到处都有阶级敌人和走资派一伙在进行反革命活动。有的基层干部被斗得死去活来,下不了台。我已经是努力对他们进行斗争了,可是开起汇报会来还说我的阶级斗争的弦绷得不紧,常常要准备接受"右倾"的批评。

就这么斗来斗去,搞了快两年,说的是只要抓好革命,就能促进生产。也许真是因为我抓革命没有抓好吧,生产总是没有促上去。就是我的那些"左"得可爱的左邻右舍,好像也没有搞好生产……社员们的生活越来越困难,他们对于国家"修"不"修",越来越不关心,甚至反感。

全国正大掀学习毛泽东思想热潮,说是"吃透"了毛泽东思想,就会产生超凡的智慧和能力,爆出"精神原子弹",自然就可多打粮食了。工作组向社员反复宣传如此道理。农民依旧漠然,甚至发牢

---

56 指同吃、同住、同劳动。
57 《沧桑十年》1999年由中共中央党校出版社出版,以下相关引文均摘要自该书。

骚,"天天这么念早经[58],还不是只喝到两碗汤汤稀饭。要能吃到干饭,这个早经我就念""先把我们的肚儿馈圆[59]了,再说别的吧!"马识途也越想弄清,越弄不清,而基层干部的心斗散了,社员的生活也越来越困难。他担心再这样斗下去,"恐怕我就要从'不太受欢迎的人'变成'太不受欢迎的人'了"。马识途越发困惑:

我不知道到底这是基于什么样的事实和理论,解放以后,搞了这么多年"运动",阶级斗争还没有搞够。最近这些年来,还要把反对修正主义的斗争作为我们国家的头等大事,党的中心任务。我曾听说,我们党内正有一些理论家,创立了什么"革命中心东移论",起劲儿地在树立所谓世界革命的"第三块里程碑"。并且自告奋勇地以我为中心,把全世界反对修正主义的大旗扛起来。

又不知道基于什么样的事实和理论,说我们国家有三分之一的政权不在革命家的手里,而是掌握在走资本主义道路的当权派手里。并且警告,赫鲁晓夫式的人物就睡在我们身边,"不斗则修","不斗则垮"。而且认定,基层干部总是沿着"懒、馋、贪、占、变"的危险道路滑下去,有"变修"的危险。

"马县官"听信了社员们的呼吁,决定先把生产抓上去,把他们的肚儿"馈圆"了再说。他从中科学院西南分院请来农业专家,一块下乡蹲点,搞"科学种田",准备作两年五熟的丰产田试验。区委书记对马识途搞两年五熟的丰产试验大力支持。农民对于专家前来讲授的技术知识亦听得津津有味,下大田照专家指导的做:在麦田套种玉米,果然大获成功。"社员生活稍好一点,他们高兴,我这个当官的能给老百姓办成一件好事,没有枉吃国家俸禄,也于心稍安。我觉得这比在那高级机关办公室里团团转,整天就是忙于公文、会议,搞不完的阶级斗争和各种莫名其妙的'运动',要舒心多了":

在这安静的乡村里,我能和科学家讨论自然规律,和老农民研究

---

58 指农村四清中推行的"天天读"制度,形式主义的学毛著形同和尚念经,农民故有此说。

59 四川土话:"吃饱肚子"之意。

丰收办法，是多么的自在，多么的快活呀。不是早有一句圣言："与天斗争，其乐无穷，与地斗争，其乐无穷"吗？我们请科学家下乡来帮忙，和自然进行斗争，叫田里多打粮食，叫老百姓的肚儿充实一点，这岂不是天下一大乐事吗？我再也不想卷入那官场的是是非非里去，再也不想去享受"与人斗争，其乐无穷"的那种快乐了。再也不想沉入那些空对空，在名词和术语中打圈圈的理论学习，特别是那些谁也说不清道不明的世界革命"反修防修"的没完没了的国际争论了。就让我在这个乡下角落里给老百姓办点实事，自寻其乐，终此一生吧。

马识途来乡下捉了一年多的"走资派"，一直没有捉出一个"名堂"，而在乡下搞科学种田成功，却遭指责"只抓生产，不抓阶级斗争"。他预感企图在农村构筑陶渊明式的"小桃源"梦想，迟早会破灭——果然，丰产田的科学试验刚刚取得初步成绩，1966年5月的一个晚上，他从乡下返回县委，突然收到西南局办公厅的电话，要他回去参加"运动"——马识途的"桃源梦"断。

唐代客居巴蜀的诗人杜甫这样咏叹川江："众水会涪万，瞿塘争一门"。二十世纪六十年代四川社会和全国一样，所有人的命运都如川江众水，被巨流裹挟着呼啸而前，无可回避、别无选择、跌跌撞撞、争先恐后，最后都被推入了波涛汹涌的历史三峡：所谓史无前例的"无产阶级文化大革命"。

第二章

从"五十天迷局"到再发动的"两个月"

（1966年6月—1966年10月）

第一节 李井泉仓促应战

毛泽东发动"文化大革命"，从社会层面，按"五七指示"的提法，是要建设一个以阶级斗争为纲的、限制和批判"资产阶级权利"的、"一大二公三纯"、亦工亦农亦文亦武、限制商品经济发展、在分配上大体平均的理想社会。从政治层面，则是斗倒"走资本主义的当权派""巩固无产阶级专政，防止资本主义复辟，建设社会主义"[1]。在思想方面，则如他为的姚文元一篇长文[2]中亲自加的一段话，无产阶级文化大革命是要"触及人们灵魂""触动到人们世界观的最深处，触动到每个人走过的道路和将要走的道路，触动到整个中国革命的历史。这是人类从未经历过的最伟大的革命变革，它将锻炼出整整一代坚强的共产主义者。"操作层面则是通过"天下大乱，达到天下大治。"[3] 总之，是要将政治革命、思想革命、社会革命毕其功于一役。

1966年中共执掌大陆政权、全面建设社会主义尚处于幼年时期，将自己带领全党和全体国人刚刚初步建成的社会秩序彻底砸烂，另起炉灶，创建一全新的、甚至让所有人都陌生的世界……实在是一次

---

1 中共《"九大"政治报告》。
2 《红旗》杂志1967年第1期《评反革命两面派周扬》。
3 1966年7月8日毛泽东致江青的信。

巨大的冒险。称文化大革命史无前例，虽然曾让全体国人自豪，但确乎是一个不幸的、铁一般历史事实。

1. 慌张与迷乱

这次运动"史无前例"，事情一旦訇然来袭，所有人都猝不及防。即使李井泉这样深得专宠的地方大吏，以及其治下的西南局和四川省委均一头雾水，不知所措。四川官史记载，对于毛泽东启动文革的标志性事件：1965年11月10日上海《文汇报》发表姚文元文章《评新编历史剧〈海瑞罢官〉》"省委最初因为对其背景并不知情而没有给予高度重视，文章发表了18天后四川才转载，因而四川省跟风的批判文章也稍显不及时。"[4]

省委宣传部副部长明朗回忆了面对突发事件的慌张与迷乱：

> 当时西南局的主要领导人（按：指李井泉）可能根本没看过姚文，对姚文的来历也不知情，及至上边批评下来，知道是毛主席批准发表的，而四川这一次没能赶上趟，就对主管宣传的人大发脾气。主管宣传的书记（杜心源）也未留意姚文的发表，何况是一个名不见经传的人写的，他被质问后，赓即追查宣传部和报社的责任。于是，张守愚就紧张起来，因为张守愚这时分管报刊宣传。弄得张守愚忙得不可开交，一会儿埋怨上面没给他提供情况，一会儿指责报社的消息不灵通，一会儿批评报刊处的同志没有汇总全国报刊的动态资料。这件风波还没平息，江青的《部队文艺工作座谈会纪要》又下来了，北京批"三家村"已搞得轰轰烈烈。大概觉得第一个浪头没赶上，第二个浪头无论如何不能再错过……[5]

张守愚，宜宾人，早年做排字工，因好读书，抗战时奔赴延安投于中共理论家艾思奇门下。延安整风被拘押"抢救"脱身不得，所幸

---

[4] 中共四川省委党史研究室：《中国共产党四川历史（1950-1978）》页306。
[5] 明朗《文化大革命灾难伊始》，载《当代四川要事实录》第二辑，页21。成都，四川人民出版社，2008。

国共大开战端，东北急需干部，张遂被侥幸放出，躲过一劫。1947年张在辽宁锦西县任工委书记，继而随军征战最后衣锦还乡，当了宜宾专署专员，1953年调成都，做省教委秘书长，文革开始时任省委宣传部副部长，排位第六。张经反复折腾，对上司早练得愚而忠，加上工人出身，官职排位偏后，将他安排在此敏感部位试水，实在位得其所。[6]

毛泽东发动文革以文教领域为突破口，初期斗争重点放在所谓"五界"，即学术界、教育界、新闻界、文艺界、出版界。四川省委照葫芦画瓢，也把《成都晚报》、省文联、四川大学这三个单位作为重点，发动全省文革运动。

为确保事情稳妥，省委的布置亦跟着北京节奏起舞。4月下旬，《四川日报》点名乐山专署文教局副局长李伏伽[7]，再从四川大学揪出哲学系总支书记卿希泰和历史系"反动学术权威"徐中舒。其数凑三，正好与北京"三家村"（邓拓、吴晗、廖沫沙）数额等同。

5月5日，省委正式成立"文化革命小组"[8]，专事全省文革管理。7日，省委再发通知，"阐明"对文化革命运动的意见，称：当前正在全国进行的"伟大的文化革命运动""是我国社会主义革命深入发展的关键问题"，"是关系我们党和国家的命运和前途的头等重要的大事"，"是关系世界革命前途的一件大事"，各地报纸必须要转载《人民日报》《四川日报》的重要批判文章，还要发表自己写的批判文章云云。川报引领批判的四川《三家村》中，虽然李、卿二人在

6　张守愚后来因不堪乱局折腾而迷糊亢奋，曾发表"我要到中南海和毛主席辩论""不管谁领导的文化大革命也要反对"等"反动言论"，并上书毛泽东要求停止文革，被定罪"现行反革命"逮捕关押并残酷摧折，一度逼疯。文革后，张女儿张戎旅居英国，与其夫乔·哈利戴合著《毛泽东：鲜为人知的故事》，对毛泽东大张挞伐，流传甚广。

7　李伏伽，1936年毕业于四川大学外文系。曾任中学教师、校长，报社记者。1949年后历任乐山专署文教科长、峨眉县副县长，乐山市文教局副局长等职。

8　四川省委向西南局正式报告成立的"文化革命小组"由成都市委第二书记周颐任组长，张守愚任副组长，袁仲凡、李超、李潢、白紫池、许琦之任成员。后，重庆市委秘书长王若被增补为成员。其后各级地市、各部门相继成立文化革命小组。

1960年代初，确实发表过些"影射时政"的杂文、随感，但毕竟三人级别太低，舆论场面一时热闹，给人的观感却有应付敷衍之嫌。

省委"文化革命小组"成立10天后的5月16日，中央政治局通过的《中国共产党中央委员会通知》（即《五一六通知》）正式下达。这个被称为具有里程碑意义的《通知》除了宣布要彻底揭露"反党反社会主义的所谓'学术权威'""彻底批判学术界、教育界、新闻界、文艺界、出版界的资产阶级反动思想，夺取在这些文化领域中的领导权"，直截了当把底牌挑明："必须同时批判混进党里、政府里、军队里和文化领域的各界里的资产阶级代表人物，清洗这些人，有些则要调动他们的职务。"李井泉明白，这一回，拿几个区区文化人来小打小闹定难蒙混过关，5月23日，省委抓紧发出《关于组织学习中央五月十六日通知展开社会主义文化大革命的几个问题的通知》，对全省的学习作了部署。部署凡5条：

（一）组织县委常委、大学党委和相当于县委一级的文化机关党委、厂矿企业党委、机关副处长及十七级以上政治可靠的党员干部认真学习，展开讨论，究竟"二月提纲"和"二月纪要"[9]哪一个文件是错误的，哪一个文件是正确的。

（二）组织所有干部、大中小学老师和高中以上学生学习毛主席有关著作和《解放军报》4月18日《高举毛泽东思想伟大红旗积极参加社会主义文化大革命》和5月4日《千万不要忘记阶级斗争》两篇社论，以及报刊上有关批判邓拓、吴晗的重要文章。

（三）大专院校的文科学生可停课进行学习、讨论、批判。

（四）各地立即组织力量对地方报纸、学校、剧团等单位，以及文教队伍的情况和问题进行摸底排队，为进一步开展运动做好准备。

9　1966年2月，以彭真为首的"中央文化革命五人小组"公布《文化革命五人小组关于当前学术讨论的汇报提纲》（简称"二月提纲"），试图将"大批判"约束在党组织领导之下并控制在学术讨论范围之内。同一时间，江青以林彪授权之名在上海召开"部队文艺工作座谈会"，形成《林彪同志委托江青同志召开的部队文艺工作座谈会纪要》（简称"二月纪要"）。"二月纪要"声称，从20世纪30年代到中共建政以后一直贯穿着一条"文艺黑线"，中共治下的文艺界十七年基本上没有执行"毛主席的文艺路线"。

（五）正在进行"四清"的县级机关和文化单位，应把文化革命作为"四清"的重要内容进行。

上述五条表明，四川省委没有分清（也不可能分清）文革与"四清"的区别。"四清"是按阶级斗争的老套路，自上而下地"运动群众"；而文革是以路线斗争导向，自下而上的"群众运动"。文革初期，四川凡正搞"四清"的单位，文革都由"四清"工作组领导，表现均"很不理解、很不认真、很不得力。"[10] 5月30日至6月10日，省委召开全委扩大会，比对《五一六通知》精神，认定各领域均存在严重问题："资产阶级思想、修正主义思想泛滥，许多单位的领导权被资产阶级代表人物所掌握，阶级斗争十分激烈。"

宣传出版界：认定《成都晚报》和《四川文学》被资产阶级代表人物掌握了编辑部的实际领导权，篡改了省、市委决定的编辑方针，采取隐晦曲折、借古讽今的手法，恶毒攻击党和社会主义，反对无产阶级专政，反对党的领导，反对毛泽东思想，反对三面红旗，为右倾机会主义分子喊冤叫屈，刮起翻案风、单干风，鼓吹自由化；认为《重庆日报》和《四川日报》也发表了不少毒草，起了很坏的作用；

文艺界：认定省文联及所属各协会和艺术团体，混进了一批资产阶级代表人物，歌颂帝王将相，宣传牛鬼蛇神，吹捧所谓"三十年代文艺"和修正主义文艺，反对毛泽东文艺思想，反对文艺为工农兵服务、为社会主义服务；

教育界：认定大中小学特别是大专院校的系、科和教研室，大部分还为资产阶级知识分子和地富出身的知识分子所垄断。在科技领域，会议认为许多研究设计机关、医疗单位和厂矿的技术科、室，被资产阶级权威所操纵。[11] ……

会议宣布，出现上述负面现状，皆因"对文化战线上阶级斗争的

---

10 省委在六月份不得不对大专院校的工作组来了一次大换班。更多地、州、市、县基层的工作组则多延续到第二年夺权军管。

11 上述引文均摘自"川发〔66〕209号文件"：《省委关于贯彻执行中央五月十六日〈通知〉和西南局5月26日〈决定〉，坚决开展社会主义文化大革命的部署》（1966年6月10日）。

重要性很不理解,没有认真去夺取文化领域的领导权,对阶级斗争反映在党内的严重情况估计不足,对文教队伍的复杂情况未能摸底,对坚持反动立场的资产阶级知识分子批判不够"等等。总之,巴蜀文宣界"洪洞县里无好人",必须大张挞伐,猛施批判。

就在四川省委召开全委扩大会次日(5月31日),陈伯达率工作组进驻并改组了《人民日报》社。正在南方暗"踏芳枝"[12],密切注视京城动向的毛泽东,断然发起突袭:6月1日,刚刚改组的《人民日报》以通栏标题发表社论《横扫一切牛鬼蛇神》,甩开传统的垂直组织系统、直接由毛泽东控制的官宣媒体将5月政治局扩大会议的精神迅速传向全国民众;是日晚,经毛批示,中央人民广播电台全文播报了北京大学聂元梓等7人的大字报[13];次日,《人民日报》发表评论员文章:《欢呼北大的一张大字报》予以鼓动,再一日,公布北京新市委成立的消息,北京大学的陆平、彭珮云被宣布为"反革命黑帮",北京及多个大城市的高校迅速陷入动荡。大乱天下的烈火訇地点燃。

在京主持日常工作的刘少奇对来势汹汹的乱局不知所措。远在西南一隅的李井泉再次陷入被动。四川省委全委扩大会穷于应付,急忙决定将文革的学习范围扩大到厂矿,对领导不力的单位派工作组、推出升级版"三家村"以应对、观察形势变化。

2. 升级版"三家村"

四川省委3月份以《成都晚报》、省文联和四川大学为试点开展

---

12 1966年6月,毛泽东曾写《七律·有所思》一首,流露其发动"文革"的复杂运思,开篇句为"正是神州有事时,又来南国踏芳枝"。
13 1966年5月25日,北大哲学系党总支书记聂元梓等七人写出大字报《宋硕、陆平、彭珮云在文化革命中究竟干些什么?》,称宋硕(中共北京市委大学部副部长)、陆平、彭珮云(北大党委副书记)等"压制群众革命""破坏文化革命""是十足的反对党中央、反对毛泽东思想的修正主义路线"。毛将此大字报由新华社全文播发,中央人民广播电台广播,全国各报刊发表。《人民日报》配发评论员文章《欢呼北大的一张大字报》,称"为陆平、彭珮云等人多年把持的北京大学,是'三家村'黑帮的一个重要据点。"

运动的安排已不合时宜。西南局于5月底发布《关于贯彻执行中央5月16日〈通知〉，坚决开展社会主义文化大革命的决定》，除要求"要对本省（区）、市报纸、广播、刊物、书籍、大中学校的讲义和历史语文课本、文艺作品、戏剧、曲艺、电影美术、音乐、舞蹈等，认真进行清理，发现毒草，彻底批判。"更明确提出量化指标："四川、云南、贵州、西藏和重庆市要在报上点名批判一两个影响较大的反党反社会主义的资产阶级代表人物。每个大学也要公开批判两三个资产阶级代表人物"。[14]初版的李伏伽、卿希泰和徐中舒"三家村"，层级实在太低，这回必须要弄几个"大家伙"祭旗交差。

6月1日始，四川省委先后四次召开常委扩大会和省级各大口汇报会，决定将绵阳地委副书记（原西南局办公厅副主任）张黎群、西南局宣传部副部长马识途、省委宣传部副部长兼省文联党组书记李亚群、省文联主席沙汀、《四川日报》总编辑李半黎、西南局统战部部长程子健等近30人公开点名批判。将马、李、沙三人一起定为"黑帮"。其中"马（识途）、张（黎群）、李（亚群）"成为四川升级版"三家村"。

对于此举，出自晋绥系的明朗对老上司"脉象"把握庶几精准：李井泉无非还想借文革对四川官场进行一场定点清洗，收一石二鸟之效。明朗认为："这三个人都搞文艺，都是原地下党同志，符合西南局那位领导一贯认为四川地下党没有几个好人的观点。"[15]

作为四川地下党的先锋人物，上述三人的共同点是：

第一，家境出身均较富有，从小受过良好教育。马识途出身仕宦之家，十六岁即遵家训，出巴峡闯荡天下，并很快参加了中共；张黎

---

14 中共重庆市委党史研究室编《中国共产党重庆历史大事记》，重庆出版社2001年10月第一版，页93。按照西南局的统一部署，四川批判了前中共中央西南局办公厅副主任、绵阳地委文教书记张黎群及其于1962年主持的《重庆日报·巴山漫话》和《成都晚报·夜谈》专栏；云南批判了《云南日报》总编辑李孟北为首（加上副总编周钟德、夏雨）的"三家村"及其所写《滇云漫谭》；贵州批判了中共贵州省委常委、宣传部长汪小川及其所著《冲出绝境》一书。

15 明朗《文化大革命灾难伊始》，载《当代四川要事实录》第二辑，页21。

群出身四川蒲江县书香门第，父亲深受康、梁影响，主张"士而怀居，不足以为士矣"[16]。少年张黎群离家赴延安投奔中共，父亲拳拳相告："自古忠孝不能两全，你为国尽忠去吧！"得知左倾宣传品《战时学生旬刊》经费紧缺，张父变卖十亩良田和几十两鸦片烟土，将钱款交中共地下党乐山中心县委负责人张文澄支用；李亚群出身相对贫贱，四川井研县一小商之家，从小乃父劝习"修身齐家治国平天下"之道，冀其未来能谋得一官半职，少年李亚群虽整日浸淫于传统蒙学，却偏偏向往苏（东坡）李（白）放浪形骸的孤傲、清高和浪漫[17]。

三人均成长于"五四"新文化风云激荡岁月。民主、自由、个性解放、无政府主义、三民主义、社会达尔文主义、教育救国、科学救国、实业救国各种主义思潮，正如大堤开闸，洪水般涌进国门，激荡一代青年之心。1926 年，20 岁的李亚群曾写《感怀》诗咏志："检点浮生惊廿载，深疑故纸误芳华。路因人走终成路，筑舍道谋岁月奢。"

人生道路的选择是需要理性的。对于神经敏感的年轻人，这种选择却常多取于情感和欲念。20 世纪初，中国青年深陷救亡焦虑之中，最容易被徘徊于欧罗巴的共产主义幽灵、列宁布尔什维克的极端呼号、以及苏俄暴力革命呼啸而来的左倾进行曲所诱惑，几乎都无可回避地选择了共产主义，为登上"乌托邦"彼岸，断然跳进面前必须踏过的血海。他们不为物质利益，不为打土豪分田地，全然出于纯洁信念和高尚狂热，飞蛾扑火般走向人生危局。

第三，地下党特定的生存环境：整日穿行于刀丛剑树，和死神捉迷藏，都需大无畏的精神、忍辱负重的毅力、独立思考和处理危机的智慧。马识途这样回忆当时的生存技巧：

> 准备一顶罗宋帽，可以两面戴，一面灰一面黑，还有件可以翻过来穿的两用风雨衣；有两副黑框眼镜和假金架子眼镜；嘴唇上两撇胡子也是为了紧急时刮掉。为摆脱特务跟踪，需要不停地变换身份，曾先后当过流浪汉、小摊贩、学校教员、生意人，还当过县政府科员。

---

16 《论语》句。其意为：有志之士应该四海为家，留恋家庭，是没有出息的。
17 《李亚群诗词选》页 58。附文："留给孩子们"。

无论是在闹市街头,还是茶肆商铺,无数次被特务跟踪盯梢,都得以凭借丰富的战斗经验从容逃脱。

1931年李亚群入党,1933年成都及川南地下党即遭全面破坏。为了寻找失联同志,他曾头裹白布孝帕、化妆成农夫去野店荒街留暗记,跟马帮去盘旋大山,伺候马哥头抽大烟、摆铺陈、挨骂受辱;也曾化装成卖瓷器的小贩,穿"二马裾服",背一背篓瓷器沿着川黔大道行走,路过家门亦不敢久留,只口占一绝《过门小歇》又匆匆上路:"风翻茅屋土墙颓,阿母望儿心正哀。小叙匆匆重就道,河山色改再归来。"

中共建政,河山色改,李亚群先后任《解放日报》《人民日报》副刊主编、西康省委常委、宣传部长、四川省委宣传部副部长、省文联党组书记等职。

经受过如此苦难和磨砺的追寻者,理当是中共内部的健康力量,而非唯上司马首是瞻的庸官循吏。对于四川大跃进造成的巨大灾难,焉能无动于衷?马识途在职务边界之内,多次对李井泉犯颜抗争;李亚群常与同僚明朗一起发牢骚宣泄不满。1960年,明朗访欧归来,李亚群向其直言川农饿殍死事,二人相向叹息,慨然涕下:"我们干革命为了什么?把老百姓弄成这个样子,问心有愧啊!"后来便禁不住在《四川日版》等报张杂志发表文章,针砭时弊。

张黎群本不该被李井泉捕于罗网之下。大陆政权鼎革,1950年初张即调团中央负责筹备创办《中国青年报》,任社长兼总编辑,履职8年,将该报办得有声有色,影响了几乎整整一代中国青年,被誉为"中国青运史上大写的人"[18]。恰恰因供职京师,与《人民日报》社长、总编辑、国家级黑帮邓拓(正宗"三家村")结为好友,副总编辑胡绩伟、王揖本系成都老同学,关系之密自不必说。将张黎群构陷为钦犯密友,罪愆尤大。1962年初张黎群调返家乡,任西南局办公厅副主任。本系京城报业达人,自然被《成都晚报》总编辑陈柏林、《重庆日报》总编辑雷勃、王古泽等巴蜀报人盯上。七千人大会刚

---

[18] 陈模《张黎群——中国青运史上一个大写的人》,《炎黄春秋》2004年第1期。

过，正是全民反思时，《成都晚报》的《夜话》专栏、《重庆日报》的《巴山夜话》专栏，均请张黎群"赐稿"，还商定100个题目，对"大跃进"现实问题婉转针砭，以匡时弊。不幸的是，张黎群虽为官多年，尚未学得宦场生存之道，爱憎难抑，不吐不快，被家乡报人一通鼓动，于是再作冯妇，一口气写了20余篇。

如果说三人之中，张黎群、李亚群不过"文章憎命达"，因"舒愤懑"被李井泉逮了个正着，那么，马识途则因对顶头上司大不敬[19]，成为李井泉最想收拾的"刺头儿"。文革肇启，他除了一顶"推行资产阶级科学研究路线"帽子，还加了一顶超常恐怖的罪名："国际间谍"[20]。

抗战时马识途就读西南联大外语系，曾奉中共云南省工委之命，与援华美国大兵交朋友，做国际"统战"；1950年代马任职四川省建委主任，又与另一拨外国佬：苏联专家过从甚密，事后中苏交恶，被撤回国的俄国佬依旧与老马保持通信联系，每遇年关还寄新年贺卡之类。马识途每收俄国贺卡，均向常务书记报告，批准后礼复贺卡一张……到了阶级斗争"年年讲、月月讲、天天讲"年代，这些正常的人情往来遂成"敌情"而遭人密告。西南局党组织遂立专案小组予以追查，为侦探工作方便进行，还特将马派遣南充乡下"四清"。1966年5月，马被西南局紧急电令召回，旋揪上机关大会宣布为"走资本主义道路的当权派"，勒令停职交代。陡闻此语，马识途如虔诚信徒被革出教门，顿感"像一声霹雳落到我的头上……我坐在那里吓得目瞪口呆，几乎当场昏了过去。"[21]

马识途落网同时，绵阳恰逢五月大旱，地委书记张黎群亲任抗旱团长，正在田间奔波，忽传省委电令，要他即回成都做检查。5月24日，张黎群被公安机关逮捕隔离，交待问题。6月5日，按照西南局

---

19 马写过不少文学作品，其中描写地下党活动的长篇小说《清江壮歌》在《成都日报》连载，影响最大，成为一只"射向党的毒箭"。
20 参看马识途《沧桑十年》北京，中共中央党校出版社。1999年第一版，页59。
21 马识途《沧桑十年》北京，中共中央党校出版社。1999年第一版，页16。

和四川省委部署,对张黎群开始批判,《四川日报》《成都晚报》《重庆日报》同时刊登史伟("市委"谐音)《向反党反社会主义分子张黎群开火》,文章说,"张黎群的《巴山漫话》同邓拓、吴晗、廖沫沙'三家村'的黑话一样,贯串着一条反党反社会主义黑线。这条黑线同当时国际上帝国主义、现代修正主义和各国反动派的反华大合唱相呼应,为国内地富反坏右的复辟资本主义制造舆论,和右倾机会主义分子一起,猖狂地向党进攻,妄图使我们的党和国家改变颜色。"[22]

李亚群落网最晚。7月20日,按西南局和四川省委部署被正式抛出,《四川日报》发表陈东、史伟《彻底粉碎李亚群的资产阶级修正主义文艺黑线》,称李亚群是周扬文艺黑线在四川的主将。同时发表沈文实、戚杰、钟治编的《李亚群反党反社会主义反毛泽东思想的言论》。

与成都整肃"三家村"同步,重庆市委将1963年二十次市委扩大会已处理过的肖泽宽、李止舟、廖伯康再次揪出批判。为方便"揭批",省委上报西南局并经中央批准,将已任中央华侨事务委员会政治部副主任的肖泽宽揪回四川审查,6月底,重庆市委分别编印了萧、李、廖及高兰戈、余时亮、赵济、雷勃等一批人所谓"反党反社会主义"言行材料,发至基层供揭发批判用。

在此期间,省委还召开了有省、市两级机关干部2万余人参加的大会,号召揭发省市委和各单位领导的问题,各大专院校也分别召开了全校大会进行揭发动员。会后,各地纷纷召开党委扩大会议,部署"文化大革命"。

极权主义的政治生态,处于权力上游的官员要处置下游者,如掐死蚂蚁一般简单。在李井泉的掌控下,四川文革局面轰轰烈烈。问题偏偏在于,当时中国的事情复杂得多。处于上游顶端的毛泽东,发动文革的"标的"是干什么?该用什么手段?在京城主持日常工作的刘少奇都稀里糊涂,遑论远在成都的封疆吏?李井泉只能按传统手段一顿大棒乱挥,造出热闹局面交差。党史记载,从7月到8月,四

---

[22] 陈模《张黎群——中国青运史上一个大写的人》,《炎黄春秋》2004年第1期。

川相继遭批判、停职、撤职并被打成"反党反社会主义分子"的大专院校和省级机关领导计有：

成都大学党委书记叶兆麒、副书记赵力

成都体育学院党委书记、副院长胡晓风

四川农机学院副院长杨诚

四川省化工厅副厅长王元荣

四川省商业厅副厅长马骏阳

四川省教育厅副厅长曹振之

四川省水电厅副厅长吴应琪

四川省文联主席兼党组副书记及《四川文学》主编沙汀；

新华社四川分社副社长廖永祥

铁道部第二设计院副院长赵化南

四川省邮电管理局局长兼分党组书记姚振

中共南充地委副书记、南充专员公署专员张涛

西南民族学院副院长方驰辛

成都中医学院党委副书记吴敬

四川大学党委书记兼副校长丁耿林

阿坝州委书记崔璋

四川师范学院党委书记黄明

成都地质学院党委书记赵铎……[23]

战绩果然煌煌。问题是，这一次，毛泽东已甩开垂直的组织系统、直接由他指挥几个贴心左倾文人控制中央媒体，把造乱天下的信号"一竿子插到底"。李井泉的传统打法捉襟见肘，日渐不灵。

毛泽东文革第一把火：人民日报"欢呼"北大聂元梓大字报的评论员文章，通篇都是讨伐顽敌的触目惊心之语：北京大学是"'三家村'黑帮"把持多年的"反党反社会主义的顽固堡垒""你们的'党'不是真共产党，而是假共产党，是修正主义的'党'。你们的'组织'就是反党集团。你们的纪律就是对无产阶级革命派实行残酷无情的

---

[23] 中共四川省委党史研究室《中国共产党四川历史（1950-1978）》，页306。

打击。"接着又是"负隅顽抗"、"上窜下跳"、"拉线搭桥""地下活动""出谋划策""秘密指挥""欺骗、蒙蔽和压制广大青年学生和革命干部、革命教师,不许他们响应毛主席和党中央的号召起来革命"等等。还有号召:"凡是反对毛主席,反对毛泽东思想,反对毛主席和党中央的指示的,不论他们打着什么旗号,不管他们有多高的职位,多老的资格,他们实际上是代表了被打倒了的剥削阶级的利益,全国人民都会起来反对他们,把他们打倒,把他们的黑帮、黑组织、黑纪律彻底摧毁。"《人民日报》也无日间断、连篇累牍,只管发社论添油加火:《触及人们灵魂的大革命》《撕掉资产阶级"自由、平等、博爱"的遮羞布》《做无产阶级革命派,还是做资产阶级保皇派?》……

共产党执政已经 17 年,一代青年尤其莘莘学子恰好完整地被灌输成功共产党的斗争教育,诚如当年的马识途、张黎群、李亚群,急不可耐地要去拯救正在"堕落的世界",解放全人类,单等领袖一声令下,便发起冲锋,创造属于他们这一代人的壮丽人生故事。央媒日日喧嚣危言耸听的煽动,对于刺激他们脆弱的神经绰绰有余。渴望已久的幻象已经显现,他们面前各级当权派都成堂吉诃德面前的风车,刹那间全成了魔鬼。自觉力大无穷的大学生,于是仗剑持矛,开始发起冲锋。

第二节 五十天"迷局"

1. 四川大学:工作组踏进雷区

1966 年,四川共有 30 所大学,成都 13 所,重庆 12 所,川内其他地区 5 所[24]。其中资格最老、影响最大、人数最多的是位于成都的

---

[24] 成都 13 所,分别是四川大学、成都电讯工程学院、成都地质学院、四川医

四川大学。

四川大学属文理科综合类高校，1965 年被省委列为社教（"四清"）单位，经过一年多打理，省委认定川大社教搞得不错，成绩很大，领导班子是好的。据此，省委没有给川大派工作组，仅有一个带观察员性质的小组。组长章添是内江某中学校长，也没有在大会上与川大的教职员工正式见面，很多人都不认识他。

文革伊始，川大的文革还在校党委领导下。川大党委领导谆谆告诫学生要"相信西南局、省委，依我看，校党委也可相信。"[25] 6 月 19 日，省委宣传部副部长张东升专程到川大宣布："川大搞过社教……现在搞文化大革命，这是一个很好的基础。"可学生们感到奇怪的是：《人民日报》斩钉截铁地公开点名北大当局已是"黑帮"掌权，川大为什么就那么干净？为什么只能在"四清"这个"很好的基础"来搞文革？这不分明和中央对着干吗？敏感的学生们固执认定：

经过一年的社教运动，整个领导班子依然原封不动，"川大的修正主义头子丁耿林[26]官居原职""那么我们可以肯定地说，社教运动在最根本的问题上，在政权的问题上是毫无成效的。"川大，仍然是资产阶级的顽固堡垒。[27]

6 月 4 日，党委书记丁耿林召开全校大会，要求大家按部就班，继续拿"权威"徐中舒、卿希泰说事，开展"学术批判"。双方对立

学院、四川师范学院、成都中医学院、西南民族学院、成都大学、成都工学院、四川音乐学院、成都体育学院、成都教育学院、四川农机学员；重庆 12 所，分别是重庆大学、西南师范大学、西南农学院、西南政法学院、重庆建筑工程学院、重庆医学院、四川外语学院、四川美术学院、重庆交通学院、重庆邮电学院、重庆工业学院、重庆师范专科学校；地区则有：内迁峨眉的唐山铁道学院（后改名西南交大）、南充的四川石油学院、雅安的四川农学院、泸州医专和南充医专。

25 《四川大学文化大革命大事日表》。中央文化革命小组办公室《文化革命资料汇编》第六辑，1966 年 11 月，页 168。
26 丁耿林，时任四川大学党委书记兼副校长。
27 化学系《赤卫》《风雷》《十人》战斗组大字报《川大保皇党为什么稳坐钓鱼台？》（1966 年 7 月 9 日）。见中央文化革命小组办公室《文化革命资料汇编》第六辑。

迅速升级。年轻人的反叛情绪一旦发酵，让他们用来发起攻击的石块俯首皆是，其中，引发较大轰动事件有"肺病事件"和"工人学生退学事件"。

"肺病事件"系指，大饥荒时期让人闻之色变的"肺结核"发病率陡增，有效药物稀缺，而师生体质普遍下降却尤缺食品营养。为遏制肺病传染，学校决定，凡发现此病患者一律休学回家（病愈再复学），受此处理的学生凡数十。大字报揭发，农村学生罹病回家，家庭生活条件远不如学校，更缺医疗条件，从而病情加重，不治身亡，甚至有陷于绝境而自杀者。揭发者将此上升到迫害贫下中农的高度，放言要追究校党委执行了"反革命的修正主义教育路线"和"地主资产阶级的阶级路线"之罪愆。

所谓"工人学生退学事件"，情况与此近似，指"大跃进"时学校为培养更多工农学生，曾采取"保送"形式招收部分工人入读。工人学生文化程度偏低，尽其努力亦难跟上教学进度，考试无法过关，学校不得不对其做退学处理。

这两个"事件"皆构成校党委迫害工农铁证，罪莫大焉！一时间如投石入水，顿时激起大澜，对系总支、对党委的揭批愈益热闹。

校党委、系总支立即组织人马反击，对敢于造次的大字报一律斥之为"毒草""射向党的毒箭"，宣布"党的领导要落实到基层"，卫道者公开喊出口号："相信系总支""保卫系总支""保卫校党委"。10日，数学系四年级同学贴出大字报《请看刘×老师的灵魂深处》——刘××是系总支委员——大字报作者立遭有计划的围攻群压。为防止"闹事学生"横生枝蔓，丁耿林在党委扩大会上祭起撒手锏，威胁要各方"注意记住1957年"。驻校的工作组配合放出风声："让他们放嘛！以后像57年那样把他们抓出来"[28]

1957年是中国知识分子的噩梦。"整风""鸣放"，川大曾出了一位名气和勇气足以和北京中国人民大学林希翎并称的"大右派"

28　《四川大学文化大革命大事日表》四川大学《赤胆》战斗组传单，9月11日。中央文化革命小组办公室《文化革命资料汇编》第六辑。

冯元春。冯个子娇小，模样儿清秀，为"打垮"这个气焰嚣张的小女生，当时的川大当局、甚至四川省委宣传部都曾组织"积极分子"和省级机关上千干部与之"辩论"，冯面不改色，舌战群生，愈益桀骜不驯。校园立数十米大字报栏、省市报刊连篇累牍声讨，均对她奈何不得，最后直接划为极右分子收场，继而以现行反革命论罪，判徒刑13年。冯不服管教，再加判为无期徒刑——已到文革岁月，1970年，无须审判，当局直接将其游街示众，再交农民用钢钎、锄头戳至奄奄一息，最后一枪击毙。[29]

在1966年北京煽起的群体亢奋中，1957的凶例在川大校园已失去了威慑力。一桩无厘头事件反而为校园乱局再掀高潮：文革前因接待领导、贵宾之需，川大搞了个"招待食堂"（人称"高薪食堂"），在国人生活普遍困苦的情况下，此举显然属于"特殊化"，实乃"培养修正主义的温床"。循规蹈矩年代，众学生只能心中酸溜溜，望之即去，现在"大革命"了，大家偏偏要进去看看。6月11日，有好事者要强行入内，被大厨师傅"耐心"劝阻无果，于是发生口角最后至于肢体冲突——问题这就闹大了。伙食科干部陈耀生宣称"学生打了工人"，打了工人就是打了"工人阶级"，"打工人阶级"就是"反党"。学生则大呼冤枉，反称一名叫曾佑昌的"革命同学"遭了所谓的"工人""毒打"——这就是川大文革初期著名的"曾佑昌事件"或曰"六一一"事件。

事情闹到校文革办公室，当局"竟不让同学进去作证，还强迫曾佑昌在所谓的'笔录'上签字，要他承认打了工人"，曾同学则坚持要住院检查伤情，卫生科副科长崔民则坚持不予批准；校党委亦很快做出"学生打工人"的《"六一一"事件调查报告》。这份报告理所当然被学生指责为"党委机关的主要负责人对该事件（的解释）马脚百露，矛盾屡现"。双方拉锯。18日，"六一一"事件真相再次被学生爆料，于是全校"革命师生员工"群情激奋，强烈要求"严惩凶手"，断言这"不是孤立的打人事件，完全是一个有组织、有领导、

---

29 冉云飞《右派资料知见录》。

有步骤的'大阴谋'""是名副其实的反革命事件。"[30]

事情闹得太大，惹得省里的大人物不能不出面安抚。省委书记处书记杜心源批评川大当局："同学们要看，把门打开就是了嘛！只要看了就莫得事了，一批看不完，分两批看嘛！实在看不完派代表嘛！为啥看不得？这就是川大的错误"。杜书记同时劝解学生："川大履行他们的责任，怕坏人放毒（指对食品投毒），这也是对的。"省委宣传部副部长张东升偏偏画蛇添足，也来表态，说"（高薪食堂）哪个能看？哪个不能看？这个问题本来可以很好解决的，可是（问题）发展大了。我这里要提醒同学，有些很小的问题，（解决不好）就发展成了大问题。这教训在于：有的看，有的不看，看了来你传我传，传得不一样，谣言四散，愈传愈严重。"大学生马上大字报反击："张东升同志把一场尖锐的阶级斗争，变成'看'与'不看'的问题，是完全错误的！"21日，省委书记处书记、成都市委第一书记廖井丹不得不亲自来校召开大会再施安抚，承认"干部和一些工人打了学生"，并宣布陈××（干部）停职检查；最后委婉表示："我有个建议，看适不适合？看来川大还纠缠在一些具体问题上，而没有真正照党的原则《无产阶级文化大革命万岁！》这篇社论的要求，去积极揪出党内资产阶级的代言人，矛盾指向党委，你们纠缠在这些具体问题上，会不会把牛鬼蛇神放跑？即使不放跑，也把揭出的日子推迟了。运动不能脱离主流呀！"丁耿林顺坡下驴，就校党委前一时期压制文化革命运动的行为作了"检查"，承认自己"认识跟不上形势"。一些系的总支书记们亦步亦趋，也开始向学生陆续做检查。

廖井丹诸人的安抚，让初战得手的大学生热血偾张，揭批校、系领导的大字报风云再起。有学生揭发"排挤、打击"工农同学的所谓"坏分子"，一怒之下将"坏分子"戴高帽游了校。工作组认为动粗之风不可长，派组员王建义前往劝阻，提醒"这种革命行动精神是好的，做法是错误的"，情急之下把《湖南农民运动考察报告》念成"湖

30　化学系《赤卫》《风雷》《十人》战斗组1966年7月9日的大字报：《川大保皇党为什么稳坐钓鱼台?》。中央文化革命小组办公室《文化革命资料汇编》第六辑，1966年11月。

南考察报告"，还说《湖南考察报告》是主席在三十九年前写的，适用于国民党统治区。"学生顿时群哄，称王组员把伟人巨著题目都念错了，足见对领袖之不忠："这不是明目张胆地说主席思想过时了吗？"王慌不择言，又解释说："《湖南考察报告》解放初、土改时还适用，现在形势不同了，不像土改时那样一闹就把地主恶霸闹出来了。"学生马上又批其"恶毒污蔑土地改革是'闹'，地主恶霸是'闹'出来的，完全是'攻击主席关于阶级和阶级斗争的学说，否认了人的阶级性，否认了阶级斗争的客观存在。'"某日晚，化学系二年级丙班要求开"民主生活会"，工作组唯恐聚会闹事，立派辅导员、工作组、文革办公室多人前去"加强领导"。双方仅就开会时长便吵至次日凌晨，工作组方要求缩短会期，理由是大学生是高级知识分子，要注意劳逸结合，运动时间长，把身体搞垮了就"失去建设社会主义的本钱"，学生方则反驳："劳逸结合是主席指示，工作组妄图用主席思想诋毁主席思想"，宣布"我们决心誓死保卫党中央，保卫毛主席，少休息几小时，没有什么了不起，如果国家颜色变了，有好的身体也不能为人民服务！"，牛头不对马嘴的争论无休无止，工作组怒而诘问："你们是谁在领导？"学生答："党中央、毛主席在领导。"工作组慌不择言："党中央、毛主席的领导是空的！""党的领导有政治领导、思想领导、组织领导，组织领导是实现政治领导的保证""没有省委工作组的领导，党中央、毛主席的领导是空的，党委的领导你们不执行，就是不要党的领导，你们必须马上休会。"此语落入圈套，学生立即引用《人民日报》社论打回去："凡是不符合毛泽东思想的'党'不是真共产党，而是假共产党，是修正主义的'党'。你们的'组织'就是反党集团。"……

　　理性逻辑在群体性骚乱中没有任何意义。这儿需要的仅仅是幻觉带来的无厘头激情。文革时期的"语录战"有几大特点：首先是有罪认定，先确认对方是反动派，然后完全以对付反动派的态度参与辩论；其次，在这种语言系统中，越无赖、越粗鄙、越野蛮、越不讲理越容易为占领制高点；第三，必须抓住对方的些小语病迅速上纲到极致，最后将对方宣布为敌人而致死命。既然双方都认同毛泽东思想为判别是非的最后标准，辩论成败就全看谁的语录背得多，附会得荒唐，而不是谁有道理。遍查当时的大字报，这类以毛语录做武器制造热点的荒唐段子实在太多。工作组背语录远不是记忆力正处巅峰、思维敏捷的大学生对手。"六一一"事件的相关情节瓜蔓四延，范围越来越大，而事件本身反而被淡化了。真相已不重要，年轻狂躁的心只需要刺激快感。

6月16日，就在"六一一"事件无厘头舆情汹汹之时，数学系二年级一位操江浙口音的小女生忽然横空出世，贴出一篇纯然政治性的大字报。她叫江海云。母亲是无锡纱厂的优秀女工，毛著学习积极分子，应邀到处作先进事迹报告。处于青春成长期的少女江海云就是带着母亲潜移默化影响来到遥远的西部城市，走进了风景如画的川大校园。她家境本普通，但毕竟来自沿海发达地区，一进学校，她就发现四川女同学全都穿着破旧，不禁心中难安，马上把赴川前亲朋好友馈赠的新衣服打成一包，全部寄还家乡，她说她必须和四川同学一样，保持无产阶级艰苦朴素的美德[31]。文革开始时，她已是中共预备党员（当时大学生中党员极端稀缺，这个身份足以引发关注）。工作组长章添曾到数学系党员会上讲话，江海云对讲话大存异议，先专门前去找他表达不同意见，之后再写大字报直接叫板：《章添，你在干啥？》

两年后，四川省革命委员会成立，四川大学造反组织八二六战斗团在"路线斗争"中大获全胜，曾编辑出版了一册《八二六文选》以为纪念，文选版式高仿《毛泽东选集》，其中收入了这篇630字的大字报原文。让我们知道章组长在教训大学生"听到风，就是雨"的不成熟，同时确实说过不少理该遭到批驳的言论，如："只相信毛主席的话是错误的。六亿人民不能只相信毛主席一个人。毛主席一人能行吗？只相信毛主席，不相信底下，就会把底下挖空，毛主席要垮台的。"

陈伯达主持的《人民日报》正在连篇累牍发社论，宣布"凡是符

31　据江海云同寝室密友殷少明介绍。

合毛泽东思想的，我们就赞成，就拥护。凡是反对毛泽东思想的，无论他有多高的职位，拥有多大的'声誉'和'权威'，我们都要无所畏惧地同他们斗争，把他们打倒。"[32]章添的信口开河招到对毛泽东无比虔诚的小女生攻击，只能自认倒霉了。该大字报出现几个月后，江海云成了四川响当当的造反领袖：川大八二六战斗团政委，再后来，成了四川八二六派的一号领袖，四川省革委副主任。历史真是宿命一般偶然：1957年的冯元春也是个子娇小的川大女生，1966年的川大再次轮到一个小女生。只是二者的价值取向和追求目标截然相反，前者是从民国时期教育走来、带着强烈民主意识的刚烈叛逆者，后者完整接受"教育为无产阶级政治服务"、满身都忠于领袖、保卫信念纯正的虔诚信徒。

如果说川大的文革故事，江海云大字报是"风乍起吹皱一池春水"，那么，7月9日，由"赤卫""风雷""十人"三个战斗组31人签名的大字报《川大保皇党为什么能稳坐钓鱼台》[33]终于搅起了一场轩然大波。大字报洋洋15000多字，历述文革以来川大各种事件和各种人物的态度是非，气势磅礴，颇得"九评"[34]真传，反响巨大。

由章添领导工作组无能，不得不被省委召回，校当局束手无策。7月8日，省委立即派出新工作组救场。这一波工作组阵容强大，组员200余众，组长更是强悍：时任西南局办公厅副主任兼省委副秘书长的黄流。黄长期担任李井泉秘书，深得"一把手"真传，经验老辣，行事强悍。

新工作组一进校，首先就抓住要害，果断拿《川大保皇党为什么能稳坐钓鱼台》这株"大毒草"及炮制者《赤卫》等3组学生开刀，有组织、有计划、有目的地实施围攻。将大字报定义为"反党反社会主义的大毒草""反革命大字报"，是"打着'红旗'反红旗"，是"对

---

32 《人民日报》1966年6月4日社论《毛泽东思想的新胜利》。
33 《川大保皇党为什么能稳坐钓鱼台?》原文载于中央文化革命小组办公室《文化革命资料汇编》第六辑。
34 1960年代中苏论战，中共曾发表对苏共中央"公开信"的九篇评论，俗称"九评"。文章风格、语式，对文革时期造反派影响极大。

文化大革命的挑战书"、是"反革命的政治纲领"、是"反党逆流的代表作"、是"文化大革命的绊脚石",三战斗组是"周扬黑帮的独立分队"、是"三家村黑店的小伙计"、是"配合国内外阶级敌人向党发起猖狂进攻的黑组织"……"十人""风雷""赤卫"及与这三个战斗组有联系的数百人统统被列入"反革命"集团,大抓"反革命""后台老板"……工作组令校党委委员苏×领衔、党委机关62人写出大字报:《"川大保皇党为什么能稳坐钓鱼台"是对文化大革命的挑战书》后,全校迅猛展开长达十余天的大批判,强逼所有人等表态以判别"立场站稳"?还是"立场不稳"或"同流合污"?自7月13日起,连开3天"辩论会",对三战斗组的学生进行无情斗争,为抓出"一小撮"及"反革命"集团头目,学校专辟大字报专栏点名批判、揭"老底"、挖"黑线"。7月15日深夜辩论会结束,工作组、保卫处等组成的稽查大队立即包围三战斗组集会地:望江馆实施搜查,抄没所有宣传材料和大字报底稿……接着全校开展长达十余天的"大批判",还趁势将全校200多个战斗小组全部解散。校园最早出现的战斗组《红心》成员、外文系学生宋大儒这样记录他们的遭遇[35]:

  黄流手下的一员悍将、外文系工作组组长甘疏龙一来就宣布《红心》组是"非法的"……追逼我们交代和《赤卫》等组的联系,强迫我们写大字报"表态",批判《钓鱼台》,说"这是要不要党的领导的大是大非问题,这是党对你们的一次检验。"7月14日晚,在工作组高压之下,《红心》被逼解散,回班活动。回班以后,由工作组策划操纵,以"辩论"为名,对《红心》组的批判斗争愈演愈烈……接着工作组给我们的"错误"定调子,说我们"不要党的领导""不相信革命群众",要班上同学按这个调子向我们开火……"辩论会"上念给我们听的《人民日报》社论尽是:"那些反党反社会主义的家伙们,都是剥削阶级的野心家、阴谋家、伪君子。他们阳奉阴违,两面三刀。阴一套,阳一套。表面是人,暗中是鬼。当面说人话,背后说鬼话。

---

35 宋大儒1966年9月13日大字报《看黄流工作组的手段》,中央文化革命小组办公室《文化革命资料汇编》第六辑。

他们是披着羊皮的狼，吃人的笑面虎。""一切牛鬼蛇神，最后都不能逃脱毛泽东思想的阳光，都不能逃脱党的阳光……他们想蒙混过关，想逃脱失败的命运，更是绝对办不到的。"……我脑袋都快炸裂了，承认"我们完全错了"，"脱离了党的领导"。《红心》组的其他同学有的也在万箭穿心的精神状况下作了类似的检讨。

已经不是做"思想工作"，完全是审讯。面对如此恫吓，学生们焉能不俯首就降？宋同学说：

7月16日，我硬着头皮写到"《红心》组的核心绝不是红的""我们客观上走向了反党反社会主义的危险边缘""我要彻底交代、揭发自己和别人的反党反社会主义的言行"时，手在发抖，心也在抖。

工作组胜利地宣布《红心》组5个学生，某某"对党怀有刻骨的阶级仇恨""别有用心"；某某"赤膊上阵""和《赤卫》有密切联系"；某某"骂廖志高同志"；某某"头脑清楚也犯错误""很狡猾"……总而言之，战斗组学生无一漏网。

黄流雷霆打法大见成效。事情至此，谁还胆敢吱声？一度热闹的川大校园，很快一派冷冷清清。学生们都战战兢兢等着"秋后算账"，等着"冯元春式"的新"右派"被再次揪出。

成都其他高校文革的情况与此大同小异。只是因为黄流的特殊身份，使四川大学成了学生与李井泉当局斗法的舞台中心。其他高校的情况，我们将放在稍后章节记述。

只是谁也没有想到，就在川大工作组把写检讨的宋同学吓得"手在发抖，心也在抖"那一天：7月16日，远在武汉的毛泽东，心情很好地畅游长江，带领陪游的武汉市民"在大风大浪里前进"。两天后，毛回到北京，当即听取了江青等人关于工作组的汇报，看了北大、北师大、清华，人大等高校反工作组的材料。毛泽东说他感到很难过，冷冷清清，有些学校大门都关起来了，又说："北京大学看到学生起来，定框框，美其名曰'纳入正轨'其实是纳入邪轨。"最高领袖发下如此话来，京城局面注定很快将天翻地覆。四川大学的学生反叛，只不过暂时延期而已。

2. 重庆大学：重庆市委遭遇"滑铁卢"

成都高校与西南局、四川省委之间的缠斗晦明莫辩，重庆大学的文革因为三个原因，让学校的反抗势力整合成大规模的群体骚乱，给李井泉环环相扣的防御链条，意外冲开了缺口。这些原因分别是：一、当局对民意误判，使工作组捅了"马蜂窝"；二、双方都没有想到，北京在重大文革争斗的关键时刻，从背后敲了重庆市委（也对四川省委和西南局）一闷棍；三，被当局圈定、用以祭旗的清洗对象、老资格共产党员、重大校长郑思群，断然以死明志：他的惊天一死刮起的仇恨旋风，顿时把重庆市委推到了墙角。

根据四川省委关于每个大学"要公开批判两三个资产阶级代表人物"的指示，重庆市委报经西南局和四川省委批准，于6月21日将重庆大学党委书记兼校长郑思群正式定性为"黑帮"，责令其"停职检查"并在22日《重庆日报》公开点名批判。市委派出300人的庞大工作组紧接进驻重庆大学。工作组由副市长余跃泽任组长、政委为驻军54军副政委钟池、副组长为重庆团市委书记崔成礼。

余跃泽，典型重庆土著干部，身材魁梧，脸色红润，声如洪钟，分管财贸工作以来一贯以精明实干著称。这一回受命领导重大文革，他信心满满，志在必得。他一进校就宣布"凭我们的点点嘎嘎经验[36]，加上师生的革命热情，就可以将文化大革命进行到底。"他明确强调工作组来意："我这次来就是摸郑老虎（指郑思群）屁股的。"[37]

重庆市委高调倒郑，首先因为郑思群资格老（级别与市委一把手任白戈等同），故对市委领导素多轻慢[38]；其次，郑长期埋头教育，离群索居，与市委官场无染，收拾起来最是利索，自然也成了抛出来做政治献祭的最佳人选。信心满满的余跃泽理所当然认为摸"郑老虎屁

---

36 "点点嘎嘎"，重庆方言"一丁点儿"的意思。
37 中央文化革命小组办公室《文化革命资料汇编》第七辑，1966年11月，页252。
38 最为明显的是：1963年李井泉亲自督战召开重庆市委20次扩大会议，整肃"肖、李、廖反党集团"，郑思群竟然借参加高教部在青岛召开教材会为由"拒绝"参加。

股"既符合省、市委的指令，又顺应重大学生民意，赢个大满贯。他完全没料到，工作组一进校园就捅了"马蜂窝"。

工作组进校前4天，重大确实出现过一个"倒郑"事件。6月17日晚，混乱的校园意外出现一张耸人听闻的大字报，大字报提出5个捕风捉影的疑问后断然宣布：《以郑思群为首的校党委是一个反党反社会主义的大黑帮》。大字报贴在学生往来人流最密集的学生三宿舍门前，并很快被惊诧万分的学生围得水泄不通。大字报领衔作者是冶金系四年级学生佘国华[39]。

事情发生在全校学生均处于群体无意识的背景下，煽动效果异常震撼。整个学校顿时被搅翻了天。有人提出，既然校长是黑帮，整个学校岂不危若累卵？于是一群群提着棍棒冲去校武装部企图夺枪保校；集体食堂前，学生们扛出饭桌搭起高台辩论，呼吁理性；机械系二年级7个学生甚至连夜徒步进城，要求市委书记任白戈接见……那天晚上，全校关注的热点是佘国华所在学生五宿舍。几乎各系各班都有学生涌去佘的房间要求公布"郑思群黑帮"的证据。人群浪涌，该宿舍的同学不得不派人手执棍棒把门，问明来人身份和政治面貌（家庭出身、党员或者团员）方可放行。佘国华被逼无奈，承诺48小时之后公布"钢鞭材料"。

作为共产党高级干部，郑思群作风平易近人，爱生如子。关于他给穷学生送鞋的故事，几乎成了最温暖的校园传奇[40]。年轻人容不得自己的偶像被无端中伤。佘国华发起的"倒郑"事件在重大校园引起前所未有的巨大反弹。

机械系4年级学生、校文工团乐队队长吴庆举围询佘国华归来已是深夜，匆匆叫起邻室的美术队长、电机系五年级学生周孜仁紧急

---

39 佘国华，因"六一七事件"，被大家虐称为"跳梁小丑""政治扒手"，此后"保皇""造反"均不被人收留，反而因祸得福，档案干净。先当工人，后升至乐山市委书记，最后在四川省经委主任位上退休。

40 郑志胜是川北考来的穷孩子，没钱买鞋，赤脚上课路遇上校长，校长问明他的系、班寝室，次日便让秘书给他送来一双全新的解放鞋。这类老校长关心穷学生的美谈还有不少。

讨论分析[41]，发现大字报5个作者全是校团委和校学生会干部，称郑思群为黑帮，很可能是当时大字报攻击最多的校党委宣传部长邓时泽及校团委书记刘某"金蝉脱壳"之计。这个结论如福尔摩斯侦破了一桩惊天疑案，让二人兴奋莫名，马上起草出一份大字报《千万，千万，千万警惕更大的阴谋》，接着唆撺文工团员地下工作者一般去各自系班彻夜征求签名，单等48时结束而佘拿不出钢鞭材料随即抛出。

此后的四十八小时显得十分漫长。佘国华大字报已把学生们的革命歇斯底里点燃，6月18日，整个学校躁动不安。先是，重庆市委曾在6月初派有一类似川大章添那样"低配置"的工作组进校"协助校党委领导文化大革命运动"，6月18日，市委为稳定校园局势，急忙宣布由工作组直接代行重大党委职权。此举让舆论大哗，是日晚，无线电系学生在第一教学楼前自发集会，宣布校党委和工作组通通都是黑帮，必须打倒、赶走，由学生自己闹革命。大会派人去邮局及当地驻军联系向北京发电，请求中央直接派工作组来校，因发电报遭拒，于是数千人在校内连夜示威游行，此为"618事件"。

焦急等待佘国华"抛钢鞭"的文工团同学和无线电系驱赶工作组做校园游行的同学都通宵未眠。48小时终于过去，佘国华承诺的"钢鞭材料"果然子虚乌有。天将破晓，文工团同学将"警惕更大阴谋"的大字报贴上木板，横架于九舍和二、三舍之间大学生早餐必经之路——舆情立即反转。感觉受骗的同学纷纷追访佘国华。学生五舍那间斗室再次成为全校的新闻焦点。佘于是只身逃遁，到废弃的校办钢厂藏身多日，室友无法招架纷至沓来的质询者，睡觉时不得不在自己的身上盖一张纸，上书："我不是佘国华，请不要叫醒我！"整个重大拥郑之声再起。

余跃泽领导的工作组就是在这样的背景下进校的。因为误判民意，余跃泽"摸郑老虎屁股"的主旨演讲立即被喝了倒彩，接下来，

---

41 重庆大学十分重视文体宣传。党委宣传部特将文工团、体育队同学统一安排在九舍和三舍集中居住。文革前系与系、班与班之间彼此隔离，信息不通，文工团和体育队正好成了不同系班、年级的信息集散地，于是领文革风潮之先。

工作组和学生之间的"语录战"紧接开打。学生质问：伟大领袖毛主席教导我们，一切结论只能产生于调查研究之后，市委工作组下车伊始，什么情况都没有调查，有何资格哇啦哇啦乱发议论？刊登重庆市委点名批判郑思群决定及相关报道的《重庆日报》亦遭到攻击，在新闻消息中表态拥护重庆市委决定的"左派"学生（这些学生后来成了工作组"倒郑"的中坚分子）普遍备受奚落。

余跃泽和工作组只能苦口婆心劝诫众人要集中精力"揭发校、系两级"的问题。余说："你们揭嘛，你们说嘛，你们说错了还是读书，我们就不同了，我们说话就要考虑今后罢不罢官，坐不坐得成小轿车，老婆、孩子怎么办？"此话一出，立即遭到学生起哄，怒批工作组长"想到的不是如何把革命搞好，而是老婆、孩子、小轿车、乌纱帽，这是多么可恶！典型的资产阶级个人主义者！极其肮脏和丑恶的灵魂！"。余跃泽劝说大家不要"抠字眼""言多必失嘛""作报告说话多了，不可能不说错一句话，只要体会主要精神就行了。"学生们立即上纲上线："'言多必失'是地地道道的右派言论。""只准牛鬼蛇神向党向社会主义进攻，不准革命群众起来反击。完全是为牛鬼蛇神开脱罪责，为右派翻天做理论准备。"在重大学生眼里，余副市长完全成了满嘴跑"黑话"的小丑。

工作组首席发言人孟凡均油滑精明，能言善辩。每天面对把毛泽东语录背得滚瓜烂熟的大学生，他专会用一些历史隐喻进行威胁恫吓。动力系三年级同学的大字报揭发，说 7 月 7 日这天，孟竟然威胁："近几天来，我们接待了三、四百人，这当中就有牛鬼蛇神，看他的脸色，一眼就看得出来……也许在座的（15 位同学）就可能有。"又一次，孟更得意忘形地说："你们二十几个人（同学）当中也有个 5% 的问题，我一眼就可以看出哪个是牛鬼蛇神。"孟被大家嘲笑为"算命先生"[42]。学生在工作组大门口贴了一幅工科特色的对联：（上联）曲率半径处处相等，（下联）摩擦系数点点为零。（横批）又圆又滑。

42　中央文化革命小组办公室《文化革命资料汇编》第七辑，1966 年 11 月，页 270。

心理学家指出，人与人（集团是一种广义的个人）关系紧张会有各种原因，但归根结底，就是因为你讨厌那个人，而不是产生讨厌的原因。无论挑起事端的是一方还是另一方，都并非因为看到了对方的缺点而产生敌意，而是因为有了敌意而老看对方的毛病。工作组一进校园就动摇了学生长期崇拜的偶像郑思群，随之而来的交锋于是不断导致敌意升级。工作组要求大家把斗争矛头对准校、系两级领导，学生们偏偏要把矛头对准"来摸郑老虎屁股"的工作组、进而重庆市委。于是不少同学开始去图书馆查阅历年的《重庆日报》，看市委官员这些年到底放了什么"毒"，特别是一把手任白戈，发表过哪些"修正主义言论"？工作组不得不诈称"上级指示"，下令重大图书馆封闭资料，凡要查1963年以前的报刊杂志，须经过工作组签名。7月2日，工作组在松林坡礼堂紧急召开全校共青团干部及"左派"学生大会，余组长再次重申必须集中火力对准校系两级干部，同时言之凿凿宣布："重庆市委是高举马列主义、毛泽东思想的坚强堡垒，书记任白戈是坚强的马列主义者，是经过考验的好班长！任何怀疑都是错误的！"演讲说到激昂处，他拍案而起，险些把茶杯震翻在地。[43]

　　余组长正在高调地赞美和肯定重庆市委和"班长"任白戈，恫吓重大学生，他们完全没想到，北京偏偏在此时对重庆市委从而四川省委、西南局发起了突然袭击。

　　就在余跃泽发表松林坡演说前一天，7月1日出版的中央理论刊物《红旗》杂志，重新发表毛泽东《在延安文艺座谈会上的讲话》，并同时发表按语《无产阶级文化大革命的指南针》及两篇公开点名批判周扬[44]的文章，其中一篇，就是时任中央文革小组成员的穆欣[45]撰

43　重庆大学 红旗战斗小组大字报《余跃泽在重庆大学的活动》，1966年10月11日中央文化革命小组办公室《文化革命资料汇编》第七辑。

44　周扬（1908-1989），文革前为中宣部副部长、全国文联副主席、中国作协副主席。1966年6月4日，全国文联党组向中宣部、文化部和文艺界各协会传达关于北京市委和中宣部问题的报告，点名批判周扬等人的"罪行"。后，周由北京卫戍区关押，接受批斗。

45　穆欣：文革爆发时为《光明日报》党组书记兼副总编辑（主持全面工作）。1966年4月任文化革命起草小组成员，参加起草《中共中央通知》（即"五一六通知"）。随即列席5月中央政治局扩大会议。5月28日任中央文化革

写的《国防文学是王明右倾机会主义路线的口号》，文章批判"周扬的另一个追随者竟然攻击鲁迅提出'民族革命战争的大众文学'的口号是'罪恶'"两处注释都明确标识，这个"周扬的追随者"，正是余跃泽在重庆大学竭力赞美的任白戈。

按照中共一贯规矩，报刊点名批判是有严格组织程序的。对任白戈这次点名虽然只在一篇文章的注释里出现，但谁都知道这绝非文章作者或报刊编者率性而为。《红旗》乃中央理论喉舌，专事传达"毛主席、党中央的声音"，为文者穆欣又是中央文革小组的成员，此举不能不被人视为中央部署，其影响力和震撼力显而易见。

7月1日出版的《红旗》杂志学生没有马上看到，可穆欣文于7月6日一经各地党报（包括《重庆日报》）转载、电台反复广播，重庆市委遭遇中央突袭的噩耗立即在重庆引起巨大震动，许多干部纷纷打电话向重庆市委对此事提出追询。这一要命"钢鞭"，理所当然成为重大学生攻击工作组及市委的天大利好。

李井泉后来在一次向群众做公开检查时这样表述当局的慌乱：

> 在穆欣同志的文章点了任白戈名的第二天，我和大章、志高[46]商量如何处理的问题，先用电话问中央文革小组陈伯达同志，他当时答复是罢官。同时又用电话请示中央办公厅，中央办公厅答复，下午中央书记处要开会，等中央书记处会议后再复。我们当时商量下决心一步走，（即罢官），由志高到重庆了解情况，等中央书记处会议答复后再宣布处理。晚上接陶铸电话说，邓小平意见，任白戈过去是周扬的追随者，这十几年在重庆市工作还不错，要不要罢官还要看一看，你们写个报告来，中央再正式批（大意是这样）。我当晚即按原电话转告了廖志高照办，不久就写了报告到中央，以后中央正式批复也是

命小组成员。6月任《光明日报》总编辑、《红旗》杂志副总编辑。8月列席中共八届十一中全会。10月列席中央工作会议。任中央文革小组办公室副主任。1967年初被批为"反革命两面派"，9月被关进北京卫戍区监狱，1968年1月被关进秦城监狱。1975年5月14日获释。文革结束后平反。文革史家何蜀曾与之两次通信问及点名任白戈一事，穆欣称是个人行为，没有什么背景。

46　李大章，四川省长；廖志高：四川省委第一书记。

这样批的。"[47]

7月8日，廖志高赶赴重庆召开市委会议，传达由陶铸通报的、邓小平主持召开中央书记处会议讨论的意见：任白戈的错误是30年代的问题，60年代的工作还是好的。廖要求把这个意见用座谈会的方式传达到17级以上的干部中去，随即，任白戈以"请假检查"名义离开工作。

任白戈的倒台，动摇了人们对重庆市委的信心，大学生有理由怀疑市委里藏着"黑帮"。余跃泽的工作组在政治上和心理上都现出了日益被动之相。为了挽回败局，工作组抓紧实施老套路："发展左派，团结中间派，孤立右派"，在学生中制造分裂。可惜反对派势力太大，以至于被他们赐封的"左派"被大家嘲笑为"地下左派"；其次，再通过这些左派抓紧对校系两级领导干部进行"揭发批判"，以控制斗争目标，据统计，当时已"靠边站"、被实施揭、批的校、系两级领导干部，已达90%以上[48]；最后，更要命的是：工作组必须抓紧将市委圈定的重庆头号"黑帮"郑思群罪行坐实，定成铁案，以证明市委决策之正确无疑。

难题偏偏在于：工作组专案人员绞尽脑汁，搜集材料，却找不出足以对郑定罪的证据。冶金系同学黄昌国回忆，市委工作组披露的郑思群"反党反社会主义罪行"盖有如下几条：一、到铜梁[49]去看望当兵锻炼的学生，带了一头猪去给学生改善生活，"腐蚀学生纯洁的心灵"；二、1966年6月12日郑从北京高教部开会回来，晚上，身边工作人员陪他看了大字报，他说"弄得乱糟糟的"，足见其对文化大革命不满；三、1965年高考结束，参加监考的马列主义教研组老师向郑思群汇报工作，说他们为考生驱散考场外面的"知了"吵闹，郑思群很满意；而汇报到他们在考场为考生读毛主席语录"下定决心，

---

47 李井泉《关于我在重庆市文化大革命中的错误的检查》（1967年2月8日）。重庆市革命造反联合委员会宣传组1967年2月10日印。
48 重庆大学校史编委会编，伍子玉主编《重庆大学校史》（下册），重庆大学出版社1994年10月第一版，第127页。
49 铜梁为54军炮团驻地。1963年秋，重大学生曾到该团锻炼。

不怕牺牲，排除万难，去争取胜利"，郑则"大为不满"，恶毒攻击说："你们这是脱了裤子放屁——多事！"；四、搞独立王国。郑思群是重庆市委委员，当重庆市委和高教部开会时间发生冲突时，他不参加重庆的会，而到北京参加高教部的会。[50]

仅凭这些证据定性"反党黑帮"显然难以服人，工作组继续深挖细找，捕风捉影，终于找到了"突破口"：郑思群的"海外关系"[51]以及与苏联专家的交往[52]，于是以此逼供，无限上纲。工作组办公室副主任张光明回忆，被工作组当作郑思群问题重点的两条罪名主要指：

第一，解放初期，他的哥哥到香港来，要求郑思群去香港见面。哥哥据说是联合国的官员。当时又值蒋介石叫嚣反攻大陆，中美两国正在朝鲜打仗。时机的特别，身份的特殊，政治十分敏感。郑思群没有去香港会见哥哥，而嘱其夫人与之见了面。一般认为，像郑思群这样高级别的干部，即使是家属会见境外亲属，也是要报告组织的。但是没有查到有关报告和批准的记载。在"玻璃上都要抓出虱子"的年代，自然就产生了很多怀疑。

第二，中苏友好时期，重庆大学聘请有几个苏联专家。中苏关系破裂后，苏联专家撤回，郑思群与他们仍有通信，并且继续委托其照料在苏联留学的儿子。他与苏联专家来往信件的内容，交给儿子带给苏联专家的礼品，被认为有不合程序和超出规定的地方。甚至怀疑他所接触的苏联专家是"克格勃"。[53]

为加快结案，7月19日，工作组将郑押赴松林坡原苏联专家招

---

50 黄昌国《文革中我在重庆当保皇派和炮打中央文革的回忆》，《华夏文摘增刊563期·文革博物馆通讯397期》，2007年3月20日出版。
51 海外关系：中共执政特别是在强化"阶级斗争"宣传之后，严格限制大陆居民与海外亲友的联系，凡在海外有亲友者，不论其有无联系，均被视为有"通敌"嫌疑，因此"海外关系"成了一种可怕的政治"污点"，有"海外关系"者在许多方面都会受到歧视和排斥。
52 中共执政初期实行向苏联"一边倒"的政策，大批苏联专家被派到中国的许多部门支持工作。1957年"反右派"运动中，凡对苏联专家或对苏联提出意见者多被以"反苏"罪名打成"右派分子"。然而到了60年代初期，中、苏展开论战，中共视苏联为"现代修正主义"之后，对苏联表示友好或与苏联专家有过交往又成了"里通苏修""通敌叛国"的罪行。
53 张光明《骚乱的重庆——文革十年亲历记》，未刊稿。

待所隔离，并组织可靠的"左派"学生轮番围攻，闭门批斗。郑思群夫人吴耕书时任重庆市委党校副校长。隔离前夕，工作组曾通知吴来重大与郑一夜团聚。事后吴介绍，夫妻二人通宵未眠，郑对于中国政治游戏已表示彻底失望。[54]次日，郑被押解离家隔离，暗中将半块剃胡刀片夹在《毛泽东选集》中带上了松林坡。时值山城酷暑，路面焦烫灼人。据目睹现场的同学说，老头乱发覆额，形容憔悴，赤足而行。

郑思群革命资历远在一般市委工作组成员之上，对工作组无端强加的罪名断难接受，对所遭逼供迫害愤懑已极。8月2日凌晨，郑思群用半片刮胡刀割颈自戕，颈动脉血喷如注，将白墙壁涂染得鲜红狼藉。事发，工作组匆匆清洗现场，殓尸火化。冶金系同学黄昌国这样回忆了工作组公布郑思群自杀消息时的场面：

8月2日，星期二，下午，各系工作组紧急召开师生大会。先传达中央文件："8月1日起大米涨价，从每斤8分3厘涨到每斤8分7厘。"……工作组照本宣科了涨价理由，话题一转，通报郑思群当日早上5点自杀死亡，学生们懵了，女同学"哇哇"哭了起来。工作组以为左派会喊"打倒郑思群！"可左派党员骨干此刻像死魂灵，寂静之后，会场一片嘈杂，秩序大乱。工作组怒吼："郑思群是自绝于党，自绝于人民，是敌我矛盾，大家要站稳立场！"党员们这才想起帮工作组维持秩序。[55]

美术队队长周孜仁回忆：

学生们得到消息已是晚饭时分，采矿系同学李远旭冲进我们寝室大呼："郑校长自杀啦！"全室顿然惊骇，同学们当即将碗盘一砸，或慨然无言，或仰天长叹，甚至掩面痛哭……年深日久，已无法准确记起那一晚学校发生的所有细节，而我自己干的事情却清晰依旧：那一夜我通宵无眠，待同学们酣然入睡，我独个儿愤激难平，匆匆给西

54　周孜仁《郑思群之死和重庆的815运动》，载《炎黄春秋》2015年第一期。
55　黄昌国《文革中我在重庆当保皇派和炮打中央文革的经历》。

南局及书记李井泉写了一封状告重庆市委及工作组的信。[56]

名人之死最容易造成过激的社会效应，第一时间爆发出震惊、恐惧、仇恨、报复之类的群体性情感；这种效应之强烈巨大，最可能产生灾难性后果。在重大校园，像郑思群这样深得学生拥戴的领导和长者，遭遇工作组无端迫害而自戕身亡，学生们内心的悲恸和对施害者的仇恨就像避雷针尖瞬间汇聚了整个天空的电荷：一个多月来所有的仇恨都注定要聚集在最短时间爆发，无法遏止。

当晚，吴庆举向周孜仁要来《就郑思群自杀事件致西南局李政委》的告状信底稿并黉夜组织文工团员签名公布，整个校园顿时轰动，要求重审郑思群死亡事件的大字报刹那间铺天盖地。

重庆市委力图控制局势。8月4日晚，市委书记处书记鲁大东亲自来重庆大学风雨操场主持召开全校大会，代表重庆市委宣布永远开除郑思群党籍。会后所有学生被工作组带回各自班级强行表态，组织"左派"连夜写大字报拥护市委决定……可惜，一切都无济于事。郑思群死讯在大学生心中引发的仇恨，很快把整个校园搅得天翻地覆。

有好事者从松林坡现场探察归来，爆出一大堆只有福尔摩斯才能够解答的谜题：郑思群不是自杀，而是：他杀！罪魁祸首不可能是别人，只能是：工作组！于是学生们纷纷涌向松林坡，在专家招待所附近的墙壁、草坪和石阶到处查找疑点，有人爬上围墙，说是发现了血迹，于是把苔痕斑驳的砖头撬回，用报纸小心包好，准备送北京交党中央查验。为保护自杀现场，学生们不经意间便形成了某种组织，松林坡成了重庆大学的"斯莫尔尼"。大家自觉地昼夜轮流值守，并派出人员与市委、市公安局交涉，同时做些筹款之类的工作以备不时之需……那些天，随时都会从松林坡上传下新的、耸人听闻的新消息。每一条"证据"都足以把

---

[56] 周孜仁《红卫兵小报主编自述——中国文革四十年祭》，美国，溪流出版社2006年版，页365。

重庆市委推上断头台。[57]

运动到了那一步，郑是自杀还是谋杀已经没有任何意义。仇恨已被激化，狂热已被点燃，动乱已如激流奔泻，不可阻挡。

全国不少大专院校因工作组阻挠、限制学生斗"黑帮"的过激行动而与学生发生矛盾冲突，重庆大学偏偏因工作组误判民意、选错打击目标并发力过猛，造成高级领导干部非正常死亡，从而引发师生与工作组严重对立，并促成了广大师生率先向市委造反的恶果。这是重庆大学文革初期与其他大专院校不同的一大特点。其次，全国许多大专院校的造反派师生刚开始都处于"少数派"地位（许多地方都把造反派师生称作"少数派"），重庆大学造反派一起来就达数千之众，绝对的多数派，这构成了重庆大学文革的又一特点。

从毛泽东决定公布北大聂元梓七人的大字报并让《人民日报》评论员进行"欢呼"到现在，前后五十天左右，主持中央日常工作的刘少奇、邓小平，对毛泽东战略意图完全摸不着头脑，只管照老办法出牌，派工作组维持局面，划"左、中、右"、抓"右派"，如今已走入死局。7月18日，毛泽东突返北京。是夜，刘少奇驱车前往求谒遭拒，次日再去，毛泽东毫不客气地向刘指出，派工作组是错误的。毛泽东说：回到北京后，感到很难过。冷冷清清。有些学校大门都关起来了。甚至有些学校镇压学生运动。谁去镇压学生运动？只有北洋军阀。凡是镇压学生运动的人都没有好下场！运动犯了方向、路线错误。赶快扭转，把一切框框打个稀巴烂。[58] 7月25日，毛泽东下命撤销工作组。五十天迷局揭晓。刘少奇落入了陷阱。现在毛泽东要亲自下场了。

---

57 张光明《骚乱的重庆——文革十年亲历记》，未刊稿。
58 高皋、严家其《文化大革命十年史》，页31。

第三节　文革"再发动"

1. "炮打司令部"

按照《中国共产党中央委员会关于建国以来党的若干历史问题的决议》定义："1966年5月中央政治局扩大会议和同年8月八届十一中全会的召开，是'文化大革命'全面发动的标志。"两个会议都作为了全面发起运动的标志，皆因5月政治局扩大会议系开始"全面发动"，处于中央一线的刘少奇、邓小平完全不理解毛泽东的"左倾"冒险意图，继续沿袭传统手段，实际上形成对毛泽东路线的抵制而使毛想要的"革命"直坠低谷。毛泽东不能不再次进行"全面发动"。

8月1日，毛泽东主持召开八届十一中全会。次日，刘少奇、邓小平就派工作组等问题做检讨，承认犯了方向、路线错误。8月3日大会，由西北局、东北局、西南局和华东局四位封疆大吏发言表态。李井泉在表示"进一步理解了主席的指示"之后陈述："四川校党委书记、校长有50%以上是有问题的""已命令撤出工作组"接着讲了两个问题，一是所谓的"大民主"问题，一是工作组权力问题。他说："派工作组就是与大民主对立的。工作组一到学校就跃跃欲试整学生。在北京叫'扫清障碍，排除干扰'，我们那里叫'维护秩序'，统治者总是要强调维护秩序的。"[59]

李井泉作为西南地区的最高"统治者"，和中央的刘少奇邓小平一样，对毛泽东过于超前的思谋确实没弄明白，也不可能弄明白。执掌大权17年了，他们已经不再是革命者，而是一群政治官僚，作为"运营者"，他们的目标是维持官僚社会系统的稳定运行，依赖的是规则、秩序和操作技巧；革命者则是"破局者"，他们的目标是打破现有秩序，强调激情、颠覆和偏颇；毛泽东是一个永远的"破局者"，

---

[59] 参见孙其明《中国文化大革命史稿》第六册，页464。

他的目标比他的同僚远大得多，他要消灭所有差别，实现乌托邦，即使已掌握了全国政权，实现了所谓无产阶级专政，他还要"继续革命"，两者的素质差异反映了造反与守成之间难以平行的永恒张力。刘少奇、李井泉们想要维护"秩序"，注定被毛泽东甩出狂奔的革命战车。

先是，6、7月间，清华附中红卫兵先后贴出三篇大字报，论"无产阶级的革命造反精神万岁！"大字报极端偏激地断言："革命就是造反，毛泽东思想的灵魂就是造反""不造反就是百分之一百的修正主义"，宣称"我们就是要抡大棒、显神通、施法力，把旧世界打个天翻地覆，打个人仰马翻，打个落花流水，打得乱乱的，越乱越好！"大字报摘引了毛泽东1939年《在延安各界庆祝斯大林六十寿辰大会上的讲话》中的一段话："马克思主义的道理千条万绪，归根结底，就是一句话：造反有理。"

应该说，该大字报点到了毛泽东发动文革的穴位，作为这个永远的"破局者"，毛泽东要的就是这个。该大字报经江青转呈毛泽东。毛旋于八届十一中全会开幕当天便作了回复，而且将《毛主席给清华附中红卫兵的一封信》作为会议文件下发，从此，"造反有理"成为全中国最具蛊惑性和煽动性的口号，也成为"群众组织"倍感自豪的属性称谓："造反派"。

8月5日，毛泽东发出《炮打司令部——我的一张大字报》，对刘少奇主持工作的"五十多天"做出结论，公开指责："从中央到地方的某些领导同志，站在反动的资产阶级立场上，实行资产阶级专政，将无产阶级轰轰烈烈的文化大革命运动打下去，颠倒是非，混淆黑白，围剿革命派，压制不同意见，实行白色恐怖，自以为得意，长资产阶级威风，灭无产阶级志气，又何其毒也！联系到1962年的右倾和1964年形左而实右的错误倾向，岂不是可以发人深省吗？"

毛的大字报宣布了刘少奇的政治死刑；组织机构上，中常委的排序，林彪由第六升至第二，刘少奇则从第二直降第八，新"接班人"俨然出炉；原来的中央"一线""二线"分工无形中被取消，大权集于毛泽东一人之手。8月8日，八届十一中全会闭幕，发布全会通过的《中国共产党中央委员会关于无产阶级文化大革命的决定》（简称：《十六条》）文化大革命再次"全面发动。从此后，各种群众造反团体纷纷成立，群体事件频发，造反队伍不断壮大。毛泽东要的"天下大乱"，现在真正开始了。

2. "八一五"事件狂飙突起

《十六条》的公布给在五十天内饱受压抑的高校学生注入一针兴奋剂。其时，工作组已陆续撤离，各校都成立了校文革委员会或文革委员会（筹）作为临时权力机构，成员多偏倾保守，威信普遍不高，管管行政事务可以，但领导"大文革"却无从谈起，无非继续维持校园秩序罢了。更何况很多高校，工作组在五十天里播种的怨尤、仇恨，早已如遍地干柴堆积，单等火种投来，便燃起冲天大火。

8月13日，重庆大学由周孜仁起草、吴庆举和周联合署名的大字报《致全市大专院校革命同志的一封公开信》公开信为八届十一中全会公报发表和《十六条》关于文化大革命伟大纲领的制定而讴歌"这些日子里，我们多么幸福，多么振奋啊！"，号召全市高校联合起来对市委造反。公开信出乎意外地得到文工团、体育队进而全校数千人响应，铺在地上的签名纸张从学生三舍直铺到民主湖，长达数十米。事出意外，吴庆举断然决定让乐队军乐队员到新广场[60]大奏"革命造反歌"——该歌曲刚从京城传来重庆，经铜管乐器一奏，效果新潮而刺激——数千师生四面八方涌来，继而整队前往重大侧对面的重庆建筑工程学院[61]送《公开信》、发造反传单。

建工学院被工作组留下来的"校文筹"管得紧，学生们至今还整日关在寝室按部就班学文件，偌大校园寂静冷清。串联队伍浩浩荡荡绕校一周，再由沙坪坝正街凯旋而回。此举虽遭冷遇，但在全无上层

---

60 重庆大学学生素喜体育运动，原有场地不敷使用，文革前在郑思群号召下自力更生新辟广场，文革后为纪念郑思群，定名"思群广场"。
61 重庆建筑工程学院系1954年院系调整时由重庆大学土建系分出后建成。1990年代重新合并，命名为重庆大学B区。

行政的组织之下，数千人面对突发成功如此大规模的示威活动，大感兴奋。是日下午，在文工团戏剧队房间，由吴庆举主持召开总结会，各系派代表参加。到会代表计有：校羽毛球队队员周家喻、冶金系二年级学生熊代富、查正礼、电机系四年级学生黄顺义等，后来，这些人成了"八一五战斗团"主要领袖。

"八一三事件"的影响很快越出校园。同处沙区的重庆师范专科学校（今重庆师范大学）在工作组撤离后，拥护工作组的属于多数，反对工作组为少数派，两派学生在校内交锋不止。14日，少数派的"轻骑""排炮"二战斗组的学生前来重大学生九舍向发起"八一三行动"的文工团学生求助。

15日，"火炉"山城烈日当空。经过组织的重大数千师生冒酷暑前往师专声援。师专当局同样已有准备[62]。一场大规模的群体性对峙和冲突，于是热热闹闹、暴暴烈烈开场。闹事方除重庆大学的声援师生，还有附近赶来的、或加入辩论、或看热闹的工人、机关干部和居民，还有比大学生更激进的师专附中（今重庆八中）和六中的中学生。暑气逼人的师专操场，成了重庆文革群体性事件首次大规模对垒的现场。

重庆师专八一五战斗团《八一五烽火》报发表的《八一五史话》对事件叙述如下：

> 由重大四千多革命师生组成浩浩荡荡的队伍，冲开了紧闭的铁栅门，开进了学校。游行队伍的前头，高举着毛主席像，两旁红旗招展，雄壮的军乐，吹起了杀气腾腾的《造反歌》……
>
> 重大四千多革命师生在操场上集合了。同他们一起来的还有六中和师专附中的部分革命同学。
>
> 一件恶意挑衅的事件发生了。主席台上出现了四块标语牌，写着这样四个黑敦敦的大字："不受欢迎！"……重大同学激怒了，马上有

---

[62] 8月14日晚，重大学生计划第二天行动，同时派人向师专革筹会知会次日行动，请师专安排场地和广播器材等，遭师专校革筹断然拒绝、反对。

数十人抢先登上主席台，把几十张毛主席像高高举起，四个黑字被遮盖了。

主席台后面是图书大楼，这幢房子正在整修，市中区建筑修缮一社的工人正在房顶上工作。保皇干将拿起黑牌爬上了脚手架，要把黑牌插上房去。四个散发着臭气的黑字，竟敢和毛主席像争高低！……我们也要冲上去，把毛主席像插在最高最高的地方！

毛主席像屹立在图书大楼的上空了。但是保皇干将拿起黑字牌，却要去争地位，发起了疯狂的反扑。看到这种情景，房顶上的工人肺都气炸了，他们一跃而起，一个箭步射了过去，说时迟，那时快，早有个青年工人一手揪住黑牌，带住一拔，然后像抓住个坏蛋似的，狠狠地从高空往下掼去。台下爆发了震天动地的欢呼声："毛主席万岁！万岁！万万岁！"……[63]

正在师专图书馆大楼进行大修施工的市中区建筑修缮一社的工人师傅对重大学生深表赞许和同情，他们不光帮着扯掉了"黑字牌"，还给重大师生送开水慰问。事后，这些支持重大学生的工人很快遭到党政当局的严厉追查处分，从而最早走上重庆社会造反之路。现场施工员、青年朱登明，成了著名的重庆工人革命造反军一支队主要负责人。

在双方辩论、僵持的整个过程中，重大师生和师专文革筹双方都不断派出代表去重庆市委反映情况，要求市委领导到场解决问题。重庆大学体育队的摩托队员成了"飞车侠"，载着告状代表三番五次往来于沙坪坝和市委大院之间。市委一次不答复就二次，二次不行三次，而且态度一次比一次强硬。已近傍晚，在师专广场僵持了整整一天的重庆大学师生代表向市委提出三点"最后通牒"：

1. 如果你们认为我们的行动符合毛泽东思想，那么就请你们到师专去；如果不符合毛泽东思想，就不去；
2. 我们的同志挨饿、晒太阳，如果出了问题，完全由你们负责；

---

[63] 重庆红卫兵革命造反司令部重庆师专红卫兵总部、八一五战斗团主编《八一五烽火》第二、四期，1967年1月31日、2月15日出版。

3. 如果你们实在不去，我们的四千革命师生全部到市委来。

后两条是硬指标。被暴热、饥饿、焦躁、争吵折磨得精疲力竭的大学生已经狂怒，他们能说到就会做到。重庆市委不得不派辛易之[64]前去现场处理。辛临危受命，无特别授权，面对完全陌生的骚乱和乱七八糟的无厘头问题，如"今天发生的事件是不是革命事件""市委抽调大批学生下乡劳动、搞'四清'运动，是不是错误的"等责问，还要求对师专一些人用"不受欢迎"四个字与毛主席像争高低的"反革命行为"作出严肃处理……辛易之实在什么都不能说，什么都不能做。

重庆大学广播站记者、采矿系三年级学生张德昂这样回忆当时情景：

> 市委书记处书记辛易之来到大会会场时已近黄昏。……他的讲话中并没对这一天群众的行动做出明显的评价，更谈不上肯定和支持。非但如此，他的讲话含含糊糊，顾左右而言他，而且还说如果是大家心中有气，可以对他撒等等，讲完之后，他就准备离开。由于参与大会群众对辛易之不得要领的讲话感受到非常不满，又见他准备走人，于是会场上就响起了"辛书记不能走"的呼声。当时辛易之已进入了他的专车，这一下更激怒了在场的群众，于是在场的一些人便围住了了辛易之的车不让走……最后辛易之还是走了。[65]

数千人马撤回校园已是深夜，重庆大学却无人入睡。《辛易之是

---

[64] 辛易之，时为中共重庆市委书记处书记、副市长（分管农业）。1966 年 8 月 15 日因代表市委出面处理"八一五"事件，被重大八一五视为"镇压八一五事件的刽子手"。但在 1967 年"一月夺权"时，54 军认定其为革命干部，向八一五派推荐将其作为结合对象，并安排夺权后建立的革联会于 2 月 27 日召开斗争前市委负责人鲁大东大会，让辛易之在会上揭发、批判鲁大东，作"火线亮相"。后因八一五派（特别是其中的市委机关干部）内部对结合辛易之仍有分歧，加上革联会未获中央承认，辛易之的结合未成为事实。1968 年中央首长"四二七"指示中指责辛易之"滑头滑脑"，更使他难于得到结合。后只好调离重庆，调任四川省西昌地委书记。文革结束后先后调任内江地委书记、四川省财办副主任、省人大常委会常委、财经委员会主任等。

[65] 张德昂《文革杂忆》，发表于"央皿博客"。

屠杀群众运动的刽子手》《打倒重庆市委》之类的大字报，自那一夜开始，从重大校园向偌大山城铺天盖地蔓延而去。巴蜀再无宁日。

3. 李井泉灭火忙

八一五事件发生次日，李井泉正好从北京参加八届十一中全会后返回成都。对四川高校愈演愈烈的"叛逆"行动灭火，成了西南地区最高长官的当务之急。西南局和四川省委的书记们被迅速分工赶赴各大专院校"向群众学习"：成都地质学院由李大章、刘植岩和廖井丹负责；成都大学由陈刚、杜心源负责；成都电讯工程学院由阎秀峰、黄新延和郭林祥负责；四川医学院由程子华、廖志高负责；西南民族学院：周林；成都工学院：杨超；四川音乐学院：许梦侠；四川师范学院：赵苍壁；四川体育学院：袁仲凡；成都中医学院：周颐。四川大学则由李井泉亲自挂帅。

8月19、20日两天，李井泉接连亲赴四川大学召见校筹委成员进行安抚，讲话放低身段，大秀谦恭，承认"文化大革命是新生事物，黄流同志搞不好，我来也没有办法。派工作组从我们的角度是派'拐'了[66]。如有打击压制左派的情况，是路线的错误。"李井泉把责任全部推到校党委书记兼副校长丁耿林头上，宣布："从聂元梓的大字报开始到6月21号，丁耿林对文化大革命的态度是错误的，经省委指出才被迫检查。他采取了形形色色的框框来束缚群众和党员的手脚。6月22日以后[67]，群众起来了，他又临阵逃脱，躲在防空洞里不出来。"丁耿林随即被撤职。

李井泉讲话中多次提到大字报《川大保皇党为什么能稳坐钓鱼台》。说这些造反学生"可爱得很，有什么话冲口而出""这是一篇好的大字报。""《钓鱼台》（指大字报《川大保皇党为什么能稳坐钓鱼台》）本质的问题是针对工作组、校党委、省委负责同志，只是

---

66 "拐"系四川土语，"错误"之意。
67 指出6月21日省委书记处书记、成都市委第一书记廖井丹到四川大学召开大会安抚之后。

写得啰唆了一些，有些地方不够确切。'乱世出英雄'，不能说他们都反动，其中可能会有很优秀的人物。你们反映的情况都是事实，……我也驳不倒你们。"李井泉再次把板子打在校党委"屁股"上，说："有人贴出了《钓鱼台》的大字报。如果丁耿林他们开始就敢于放手发动群众，欢迎贴大字报，揭发校党委问题，我想还会得到群众的谅解。"李井泉由是依旧正确了："这些问题我们是讲过的，丁耿林不是不知道。"指责完校党委，接着批评黄流："黄流同志九号到学校，十六号汇报有三个战斗小组群众准备进行批判。当时我就提出了批评，对那几十个战斗小组你们弄清楚了没有？你们给他们谈过话没有？你们又没经过斗争的经验，你们知道谁是左派，谁是右派？你黄流弄清楚没有？幸好省委及时指示，不然会犯大错误。"口气何其温婉！李井泉没忘记保护一下自己的贴身秘书，又说："黄流同志我很了解，他和我一起搞过，在火花公社搞'社教'他搞得很不错，这次到你们学校来，按老经验办事，所以犯了错误。"

说到群众运动，李井泉的表态高仿伟大领袖之风，尽显宽容大度："宪法规定有言论、集社、集会自由，人家成立起来了，就不要解散。将来文化革命委员会成立了，他们（自己会）就认为没有必要存在了。我曾经指示工作组到校把筹委会组织起来，让群众去选，即使选到中间派和落后的人，也没关系，这好暴露他们，以后群众认识清楚了，再改选。""川大的问题老是揭不出来，我也不满意。'社教'中没有这样的大好形势。运动中恰好没有党团组织那样有条不紊地分析批判，而是去闯，去冲、去轰，才把问题搞出来了。"省委派来的工作组组长、被江海云大字报点名批评的章添，在李井泉眼里更庸劣无用若敝屣："章添是内江中学校长，1957年几乎打成右派，阶级观点模糊得很。"

22日，李井泉在省委书记处书记许梦侠、成都市文化革命领导小组组长周颐等陪同下，专门接见了《赤卫》《风雷》《十人》《东风》《前进》等战斗组同学，川大前工作组长黄流则到场表演挨克。李井泉这次调门更高。他先自我洗地，表明其一贯正确，接着将板子全打到别人屁股上："省委有错误，你们也可以反，错误的要抵制，省委全部错了全部抵制。杜心源也是保皇党。工作组走的是许琦之、章添路线，保的是丁耿林、杜心源……"总而言之，具体犯事都是前工作组，而黄流的工作组，则不过"走的路线叫许琦之路线，章添路线。"如是，黄流没问题了，无非"应该把他赶走"罢了。谈到黄氏工作组强行分化瓦解战斗组，李还故作惊讶，问道："你们瓦解了还是坚持了？"学生回答"坚持了"，李井泉马上竖起大拇指赞美"好样的！瓦解了就不行了。"接下来的吹捧简直虚伪得有点恶心："（黄流工作组）站在资产阶级立场上，打击革命的学生运动，他们给你们戴的帽子，你们给他们戴回去！""过去他们说你们开黑会，他们才是开黑会。""打击压制你们这些革命学生，采用了各种方法，包括对待反革命的方法，恶劣得很！你们要顶住啊，顶住了就是好样，""你们对校党委看得对得很，运动以前我还不清楚，运动一开始，我就怀疑校党委。61年蒋帮想窜犯大陆，丁耿林害怕的要死，要把女儿托给民主人士。"李井泉不但明确肯定《钓鱼台》"不是毒草，论据相当充分"，还热心热肠地帮忙出主意，说"就是写得有点啰唆，集中点改得只有三千多字，就好了。"[68]

李井泉好像不是来灭火，而是来发动群众造反的。最后，他宣布"我来讲话就是来点个火。群众起来斗工作组，会使今后的领导不敢轻视群众了。我提倡批判工作组，第二步可能会轰到你们头上。这会给你们锻炼更大。好人越批判越好。工作组检查了，可能你们要受不了。但是这不用怕，反正是内部矛盾，又不戴帽子。"李井泉没忘记留个"话把子"："学生中写了几条反动的标语，不要怕，在无产阶级专政的条件下，怕什么？"[69]……

68　李井泉接见《红心》等组学生讲话。中央文化革命小组办公室《文化革命资料汇编》第六辑，页368。《十人》组参加人为李汉英，《赤卫》参加人为王华源、龙瑞江、冷定春、冯光淑、李忠陶、王清成、唐林模、刘柏宗，《风雷》杜永荫、杨继兴。化五：张柏林及另一人。在这一记录中，黄流、高鎭如及其他干部十余人被称为"在座者"。

69　东方红八.二六战斗团《铁扫帚》战斗队《李井泉在川大部分校筹委员座谈会上的讲话》1666年10月28日传单。中央文化革命小组办公室《文化革命资料汇编》第六辑，1966年11月。

在大学生的认知预设中,对所有当权派均需做有罪(反毛)推论,他们每句话都可能暗藏杀机,尤其如李井泉这样百姓心中结怨甚深官员。川大学生比较李井泉三次讲话,很快得出了另外的结论:黄流在川大的所作所为全是出自李井泉授意。理由是李井泉22日对《赤卫》等组的讲话:"他们来一礼拜时,我以为他们只了解情况,组织革命委员会,谁知他们一来就搞你们。16号我若赞同他们斗,你们还要被斗的惨些,整几天几夜。"黄流在川大的所作所为全在李井泉的掌控之中。李的表白是一派谎言。

重庆八一五事件引发的骚乱已洪峰决堤。李井泉把成都肃乱事稍做安顿,8月24日便乘直升机赶赴重庆,当晚即由西南局宣传部长刘文珍[70]、重庆市委书记鲁大东[71]陪同,在沙坪坝区委接见重庆大学"校文革"筹委会全体委员。李井泉懂得对付二愣子年轻人,抚背捋毛比厉言训斥更有成效。这一晚,李井泉对重大造反学生的赞美,比川大学生高了许多档次。参加接见的校革筹委员、八一五事件的组织者之一黄顺义的回忆文稿《李井泉评价八一五事件》这样记录李井泉过于离谱的吹捧:

八一五事件发生后,这次事件到底是革命的还是反革命的,当时在重庆闹得不可开交。8月24日晚上约七八点钟,市委派人来把我、熊代富、查正理[72]接去沙坪坝区委办公室。到了以后才知道是李井泉接见我们。陪同接见的有市委书记处书记鲁大东、廖苏华,西南局宣传部部长刘文珍。

一见面,李就说:"你们是八一五派嘛!"他接着说:"你们去声

---

70 刘文珍(1911-1982),山西霍县人。1937年加入中共,曾任中共中央晋绥分局宣传部副部长。入川后,先后任绵阳地委书记、西南局副秘书长,宣传部部长、中国科学院西南分院院长。文革初期,刘文珍还名列中共中央文革小组成员。
71 鲁大东(1915-1998)河北馆陶人。1938年加入中共,曾任冀鲁豫军区二纵组织部长。建国后,先后任中共乐山地委书记,重庆市委工业部部长,文革开始前,任四川省委书记处书记兼重庆市委书记处书记。1966年7月,任白戈被点名离职检查后,实际主持重庆工作。
72 参与组织八一五事件的黄、熊、查三人系校革筹委员。

援师专、建院，是革命行动。就像苏联十月革命一声炮响，给中国送来了马列主义一样"。

李井泉依然使用对付川大学生的套路。他认定只要来一通好话，天真无邪的大学生便会在诳抚之下乖乖安睡，不料重庆崽儿多直来直去的刺头儿。李井泉把八一五事件和十月革命相提并论，黄顺义当即便顶了回去："李政委，你的这个比喻可能不大恰当。我们只是学生，响应毛主席的号召，起来参加'文革'而已……不能与十月革命相提并论"[73]

李井泉此举非但不奏效，反被重大学生立即拿过来为己所用。黄顺义、熊代富、查正礼回校后，迅速将这次接见的主要内容捅向社会，一时间，大字报上传抄的"十月革命一声炮响，给中国送来了马列主义"，铺天盖地贴满了全市。不管李井泉是信口开河还是慌不择言，是暗施阴谋而有意为之，还是支吾敷衍的权宜之计，此话被学生一经传出，偌大重庆，无人再敢公开说"八一五是反革命"了。

人多势众的重大造反学生成立组织的条件水到渠成。8月26日，重大"八一五战斗团"正式成立。事前大学生曾专发电文，邀请李井泉并西南局、四川省委、重庆市委派员参加。刘文珍派来一个叫向国宁的联络员，重庆市委派出重庆军分区副政委徐仁德作联络员，其他人则无脸前来讨没趣了。

大会在该校"风雨操场"举行。风雨操场建于嘉陵江岩岸一个巨大的天然盆形凹地，状如古罗马斗兽场。战斗团一成立便拥4000余人之众。重庆市供电局工人、沙坪坝地区几所中学的学生均来助兴，人数逾万，将操场坐得满满当当，场后的草坡亦满是站客。成立大会由公开顶撞李井泉的黄顺义主持，"八一五事件"的具体发动者吴庆举、周家喻分别宣读《告全市人民书》和《重庆大学八一五战斗团章程》，宣称"《十六条》是我们的革命纲领，毛主席是我们的司令"诸语，同时宣布总团勤务组成员名单并交大会鼓掌通过。校文工团军乐队高奏《团结就是力量》《国际歌》，大会在雄壮歌声中结束。

---

[73] 黄顺义2020年8月24日微信回忆文。

会间忽有大雨滂沱，与会者衣体透湿却精气勃发，无一离去，满谷秩序井然，一派"天洗兵"的豪雄浪漫。重庆人民广播电台著名播音员洪声、林萍前来参会并作现场直播。电视尚未普及，广播电台是最有效率的宣传权威。电波传音，影响之大可想。

李井泉视渝，下车伊始便大秀亲民谦恭，甚至不惜用"十月革命炮响"一类夸张离谱之词溢美诓骗，拳拳苦心收获的竟然是如此苦果！心情愤懑不亦甚乎。更棘手的是，就在重大"八一五战斗团"成立当天，成都方面的大学生向李井泉发动的另一场直接挑战正式发动了。

第四节　"八二六事件"：主场揭幕战

1. 山雨欲来

重庆群体骚乱爆发的同时，成都多所高校危机亦如云中电荷聚集，直逼临界点，四川大学师生锦江大礼堂大造反，恰好成了触发闪电的最后一片带电积云。1966年8月26日这一天，终于崩响主场揭幕战的电闪雷鸣。

成都地质学院[74]成立于1956年，地处当时尚显偏僻的远郊二仙桥。远离闹市，政治风潮影响理当小而且慢些，地院的情况偏偏反过来，皆因文革前一年，为保证首都安全，北京地质学院放射地球物理勘探系迁来了成都地院，编号"三系"，如是，三系师生便与北京母体保有千丝万缕联系，文革肇启，远离市区的成都地院政治信息偏偏最灵，从而成了成都高校造反得风气之先者。6月2日，聂元梓的大字报及《人民日报》评论员文章一经播发，三系学生便率先造起反来，次日即贴出"质问院党委""看党委书记赵铎资产阶级保皇派的

---

[74] 成都地质学院文革后改名成都理工大学。

丑恶嘴脸"等大字报，其他各系学生方随之纷纷起事。西南局、四川省委和成都市委比照北京模式迅速派工作组进校弹压[75]，工作组与院党委书记赵铎联手对造反学生实施弹压，三系、石油系、找矿系等最先造反的学生均被打成"反革命"，继而对全院师生进行"摸底排队"、威胁和恫吓，"革命运动"很快冷冷清清……有此铺垫在前，待到毛泽东回京对刘少奇实施反击，撤走工作组、颁布"十六条"，地院风飙再起，气势便尤其迅猛暴烈，党委书记赵铎、院长周道被学生戴以高帽游街，押之高台批斗，一时轰轰烈烈，造反师生人数绝对占优。8月初工作组撤离，匆忙之中放手让全校民主选举，结果无悬念，造反派占优，且让三系三年级学生、后来名满巴蜀的武陵江当选了筹委会主任。老红军、校领导扬正德最早支持学生造反，亦被选为筹委会常委，主管全校财务和后勤工作，由是成都地院的造反派控制了广播站、印刷厂，得以方便调动宣传车及交通工具，搞起造反行动比其他院校方便许多。在相当长一段时间，成都地院还成为其他单位、地区饱受欺压的造反者，尤其是一些遭迫害"老干部"的避难所。后来权倾巴蜀的刘结挺、张西挺，当初正是在地院庇护之下得以东山再起。

成都大学的造反学生亦冲锋在前，8月17日发表了《致成都各大专院校革命师生的公开信》，提出"西南局和省市委有修正主义黑帮、资产阶级黑线"，8月24日，学校1300多名师生不顾市委当局阻拦，集体前往西安声援正在攻击西北局的西安交大学生……

历史选择四川大学作为揭幕战主角，皆因该校工作组长黄流正是李井泉心腹大秘，对黄流的斗争循理成为直接挑战李井泉的斗争。7月8日，黄流率领的省委工作组进驻川大，旋施霹雳手段围剿大字报、瓦解战斗组、将学生打成"右派""反革命"……致使川大校园顷刻间一片冷清。8月8日，黄流工作组按省委统一部署，在中央人民广播电台播放《十六条》前两小时撤离，心有愤愤地川大师生一再要求黄流回去做检查。众怒不可犯，省委决定，8月26日下午在锦

---

75 由四川省地质局局长李凤伍任工作组长，四川省委宣传部副部长李克乾任副组长。

江大礼堂召开大会,由黄流向川大学生自省检讨。

锦江大礼堂建于1961年,四川最困苦的饥饿年代,建筑面积30900平方米,风格高仿北京人民大会堂,高檐大柱,富丽堂皇,是为省会地标建筑。(文革中被改名"东方红大礼堂")。李井泉喜称川省政府为小国务院,此即其"人民大会堂"也,寻常百姓望而却步。省委有意将检讨会安排于此,一则显示省委对检讨会重视,二则给参会学生造成一种居高临下的心理压力。大会定26日晚7时开始,由省文革组长周颐[76]主持。

学生们认为,既然黄流检讨工作组错误,理应在事发地川大校园召开(省委事后解释,那几天连续下雨,同学们又急促要求黄流检查,只有东方红大礼堂才能容纳六、七千人);其次,主持人不应该是省委官员,而当"自己解放自己"的学生。大会尚未召开,学生的抗议电话就打进了省委:

(一)反对在晚上听检查,因为以黄流为首的前省委工作组犯下了方向性、路线性的严重错误,绝不是一二个小时能检查完的;

(二)反对在这远离川大的东方红大礼堂听检查,因为在哪里犯了错误就应该在哪里做检查;

(三)反对由省委主持会议,因为我们是川大主人,应该由川大革命师生主持。

大会尚未召开,川大学生便认定这是省委又一次阴谋。8月25日晚,曾被黄流重点弹压的外文系《红心》等战斗组学生更是密议至深夜三点,分析黄流可能如何检查?学生该如何应对?如何控制会场?等等,次日,还专去系党总支索借录音机一台备取证之用。

大会按时举行。参会除川大学生,还有省市机关干部和军人,及其他高校师生代表数千。省委第一书记廖志高、成都军区司令黄新廷等亲自坐镇,西南局、省市委领导刘植岩、许梦侠等均到场助阵,场面肃杀庄重。心怀敌意的大学生偏偏一进礼堂便开始挑刺,认为环境

---

[76] 周颐(1914-2013)山西夏县人,1937年加入中共,在延安抗大学习,后任晋绥分局组织部秘书、晋绥边区行署总支书记等职,入川后,先后任成都市委第二书记、重庆市委书记等职。

"味道不正"：如此宽大的墙面只有四张临时贴上的毛主席语录、主席台除一条"无产阶级文化大革命万岁"的横幅外，完全没有"毛主席万岁""中国共产党万岁"等大标语……他们立即"提出抗议，要求大会执行主席立即回答。"[77]

会议按既定议程举行。首先由黄流检查。据多位参会者回忆，黄的检查空泛无物，大帽子多多而具体内容稀缺，而且强调工作组的错误在于认识出了问题，只是在组织批判"革命大字报"《川大保皇党为什么能稳坐钓鱼台》上犯了方向性错误，而且正是"井泉同志的指示"，把他"从危险的边缘上拉了回来"（学生听众马上认定：黄绝口不提党中央、毛主席"把运动引上正确方向决定性作用"，故此检讨"极不深刻、极不彻底、避重就轻"）；接下来，大会又按预定计划，让8位同学代表就工作组的错误发言。发言采取"一反一正"安排，先由一同学揭发批判错误，接着安排一同学为工作组说好话，稀释进而否定前者发言，第七个同学发言之后，最后特意安排一"保皇"学生压轴，系统赞美工作组对错误"有所认识"，甚至肯定工作组取得的正面"成绩"……时间已到11点，主持人抓紧宣布省委第一书记廖志高讲话。

廖志高和李井泉一道晋京参加八届十一中全会归来，对于首都高校运动多有见闻。他的讲话肯定进行了精心准备且获李井泉认可，能确保各方乐意接受，至少不至授人以柄。他开宗明义明确其演讲主旨"是谈谈这个工作组的错误。"接着洋洋洒洒，一口气讲了一个半小时，其意略有：省委派工作组是错误的。这是一个根本性的问题。为什么错误？因为这是一个"群众路线的问题。""学校的文化大革命究竟依靠谁？……要依靠革命师生员工嘛……川大四千几百人难道还没有群众？……难道还不可能把这场革命搞好？"派工作组的错

---

[77] 见《八二六》革命行动记实》。该文案系事件发生后第一时间由川大外文系红卫兵《铁军》战斗组撰写，8月29日凌晨从成都体育学院刻印发出。此前，保守派学生：川大生物系《红旗》《战旗》《卫东》《捍党》《东风》《红色小兵》《红色战士》等战斗组撰写了《分歧何在？》《所谓"八二六"事件的幕前幕》均为铅印，显然系为官方支持下的反击。

误,就在于"不相信群众,不相信群众的首创精神,不相信群众的智慧,不相信群众的力量""没有把广大师生组织起来,让他们自己闹革命,让他们自己起来解放自己,自己教育自己,自己完成自己的革命任务"廖志高特别提到毛泽东对此的点评:"主席讲,你们就是不懂得这一条。"因为"主席一讲,我们脑筋就通了,觉得有道理了。"因此"我们的错误,最大的错误,就是这一条,最大的教训,也是这一条,也在这一条"。廖志高一再检讨派工作组这一条错了,这条错误主要是省委负责,"因为是省委决定的"。廖志高放心大胆地承认这一条,皆因他深知"不相信群众""派工作组"的板子打不到他身上。刘少奇、邓小平才是罪魁祸首。

廖志高接着说明,工作组进校以前他是打过招呼的,省长李大章也向他们(工作组)作了报告的。廖志高具体地介绍了他就工作组任务讲过的三点意见,一是"一定要按照毛主席的指示,按照党的方针政策去搞大专院校的文化大革命,一定要好好地学习主席的著作,一定要在这个大革命当中,把学习主席的著作、活学活用毛主席的著作,放在首位……要坚决去同那些反党反社会主义的分子、坚决同资产阶级当权派作斗争,重点是整党内走资本主义道路的当权派,要坚决同他们作斗争……至于资产阶级学术'权威',要抓,那个也非搞不可,但是可以放在整党内走资本主义道路当权派的稍微后一步……我们是这样来要求他们的";第二条差不多,就是工作组进校的任务,"首先是要同那些走资本主义道路的当权派作斗争";第三条,"叫作相信群众的大多数,坚决走群众路线"要求工作组一定要充分发动群众,要团结大多数,要搞"四同",要工作组一定要跟同学们同学习,同商量,同吃、同住,等等。廖志高确认:"到现在我还是觉得这样几条是正确的。那么工作组执行没有执行?应该检查。把这个运动引导到另外一个方向去,主要应当由工作组负责。"

廖志高意思表达非常明确:派工作组省委有错误,但工作组的错误必须自己兜着。接下来说具体问题,演讲人就十分主动了,板子只管朝工作组的屁股一顿打去完事。重头戏码自然还是《钓鱼台》引发的冤案,廖高调宣布:大字报作者对工作组提出批评,对校党委提出批评，特别是对省市委同志提出的批评，"是应当的，应当采取欢迎的态度"；有学生说四川大学"四清"运动走过场，没有解决走资本主义的当权派的问题，廖志高表态："在主要的问题上，应当承认，他们那些精神是革命的，因此，过去对他们这张大字报，采取完全否定或者是根本否定的办法，我看这种观点应当收回。不应当再坚持了！"工作组让"许多同学受了委屈，有一些同学甚至被他们采取极其错误的办法对待他们，大家听到当然很愤慨喽！"廖书记宣布，对几个战斗小组的那些控诉："我同情他们！"

　　工作组问题到此为止。接下来就开始"扯闲条"了，比如同学们要求罢免"省'文革'小组成员许琦之"啦（廖志高痛快表态：我们回去负责向省委提出来，由省委决定）、关于杜心源、廖井丹在处理川大问题的错误啦（廖志高明确回答：我们负责一定要让他们在适当的时候向同学们做检讨）、比如同学们要求到北京和外地串联取经问题啦（廖志高惊诧：到北京去取经你还不允许呀？文化大革命的策源地，毛主席在北京，我们为什么不允许去！但是怎么作法，当前就有个问题……我们川大的四千几百人，每一个人都这样，都到西安、兰州，都到北京去了，川大的文化大革命谁来搞？……省委这两天发了个通知，同学们看一看怎么样。我们第一主张要支持，要取经，要搞串联的；但是第二，希望各校派代表；第三，我们主张分批分期，就是说有组织地去进行）、比如有人反映已被罢官的成都大学党委副书记赵力还在继续活动如何办（廖志高严正表示："我们要充分地估计到他们的抵抗，我们应当坚决同他们这种抵抗作斗争，坚决克服各种阻力。这些阻力首先来自这一些走资本主义道路的当权派"，接着他顺手捎带："我说同学当中（也）可能有阻力，这就要求同学们自己按照主席的指示采取自己教育自己的办法，就是互相来督促、互相展开批评和自我批评、互相帮助、互相学习这样一些办法，总之要把《十六条》学好。（同学们）认识也不完全一致嘛，哪个对《十六条》就百分之百地理解了？我是不大相信的，一定有很多同学了解得不错，他们坚决按照《十六条》办事，也有少数同学了解得还差一些，那么，我们就要帮助他们真正理解，很好学习《十六条》，按照《十六条》办事情，就是说，一定要督促那些同学：还不理解还不认真执行《十六条》的，一定督促他们更好地理解《十六条》，更好地执行《十六条》"……廖书记讲到了后来，已经是天马行空，不知所云了。[78]

廖志高讲话毕，执行主席感觉时间太晚，匆匆忙忙宣布散会，既忘记带领众人高呼口号，更忘记领唱《大海航行靠舵手》之类。骚乱顷刻间呼啸而起：北京南下串联的中科大学生陈龙康和川大数十名学生冲上主席台便抢夺麦克风，要求继续发言，对尚未经历过此类暴力场面的成都佬，如此惊天一冲，全场顿时哗然。

面对危局，排字工出身的省委宣传部副部长张守愚大显底层本色，紧紧霸住麦克风，与北京学生拉扯对峙。廖志高忙向会议主持周颐摆手，周颐会意，吩咐下人将动粗的京妞从话筒边拉开，然后向满场群众喊话："要不要她发言？"

没承想台下异口同声，齐呼："要！"

周颐只能好言劝慰："时间已经很晚了，明天再来吧！"

造反学生豪气正盛，宣布对反毛泽东思想的言行，决不让其过夜！京城"红卫兵"夺得话筒，不料刚讲几句，扩音器电源便被切断——周颐面前的扩音器电源却未切断——周挥舞双臂继续对喊话："愿意回家的，就走吧！"

敌意既成，斗志正旺的川大学生焉能乖乖撤退？一个劲儿只管喊："打开扩音器，让她讲！让她讲！"勇者趁乱一波接一波往台上跳，大喊"真正的唯物主义者是无所畏惧的，你们为什么害怕群众、压制'红卫兵'发言？"京城"红卫兵"干脆列队齐步走上舞台，赖坐不走，川大学生亦跟着上台坐地声援。"保守"学生则齐呼"下来！下来！""不欢迎！不欢迎……"台上台下交相拉锯，局面愈益僵而乱，周颐只好同意南下"红卫兵"发言。川大哲学系保守派学生某，不待南下兵言毕，冲上去夺了话筒便厉声诅咒，称南下者"下车伊始""就

---

[78] 以上所引内容出自《廖志高同志在四川大学全体师生大会上的讲话》（记录稿，未经本人审查）中央文化革命小组办公室《文化革命资料汇编》第六辑，页418-427。

哇啦哇啦发表议论"，此公言犹未了，更多学生呼啦啦齐呼"毛主席万岁！""中国共产党万岁！""誓死保卫毛主席！""誓死保卫党中央！"一类口号，高唱《大海航行靠舵手》《团结就是力量》等革命歌曲，喧哗声汹涌澎湃，直冲穹宇……主席台上一字儿端坐的省委领导，只是个呆坐傻观，甚至"万岁"之类颂圣之语亦忘了跟呼，自然又遭一片詈骂，不得不起身象征性作呼喊状，事后的大字报如此记录书记们的尴尬："省委第一书记廖志高一手插在裤袋里，斜着身，手臂都不愿伸直，市委第一书记廖井丹五指张口，像招手似的。他们对毛主席是那样没有感情！"[79]

大礼堂已成一锅乱粥。廖志高、刘植岩、许梦侠诸大员趁乱被人从后门护走。已是深夜，只能由四川大学校革筹主任于永志支撑乱局，于苦口婆心宣布："散会了，可以走了……"

于永志，山东人，无论年龄、资历和声望，均属"老大哥"级别学生。早年参军南下入川，解甲后入读"工农速成中学"再进川大历史系就学。他从军时即入党、立功，入读川大后一直任年级党支部书记，且以学生党员代表身份任历史系党总支副书记，党龄长于总支书记。于兄学习刻苦，多北人之朴实与谦和，俨然"又红又专"楷模。文革伊始，他亦步亦趋，紧跟领导，愤怒批判上司抛出的所有"反革命修正主义分子"和"资产阶级反动学术权威"，《人民日报》公布北大聂元梓七人大字报，他即率历史系多位教师贴出重头大字报《请看温建平走的是哪条道路？》《校党委的投降主义错误必须批判！》一度得"川大聂元梓"美名。工作组安排他当川大校文革筹委会主任，最是放心无虞。

不料世事仓皇。两年后，经最高当局批准成立四川省革命委员会，曾被于永志认定的"反动学生"纷纷执掌大权，弹冠相庆，"于老革命"代表的"保守派"土崩瓦解，遭遇无穷尽的羞辱与批斗，于兄内心苦痛无以消解，终于1968年5月悬梁自尽，留下遗书要儿子

---

[79]《四川大学8月26日东方红礼堂大会实况》中央文革小组办公室《文化革命资料汇编》第六辑，页675。

"永远跟党干革命"。据同系研究生袁庭栋先生介绍,于兄死后其妻改嫁,其子以支边青年之身去云南边疆务农,继而投身缅共支援"世界革命",殒命于异国乱枪荒林之中。

1966年8月26日的于永志对完成保卫四川省委的使命充满信心。经这位谦和君子、资历让人敬佩的"老大哥"顽强劝诫之下,绝大部分教师和不少学生确实陆续选择了离开。同样,面对岌岌危局,余下近两千名师生为保卫自己的"神圣选择",拉高调门疾声齐呼:革命的留下,不革命的走开!

"不革命的"走光了。主席台和大礼堂被清一色的抗议者占领,巨大穹顶之下再次秩序寂然。重开的大会由学生们自己主持,发言人排列成行,鱼贯而上,宣示激情:"谁要反对毛泽东思想,我们就造谁的反!他们什么时候反对毛泽东思想,我们就在什么时候造他们的反!他们在什么地方违反了毛泽东思想,我们就在什么地方造他们的反!我们坚决不走,坚决不离开战斗岗位!"

造反者除了发言,还读《毛主席语录》,还学习《十六条》,还高呼"毛主席万岁!"还唱歌:"抬头望见北斗星,心中想念毛泽东"。这是文革前享誉全国的大型音乐舞蹈史诗《东方红》表现遵义会议前红军低潮时的桥段,歌曲婉转悠长,催人涕下,非常切合此时大学生渴等救星之情。正是年轻体壮时,喧嚣悲切之间,饥渴、寒冷和倦困均忘之不顾,余下的,只有为某种神圣事业献身的悲壮和体验革命伟业的浪漫。长夜不经意悄然远逝。

2. 二十七小时抗争

川大学生在东方红大礼堂的坚守让省委始料不及;他们更没料到,没有撤出的学生正好让大礼堂成了堡垒,让造反斗争在此持续坚守;更要命的是,以此为据,更多同情川大学生的造反者纷纷涌来会盟。

已到27日凌晨,新一波抗议行动继续。资料记载,5点40分,完全由造反学生控制的会场宣布复会,发言者激情再起,有提议去省委抗议者,有提议静坐示威者……大会迅速达成共识:要求廖志高重回大礼堂,我们要与他辩论!于是致电西南局和四川省委——电话直拨了足足一小时均无法接通,立即派人直接去西南局,终于找来秘书长、组织部长兼文革小组长的刘植岩和省委书记赵苍璧。刘、赵二人痛快,一到现场即称"你们的行动是革命的行动!"全场顿爆掌声热烈,刘植岩趁机劝说众人吃了饭再说,学生则固执坚持"我们可以不吃饭,不睡觉,但是革命我们不能不闹!"他们只要"和廖志高辩论",刘植岩缓兵之计无果。

前一天的事变早已不胫而走。改名"抗大工学院"的成都工学院、改名"白求恩大学"的四川医学院和改名"工农兵音乐学院"的四川音乐学院距离锦江大礼堂最近,造反者和好事者最先赶来声援,其余大专院校:成都电讯工程学院、四川师范学院、成都地质学院、西南民族学院、成都体育学院、成都大学,还有成都无线电机校、成都气象学校以及其他中学的好事者也一批批赶来助阵。保派人马也没闲着,前一夜会议散去,他们即赁夜加班,制作抄写传单和大字报满城散发,并在会场外设一大喇叭,哇啦哇啦宣布26日事件"真相",与造反学生争夺舆情。平素威严庄重、可望不可近的锦江大礼堂内外,如今亦歌亦啸,亦呼亦骂,亦吵亦闹,嘈嘈切切,乱声干云,闲杂人等熙来攘往不绝,莘然一闹街商市矣。

中午时分,廖志高一干大员终于重返大礼堂。四川大学以于永志为首的校筹委会亦带领昨夜离开的人马返回参战。已不是官办检讨会,而是学生主导的辩论会了。谁当大会主席成为第一辩题。造反学生人数已占绝对优势并完全控制了局面,于永志虽欲主持会议已不可得。满场群众对于永志以"川大保皇党头子"之名大声斥之。锦江大礼堂已然造反派天下。

川大学生、北京学生、成都各大专院校学生只管纷纷上台揭发省委、市委及其工作组,诅咒他们反党、反社会主义、反毛泽东思想、压制群众、大搞白色恐怖……语言暴力肆意泼洒,直到晚上十点多钟方才尽兴,省委大员硬着头皮听完,最后,又该他们表态了。

这一回谦卑多了。据现存讲话记录稿,廖志高讲话仅700字,时长五六分钟而已，属于没有精心准备的即兴表态了。他对学生的造反行动毫不铿吝溢美之词。他感谢同学们对他的"批评和帮助"。肯定"今天的会议开得很好，大大鼓舞了到会的同志们和全市的同志们。今天这个会必然要产生巨大的影响，必然要大大推动成都市的文化大革命，把成都市的文化革命推向一个新高潮，也必然要大大推动全省的文化革命。""这个会真正像个革命的样子，我非常支持你们的革命行动。你们不怕疲劳，不怕困难，你们在这里坚持了一天一夜，我是非常佩服你们革命精神的，我坚决支持你们的革命行动。"对于大家提出的意见，他表示"一定拿回去好好分析。请同志们给我一些时间，等我想好后，一定向同志们、同学们一件一件检查，一定不辜负同学们对我的帮助"另外还就对北京红卫兵的安排不周表示道歉，保证为南下学生在成都和四川的活动和安全提供方便，云云。最后轮到刘植岩讲话。记录稿也约 700 字，也就五六分钟，意思大同小异。

这两个讲话都是由川大物理系四年级"8 月 26 日东方红礼堂 27 小时会议参加者"整理的[80]，两个讲话时长一样，但有一个微小却明显的差异：刘植岩五六分钟的即席讲话竟然有四次"长时间热烈鼓掌"和"长时间鼓掌"，还有"全体起立，热烈鼓掌欢呼毛主席万岁！毛主席万万岁！"细究区别，好像刘讲话专门称赞了"川大的很多同志们从昨天七点开始坚持到现在，为了揭发省市委、西南局在这次文化大革命中的缺点和错误，他们没有睡觉，有的人只吃了一顿饭，有的人连饭都没有吃。这种革命精神我表示崇高的敬意！"让人感觉刘的讲话更有人情味，更能打中造反学生的情绪兴奋点。比如他一开始就赞美大学生"为了揭发省市委，西南局在这次文化大革命中的缺点和错误，他们没有睡觉，有的人只吃了一顿饭，有的人连饭都没有吃。这种革命精神我表示崇高的敬意！"多暖人心啊！小年轻们能不鼓掌吗？

刘植岩，1918 年出身于河北昌黎，入读北师大附中时参加"一二·九运动"进而参加中共造反，最后南下为官，43 岁即担任中共

80　中央文化革命小组办公室《文化革命资料汇编》第六辑。

西南局组织部长兼秘书长,是书记中最为年轻、且最为李井泉器重者。因参加学生运动起家,更能把握学生情绪,故一时颇得人心,只可惜仅仅一年后,1967年12月12日,刘植岩忽然坠楼自尽,年仅49岁。

对于四川文革历史,1966年8月28日成了标志性的时间节点。是日发生在锦江大礼堂27小时的群起抗争,正式打响了造反派冲击李井泉的揭幕战。次日起,"炮轰西南局,火烧省市委"的大字报、大标语铺天盖地贴上了成都街头,甚至一直贴去了北京。

四川大学造反派为纪念这个特殊的日子,将自己的组织称为"东方红八二六战斗团"。川内与之相同观点的一大群众派别被称为"八二六"派。

第五节 大乱风潮弥漫

1. 破"四旧"与"血统论"

毛泽东想要"天下大乱"在巴蜀已然成型、愈演愈烈。李井泉虽欲"维持秩序"已不可得。唯一的办法就是顺势而为,或计算于密室,或鼓动以狂论,添油煽风,把局面搞得越乱越糟,或可寻找机会,实施反击。

1966年8月18日,已成为"副统帅"的林彪在"庆祝文化大革命大会"上,借清华附中红卫兵大字报的话,号召红卫兵"大破一切剥削阶级的旧思想、旧文化、旧风俗、旧习惯",次日,京城率先发起规模空前的"破四旧"运动。运动迅速传遍全国。

省会最早登上舞台、杀向社会的"红卫兵",是"成都四中红卫兵"。

成都四中原名石室中学,前身为西汉景帝蜀郡太守文翁创建的"石室精舍",中国地方政府创办的第一所学校。我国近代名人郭沫若、周太玄、阳瀚生、著名作家李劼人、李一氓[81]以及众多科学家、院士皆出自该校；其次，四中近邻省委、省政府、军区后勤部、省公安厅等机关，及四川大学、四川医学院、成都大学、中科院成都分院、省人艺等高校、科研和文艺单位，故干部子弟众多，高知子弟亦众。

当初清华附中"红卫兵"成立消息传来，四中高干子弟便跃跃欲试。到8月18日毛泽东接见文革百万大军，四中红卫兵即刻啄壳而出。李井泉儿子申在望[82]就读该校高三，担任政委无异，省委书记杜心源女儿杜秀英自然附之而任司令，成了四川最早的红卫兵组织。[83]稍后，九中、七中，十三中跟随成立。红卫兵模仿军队番号，四中曰8204部队，九中曰7468部队和3879部队（该二编号来自九中仅有的两部电话号码），十三中曰8213部队。这类最早成立的红卫兵被统称"老红卫兵"或简称"老兵"。"老兵"克隆京城正版贵族红卫兵标配，一律着父辈黄呢军装、戴军帽、骑崭新"永久牌"或"飞鸽牌"自行车，手举红旗，嘴呼口号，一群群穿街走巷、招摇过市，被市民蔑称为"土联动"。

"老兵"一律血统纯正。所谓"血统纯正"者，系指家庭出身纯系5类：工人、贫下中农、革命干部、革命军人及革命烈士；俗称"红五类"；与之对应为"黑五类"：家庭出身地主、富农、反革命、坏分子和右派，介乎二者之间者曰"麻五类"或"花五类"。"红五类"中，革干革军子弟级别高于工农子弟，高干子弟优于普干子弟。四中红卫兵以父辈官衔设限，高官子女方可加入，初期人数仅区区30余。

2. "血统论"惨祸

历史上狂野的社会冲突，身份认同往往是为核心要素，最易被政

81　周太玄，我国现代生物学奠基人之一。阳瀚生是我国现代戏剧奠基人之一。李劼人是著名作家。李一氓为著名外交家。
82　申在望落生四个月便送给了兰州军区司令员张达志、申国藩夫妇。后张与申离婚，申在望便跟养母申国藩迁住成都。
83　参见《长河击水》页100。《成都四中老三届"文革"大事记》，罗伯诚。自印书。

治化、工具化以加剧群体对立。利用身份差异最易煽动群体对立、激化仇恨、制造冲突。红卫兵成立，一时"血统论"大行其道。8月28日，成都来了一拨介绍"首都经验"的北京中学"老兵"，在锦江礼堂召开了一次"红五类子女翻身"大会。贵族何来"翻身"？皆因一些子弟或纨绔、或愚笨、或慵懒，学习成绩竞争不过"黑、麻五类"，己不奋力，反责诸能者之凌，于是需要"翻身"，控诉对"工农革干子弟的迫害"。

大会主持人为四中司令杜秀英。开场例行三呼"红司令"万岁"后，恭请京城来人讲话。京妞和小京爷们一旦上台，但闻"他妈的"、"混蛋"一类粗口连连，翻来覆去的"老子英雄儿好汉，老子反动儿混蛋"继而大呼"基本如此！"，然后痛骂"修正主义路线"，发誓要把"颠倒的历史再颠倒过来"，"对黑五类狗崽子实行专政"。俨然"胡同泼皮"撒泼，邪教宗师传道，参会人瞬时疯魔癫狂，掌声喊叫不止。

第二天，四中就变成了恐怖地狱。老校长赵霁云、副校长叶乃需、教导主任陈恕推等优秀教师一律驱入"牛鬼蛇神"队"改造"，一日三餐，餐前均先得要对毛泽东画像低头请罪，吃饭过程亦常有恶行相加，被吐唾沫者有之，遭剩饭剩菜洗碗水泼身泼脸者有之……四中教师多从全市教师中拔尖选优而来，数学权威黄天倪老师不堪凌辱，断然卧轨自戕、地理老师谢莲芳亦选择自我了断。

假"不忘阶级苦，牢记血泪仇"之名戕害同窗之劣行、恶行、暴行更难以胜数：逼"黑狗崽子"下跪示众、禁止佩戴毛像章而逼佩白色胸牌、画花脸、女生逼剃"阴阳头"，以殴打、踢打、皮带抽打取乐……高66级1班女生李兆麟，不堪受辱，从教室跳楼自戕，经工作组联络员求医抢救，终成毕生残疾……成都四中初68级同学雷宣，50年后，姐姐挨打的惨状尚历历在目：

初67级2班的教室门斜对楼梯，只要教室门打开，在楼梯上就可以看见教室里的部分情况。估计殴打已经进行了一段时候了（以后姐姐说过，开始是用皮带抽打后背、臀部、大腿），从教室门口看见，几个男女正扭住姐姐，用一把剪刀剪头发。前额的头发被一缕缕拉起来剪去，干这事的男女似乎十分快意，可以听得到愉快的笑声，另外就是："雷××（一个极其侮辱人的词语），你服不服？"的询问。

头发剪了，几个男女意犹未尽，要姐姐在教室一端手扶墙壁，躬身向后。他们则排成一队，从教室的另一端起跑，飞身踹向姐姐背部、臀部。快意的笑声阵阵……。姐姐没有哭叫，也没有呻吟，也许就是这个沉默的态度，未能满足施暴者盼望的快意，导致整个过程一再延续。

看见姐姐落难，我极其恐惧。有一点很清醒，我帮不了她。要是冲进去，只能使虐待升级，会被双双殴毙。被发现在远处窥视，结果也不美妙。所以又悄悄地回到学校大门的角落，蜷一团，浑身瑟瑟发抖，祈祷上天还能给姐姐留条命。

过了一会儿，看见参与施暴的几个男女有说有笑地穿过红楼的走廊向大门走来，我连忙将头深深地埋在两腿之间，更紧地蜷缩成一团。待几个男女在石室巷拐角处消失，才急忙向红楼走去。未到红楼，姐姐迎面出来。额头上的头发被剪得参差不齐，背后的衣服上脚印累累[84]……

3. "破四旧"

与官办红卫兵同时出现的"破四旧"，成为乱世邪风推起的又一波恶浪凶潮。

要树毛泽东一家之言的绝对权威，破除所谓"旧思想、旧文化、旧风俗、旧习惯"本是题中之义。但以如此狂野、无理性的方式实施破坏，近代史仅有水晶之夜[85]略可相比。8月18日天安门广场大会

---

[84] 成都四中老三届文革回忆录《长河击水》页199，自印书。雷宣《四中官办红卫兵抄家和残害同窗纪实》
[85] 1938年11月9日晚之10日凌晨，纳粹怂恿和操纵制造的大规模暴力排（犹）恐怖行动，一夜之间，约267间犹太教堂、超过7000间犹太商店、29间百货公司遭纵火或损毁，住户窗户被砸，"破碎的玻璃在月光照射下如水晶般发光"，史称"水晶之夜"。该事件遇害死难者约91人，约3万犹太男子被抓捕。

后，经由《人民日报》社论《好得很》鼓噪，此恶浪迅速推向高潮。"破四旧"颇能得毛泽东欢心，却丝毫不伤及当权者利益，此为其一；其次，组织一帮娃娃去砸古迹、砸庙宇、砸商店……既显"大革命"，又刻转移揪"走资派"的大方向，此为权贵们乐观其事者二也，故此，正被群众造反搞得头疼脑热的李井泉及巴蜀各级大佬，纷纷鼎力支持、煽风点火。

四川最先走向省会街头的，正是刚刚出壳亮羽的"土联动"。8月23日，四中红卫兵上街前，先把校内的"四旧"破了：用粗绳将大成殿前3座4、5米高的石碑套牢，在欢呼声拉倒砸断；有由清代四川总督岳钟琪题写的康熙平定噶尔丹记功碑，乾隆平定准噶尔和大金川的记功碑。其余人等则在欢呼声中一拥而上，将大成殿上巴蜀历史人物修缮文庙的纪事古匾旧额统统砸掉。大成殿既砸，接下来的脚本基本就全国一体了，暴烈少年高呼"向旧世界宣战"四面八方涌出，砸明代蜀王府、砸民国刘湘墓、砸一切为资产阶级服务的照相馆、理发店、裁缝店、改街牌、横立街头拦截行人，禁穿"奇装异服"，禁理"怪发型"，不准烫发和留长辫子，发现小于6寸的小管裤统统剪掉，看见"飞机头""港式头"发型，一律强行剪成光头或阴阳头……几天之内，这座历史文化名城颇具传统文化特色的大街小巷，名称被改得面目全非："春熙路"被改名"反帝路""盐市口"改名"英雄口""驷马桥"改名"解放桥""牛市口"改名"胜利口"……成都小吃闻名天下，各名小食店招牌通通被砸，勒令改以革命牌号："夫妻肺片"换成"创新饮食部""赖汤圆"换成"成都汤圆""麻婆豆腐"只能叫"麻辣豆腐"……茶馆是川人数千年来形成的生活方式所在，亦遭强行封闭，甚至所有车辆以一律要求沿"左"行驶（因为"左"乃革命之象征也）。

显于街衢和公共场所的"四旧"顷刻被"破"，隐于市民家庭、多如烟海的"四旧"也在劫难逃。疯狂的革命行动很快将罪行扑向千家万户，尤其是社会"贱民"、所谓"黑五类"者，无数家庭被抄，财产被抢掠砸烧，老少家属均惨遭皮肉之鞭，致伤、致残、致死者无数。行凶之后，"天兵天将"总是自豪地手提"战利品"，高唱语录歌横街而过。据粗略统计，成都市 8 月下旬被红卫兵抄家的达 8000 余户，仅 9 月 14-19 日 6 天中，共查抄 440 余户。被抄家的人员中，包括副省长、省政协副主席、民主党派负责人等。应了是年春天毛泽东策划文革时所写《有所思》的构想："一阵风雷惊世界，满街红绿走旌旗"。吴德回忆，说破四旧高潮，毛泽东曾把他去汇报情况：

我在汇报前的想法是想向毛主席汇报一些真实情况，刹一刹这股风。我汇报说市委没有力量控制局面，解决不了破四旧产生的混乱局面。我的期望落空。雄才大略的毛主席，以他超乎常人的思维方式缓缓地说：北京几个朝代的遗老没人动过，这次破四旧动了，这样也好。

这样的"破四旧"，其实也是李井泉一干"走资派"最想要的。时为成都四中初 68 级学生雷宣以亲身经历披露称"一般人都以为，运动初期官办红卫兵的种种恶行是群众组织的无序行为。其实根本不是那么回事，种种恶行都是在当局的策划和指挥下进行的。"文稿介绍"四川省政协干部但汉然（90 年代任省政协副主席）曾在东胜街贴出的大字报详细披露成都抄家的来龙去脉。大字报一经贴出，"成都市被抄家的家庭悄悄奔走相告"。原来，省委书记廖志高的夫人郑瑛，文革前夕准备出国访问在京培训为运动所阻，滞留北京，目睹了北京"红八月"的种种情况，李井泉召集成都市的领导，含市委宣传部、统战部、省政协的领导开会，遂请郑介绍了带回的"北京经验"，"决定使用官办红卫兵开始抄家。会上，市委宣传部部长肖菊人认为这不合宪法规定，说了几句微弱的、不赞成意见，旋即被否决。会议对如何控制指挥进行了分工，市委统战部副部长雷汉统和另一个副部长负责和运输公司联系，安排几个汽车队提供车辆搬运查抄物资；为保证参与者的加班伙食，联系糕点厂提供糕点……一切都安排得细致入微、计划周密。"[86]

李井泉抓点督师的重庆，由党政领导部署组建的红卫兵、赤卫军

---

[86] 见成都四中老三届文革回忆录《长河击水》页 199。雷宣文《四中官办红卫兵抄家和残害同窗纪实》。

等从8月22日起陆续上街"破四旧"更是大下狠手,由市委统一布置,在公安机关配合下对"专政"对象实施查抄。据不完全统计,主城区市中区由区委组织对统战人士、工商业者、"五类分子"及"有海外关系"者6407户进行了抄家,抄走各种财物估价396万元;江北区由区委指名查抄1445户,抄收944户物资(折价27万余元);北碚区由市委社教分团和区委组织对"五类分子"及其他"牛鬼蛇神"1240户进行了抄家,抄走各种财物估价43.956万元。南岸区抄家千余户。沙坪坝区查抄住宅1000余家。据重庆市公安局史志办公室统计,全市共有13160户被抄家。8月23日,重庆市委派至北碚区的社教分团文教工作队发出《关于缙云山风景区和北泉公园文物古迹清理情况的报告》,提出缙云山和北泉公园等寺庙的大小泥塑神像均应彻底捣毁。官方组建的红卫兵按此精神在全区砸毁神像2000多个。

"特园"是抗战时期重庆著名民主人士鲜英[87]公馆、民主人士与中共代表聚会地,被中共驻重庆代表董必武誉为"民主之家"。"特园"被重庆大学赤卫军查抄,园内挖地一尺,各屋遍翻,大客厅内珍贵的历史见证物:签名轴(有抗战胜利前后到过特园的国共两党要人及各界名人签名)从此不知下落。后来鲜英家属从看守他们的赤卫军口里得知,鲜宅是当时市领导点名抄家的七家之首。由市公安局、重大赤卫军组成抄家队伍进驻[88]。

巴蜀各地、县城乡的"破四旧"更是彻底由政府主导、官办红卫兵进行。10月6日至7日,仅在乐山城区,红卫兵即抄家254户,被查抄物品有3001件、人民币25854元、粮票850斤、公债3507元。到10月11日,红卫兵在乐山城区的抄家"战果"计有:黄金

---

[87] 鲜英(1885-1968),字特生,四川西充人。曾任四川军阀刘湘司令部行营参谋长、四川善后督办公署参赞、重庆铜元局局长等,1940年卸职。其自建别墅式住宅小区特园,抗战期间成为中国民主政团同盟(即民盟)的筹建地和总部所在地,并成为中共驻重庆代表团对外召开会议及会见各界人士的场所。1950年后曾任西南军政委员会委员、民盟四川省委员会副主任委员。1957年被打成"右派分子"。1968年在北京含恨病逝。

[88] 鲜述秀《我的家特园》,《重庆党史研究资料》1993年第3期,页29。

100两、银599两、银圆1924个、现金62269元、公债6996元。虽然中央在9月14日曾发文对农村地区"文化大革命"的做法进行了规定，但红卫兵的"破四旧"抄家行为仍然扩展至农村……越西县统计，在"破四旧"中，城镇机关共搜查干部164户、工人11户、城镇居民19户、农村居民296户。三台县的景福区和西平区的上新公社共抄了1500户，约占该地区总户数的9%。有些地方的"破四旧"把农民土改时分得的雕花床和其他有雕刻的家具毁掉，有的地方甚至打死农民的看家狗[89]……

绵阳地区破"四旧"由"四清"工作队组织人员进行，全区19个县和地区机关共抄家8504户，搜出了一批所谓"变天账""反动日记"国民党党旗、党徽、奖章、奖状、蒋介石像等，还搜出一批枪支、子弹、刀剑、毒药、黄金、金饰、银圆、珠宝玉器等，捣毁寺庙48座，打掉神像11.5万尊。接下来就是抄家、打人、砸物，文化教育界、党政机关、群众团体以及街道居民中的"黑帮分子""资产阶级代表人物""反动学术权威""反革命修正主义分子"统统被抄家、游街、批斗，甚至随意搜查工人、农民和基层干部的家，把农民家存银圆、铜圆和绣有"龙凤""鸳鸯"图案的物品当作"封、资、修"实物搜走，甚至强迫妇女剪去发辫、发髻，强迫农民打掉家神等。长期与党合作共事的爱国民主人士、工商业者以及一些著名专家、学者、艺人皆大遭劫难。[90]

活人被抄家、羞辱、折磨，古迹、文物无生命，更难逃劫运，世界级的著名的佛教圣地峨眉山，佛经、佛像和法器尽遭焚烧捣毁、乐山大佛所在的唐代古刹乌尤寺，500尊罗汉被彻底砸毁无存。千年胜迹都江堰，虽有伟人访迹，所属"二王庙""伏龙观"等庙宇神像照样遭捣毁殆尽。

---

89 以上资料数据参看《中国共产党四川历史（1950-1978)》页322-323。"文化大革命"后期的1971年、1972年，根据中央精神，省委着手解决处理被抄户的查抄财物，纠正过去的查抄错误。但对被抄户是地、富、反、坏、右和"清队"、"一打三反"中按敌我矛盾处理的 人，其被抄物仍没收上交。
90 中国共产党绵阳历史（1949-1978）第二卷第四章：十年"文化大革命"的内乱。

重庆巴县第四中学学生倪伯华这样记录该县木洞小镇"破四旧"的亲历实景：

> 回家沿途见到的情景令我大吃一惊。一夜之间，镇上像电影中日本鬼子进村扫荡后一样留下一片狼藉，很多家庭遭到抄家洗劫。街上到处堆满了抄出来的家具、衣物、书籍、生活用品，乱七八糟一大片。被抄家的主人，神色沮丧，愁容满面，呆立一旁，望着被抄出来的东西，茫然不知所措。他们由手执木棒、皮带的"思想兵"[91]看管着，稍有不如意，就会遭到皮带、木棒抽打。
>
> 所有被抄家的对象，都是镇上和派出所预先拟好名单，交给"思想兵"去执行。除了一部分是地富反坏、管制分子外，相当一部分是在单位上班的职员，这些人在民国时期有点资产，以后属于私营改造对象。经过公私合营改造，原来的企业或店铺被剥夺，安排去商业部门上班。昨天他们在表面意义上至少还属于人民队伍中的一员，一夜之间天降厄运，现在就变成了人民的敌人，享受罪犯的待遇，而且比那些已经明确身份的阶级敌人还要被整得厉害。
>
> 整个镇上都翻了天。围观群众在那些被抄人家的门前围了个里三层、外三层。红卫兵各抄家小组给被抄家的主人挂上黑牌，写上姓名、罪名，再用红笔打上一个大叉，让他们站在木凳子上、桌子上，向群众低头认罪。有的还独出心裁，把抄来的旧式衣服、瓜皮帽给他们穿戴上，让他们一手举算盘，一手举"账本"，做出地主老财剥削人民的造型，强迫长时间保持一个丑态不变，否则就挨皮鞭抽打。[92]

"破四旧"成了1960年代中国版的"水晶之夜"。不仅对一切有悖"红色教义"的传统文化、包括藏于民间经年日久的文化载体（书籍、文物、书画、民俗品）实施了一次毁灭性的扫荡，从而在全社会造成一种恐怖气氛。中国现代革命本质上是一次成功的农民起义。各级掌权者无非大大小小造反成功的穷乡强人，文化本非他们所关心

---

[91] "思想兵"全称"毛泽东思想红卫兵"，是重庆市委官方组织的所谓"群众组织"，被市民蔑称为"思想兵"。
[92] 倪伯华《小镇刮来文革风》，网刊《昨天》2013年第16期。

而珍惜者。"破四旧"正可以此向毛泽东输诚、又可缓减造反派压力以求自保。还有愚蠢可笑的是，"破四旧"同时进行的"立四新"，让成都、重庆等各色城市均变成"满城语录满城红"，闹市街头无不悬挂毛泽东巨像，偶有闲空留白处（如墙壁、堡坎、门洞、甚至石阶），均刷以红漆或写上毛语录。绝不留些小微隙，看你造反大字报还有何处可贴？

真正的危险在于，被李井泉称誉为十月革命一声炮响的八一五造反派已经结社成团，气势更雄。蹲点重庆的西南王必须以此为掩护，组织反击。

第六节　反扑与抗争

1. 李井泉抓点创经验

八一五战斗团成立次日，8月27日，重庆市委便召开12个大专院校师生代表会。李井泉亲自莅会作报告，一指重庆市委这段时间领导文革的错误；二指如何对待市委领导的错误；三则要求"废除束缚群众的一切框框和禁令""革命大字报好得很"……冠冕堂皇的烟幕弹放过，立即督师组建立防守反击的"保皇"营垒。就在李井泉抛出"八一五炮响说"当天，8月24日，重庆全市各大专院校便按党政领导的统一布置成立了官办群众组织"重庆市毛泽东思想赤卫军（简称赤卫军）"。该组织包括了大专院校中的"红五类"学生及教职工[93]。27日，全市赤卫军在重庆市体育场召开大会正式誓师亮相。赤卫军主要负责人均为各大专院校的中共党员或预备党员[94]。誓师大会选择

93　后来学生中的赤卫军大多转到毛泽东主义红卫兵（后为毛泽东思想红卫兵）中，赤卫军就成为以大专院校"红五类"教职工为主体的官办群众组织。
94　赤卫军负责人有：李长春（重庆大学动力系五年级学生，校文工团合唱队队长）、梁经权（重庆大学机械系五年级调干生）王远举（西南政法学院学

在重大八一五战斗团成立次日举行，明显宣示与造反派一决雌雄的决心。

全市赤卫军成立当天，重庆医学院一批"红五类"学生（主要是干部子女）在党政领导支持下成立"毛泽东主义红卫兵"。重庆市委随即派官员与之联络并协助推动西南师范学院、西南农学院、重庆邮电学院等 23 所学校入伙，于 8 月 31 日正式成立"重庆市毛泽东主义红卫兵联络站"[95]；9 月 3 日，全市"毛泽东主义红卫兵"在重庆市劳动人民文化宫召开代表大会，市委派出管弦乐队及记者助阵。9 月 8 日，"重庆毛泽东主义红卫兵"总部正式成立，《重庆日报》发表该组织政委、重庆医学院学生刘桂兰署名文章《向解放军学习，永远做毛主席的好学生、好战士》，同时经重庆市委"提议"并提请成都军区"批准"，由驻渝陆军第 54 军军长韦统泰[96]、政治部主任梁大门担任重庆毛泽东主义红卫兵"辅导员"，再派 10 名军人作"联络员"。市学联和市委文革办公室"推荐"全市赤卫军负责人、重大学生李长春担任该组织总指挥。"毛泽东主义红卫兵"成立不久再改名"毛泽东思想红卫兵"（俗称"思想兵"）。当局为其提供优厚丰裕的物质条件。民间盛传"思想兵"加班"有麻饼点心好吃，晚上有暖被好盖"一说，惹得重庆百姓心多愤愤，戏称"思想兵"为"麻子兵"，还编撰若干"革命儿歌、童谣挖苦之："保皇有功，饼干两封。保皇有赏，麻饼二两。脱产保皇，铺盖两床。铁杆保皇，自取灭亡。"

"思想兵"前身"毛泽东主义兵"成立次日，《重庆日报》即以套红通栏加以报道，发表大会《向党中央和毛主席的致敬电》并配发社论《向英雄的红卫兵致敬》，称"这是我市无产阶级文化大革命中

生，市学联副主席）、李传芳（女，重庆建筑工程学院学生会主席，院文革副主任，市学联副主席）。
95 刘桂兰《告全市人民书——向资产阶级反动路线猛烈开火》，1966 年 11 月 20 日。油印传单。
96 韦统泰，时为陆军第五十四军军长、军党委副书记，1964 年被授予少将军衔。1967 年 10 月任军长、军党委书记。1969 年 5 月调任昆明军区副司令员。后调任国防科学技术委员会副主任、第七机械工业部军事管制委员会主任、核心小组组长。1982 年 12 月离职休养。

的一件大喜事",声势之雄、力度之大,前所未见矣。李井泉以经典手段助推,指示重庆市委"要号召工人阶级动员自己的子女参加红卫兵",在各单位发动"红五类家长"踊跃"送子参军"(参加"毛泽东主义兵")。李井泉指示:"现在革命干部没有发言权,工农兵说话就是围攻学生。革命干部和工农兵只有通过他们的子女来说话,因此要组织工农送子参加红卫兵""这与革命战争时农民送子参军有同等重要的意义""还要登报宣传"[97]。市委不敢有误,《重庆日报》立即开足马力宣传,重庆城很快掀起劳动模范、老工人"送子参军"热潮。有了样板,省会成都及南充、自贡、绵阳各地州也纷纷效仿,各大、中学校的官办红卫兵在党政领导授意和支持下陆续组建。偌大四川,骇然撒豆成兵,"保皇"青少年齐上阵,一派黑云压城之势。

李井泉对"保派"学生的指导也愈益具体、露骨。9月6日,李召开重庆各大专院校代表秘密会议,参会的重庆师专代表李育南、陈学明和平贵珍三人后来做如下披露[98]:

(李井泉在会上问李育南:)"你上台讲话(在9月3日晚上,我曾三次上台讲话,反对'八一五'战斗团,把他们打成暴徒、反革命、右派)怕不怕?"我站起来回答说:"捍卫毛泽东思想我就不怕!"(李反复问三次)李井泉又大加赞扬地对大家说:"她就敢上台去说!你们要像她那样。"……一个重大的赤卫军代表说:"八一五的送了我们一副对联,我们也还了他们一副。"李井泉听了说你那不是进攻的,还是防御的。我不满意,你们那个赤卫军就是这些地方。"李井泉问他们重大"八一五"组成成员怎样?重大的说:"他们是黑五类的子女多。"李问:"你们赤卫军呢?"我们说也有黑五类的。李又说:"所以别人抓你们的辫子。我建议别搞那个赤卫军,还是搞红卫兵好了。"

---

97 李井泉《关于我在重庆市文化大革命中的错误的检查》,1967年2月8日,重庆市革命造反联合委员会宣传组1967年2月10日印。
98 李育南、陈学明、平贵珍三人的书面揭发一九六六年十月十三日经由重庆师专红卫兵总部"八一五"战斗团翻印发出后,在重庆引起巨大轰动。《李井泉在重庆干了些什么?》中央文革小组办公室《文化革命资料汇编》第七辑,页324。

我们不同意。（理由：重庆已经搞了红卫兵，在重庆的影响很坏，赤卫军的威信很高。）李说要组织一个阶级队伍，以红五类子女为核心，不要非红五类的人参加。大家又说只要红五类的人参加人数太少了。辛易之插话说要阶级呢？还是要全民呢？当然要阶级嘛！学校中红五类不多，但是重庆市的工农兵就是好几百万，他们支持你们，所以，你们还是多数。李又重述了辛的插话，大家就同意了。接着有人说："我们不叫红卫兵，要叫毛泽东主义红卫兵，以别于他们。"谈到重庆文化革命怎么搞的问题。李井泉又说："现在只有你们才敢说话了，一说话，又说我们是阴谋，说我是黑帮头子。以后你们毛泽东主义红卫兵成立了，就好了，从今天起一切权利归红五类！你们大胆地干嘛，他们不敢搞你们红五类的。就用你们这支红五类队伍去冲，冲出一条红线来。他们那边红五类的，如果愿意革命的，你就站过来，剩下的就是几个黑五类或其他的。把八一五冲散，争取在十天左右扭转重庆市的形势。

下午三时，在另一会议室继续座谈。下午四时，红卫兵联络总站的莫泽礼（原市学联主任）和市文革小组×××同志给我们讲了话。下午五时，李井泉再次给大家作指示，叫大家一定要尽快地成立全市的毛泽东主义红卫兵……大家就决定明天就成立。李井泉说：大家回去，今天晚上还可以抓紧时间发展一批。"

9月7日，在市委的统筹安排下，"毛泽东主义红卫兵"就成立了。

赤卫军和思想兵这两个学生组织顺利成立，工人"保"派组织也紧接跟上。李井泉事后承认，8月底、9月初某日，他找了重庆几个机关、工厂领导谈话，有人提问机关、工厂要不要组织红卫兵？李井泉答："机关和工厂内不再组织红卫兵，因为已经有了文化革命组织、工会组织，还有民兵组织。如果工人要求组织，可以依照历史经验组织工人纠察队，担负保护厂房机器的任务。"[99]李井泉指示既发，重庆

---

99 李井泉《关于我在重庆市文化大革命中的错误的检查》，1967年2月8日；重庆市革命造反联合委员会宣传组1967年2月10日印。

市委闻风而动，工交政治部、国防政治部[100]和机械政治部[101]三部迅疾联合开会进行布置，"重庆工人纠察队"自上而下，很快组织起来。袖章由市总工会统一印发。[102]

首家试点是中梁山煤矿的"工人纠察队"。该纠察队9月5日正式成立，成立《宣言》明确其性质为"在中国共产党和毛主席的领导下的工人阶级群众性的阶级组织"，其任务是："提高革命警惕，防止敌人造谣破坏，坚决向一切反对毛泽东思想，反对共产党，反对无产阶级专政，反对社会主义制度的一切反动言行作斗争"。次日，中梁山煤矿"工纠"500余人由书记、矿长带领，分乘11辆卡车到市区闪亮登场，呼啸游行。由此，全市各厂矿"工纠"陆续建立，"市总工会还为工人纠察队统一编号缝制了袖章，随后财贸系统和学校的纠察队也建立起来了。"[103]

除了学校、工厂建立官办保守派组织，重庆文化系统亦没有被官方放过。由重庆市京剧团、川剧团、越剧团、话剧团、杂技团等文艺演出团体中的政工干部、行政干部和被工作组作为"依靠对象"的共产党员、共青团员组成了"毛泽东思想文艺革命军"。只是动作迟缓，成立已近年末，重庆的保守派大势江河日下，"文艺军"还没来得及开展活动就遭造反派沉重打击，对重庆文革进程几无影响，姑且忽略可也。重庆的文革历史，毛泽东思想红卫兵、赤卫军、工人纠察队和文艺革命军四大官办保守组织，被群众统讥为"保皇四军"。

为了针锋相对地压制重大八一五，"四军"中的三军领袖，官方均在重庆大学遴选。"思想兵"总指挥为动力系五年级学生、校文工团合唱队长李长春、赤卫军主要负责人为机械系五年级学生梁经权，

---

100 即国防工业政治部。
101 原文如此。当时重庆市委并无机械政治部，机械系统包括在工交口内，此处疑为"基建政治部"之误。
102 燕汉民《我的检查和交待》，载重庆大学八一五战斗团《815战报》第六期，1967年1月14日。燕汉民为四川省委工交政治部主任，其时随李井泉、刘文珍在重庆"蹲点"。
103 鲁大东《我的初步检查和揭发》（1967年3月4日）。重庆市革命造反联合委员会翻印。

重庆工人纠察队主要负责人楚光辉为重庆大学汽车班班长，转业军人。

李井泉筑就了保守派群众的层层护卫，四川权力秩序当安之无虞了。只是面对毛泽东垂天而降的狂飙巨澜，这些护卫层不过沙碉泥垒、纸糊长城罢，一触即倒。李井泉在重庆拉起的保守阵营很快就遭遇了内部叛逆。其中个案典型，当数上面谈及的重庆师专赤卫军头领李育南、陈学明和平贵珍。10月13日，秘密会议刚过一月，三人便将会议内容公之于世，引起全山城轰动，李井泉两面派面目暴露无遗。还有，6天后，"思想兵"主要负责人刘桂兰和孟军也反了水。在总部召开的会议上，副政委兼纠察总队政委、组织部长孟军[104]发言直斥市委犯了路线错误，批评解放军辅导员对红卫兵总部有包办代替之嫌。解放军辅导员不得不宣布撤出。总部政委刘桂兰亦为军队干部之女，在被市委选派赴北京观摩之后，中央支持造反派的明确态度和占据首都主流舆情的造反派攻势，使她们真诚感觉必须与"资产阶级反动路线"决裂，坚决站到"毛主席革命路线"一边。11月20日，刘桂兰代表她和孟军在造反派集会上做了题为《告全市人民书——向资产阶级反动路线猛烈开火》的长篇发言，详细揭露了"思想兵"如何在市委操纵下成立及打击造反派的内幕。

作为群体案例，则是重庆中学生红卫兵总部被"逼上梁山"。

"重庆市中学生红卫兵总指挥部"本是在刘文珍大力促成之下，由50多所中学红卫兵组成。9月1日召开成立大会，刘文珍和市委领导均到会祝贺，并在重庆劳动人民文化宫为该组织安排了办公地点，替他们统一制作旗帜、袖章，甚至还发了一批军装。不料市委当局很快发现一名叫董九三的清华学生混迹其中，俨然"教父"，总部成员和不少基层组织都开始倾向重大八一五。市委于是急令《重庆日报》对即将付印的、有关中学生红卫兵总指挥部的消息报道抓紧撤版。9月15日，市委决定将毛泽东主义红卫兵总部和中学生红卫兵总部强行合并，合并后的组织统称"重庆市大中学校毛泽东思想红卫

104　孟军系四川省副省长孟东波之女。

兵"[105]。接下来，刘文珍下令切断中学生红卫兵的物质供应，撤走联络员，总部电话线被拆除，办公地点被强占。

强行合并的决定引起重庆热血少年的剧烈反弹。9月21日，就在《重庆日报》刊登合并消息之时，中学生红卫兵在四十一中召开"全体代表大会"，选举新的临时主席团并发布《重庆市中学生红卫兵声明》，斥责此举是"市委和市文革一手编导的""违背十六条指示""扼杀重庆市中学生红卫兵革命群众组织的匕首。"9月24日，3000多中学生红卫兵在重庆人民大礼堂静坐抗议，因市委迟迟不能（也不可能）对他们的要求做出满意的答复，9月27日凌晨，这些中学生仿效重大八一五的做法，毅然宣布"步行上京告状"。市委闻讯，迅速下令各校组织教师和家长到铁路沿线拦截、劝阻，但闻一个个火车站台，悲愤的嘶喊、抗议，家长、子女的哭号声和拉扯声交混回响，不绝于耳。部分学生确实被拉回家了，但仍有1500余名学生在永川乘上火车，10月6日到达北京。本可成为一支"官办保守派"队伍的中学生红卫兵，彻底转向了造反派。

2. 行刺毛泽东

赤卫军总头目、重庆大学机械系五年级学生梁经权是"保皇"阵线崩塌故事最悲摧的角色：文革晦明未定的乱局之中，梁被无端卷进一桩惊天大案。与梁同时就读于重大机械系四年级学生钟德坤，不忍看文革对国家、社会的全面摧毁，决意效法博浪沙槌杀秦皇的侠客，计划在毛泽东接见红卫兵时行刺。钟通过关系找来一套军装和一只手枪，还在北京寻到一位"同志"。不意行刺准备完结已至年末，领袖接见红卫兵的活动已经停止，更糟的是，北京同伙无法承受巨大的精神压力，到公安部自首，公安部旋将此列为部级重点督办、重庆公安局经办的顶级大案。钟德坤被捕。审讯时钟如实交代了与京城同伙密谋的时间、地点、内容及行动计划……惨遭严刑逼供，求生不得，

---

105 鲁大东《我的初步检查和揭发》。

求死不能，他索性把水搅浑，咬定赤卫军一号头目梁经权正是"幕后主使人"。梁经权稀里糊涂被捕了。

钟德坤被迅速处决。铁心"捍卫无产阶级专政"、凡身肉胎的梁经权受不住"无产阶级专政"惨烈之苦，也不得不胡作交待。只是他的交待与钟的交待完全牛头不对马嘴，公安部门最后只好认定他与此案无关，羁押至1970年"无罪"开释。

同时认识钟德坤和梁经权的重大电机系二年级同学邹世友这样叙述了他和出狱的梁经权的短暂会面：

> 他给我说了他"被（钟德坤）咬"的简单过程，我问他是不是受到严刑拷打，他说无产阶级专政嘛，就不要再提了。我问他今后怎么办？他说他要求回老家铜梁，和老婆、孩子安然一生，再也不介入政事了。

史无前例的"文化大革命"成了一个政治黑洞，所有人都无法逃逸。一旦坠入，只能在血色盲区瞎折腾，谁也逃不了未知劫运。

3. "八二八惨案"

1966年8月下旬，重庆保守阵营构建既毕，李井泉大规模的反扑随之开始。反扑从一个叫"八二八"的所谓"惨案"破题，迅速从重庆进而向全四川做了一篇大文章。

所谓"八二八惨案"，发端于重庆大学八一五战斗团成立当天。有学生借"李政委"十月革命"炮响说"这块合法的"神主牌"，急不可耐地奔赴各区县宣传"十六条"，鼓动造反，他们压根儿不知道官方正暗中组织人马对造反乱民实施全方位反击。8月26日那天发生在江北区[106]一张大字报引发的小事件很快被当局撒下了罗网，迅速包装成一场波及全重庆、全四川，甚至影响全国的大事件。

---

106 今重庆市渝北区。指嘉陵江北岸地区，当时交通不便，1965年横跨市区与江北唯一一座公路桥通车前，该区与市区的交通全靠沿江的几个渡口轮船摆渡。

事情经过如下：

8月26日上午，重大机械系和冶金系学生到江北区宣传重庆形势及"炮轰市委"的意义，最后在米亭子小学围墙上张贴了一张"集中火力，炮轰市委"的大字报后离去。其时正逢江北区委工作组将该区民办中小学及半工半读校教师200余人集中进行政治集训，地点在下横街小学。受训教师中午到米亭子小学吃饭时发现此大字报，下午便有人书写"毛主席万岁""中国共产党万岁"两幅大标语将八一五大字报悉行覆盖。此举恰好被暑假返家的中小学生发现，立即一哄而上，与教师论理并要教师检讨。喜欢凑热闹的中小学娃娃恰好因组织一个"暑期返家红卫兵"遭街道办事处压制，心有悻悻，覆盖大字报之举正好为胸中恼怒捅开一道出口，坚称教师覆盖八一五大字报为反革命行为，遂群聚于下横街小学门外围之不去。

教师拒不检讨，学生便"强烈抗议"，宣布非抓出覆盖大字报者不可。对峙至次日下午事犹未决，集训点教师坚守不出，不答，而围校学生如水涌闸口，浪石相搏，愈益汹涌。晚7时，十数名小学生强挤校门冲入，遭教师"关门打狗"，追得满楼奔逃。武斗一起，门外中小学生数百立即跟进涌入。大操场上老师围学生、学生围老师，名曰"辩论"的口舌混战直至深夜不歇，杂以"造反歌""东方红""大海航行靠舵手"之类歌声嘶吼，再加上背诵《毛主席语录》的狂音喧哗，煞是热闹。先有江北川剧团因反对市委"四不准"[107]规定，70余职工被打成了"反革命"，是日晚演出结束遂去街头游行抗议，队伍行至下横街正好与"暑假返家红卫兵"及凑热闹群众200余交汇合流，下横街小学操场正好成为公共广场。"造反歌"、语录战声威顿猛，小学操场论争使江北夜街惶惶不宁。

---

[107] 815事件发生后，重庆市委为避免激化矛盾，秘密发出了四点指示：1.不准到市委门口参加辩论；2.不准到市委门口写反击大字报，如果对市委有意见，也不要贴大字报，可以由工作队转；3.不准职工去看大字报；4.不准（职工）家属去看（大字报）。市委同时警告：若有违反者，"是党员开除党籍，而且出了问题，团、队、组负责人要受处分。"这里所说的"团、队、组"，是指当时派驻各地区各部门领导运动的四清工作团、队、组。该指示被群众称为"黑四条"。

辩论的议题都是"炮轰市委"是"革命"还是"反革命""李政委讲话"是真还是"造谣"一类无法裁决的问题。闹事群众决定派代表10余人去沙坪坝请"八一五战斗团"来人判公道。重大黉夜派同学32名赶赴现场调停。现场调停无果，再赴江北区委和市委要求派人解决。

僵持时间越长，事情越发无解。消息飞传，包括远在北碚的西南农学院、四川外语学院、等，还有位于大坪的重医、市六中、沙坪坝的师专附中，还有十六中及"五一"半工半读学校及市中区汽车运输联社、江北造船厂等，均派人前来挺"八"，聚集人数很快逾千。重大八一五战斗团成立伊始，是日夜，下横街小学校内校外正好成宣传舞台。江北街道饮食商店的职工自动送包子、馒头、花卷给造反草民宵夜。民意明显倒向造反派一边。教师心亏，于是全部缩回楼上，呼口号、唱歌、读语录并与操场上的造反者实施顽强言语攻防，如古战场两军隔楼骂阵。楼梯则坐满精壮男教守卫——这就有了后来传单称"教师在楼上被造反派围困72小时"之说。

对峙72小时，言语攻防之间自然少不了肢体冲突，接下来便出现了许多所谓教师被打成重伤、轻伤、失踪之类传言。其中流传最广、让重庆文革亲历百姓至今记忆犹深者，有如下三例：

其一，谢家沟小学教师张国才与一小学生发生争执，群众要揪其上台辩论，张被扯破衣服，抓破左肩部和手掌部，旋以重伤之名送区红会医院施治。院长季开阳经过简单诊断，当即宣布："打得严重，是脾破裂"。

其二，三洞桥民办小学校长孙继贞、谢家沟小学校长刘绍琼以街道妇女之名咒称"八一五制造匈牙利事件"被学生认出，批驳其"放毒"的学生怒问众人"该不该斗？"群众齐呼："该！"于是二人被戴高帽拉出游街。头发被小学生动手抓乱，外衣亦遭扯破——此事一经夸张，就变成女教师被扯光头发，扒光衣服游街。以至重庆人对"惨案"的表述最后变得十分简洁，就是："八二八，扯头发"。

其三，刘家台小学教师文意志，小时候因患脊柱结核导致脊背有驼。肢体冲突中软组织小有损伤，"惨案"遭遇则骇人听闻：学生将她踩地上以至"驼背被踩平""脊柱肋骨踩断了",另一说,则称造反学生脚踏门板对其压身以"正驼背"。

后来的事实证明,这些夸张得近乎天方夜谭的"惨案"纯属画猫成虎,甚至无中生有。"神医季开阳"之脾破裂、文意志之"正驼背"、女教师之扯光头发裸体游街……成了重庆百姓人人皆知的经典笑柄。

如果要说"惨案",真正能沾点边的是第二天的武斗。重大"八一五"及各路声援队伍全部离开江北之后,重大赤卫军及位于江北的十六中官办红卫兵马上来到江北街头实施"反游行",江北区委组织的游行队伍随之跟进,计有食品公司、蔬菜公司、粮食公司、干果商店、糖果厂、银行、街道办事处、文化馆等共五、六百人浩浩荡荡而来,与滞留下横街小学附近的本区中小学生、市民群众相遇对垒。区文化馆负责人郑惠东大呼:"同志们冲过来!我们要坚决保卫市委!坚决保卫区委!"中小学生针锋相对喊"打倒保皇派!""誓死保卫党中央!""誓死保卫毛主席!"造反派寡,有人企图去派出所请警察出面维持治安[108]遭拒,混战于是不可避免。拳头、腿脚、旗杆、语录板……均成现成武器。领袖相框牌装有玻璃框,一旦砸烂,碎玻璃划在身上顷刻间血流飞洒,还有拖小女孩辫子的、有用手肘夹小学生脖子的……武斗从晚七点直持续到十一点方才结束,受伤教师该跑医院的跑医院,小学生挨了打,只能回家喊爹喊妈。

作为恶性群体事件,"八二八"足以显示造反派冲击性的存在,故事本该结束了,但偏偏一切才在开始。8月28日"当晚,市委书记处在一号楼开会,听取江北区委负责人对事件经过情况的汇报。书记们听完汇报后认为,这次事件的起因和责任,完全在造反派一方,既然造反派已先发制人并歪曲事实向社会发布,为澄清事实真相,我们有责任将真实情况公诸社会。会议决定,由江北区委负责,保护好事件现场,搜集有关实物材料,进行公开展览。"[109]掌握着舆论公权

---

108 传单记录报案人为江北金属社工人何泽荄、张学起。
109 《鲁大东同志在文革中与林彪"四人帮"反党集团的斗争》(作者任群,时任重庆市委办公厅副处长)《鲁大东纪念文集》,《文集》编委会编,编委会

力的重庆市委抓住这一事件，迅速启动宣传战车，开始对八一五进行了大规模碾压。

31日下午，位于下横街附近的十八中官办红卫兵总部召开大会，十六中、四十六中等13所学校参加声讨"八一五"战斗团罪行，宣读各校"倡议"，区委干部到会鼓动。会后指派十八中组成"调查组"，紧急写出《工农兵群众赶快行动起来了解"八二八"惨案的真相——第一次告全市同胞书》和《第二次告全市革命群众书》交付印刷厂印刷，并随即大规模散发，迅速覆盖整个山城。当时造反派刻印传单只能用自制油印机和毛边纸，对官方动用现代化手段的舆论战法深感无奈和愤懑，指责说"（保皇派）印刷用的纸比当时出版的最高指示毛主席语录用的纸好多了！"中央文革小组编印的《文化革命资料汇编》所收文稿都注明有印刷方式。第七辑《重庆专辑》存录的大量大字报均注明"油印刻印"，而这张《告全国同胞书》下面注明的"对开铅印"便尤为亮眼。[110]十六中紧跟其后，也写出从内容到题目几乎和十八中的传单同模脱胎的《工农兵群众赶快行动起来，了解八二八惨案真相——第一次告全市革命群众书》，又有署名"下横街教师学习会"叶向东等8教师的铅印传单《愤怒的控诉，严正的谴责——"八二八"惨案受害者致革命群众的信》"代表252位中、小学教师"控诉重大八一五战斗团的"滔天罪行"，称"惨案"中教师被打者"大约有100人次，严重到必须住院抢救的达12人之多""现在下落不明的竟达190多人！！！"最为抢眼的是十八中、十六中和十四中毛泽东主义战斗团"联合调查组"的名义编写的超大型传单《铁证如山，罪责难逃——关于重庆大学八一五战斗团一小撮反动分子在江北城蓄谋制造流血惨案的联合调查》，以全开道林纸铅印数十万份……这些传单再由各单位翻印，抄成大字报一时覆满了重庆大街小巷。再有宣传车、广播开动，搅得满城风雨。机关单位、街道居民、公社社员还以之作为文件，要求如学习"十六条"那样组织"学习"。与之配

  主任刘树范（鲁的夫人）、副主任周长庆（鲁的秘书），四川人民出版社出版。
110 中央文革小组编印《文化革命资料汇编》第七辑，页340。

套的下横街小学"惨案"现场展览会同步开张,由受害者声泪控诉。为提供教师被围楼上3天的实证,展品中还专门安排了一盆大便。

这些传单多由中共江北区委书记郑天民亲自主持编写,再由区委常委会议审议后交市委负责人审定,再由市委出面安排并出资交新华印刷厂和印制二厂作政治任务赶印[111],展览会组织程序亦然。只是展会准备太匆忙,破绽百出,大遭参观者诟病,以至陪着李井泉在渝蹲点的刘文珍都认为江北那个"八二八罪行展览"有"扩大事实"的问题,应该撤销。

重庆市委卖力如此,一则因为李政委现场督战,不能也不敢不卖力。对八二八的宣传尽管漏洞百出,权力战车依旧开足马力,横冲直撞,全重庆成了官方及保守派的一统天下。重大学生一旦走出校门,无论或单人或结队,都会遭到大量效忠党委的人群有组织围攻。重大"八一五"以及持相同观点或表示同情的市民处处遭袭,一时成为重庆街头的暴烈风景。最有名的案例当属重大电机系四年级学生卢永周案。卢在南岸区被作为"暴徒"关押批斗,还强迫写下《我必须退出"八一五"战斗团》的"自白书",承认重大八一五"阶级成分异常复杂""走上了反动的道路",决定退出该组织。官方铅印《自白书》的编者按加码称,重大八一五"干了一系列的反革命勾当,是全重庆市假红卫兵的总指挥部,是北大、清华等学校来渝的右派势力的巢穴""在全重庆市犯下了滔天罪行"。

李井泉想要的,正是江北"惨案"这样一枚重磅震撼弹。"惨案"既出,对于弹压方兴未艾的造反风潮,制造政治恐怖,果然效果显著。当局将有关"八二八惨案"的宣传品以行政手段向全川、全国广而发之。文革学者王锐编撰的《自贡市文革大事记》记载,自贡市委还专门派出市公安局科长马熙超率领"调查团"去重庆调查"八二八惨案""在整个调查过程中,马熙超按市委指示,尽量使调查团纳入他预定的轨道。"文革后曾任都江堰市政协副主席的彭伟先生其时就

---

111 吴安宁《江北城"八二八"事件钩沉》,政协重庆市委学习及文史委员会编《重庆文史资料》第一辑,页219,西南师范大学出版社1997年12月第一版。

读于温江地区商业学校，作为学生干部被抽调集中学习搞运动，至今记得，商校所在的崇庆县文革领导小组大量翻印了揭露、声讨重庆"八一五"反革命暴徒"八二八"的罪行材料组织学习、讨论和声讨，还组织了全县的示威游行，甚至全国各省、市、自治区乃至西藏高原均有人给"八二八惨案受害者"发来了声援电、寄来慰问品。

作为有趣的个案，也出现了截然相反的回应。10月某日，重大八一五总团意外收到一封盖有大巴山穷乡达县麻柳区邮电所邮戳的"信中信"，外封套装一署名"中国反共救国军"字迹歪歪扭扭的信，封面还画一面有国民党徽的军旗。来信大赞重大八一五打击中共的"战果"，还"赐封"重大八一五战斗团为救国军某支队。总团收信大骇，经过讨论，认为决不可让该"反革命"漏网，来信又断不可交重庆市公安局授之以柄，商议再三，决定专派可靠同学二人将信密缝夹衣，再派摩托送至成渝线一小站乘火车离渝，去北京密送北京交公安部。足见官方宣传影响之深广。

李井泉亲自推出"八二八惨案"此招委实管用，给一筹莫展的川内各级领导注入了一剂有效强心针。西南局机关革命造反指挥部资料披露：

八月二十八、二十九日，在成都的廖志高等，与重庆的李井泉相呼应，连续举行大小会议，提出了一套镇压革命群众运动的方针和措施。廖志高在干部大会上公开煽动说：现在"形势变化很快""阶级斗争已进入了一个新的阶段"，"少数派同我们的斗争是一场夺权斗争"，有"一小撮人在浑水摸鱼"，"他们想把各级党委一个个地轰垮，这样党中央、毛主席岂不是成了空的吗？""现在是考验我们每个共产党员的时候了。""过去打仗打不赢可以跑，现在跑也跑不了，把我逼得没办法，我也要辩论"。"现在我也准备挨斗，也准备挨打，打我也不要紧，打死了也是为革命而死，你们总要给我抓几个凶手嘛？""要夺权，现在夺走，将来用武装夺回来"。各地方领导干部"要认清形势，保持清醒头脑"，"准备上下断线后，各自为政，独立作战"。

为此，廖志高规定：机关干部可以上街参加大辩论，写大字报；在机关干部中组织红卫兵，保卫机关；转移重点人头下乡，防止内部不稳；动用专政机关监视革命师生的行动。在廖志高等的紧急部署下，成都地区很快也出现了疯狂镇压革命群众运动的白色恐怖。[112]

4. 千人绝食和徒步上京告状

事情的发展和李井泉的一厢情愿相反，官方太过离谱的"惨案"表演让造反派赢得更多同情和支持。为后来全社会大规模造反积淀了强大的民意基础。

首先，草民百姓普遍有同情弱者的心理倾向，看见手握权柄的党政机关咄咄逼人的高压，群众更愿意同情饱受欺凌的学生，仅仅比较一下关于"惨案"的传单就够了。当局通过"组织"散发的传单铺天盖地、都是印刷精美的道林纸，而大学生的传单都是"土油印机"手工印制的毛边纸，要多寒碜有多寒碜。所谓"土油印机"，都是用废木条钉成方框、再蒙上纱布而成。无助的大学生在游行中，把无数"土油印机"高举头顶示威，很快引来草民百姓许多同情之泪，而官方传单关于造反学生"暴徒""反革命"之类诅咒、再加上社会上不断披露的惨案"真相"，山城百姓更愿意高呼"八一五好得很！"当时，重庆造反派有一副对联表述这一性状：

想当年　八路军小米加步枪打败国民党
看今朝　造反派毛边加油印打败保皇派

重庆钢铁公司起重工，后来成为重庆八一五派联合机构班长、四川省革命委员会常委的陈万明这样记录了这个西南最大钢铁基地官方遭遇的尴尬：

车间党支部受上级党委指示，准备成立车间工人纠察队。没有人响应，车间党支部决定党员必须参加工人纠察队。这样，铸铁车间六

---

[112] 西南局机关革命造反指挥部编《惊心动魄的斗争——李井泉及其一小撮同伙破坏无产阶级文化大革命罪恶活动大事记》（1967年9月13日）。

十多名共产党员成了重庆市最早的工人保皇组织的成员,大多数工人党员成为"身在曹营心在汉者",我的班长李培均就是一个。"[113]

陈记录的现象反映当时真实、普遍的社会现状。于是,被北京煽动起来铁心造反的学生,面对漏洞百出的"惨案"谎言,更坚信自己毛泽东思想真理在手,抗争愈益顽强。

李井泉为彻底改变重庆市委的被动局面,遂令辛易之到八一五事件的"发源地"重庆师专向全体师生作"检讨"。9月3日晚,辛易之再赴师专,刘文珍、鲁大东、廖苏华等一干大员到会助阵,以表真诚并壮声威。是日,重大八一五战斗团及其他一些大、中学校的造反派师生正好在大田湾体育场召开控诉大会揭露"八二八惨案"真相,会后举行示威游行。路途遥遥返回沙坪坝,得知重庆市委在重庆师专召开十二所大专院校代表会议,辛易之代表市委做检查,数千人马立即拉去师专,将辛易之一干大佬团团包围,要他们对"八二八惨案"做出澄清并对市委组织围攻重大学生的情况进行质询。

李井泉事后的一次讲话[114]这样表述9月3日发生重庆师专的事件:"大东、易之、文珍,他们在师专挨了27小时的斗争,我用专线电话与他们联系,我叫他们顶住,因为我估计他们(指重大八一五)不敢打人。"接下来的一句话说明李井泉无奈之下的自我安慰:"最后他们(指重大八一五)没有道理,没法收场就朝北京跑。"

师专检讨会,事前已拉有电话专线由李井泉幕后督战,辛易之当然不敢,也不可能回答团团围困的重大八一五学生的任何要求。造反派于是宣布绝食。局面一直僵持到9月5日深夜,满场学生终于忍无可忍,在唱过无数遍歌曲"抬头望见北斗星,心中想念毛泽东"之后,一位北京学生走到台前,仰面朝天,双臂高举,定格,慨然高呼:"上北京,求救星!"

顿时全场泪奔,一片山呼海啸。重大八一五与重庆师专、重庆建

---

113 摘自陈万明回忆录《亲历继续革命的实践》(自印本)。
114 9月6日,李井泉在警备司令部召见重庆大专院校代表的讲话。每个学校2至3个代表,这些代表全部是"八一五"的坚决反对派。后来,此情况被参会的师专代表李育南等人揭露出来。

工学院、重师附中等校大批造反派师生，还有江北川剧院、重庆儿科医院等20多个单位的人员一起，正式宣布上京告状。火炉重庆，炎夏永昼，学生们全不知北方已九月秋凉，穿背心短裤便列队出发，开始了悲壮的徒步远行。参加这次行动的重大学生黄肇炎回忆：

> 我们整队集合，高唱着国际歌，步行出发，在沙坪坝的大街上行进。市委领导的七八辆轿车鱼贯而行，从我们队伍旁边驶过。"打倒重庆市委！""重庆市委镇压学生运动绝没有好下场！"等口号声伴随着他们的离开。[115]

重钢是学生步行上京的必经之地。陈万明这样记录了他的印象：

> 9月6日早上，我回到生产岗位上，方知道重大"八一五"的大队伍已经于昨天凌晨，经大渡口去茄子溪火车站，上京告状去了。钢铁工人们讲得有声有色，重大八一五像解放军一样步伐整齐，纪律严明。沿途凡筑有（工人）人墙的地段，（他们都）高呼革命口号[116]……

几千人的告状队伍从沙坪坝出发步行。一路突破当局组织的工人、农民、干部阻拦，中午，到达了成渝线上的小站茄子溪。一个四等小站突然被这么多人占领，形势骤然变得危急。一部分学生抢先登上从重庆开往内江的308次列车（该车被迫开往成都后改车次开往北京），大批人员继续滞留车站。为了避免工人、农民和学生的冲突，铁道部根据当时的中央精神，被迫加派了一列临时客车，将余下2300多人运走完事。

告状同学北上当天，留校的冶金系分团挑选了60位大个子来到市中心的解放碑，与现场群众手牵手做两层包围，然后派人攀缘而上，将两幅巨型标语挂上了碑峰，顿时引一片轰动[117]。位于解放碑附近的煤炭工业部驻渝办干部目睹现场，大受感动，迅速决定以党总支

115　黄肇炎回忆《文革亲历（3）815派在打压中成长。载黄肇炎博客：http://blog.sina.com.cn/kmlaohuang
116　陈万明回忆录《亲历继续革命的实践》（自印本）。
117　标语由冶金分团负责人乔明成书写，由后来成为重大"三〇一武斗队"的队长梁文福及吉兆庆等同学爬到碑顶悬挂。

的名义向毛泽东写信对重大八一五表示支持。支持信由副书记张建忠亲自带去北京。

挂上解放碑的标语被重庆市民歌颂为重大八一五"高昂的头颅",此后成了八一五派的标志性口号:

头可断,血可流,毛泽东思想不可丢!
可挨打,可挨斗,誓死不低革命头!

中央音乐学院赴渝学生将这两句口号谱成歌曲《八一五革命派勇敢战斗》,作品用进行曲定音鼓滚奏节拍和阶梯式力度,由低音区步步推至高音区,颇具《马赛曲》气势,成了重庆造反派广为传唱的战歌。

第七节 "八二六"的溢出效应

1. 川大"八二六"事件

八二六事件发生前,省会各高校文革基本均属围墙内的戏剧,脚本都围绕本校"走资派""工作组"及"左派、右派"之类矛盾展开。川大"八二六"事件向西南局及省委发起正面挑战,各高校的乱局于是随之迅速溢出校园,向全社会漫灌,势成泉涌井喷。官史对这一段社会形状作如此表述:

从 8 月 28 日开始,造反派们把"炮打司令部""炮轰西南局、火烧省市委"的大字报、标语贴上了成都街头,甚至把批判李井泉的大字报贴到了北京街头。但同时,社会上也出现了"保卫西南局、保卫省市委"的口号,如成都工学院的一个学生群众组织在成都地区散发了他们编写的传单《把斗争矛头指向西南局和省市委是什么意思?!》这些被造反派们称为"老保"或"保守派"的观点认为,没有充分的事实依据,或者抓住一点不及其余,尽量夸大;或者歪曲事实、颠倒是非、篡改某些领导人的讲话，主观臆断地给西南局和省市委硬扣上黑帮、黑线的帽子，就要"开火""炮轰"，这完全是反马列主义、反毛泽东思想的。观点对立引发出两派群众在成都街道上展开不分昼夜地大辩论。同时，省委也不断遭到围攻，一时间，交通中断，正常的生产、生活秩序被打乱。辩论双方对立情绪激烈，不断发生纠纷。在成都，即出现80多人被学生抓走、20多人被打伤的情况。[118]

"八二六"事件发生4天后的8月30日，前往西安交大"声援"并"取经"的成都大学等院校学生高呼"炮轰西南局，火烧省市委"的口号，呼啸而归，成为"八二六"事件溢出的勃勃效应。成都街头更热闹了，人民南路百货大楼、新华书店、盐市口一带华街闹市，最是人群汹涌处。"向省市委、西南局的反党黑线猛烈开火！""无产阶级革命造反精神万岁！"一类标语和大字报铺天盖地。辩论会遍地开花。所谓"八三〇事件"[119]，包括轻度流血的"青羊宫事件"[120]等联袂登场，狂摧舆情。

与造反学生展开"辩论"，人多势众的"革命群众"实为官方组织的省、市党政机关干部、工作组组员，还有部分干部家属。特别还有正参加集训的小学教师。亲历者披露，他们"半夜换一次班，还吃加班饭。有些单位规定，给省委提了意见和支持了成都大学革命师生的革命行动的都要扣工资。为避免嫌疑，都装成寻常百姓。"东郊沙河堡小教披露："（30日）我们正在学习，突然接到区委派出来的工作组员通知今晚到人民南路参加辩论。于是马上集合，给我们交待了目的和注意事项……去时不能暴露身份，凡能证明自己身份的东西

---

[118] 《中国共产党四川历史（1950-1978）》，页326。
[119] "八三〇事件"也有合称"八三〇、八三一事件"者，指8月30日至31日间，成都大学等大学学生被围攻，从而引发更多学生前往四川省委静坐示威一事。
[120] 9月1日成都大学陈姓学生返校途中，在青羊宫公交车站被群围，遭吐口水、拉扯撕打，陈挣扎并与围者发生肢体碰撞，围者某被蹬，众人遂称陈行凶伤人，将被蹬"伤员"送医"急救"，次日将"伤员"摆"现场"展览了9小时。事后验证，该"重伤员"仅仅小腿一平方厘米的擦伤。次日成大陈姓同学仍被诬为"凶手"绑架。

都不要带去（如饭票、出入证、主席语录和十六条上的单位名称都要划去），要装出互不相识的样子，不要互相打招呼，三三两两分别到人民南路广场……还派出了侦察员、联络员，设立指挥部，规定联络信号……"[121]。除了当局精心组织的人员外，街头辩论会亦有不少自发辩手与起哄者，受"组织"多年思想灌输，他们对党感情深厚，或因恐惧（特别是1957反右余悸）而不敢不深厚者，还有自利心作祟，希望在此"党难当头"时大表忠诚者……单就人数论，造反学生寡不敌众。

处于少数的大学生偏偏脑子反应灵便、伶牙俐齿、记忆力最好，毛语录、《人民日报》社论背得滚瓜烂熟，辩论中多占上风。成都电讯工程学院张小川、段伯钧等12位同学的大字报这样记录[122]人民南路的一次大辩论："人民广场上搭了很多辩论台，其中大部分为机关干部模样的人把持。会场内外都站着许多干部模样的人物，当学生发言提到西南局、省市委的问题时，他们就起哄大闹，提出一个个无理质问，煽动群众进行围攻、污蔑、诽谤"：

干部："'炮轰司令部，火烧省市委'这张大字报是很错误的。"

学生："这张大字报是针对西南局、省市委的一些黑帮而言，有问题都可提，都要揭，揭开盖子来看，就知道西南局、省市委有没有黑帮，有没有黑线了"。

干部："你怎样知道西南局、四川的阶级斗争盖子没揭开呢？"

学生："前一段时期，群众还未充分发动起来，运动还冷冷清清，现在才真的轰轰烈烈了。四川过去抓出来的大部分是死老虎，没有什么活老虎……"

辩论焦点转入老虎"死""活"之争：

学生："所谓活老虎、死老虎是相对而言的，是人们从某种意义

---

[121] 成都大学大字报《一场骇人听闻的政治迫害——"八三一事件"的真相》。中央文革小组办公室《文化革命资料汇编》第六辑。

[122] 成都电讯工程学院张小川等人大字报《8月31日晚上我们参加大辩论实况》。中央文革小组办公室《文化革命资料汇编》第六辑。

上形象比喻一切反动派的本质而已。'活老虎'是比喻那些'打着红旗反红旗'的，明中是人，暗中是鬼的资产阶级当权派。他们是披着羊皮的狼，睡在我们身边的赫鲁晓夫。在过去的一段时期内，他们还蒙蔽了群众……而'死老虎'是比喻那些已被群众识破了的，如张黎群、李伏伽之流。'活老虎'的危害比'死老虎'更加大。"

干部："哪个是活老虎？你们有根据就抓出来吧！张黎群不是死了的老虎？死了的老虎还打他干什么？你们说打死老虎是对四川广大革命群众的污蔑！"

学生："死老虎和活老虎是辩证地看问题，不要在字面上死抓住不放，死老虎不等于死了的老虎……省市委有无黑帮？要大家来揭！你叫人家抓出来，别人怎能抓呢？"

这样的辩论本无厘头，不可能有任何公正评价，接下来就只能"戴帽子""抓辫子""打棍子"、动粗口、咒骂对方"反革命""政治扒手"……强词夺理、胡搅蛮缠。想在"辩论会"胜出，只能靠人多势众，靠嗓门大，靠情绪放纵……如果都不灵，就肢体冲撞，喷以唾沫，报以老拳……"捍卫党领导"者众，"革命少数派"只有挨打的份儿。成都大学大字报这样描述在"八三〇事件"中的学生吃亏之状：

他们除了要我们的同学站高板凳，吐同学的口水，不准同学吃饭、喝水、解便外，就连热了脱衣服也不准。并且还不时地将拳头伸向同学的脑袋，高呼"打倒牛鬼蛇神！""只准左派造反，不准右派翻天。"统计系学生杨××，在新华书店门前的辩论被弄到窗台上去交代。杨拒绝，他们又借了一个高凳子来，把杨拉到上面去站着，不准吃饭、喝水、解便。更为恶毒的是，一个穿白衣服的青年竟然按着杨的头使劲往下压。当杨对他们的卑劣行径提出抗议时，几个人就一拥而上，要把杨绑架到公安局去……[123]

---

[123] 《一场骇人听闻的政治迫害——"八三一事件"的真相》成都大学临时宣传组《红鹰》战斗大队。

北京南下学生亦有被保守群众围辩者。被围在成都旅馆门口的京仔被逼站原地不准动，不准吃喝，围攻者则轮流发言、轮班吃饭。这已不叫辩论，完全是体罚了。

辩论吃了亏，最有用的反击之法就是找当局算账。川大同学在锦江礼堂一闹，省委书记不都"缴械投降"吗？9月1日凌晨，以成都大学学生为主，加上西安交大等本地、外地高校学生二、三百即赶省委门前"静坐示威"。省委接待人员描述：这些学生高唱《团结就是力量》，要"向着法西斯蒂开火，把一切不民主的制度灭亡"。唱《造反歌》，高喊"杀！杀！杀——嘿！"扬言"要把街底坐穿"必得省委负责同志接见并回答他们提出的要求方休。[124]要求凡五点：（一）必须立即制止群众斗学生，学生斗学生的现象，省委对自己组织干部和学生，挑动群众斗学生的恶劣行为应做当众检查。（二）必须保证革命师生员工（包括外地来串联的革命同学）的人身安全。（三）追查和严惩《八三一》事件的幕后指挥者。（四）必须保证革命师生员工的言论、出版、集会、游行示威的革命行动的自由。（五）省委必须澄清少数人制造的关于外地来串联的革命师生和本地革命师生的流言。

成都大学学生们的静坐僵持时长超过几天前发生在锦江大礼堂的事件，其他高校纷纷赶来声援，闹事者越来越多，眼看又将出现第二个"八二六"了。可是这一次，当局的态度偏偏比上次强硬了许多。西南局机关革命造反指挥部编写的文革《大事记》载：

> 1966年8月28、29日，在成都的廖志高等，与重庆的李井泉相呼应，连续举行大小会议，提出了一套镇压革命群众运动的方针和措施。廖志高在干部大会上公开煽动说：现在"形势变化很快""阶级斗争已进入了一个新的阶段""少数派同我们的斗争是一场夺权斗争"，有"一小撮人在浑水摸鱼""他们想把各级党委一个个的轰垮，

124　四川省委接待站工作人员喇进修、付文选、但汉然、张明锦、屈兴亚五人所写大字报：《以成都大学部分学生为主的少数人在省委门前"静坐示威"的真实情况》。

这样党中央、毛主席岂不是成了空的吗？""现在是考验我们每个共产党员的时候了""过去打仗打不赢可以跑，现在跑也跑不了，把我逼得没办法，我也要辩论"。"现在我也准备挨斗，也准备挨打，打我也不要紧，打死了也是为革命而死，你们总要给我抓几个凶手嘛？""要夺权，现在夺走，将来用武装夺回来"。各地方领导干部"要认清形势，保持清醒头脑"，"准备上下断线后，各自为政，独立作战"。为此，廖志高规定：机关干部可以上街参加大辩论，写大字报；在机关干部中组织红卫兵，保卫机关；转移重点人头下乡，防止内部不稳；动用专政机关监视革命师生的行动。[125]

9月1日起，省委机关门口忽然多了许多队伍游行，敲锣打鼓，名为庆祝毛泽东第二次接见红卫兵[126]，前来向四川省委表决心，实则向静坐学生示威。"表忠"群众呼喊的除"毛主席万岁！""中国共产党万岁！"之类例行口号，更多则为"严防政治扒手！""只准左派造反，不准右派翻天！"一类恫吓之语。冲突危机升级。9月1日午夜，省委派出书记处书记杨万选[127]出面劝散，照例先问好，对"革命师生员工的革命精神和行动"表示"坚决支持"之类，接下则满篇外交发言人式的语焉不详之辞，称"我们历来是按宪法规定办事的""省委一贯不赞成群众和学生、学生和学生斗争的。省委从来没有组织也没有挑动过群众和学生、学生和学生进行互相斗争。至于是否有发生群众和学生、学生和学生互相斗争的现象，省委将按照十六条的精神进行检查""希望大家高举毛泽东思想伟大红旗，按照毛主席的教导，运用阶级分析的方法，分清谁是我们的敌人，谁是我们的朋友，发扬敢想、敢说、敢干、敢闯、敢革命的大无畏的革命精神，认真地、全

---

125 《惊心动魄的斗争——李井泉及其一小撮同伙破坏无产阶级文化大革命罪恶活动大事记》西南局机关革命造反指挥部编写。载《新西南》第3、4期合刊，1967年9月13日。
126 从1966年8月18日起，毛泽东曾先后8次接见红卫兵，8月31日为第二次。
127 杨万选（1915-1996）山西临县人。1937年参加中共，曾任中共晋绥第三地委副书记，入川后先后任四川省委农村工作部部长、四川省副省长等职。文革时为省委书记处书记。

面地、彻底地、不折不扣地贯彻执行十六条,把无产阶级文化大革命进行到底。"杨书记反复强调"宪法",称:"革命师生员工的言论、集会、游行、示威的革命行动的自由""这个问题宪法上已有规定,按宪法规定办事。我们现在就是这样做的。"

杨的表态从"八二六"事件当日官员的谦恭大踏步后退。学生们愤怒不已,直呼"官老爷!""可耻!"乱哄哄地吼着冲进礼堂,把守进出口,将杨万选哄上台罚站批斗三个小时完事。[128] 几十年后,由四川省委党史办编写的党史对此事的记录续接了当年口径:

> 为了避免事态扩大,省委立即要求对"炮打司令部、火烧省市委"的口号不要反对;干部、工人、农民、市民不要主动上街或到学校参加学生的辩论;一律按人民内部矛盾处理解决问题;机关干部继续深入揭发省市委的问题。直到9月2日,大辩论始才平息。[129]

几十年后批露出的背景比这个表述要准确许多。8月下旬,坐镇重庆"抓点"的李井泉已从江北"八二八惨案"切入,开始对重庆八一五派痛下杀手,实施弹压。这才有了坐镇省会的廖志高宣布"现在'形势变化很快''阶级斗争已进入了一个新的阶段'诸语。

2. 成都"九五事件":两个"大块头"登上舞台

重大学生千人绝食、继而徒步上京告状之际,9月3日,北京师大女附中赴川红卫兵8人,前往西南局要求领导接见调研成都"八三〇"事件遭拒,北京钢铁学院南下学生贴出的《炮轰西南局》及其他学校贴出的《质问西南局》大字报又被局工作人员公开撕毁。这些做法最终引得南下学生和本地造反群众愤懑难抑,遂提出三点"严正要求":1.交出撕毁革命大字报的现行反革命分子。2.要求西南局主要负责同志接见我们广大革命群众。3.说明我们的行动是革命的、不

---

[128] 参看四川省委接待站工作人员喇进修、付文选等5人大字报:《以成都大学部分学生为主的少数人在省委门前"静坐示威"的真实情况》1966年9月6日。中央文革《文革资料汇编》第六辑,页729。

[129] 中共四川省委党史研究室:《中国共产党四川历史(1950-1978)》,页319。

革命的或反革命的。现场造反者同时向全市各大专院校发出紧急求援。

"八二六事件"效应正勃勃外溢,"八三〇事件"还烈烈发酵,有此新题目,群众的应激反应自然快速而激烈。这一回,学生抗议静坐持续了整整五天五夜,而且掺和而成主角的,正是成都高校两个"大块头":成都地质学院和成都电讯工程学院。事件史称"九五事件"。

"九五事件"主角之一:成都地区造反最早、势力强大的成都地院,离城区最远;另一主角成都电讯工程学院[130],则离西南局最近。

1960年代,全国重点高校四川仅3所:川大、重大,还有一所就是"成都电讯"。成电位于风景秀丽的沙河之畔,与绕城而过的府河紧邻,过"一号桥"便进市中心区,步行不足半小时即到西南局。与其他院校相比,成电文革偏偏四平八稳,按部就班。究其原因,除了该校属国防系统,学生多系"思想纯正"的"红色"子女,对"造反"感觉相对麻木。还有,党委书记兼院长羊君度文革前刚从武汉军区政治部副主任位上调来,对学生和蔼友善,不摆官架子,就任伊始首先便改善学生伙食,让莘莘学子大为感动,威信指数最高。相比之下,另三位副书记、副院长王甲纲、何文钦和郝光就不成了。大字报揭露,三人中某某乱搞"男女关系",把小姨妹如此这般了。还有某某,私拉乱用公有财产等等。"男女关系"在年轻人心中最敏感,"党的工作者"与"圣徒"同义,"男女关系"焉能"乱搞"?此事系青年教师刘歧山于6月17日披露,故成该院"第一张马列主义大字报"。丑闻一经揭露,全院一片哗然。这三个院级领导便成了成电"三家村"而狠遭批判。"保羊、批王、何、郝"成了文革初期成电造反运动的基调。这个情况和重庆大学颇有相似:造反学生挺一把手而反副手。如果把羊君度换成郑思群,把成都市委工作组长换成重庆市委的余跃泽,成电很可能会在四川催生出第二个"八一五"。

---

130 成都电讯工程学院成立于1956年,1960年被列为全国重点大学,划归国防科委管理,属该委八大院校之一。文革后改名为中国电子科技大学。

第二章 从"五十天迷局"到再发动的"两个月"

历史的幸运偏偏在于，成都市委考虑成电是国防院校，派来了一位穿军装的现役军官担任工作组长：成都军区副参谋长胡永昌，工作组员亦多军人。工作组从感情上便倾向于曾为军队领导的羊君度，而将打击靶向定位于王、何、郝"三家村"。如此布局，不仅没有压制、迫害造反学生，还整个儿延续了此前师生"反""保"格局，教师和中层干部无任何包袱，继续从这三个副书记和副院长身上揭出不少学生想找而难以找到的瑕疵。

这样的工作组简直就是革命师生的贴心人。《十六条》公布，各地高校工作组纷纷被遭批判、驱赶，而成电工作组宣布撤走，全院师生竟感觉工作组来校时间太短，撤离何匆匆！大家依依不舍，又是敲锣又是打鼓地将他们欢送离校[131]。

如此宽松的环境里搞文革，成电数百个基层战斗组，遂在毫无政治压力的情况下顺大流随即产生，无官方色彩亦无极端色彩，由少而多、由小而大，最终合并成全院性质的"东方红战斗兵团"。同样，在如此稳健温和的造反队伍里，最容易、也最希望做事稳健的温和派领袖。广为人称"政策派""稳健派"的成电"东方红"勤务员、通讯系三年级学生蔡文彬，后来在造反大派"红成"里脱颖而出，并代表该派进入省革委任副主任，就顺理成章了。

成电也有两派。另一派是主要由高干子女组织的"红旗战斗兵团"，按文革分类，当属保守组织。该组织比其他学校的保守派能量更大、韧劲更强，以致能够名列于成都市著名保守派"三军一旗"之中[132]。事虽如此，除了继续围绕青年教师刘岐山大字报，就成电"三家村"诸问题展开辩论，没有高校工作组挑起的大对立和大仇恨，以至同为国防系统的"北航红旗"专门前来煽风点火，说国防科委执行了一条彻头彻尾的修正主义路线，鼓动成电学生造反，竟然收效甚

---

131 据蔡文彬回忆，刚刚送走工作组回来，才有同学说不应该热烈欢送，北京高校的工作组都犯了方向路线错误，成电的工作组不可能不犯错误。于是有学生提出要把他们揪回来，可是人都走了，要揪回来谈何容易，最后不了了之。
132 "三军"指产业工人战斗军、贫下中农战斗军、八一战斗军，"一旗"即"成电红旗"。

微。9月1日下午，即上面谈到的"八三〇事件""八三一事件"期间，有北京学生在成都旅馆前被保守派群众围攻，成电东方红兵团决定前去营救。学院广播站通知全校师生到主楼广场集合，不仅东方红学生来了，红旗学生竟然也纷纷助阵，两兵团集合了五千多人前往救援，红旗兵团在前，东方红兵团在后，几千人的队伍浩浩荡荡向成都旅馆开去。足见该学院社情有多么和谐！

如今"九五事件"发生，北京学生被西南局欺负，紧急呼吁成都同道支援，这一回，距离最近的成电学生焉能不拔刀相助？李井泉远在外地，西南局仅几个闲官小吏看家护院，学生要求与李井泉直接对话之类的要求无法实现，无非出来几个工作人员敷衍延宕而已，学生们认定本地最高当局"心中有鬼""害怕群众""在抵制和破坏无产阶级文化大革命"……在西南局大院连续静坐五天五夜无果，无非使大学生与官方的对立逾益强化而已。整个事件，除 7 日晚上发生了一件不大的流血事件[133]，掀起小高潮，其余均无可圈可点之处。

成都秋意初透，永昼未消，精力旺盛的年轻人聚集在暑气温氲的户外，念念小红书，唱唱革命歌，呼呼口号"炮轰西南局，火烧省市委""打倒李井泉，解放大西南"之类，其实也很快乐。再说，9月5日闹出这件事本是北京学生惹出来的，成都学生前来助阵，充其量算是路见不平拔刀相助罢了，最后能闹出什么结果一点儿都不重要。

3. "朝圣"将群体骚乱化解于无形

事件正不知如何化解，偏偏来了个机会，让双方都体体面面下了台。蔡文斌回忆：国防科委忽然来了通知，要成电选派师生代表赴北

---

[133] 地质局、铁路局、汽车运输驾驶学校，运输公司等单位的八辆宣传车开来静坐现场捣乱，群众把他们的车子推开，还切断了宣传车上的电源。成都机床修理厂的电工张明从铁路局宣传车的坡璃窗口处（他们已把车门关严了）爬上去和他们讲理，他的上身和一只脚已在车内了，可是车内的人，不但不跟他讲理，还不顾别人的危险，硬把别人从车上挤下来，由于他们用腔、用胳膊肘挤，就把车上的玻璃给搞碎了，砸下来把这工人划伤，鲜血直流，染红了三条手巾，汗衣和内衣裤，群众就立刻将他送往成都二医院抢救。

京接受毛主席检阅，全校师生无不欢欣鼓舞。9月10日，由学院文革委员会牵头，从各班选派出师生代表300多，主要是两派群众组织的成员——参加了东方红兵团和红旗兵团的老师和学生。9月12日从成都出发。朝圣重于一切，对于没有出过远门（特别去首都北京），这比什么都更具吸引力。两相比较，继续待在西南局门口唱歌喊口号实在没劲儿。成电是国防科委官方安排的。成电能去，其他院校为何去不得？闹事学生已顾不得官方安排还是不安排，决定趁此机会一哄而上。西南局机关大院的危机于是悄然化解。

既然上京朝觐伟大领袖，仪式必得庄严隆重。成都市"革命师生"近万人，9月11日在人民南路广场（今天府广场）举行声势浩大的赴京誓师大会。虽说仪式更像一次轻松快乐的旅游嘉年华，当局依旧杯弓蛇影，不敢半点松懈，相反，是日整个成都一派临战前的紧张恐怖氛围。商店奉命关门，工厂规定厂休，居民被通知不得外出；广播里不断传出预防"匈牙利事件"突发的威胁，政府还组织人员到广场四周散发传单以防"寻衅滋事"一类事故发生。急于赴京的"革命师生"一门心思只想到快快赶赴天安门广场追寻"幸福时刻"，哪有心思与本土政府纠缠？闹腾了五天五夜的"九五事件"散棚。赴京誓师行动开锣。

誓师大会结束当晚，满载成都大专院校学生代表的列车轰隆隆出发，9月13日到达北京，9月15日即在天安门广场参加了毛泽东对红卫兵的第三次接见。

盛会下午5时开始。天安门广场及东、西长安街方向早在前一晚就被各地来京的学生挤占得满满当当。游行开始天已黄昏，占据广场的学生谁被想对伟大领袖多看几眼？于是赖在原地不动，这可苦了等在长安街急于瞻仰领袖风采的学生，他们动弹不得，急躁难耐，场面于是全面混乱。最后，周恩来只得广播喊话，宣布接见结束，要广场上的同学往南向前门方向撤走，堵在长安街的学生这才得以舍生忘死地往广场上冲涌，其势如千山崩雪，万壑泉涌，十分恐怖。北国之秋，天已黑尽，等后到学生绝望地涌进广场，灯光忽然大亮——毛泽东一干领袖开始步下城楼了——眼疾的学生有幸见到城楼上毛泽东和林彪的三寸黑影，动作稍慢的连三寸黑影也没见着，只能放声大哭。

4. 北钢会盟

到了北京，见了最高领袖，也去首都各著名院校参观过，眼界果然大开。其时，北京高校红卫兵已先后成立了"一司""二司"和"三司"实施集团作战，把当权派打得落花流水，四川学生大受启发。李井泉为首的西南局、四川省委公然至今气焰"嚣张"，是可忍，孰不可忍！齐聚北京的四川造反派决定见样学样。

正好，除了成都，西南地区其他省市上京串联的学生大多安排在北京钢铁学院食宿，朝夕相处，结伙成团，聚力作战，共同炮轰西南局、李井泉的想法很快成为共识。北钢学生建议乘机大家就此会盟，召开一次向党中央、毛主席表忠心的誓师大会。此议顿获众人响应。成都地院的伍玉生、成都大学的潘生、程民富、成都电讯工程学院的蔡文彬等遂发倡议筹备，四川大学、成都工学院、四川医学院、四川师范学院、四川体育学院、重庆大学、贵阳工学院，昆明工学院等单位的代表附议，会盟筹备正式开始。成都地区影响最大的高校四川大学其时造反力量尚弱，未与主事；重庆地区影响力最大的重庆大学9月5日绝食上京，几千人早安排在北京展览馆横七竖八垫篾席、睡地铺，忙着对付重庆"黑市委"制造"八二八惨案"的啰嗦事，仅能客串而已。盟主只能在兵强马壮的成都地院"解放大西南战斗兵团"、成都大学"八三一战斗团"和成都电讯"东方红兵团"中遴选。成大学生、"红成"小报副总编辑程民富同学的原始笔记记录了筹备会最后结果：大会主席团主席伍玉生、大会执行主席蔡文彬、大会秘书长潘生。

伍玉生当主席理由充足：成都地院师生绝大多数都是造反派，他们控制了学校"文革筹"的领导权，有广播站、有宣传车、有物资调用权……这是其他学校不具备的，而且发生在西南局机关门前的"九五事件"领头羊正是他们。成都大学虽然一直领跑省会文革闹事，可一把手潘生一谦谦君子,他自晒学校目前仍受工作组和"文革筹"制约,且学校规模小,仅学生2000余,让他们领衔实多困难,坚辞主席之职。执行主席、成电代表蔡文彬则俨然黑马一匹,在会盟中显山露水,如一颗新星闪亮,冉冉上升。

蔡文彬,河南农家子弟,从小立志于自然科学,当无线电专家。上大学一直埋头攻读,成绩上佳,可直到文革爆发还非党非团,未担任过任何社会职务,真的个"白专苗子"。唯一让年轻虚荣心得以满足的强项是体育:篮球队主力!这亦非他自主选择,爹妈给了一米八的大个子!在饥饿年代长成的一大拨五短身材学生群中,他鹤立鸡群。还有,他嗓门大,声如洪钟;还有,工业学科训练馈赠给他的缜密思维和逻辑方法让他的观点表达很具说服力。文革骚动,只需偶然的机会便能够将他推上浪尖潮头。加之他就读的一系是个大系,1500多人,占全院学生的四分之一,作为一系的代表人物,他自然成了"东方红兵团"的核心领袖。从来不热心政治的小蔡初入政治幼儿园,陌生而强烈的新鲜感让他很快变得比任何人都更加疯狂。他这样回忆筹备"西南会盟"时的兴奋状态:

> 我在这个大会的筹备过程中非常积极,几天几夜不睡觉,有时只在公共汽车上小睡一会儿。当时联络到了西南地区几所大学的造反红卫兵组织代表有:成都电讯工程学院蔡文彬,成都地质学院伍玉生,重庆大学周家喻,成都大学杨富银(后改名杨旭东)和潘生,四川大学尹正良,还有昆明工学院和贵阳工学院各一个。西南三省每个大学的代表都有了……这些学校的代表组成了一个主席团。[134]

弥漫于首都的革命激情几乎让所有学生都变得歇斯底里。其间蔡文彬跟同属国防院校的"北航红旗"接触最多,"感觉他们的想法都很大,经常讲到成立全国性组织、国际性组织。当时外地来京人员也有成立了一些全国性的群众组织,中央也没有明确反对。"受此氛围感染,蔡文彬的心境远远超越了学校,超越了成都,他不仅想借西

---

134 周伦佐《蔡文彬访谈录》(未刊稿)。

南高校会盟之机建立西南区的红卫兵，甚至还计划成立一个红卫兵国际组织。

蔡文彬的想法绝非孤例。心雄万夫的年轻人多如牛毛，虚荣心刺激的精神痉挛总会让他们胡思乱想，自觉力大无穷，足以带领乌合之众移山倒海。事实上，会盟筹备组的学生领袖们谁也没有那样的影响力，即使筹备一次偶然聚集的地区性的大会也少不了大小争执，连确定会盟大会主题（会标）都要争论不休。成都、重庆等大专院校代表提议，要"声讨和批判李井泉反对毛主席、大搞独立王国的罪行"、要提"打倒李井泉，解放大西南"等口号，而昆明、贵阳学生代表则谨慎而胆怯，说他们那里的文革运动发展滞后着呢，口号太刺激，恐怕群众一时难以接受呢，马上提"打倒李井泉，解放大西南"是否有点过火？这些代表特别谦逊地表示，他们仅仅能代表本校同学，不能代表云贵两省广大师生的意见——仅此一局部议题，争论起来便一个多小时无果——最后，考虑云、贵的实际情况，会标（及会议主题）只能取了一个语义模糊的中性名头："西南地区赴京革命师生无产阶级文化大革命誓师大会"。至于雄心勃勃的西南大区红卫兵、继而红卫兵国际组织只能从长计议了。

总而言之，时机难得，有北京钢铁学院师生的鼎力相助，热心热肠提供地点、布置会场、张挂领袖画像、拉扯大会横标、架设广播喇叭、安排主席台、桌椅板凳等，一应事体悉行安排就绪。9月23日下午二时，会盟大会开锣。除西南地区各大专院校学生和部分中学生、部分工人，北京十三中、五十三中学生及北京钢铁学院部分师生等共90多个单位、一万余人前来捧场。成都大学、四川大学、重庆大学、成都地质学院、成都工学院、成都电讯工程学院、四川师范学院、成都体育学院、西南民族学院、贵阳医学院、昆明工学院、南充师范学院等17个单位代表慷慨发言。成都、重庆两地代表重点揭发、控诉了李井泉执行资产阶级反动路线，镇压学生的"滔天罪行"。北钢和清华的发言代表表示坚决支持西南地区红卫兵和革命师生的革命行动，一起将文化革命进行到底。民间记忆称，是日，参会人原总数达30000余，极具声势，"在北京影响很大"。周恩来联络员温伯华、中央文革联络员、《红旗》杂志记者等均有参会并将情况向上司做了汇报。

北京高层派人与会的传闻是否确实，无证。五天之后的9月28日晚，时任中央文革小组组长陈伯达在政协礼堂接见了西南地区的赴京师生代表却不假。成渝两地共1000多人参加了接见。成都地院领队伍玉生等十余人被推荐上了主席台。伍同学颇为自豪地回忆：

（我）同陈伯达握了手，并坐在他身旁的位置上。摄影记者照了相，可惜我们那时没有照相机，没有留下当时的照片。当晚陈伯达在会上主要讲了党中央、毛主席为什么要发动文化大革命？文化大革命的形势，以及当时文革运动的阻力等。

接见讲话结束，陈伯达没有忘记提醒：要求"来京串联的红卫兵在国庆节接受了毛主席检阅后要尽快离开北京，回原地'就地闹革命'，不要在北京滞留。北京负担很重。还要接待不断来京的红卫兵。"

四川学生都是乖孩子，等国庆节一过（当然按照安排去了天安门广场）"接受了伟大领袖毛主席的检阅"，只是距离太远——伍玉生同学回忆说："我只看到毛主席穿着军装站在城楼上挥手，但面容看得不十分清楚。总算见到了伟大领袖毛主席，是我人生中一大幸事。10月2日乘火车离开北京回成都，10月4日晚回到学校。"

根据钢院会盟决定，除蔡文彬继续暂留北京筹备西南红卫兵联合机构，其他人返回本地后立即着手建立红卫兵的统一组织，作为西南红卫兵造反司令部的分部，实行统一指挥。成都地区的统一组织由成都大学和成都地质学院的代表负责筹建。

该决定实在太过书生气，甚至有点滑稽。纵观文革以来的群体性骚乱，总是因某个突发事件触发一哄而起，再继之在与对手搏杀中前行，事前设计而后"按图施工"者，未知有也。文革本是打破框框之举，如果预设目标，很可能就会成为新的框框，要初尝骚乱快感的学生在重新预设的框架内起舞，亦难以实现；其次，所谓群众领袖、即那些精力最为充沛、虚荣心最为强烈、意志力最为坚强持久者，亦只能在搏杀中自然脱颖而出之，成为核心。上面的事实已经表露，企图筹备统一机构的领头羊潘生、伍玉生等同学，都太过温良恭俭让，缺少乱世豪雄应有的霸道、包括必要的鲁莽和暴力。事实偏偏证明，当时心雄万夫的蔡文彬，后来恰恰因为"稳健"而成为该派群众代表而硕果仅存。相反，四川大学的领袖游寿兴、江海云诸人，一直认为这种书生型的集团规划靠不住，形不成战斗力，他们宁肯以本校的力量单打独斗。这种做派最终确实成就了八二六的煌煌战绩。

蔡文彬负责筹建西南红卫兵统一组织可说是一厢情愿"计划革命"最短命的失败案例。该筹备处确实在北京钢铁学院住地挂了牌，花了半个月时间，起草了章程之类的文件，制定了"三步走"的计划：先在北京策划、联络和酝酿，再回到云南、贵州、四川分头进行，最后三省代表汇集到成都来召开成立大会，事实上也联络了西南地区几十所高校……最终却以流产告终。各省各地造反红卫兵即便成立了当地的统一组织，也只会各自忙着与本地当权派、保皇派撕斗，谁有心思关心不着边际的宏大壮举？当时重庆盛传有个"西南毛泽东思想红卫兵"在招兵买马，重庆保皇四军中主力"毛泽东思想红卫兵"被市民简称"思想兵"，戏称"麻子兵"，于是也就顺便把这个规划宏伟的组织戏称为"西南大麻子"，只是未见"西南大麻子"有任何动静，便悄没声儿地人间蒸发了。

5. "红卫兵成都部队"成立

潘生、伍玉生一干人等在北京"充电"满满，回到成都，"北钢会盟"确定的计划便抓紧实施。其时，官方抢先出牌，由四川省委和成都市委直接操控的保皇派学生组织的"成都市大专院校红卫兵联合指挥部"已经成立，成员为各大专院校共青团组织和学联系统的红卫兵。北钢会盟规划的成都高校造反集团必须加快跟近，赶紧出手。

10月6日，成都地区各大院校造反组织的代表在成都工人文化宫礼堂召开了第一次筹备会。各院校参会的人员是：

成都地质学院：伍玉生、罗怀松（解放大西南战斗兵团）

成都电讯工程学院：张炳新（东方红战斗兵团）

成都大学：扬富银、潘生（八三一战斗团）

四川大学：张全金（八二六战斗团）

成都工学院：汪合生、段鑫（十一战斗团）

四川医学院：吴广荣（九一五战斗团）

四川师范学院：刘国选、蒋学铭（毛泽东思想战斗团）

成都中医学院：扬禹（毛泽东思想战斗团）

四川音乐学院：培子言（川音战斗团）

成都体育学院：王太中（八二一战斗团）

西南民族学院：扬明清、钟德贵（红旗战斗团）

四川教育学院：何平安（毛泽东主义战斗团）

成都纺织学生：雍平

成都二师：童育生

参会代表分别介绍了本校红卫兵组织的情况，阐述了组建全市统一造反组织的必要性和紧迫性，一致表示必须加快筹备进度，接着又开了几次筹备会。让代表们很感满意甚至自豪的，首先是组织名称"红卫兵成都部队"。潘生在回忆录里这样评价："相比全国各地成千上万红卫兵组织五花八门的名称，'红卫兵成都部队'这个名称不仅独一无二，而且很有特色。它字形整齐、读音庄重、含义也明确……当初提出过很多名字，什么指挥部、司令部……最后才决定采用这个名字。我感到这个名字似乎与'解放军成都部队'具有并列关系，于是受此启发而来。当时毛泽东正在号召全国人民学习解放军，青年学生内心普遍有'军人崇拜情结'，红卫兵组织套用军队名称很正常。而且'解放军成都部队'是中共在全国所设立十个大军区之一的解放军成都军区的别称，成都红卫兵组织取这样的名字，还有统辖西南地区的含义。"几十年后，首倡此名的四川大学学生刘安聪依旧为此而自豪。他在回忆录里这样介绍他参加过的一次筹备会：

（聚会时）我是川大代表，时任"红卫兵川大支队"副支队长。与会代表一致同意成立统一的大学造反组织，关于名称，代表们提出几种建议，我发表的意见是："全国都在学习解放军，红卫兵也是兵，建议取名为红卫兵成都部队，各校以支队相称，比如红卫兵成都部队川大支队。"我的建议获一致同意，遂定名。[135]

其次，筹备会的其他各项工作亦进行得认真细致，思路周全。比如组织条例，代表们一致认为必须坚持自愿和民主集中制的原则建立各级组织；申请参加红卫兵必须坚持以红五类(工人、贫下中农、革命知识分子、革命军人、革命干部)的子女为主体，实行"有成份论，但不唯成份论，重在政治表现"的原则；总部机构设置为"三部一室"，三部是：政治部、参谋部、后勤部。一室是总部办公室。总部下辖大学部和中学部。大学部包括了成都地区十三所高等院校的造反红卫兵团体，中学部包括了成都地区几十所中学的造反红卫兵组织。大学部、亦"红成"的中坚力量自然是成都地区十三所高校的造反组织，在保留十三院校原有造反团体的同时，每校再建一"红成"直属支队，两块牌子一支队伍。总部勤务组成员的选举则采取投票方式，先推选一至二所学校作为领头，只定学校不定人，再由当选学校选派最有能力的负责人到"红成"总部负责。当时成都地区造反影响力最大的是成都地院"解放大西南战斗兵团"和成都大学"八三一战斗团"。前者实力强大，后者杀向社会时间早。筹备会正式投票，这两所学校深孚众望，得票最多。

整个筹备工作顺水顺风。即便总勤务组的选举，得票最多的成都大学代表潘生，亦再次表现了谦谦大度之风。他就众代表对"成大"的信任表示真诚感谢，同时诚恳说明，目前"成大"虽然暂时走在文革运动前面，但校内仍然多受工作组和保派"文革筹"牵制，加之学校规模中偏小，作领头羊实多困难。他推举实力强大的成都地院为"红成"总部第一负责人，成大可推荐政治经济系一名懂马列主义的学生到总部辅之，担任第二负责人及政治部主任。

潘生同学的坦诚让众代表颇为感动，深表然之。地院代表伍玉生回校将筹备会意见向院筹委会作了详细汇报，并知会各校代表都希望地院筹委主任武陵江能就任"红成"总部第一负责人。武陵江，安

---

135 刘安聪回忆录《红成与八二六》(未刊稿)。

徽籍学生，出于革干之门[136]，性格刚直，推诚待人，寡于文而临事身先，绝不拖泥带水，即使政治表达亦不多经谋虑、更不故作矫情表演，所有这些，都最容易获得群体信赖。还有，武读书时已经入党——这些，实属学生领袖的最佳天然人选。文革学者徐友渔其时为成都一中红成派学生领袖，对武曾有评价："武陵江在红成里面的威信比较高""经常主动做事情""我承认他有不少优点"但同时认为，"政治斗争更需要的是冷静、缜密、精细的利益判断、决策，而不是率性的情感表达"。因此武陵江不幸只能是政治决策方面不合适的人选[137]。至于武陵江自己对"总部第一负责人"坚辞不就，理由则很务实：当时他连"红卫兵"都不是呢。他执意要伍玉生代表地院担任"红成"总部勤务组负责人。

几经反复，"红成"总部"勤务组"名单正式出炉，由地院伍玉生和成大张定中正式主持第一届勤务组，其他支队各派一名负责人参加，其中有成电的张炳新，工院的石福全，川大的尹正良等。伍玉生作风踏实，张定中正是潘生推荐语所称"政治经济系一名懂马列主义的学生"，"会演讲亦会写文章，看问题也有战略眼光。"此二人搭档，确实把筹备工作做得有声有色，细致周全，事无巨细皆滴水不漏。比如物质条件：筹备组找成都市政府联系，在成都东大街胜利中路468号落实了总部办公地点，该处房屋是一幢属于天主教堂的二层小楼房，离市体育场较近。还找市委提供了办公用品：打字机、油印机、电话机及必要的交通工具：两部摩托车和三辆自行车，等等。

一切准备就绪，联合组织就抓紧正式挂牌开锣。伍玉生这样记忆当年盛况：

红卫兵成都部队成立大会于1966年10月11日下午3时在成都市体育场正式召开。有两万多人参加大会，整个会场是一片红色的海

136　其父为南京铁路局局长。武陵江后因担任红成负责人等问题遭批，离校参加工作，发配到时海拔5000米以上的贡嘎山区工作，并下放小队当炊事员，一人挑全班的炊具和行李，从不叫苦，多受工人称赞。因为劳动工作双优，1975年被提拔为省地质局区测大队长兼党委书记。

137　周伦佐对徐友渔采访记录（2011年1月16日）。

洋,有上千面红旗迎风招展,参加大会的红卫兵高诵毛主席语录,高呼口号,高唱革命歌曲,整个会议充满了造反精神。大会由"红成"总部第二负责人成都大学政经系学生张定中主持,我(伍玉生)作为勤务组第一负责人致开幕词。四川省委候补书记张力行和成都市委书记廖家岷到会并讲了话。他们对"红卫兵成都部队"的成立表示热烈的祝贺,并对红卫兵小将的革命行动表示支持。同时大会通过了"红卫兵成都部队宣言"和"红卫兵成都部队组织条例"。成都市各大专院校的红卫兵代表,北京南下学生,重庆大学,西安交通大学等单位的代表分别在大会上发言。在筹备成立"红成"的同时,成都市大专院校"工人硬骨头战斗团"也在筹备之中,他们要求和"红成"一天成立。因此在成立"红卫兵成都部队"的当天,成都大专院校"工人硬骨头战斗团"也同时宣告成立。"红卫兵成都部队"的成立把成都市各大专院校和中学的造反派红卫兵联合起来了,它是成都市乃至西南地区最大的学生造反组织,规模之大,人数之多,在全国也是仅有的。[138]

从红卫兵成都部队的筹备过程看,无论政治宣言、组织章程起草、机构、人员的配置……所有一切都细致周详、按部就班。大学生领袖对他们从事的事业之虔诚、敬业,由此可见。遗憾的是,他们所做的这一切,偏偏总让人觉得是在从模仿哪一本政治教科书,太多了文绉绉的书生气。文革本是毛泽东一次破坏性的冒险之举,参与者的精神气质就该无法无天、胆大妄为、蔑视规矩、践踏秩序。比对之下,红成领袖们的做法显得有些矫情了。乱世环境瞬息万变,不可知甚至不能知。红成领袖们迷信他们所从事的革命事业的"崇高神圣"却不清楚乱世天下随时都在触发人性弱点:自利心、虚荣、狂热、仇恨和不宽容,对由此激发而出的人性之恶,理想主义的红成领袖都缺乏足够预判;面临复杂残酷的政治现实,需要冷峻的政治智慧和毫不留情的斗争技巧,而不仅仅是领袖的个人品质的感召力;再说,虽然有"打倒李井泉,解放大西南"这个共同认可的宏大命题,但各成员学

---

138 伍玉生《见证成都文革》(未刊稿)。

校具体的矛盾和利益诉求却各个不同,面临亟须解决的问题和需要实现的目标不同,故而"红成"凸显的是更多联谊性质,而非实际作战的指挥部。

川大造反学生的幸运在于,文革以来川大校内成堆的问题正是李井泉操控其秘书黄流一手造成,打击黄流,矛头顺理成章就直接引向了李井泉——这正毛泽东最关注的四川文革主题。造反学生的目标和北京想要的目标高度契合,这个任务太严酷。川大领袖江海云、游寿兴对参加红成不热心,也是想首先解决校内问题。川大八二六另一主要负责人刘安聪非常务实地表示:"当时的文革处于校园斗争时期,各校有各校的情况,结成联盟相互声援可以,至于实施统一指挥能起多大作用,我们心中存疑,加之川大内的斗争正处于白热化,所以协商会后我们没有派出负责人参与筹建,只派了一名叫张全金的骨干分子去报到……众高校推川大为头,我们没有接受。红成明白,张全金只是川大的联络员,不是头头,所以红成总部成立时,张全金自己经过力争才勉强当上了政治部副主任,算一名中层干部,不在决策圈内"一遇到实际的生死搏斗,注定大打折扣。红成成立之后,虽然对高校行动确实起到了协调的作用,但在统一行动方面,战斗效力并没有得到明显提升。相反,从该组织中分离而出的"川大支队",即后来称为"川大八二六战团"者,反倒很快成为四川文革中一只大有影响力的独立力量。

第三章

批"资反路线"加速巴蜀乱局

（1966年10月—1967年1月）

第一节　造反风潮向全社会蔓延

文革的"再发动"两个月了。发布《十六条》、毛泽东在天安门接见百万"文革"大军、"破四旧"、横扫"牛鬼蛇神"……局面已经很热闹。可是，毛泽东所有的口号、手段，各级官僚同样可以利用。他们退居幕后，用同样的革命口号，指挥"保皇"队伍对抗造反派的冲击，成为普遍的社会景观。四川以重庆"八二八惨案"为靶子，动员全川百姓对李井泉亲口恭维"十月革命炮响"的八一五实施声讨和镇压，可谓抓点带面的经典之作。就全国而言，文革运动虽然表面上已轰轰烈烈，各级党委通过其扶持的官办"文革领导小组"，利用权力组织强大抵制阻击，仍是社会主流局面，特别工矿企业，保守势力十分强大，群众还远远没有发动起来，毛泽东对来访的澳大利亚共产党领导人希尔如是表述：

你不要以为我们的环境那么好。我们有些干部不想革命了，中央委员也有，政治局委员也有，省委书记、地委书记、县委书记都有。他们就是怕。他们要调动军队来对付这些学生。解放军他们是调动不了的，他们就调动工人、农民来跟学生作对。[1]

为了继续造乱天下，毛泽东再出新招：批判资产阶级反动路线。

---

[1] 参见《毛泽东传》（1949-1976）（下册）页 1444-1445 。

1966年10月1日，《红旗》杂志发表了第13期社论《在毛泽东思想的大道上前进》，称：十六条"是两条路线斗争的产物，是以毛主席为代表的无产阶级革命路线战胜资产阶级反动路线的产物。""但是，两条路线斗争并未结束。有些地方，有些单位，两条路线的斗争还是很尖锐，很复杂的。有极少数人采取新的形式欺骗群众，对抗十六条，顽固地坚持资产阶级反动路线，极力采取挑动群众斗群众的形式，去达到他们的目的。""对资产阶级反动路线必须彻底批判。""要不要批判资产阶级反动路线，是能不能贯彻执行文化大革命的十六条，能不能正确进行广泛的斗批改的关键。在这里，不能采取折衷主义。"

这一次，毛泽东要批判的不是工作组，不仅是五十天，而是批判工作组撤出以后、那些采用新形式抵制群众运动、控制群众、不让群众造反的人，总之，凡是挑动群众斗群众，组织部分群众来保自己的人，都将挨批。这次批判资产阶级反动路线，五十天（即工作组时期）要检查，两个月（即八届十一中全会以后的八、九月）也要检查。[2]

为确保批"资反路线"速胜，毛泽东这一次直接先行发令军队。10月5日，毛批准下发文件：《中央批转军委、总政关于军队院校无产阶级文化大革命的紧急指示》（简称《紧急指示》）。《紧急指示》重点有三：一是宣布"凡运动初期被院校党委和工作组打成'反革命''反党分子''右派分子'和'假左派、真右派'等的同志，应宣布一律无效，予以平反，当众恢复名誉。"二是"个人被迫写出的检讨材料，应全部交还本人处理，党委或工作组以及别人整理的整他们的材料，应同群众商量处理办法，经过群众和被整的人的同意，也可以当众销毁。"三是"关于军事院校的文化大革命运动在撤出工作组后由院校党委领导的规定……已不适合当前的情况，应当宣布取消。"中共中央批语明确指示："……中央认为，这个文件很重要，对于全国县以上大中学校都适用……"毛泽东定义，各级共产党组织在文革运动中已成了"绊脚石"，需要"踢开党委闹革命"。

---

[2] 《王力反思录》（下），香港，北星出版社，2011年，第2版，页44。

10月9日至28日紧接召开中央工作会议，主题就是"批判资产阶级反动路线"。中央文革小组组长陈伯达在会议作《无产阶级文化大革命中的两条路线》（又称《两个月的总结》）长篇报告，毛泽东批示"很好"，令"印成小本，大量发行，每个支部，每个红卫兵小队，至少有两本。"[3] 报告首先高度赞扬"文革"和红卫兵运动；其次，点名批判刘少奇和邓小平；第三，强调"毛主席提出的无产阶级文化大革命路线，是让群众自己教育自己，自己解放自己的路线。"最后，报告宣布："两条路线斗争"还在继续——事情之急切，可谓紧锣密鼓。

为了动员更多人、特别是"红八月""破四旧"狂潮中饱受凌辱者加入批"资反路线"行动，陈的报告对"血统论"进行了专题批判。陈伯达称，"老子英雄儿好汉，老子反动儿混蛋"是宣扬"龙生龙，凤生凤，老鼠生儿打地洞"，是"剥削阶级反动的血统论"。这个口号是"用血统论来代替阶级论，企图混淆阶级阵线，孤立无产阶级的革命队伍"。陈的批判大得人心，为数不少的"麻五类""黑五类"出身者自此纷纷加入批"资反路线"的队伍[4]。学者杨继绳对批判"资反路线"这样评介：

批判资反路线是文革的一次重要转折。真正的造反派的崛起是和批判资产阶级反动路线相联系的。这里说的真正的造反派是指斗争矛头指向"当权派"、即指向特权阶层的那一些个人和组织。这一批人在运动初期反对党委、反对工作组，在工作组的50天镇压中被打成了"右派""反革命分子"。八届十一中全会以后，他们虽然得到了自由，但还没有从阴影中走出来。直到1966年10月批判资产阶级反动路线以后，造反派群众组织才真正走上政治舞台。[5]

---

3 《建国以来毛泽东文稿》第十二册，中央文献出版社1998年1月第一版，页141。
4 以后的事实证明，当时批"血统论"只是权宜之计，到"清理阶级队伍"时，"血统论"又死灰复燃了。
5 杨继绳《天地翻覆》"第八章　批判资产阶级反动路线"。

第二节　工人造反运动兴起

　　1966年10月之前，绝大多数工人、农民均处于各级党委严密掌控之下，社会上虽出现了一些务工者和农夫自发建立的群众组织，但更多的，或心甘情愿、或胆怯怕事、或随大流，仍然习惯驯服于看管自己多年的"组织"。极少数"造反"另类，尚不足以让各级、各部门的当权派"恐慌"。毛泽东发出"批判资级反路线"之后，局势开始发生了逆转。

　　中共定鼎大陆17年，四川工业建设已造就了一个庞大产业工人群体。国营大企业普遍配备有完善严密的政工机构对员工实施控制；还有，那年月国营企业，尤其保密厂、信箱厂、军工厂、即便最普通的员工，都需经过严格政审合格方能进入，颇为受人羡慕甚至尊敬，员工本人亦多为自己的身份自豪，他们理所当然成了权力结构的基本盘。文革伊始，这些企业的党组织对员工强化更为封闭的行政管理和政治学习，除正常工作八小时之外，普遍要求职工追加政治学习一小时，科室干部亦需额外追加政治灌输时间。学习内容除读报、学文件，还辅以当地时事动态。对于长期被组织灌输"官方能量"的产业工人，"右派翻天""匈牙利事件"一类谎言很容易被轻易接受。制造火炮的专业大厂重庆江陵机器厂位处江北区大石坝，与造反"重镇"重庆大学隔嘉陵江相望，因渡江不便而消息不灵，直到八月底，红卫兵运动已在重庆社会引发巨大震荡，该厂工人还一无所知。当局为制造恐怖气氛以控制局面，有意宣称重大八一五要过江来制造混乱。为阻止"右派学生"骚乱图谋，江陵厂严密组织厂工封锁江岸和渡口。该厂技术员李木森回忆了这一夜"杯弓蛇影"的可笑经历：

　　通知（我们）晚上八点半集合，前往石门河边一带"执行任务"——我们单位百分之八十的职工都来了。我也满怀革命激情，准时来到集合地点，参加执行这一光荣任务……由支部书记、科长和工会主席三大官员率领下两千人左右封锁嘉陵江边的渡口和公路。一眼望去，整个河边公路上全是我们厂的职工……我们在公路上站的站，蹲的蹲，直到晚上十一点才奉命撤回厂里。[6]

与国营大厂相比，中、小企业权力当局的控制相对薄弱，尤其小微企业，如街道工业、建筑社、手工作坊之类，员工虽勉强可誉为"工人阶级"，实际却多为中共建政以来，或因出身不好、或遭遇不公正待遇而流落底层的"贱民"、郁郁不得志的工匠、小作坊手艺人、建筑工地苦力、三轮车夫、游荡于社会边缘的引车卖浆者流……命运将这些失意者和落魄者剥夺一空，他们已没有什么可失掉的，只渴望改变命运的机会，他们之中一些"勇敢份子"最先跳出来造反，就顺理成章了。

袖珍小厂成都硅酸盐厂青工丘先甫，乃父系"旧社会"留用工程技术人员，被共产党延聘任职成都市建设局，不幸某次与女同事宋××看电影，"我因一时思想不正确，把手放在她的大腿上，宋很不高兴地把我手推开，然后，她独自一人离开了电影院。"[7]——乃父交给组织的"悔过书"如是说。就因如此稀里糊涂一摸，丘父被定了"坏分子"，小丘遂成"黑五类"子女，一辈子前途无望，只能到这个建筑材料小厂作苦力。北京红八月动乱消息不断传来，其他工友还在胆怯中徘徊，丘便斗胆写出第一张大字报《我厂的文化大革命运动为什么冷冷清清？》[8]，进而成了成都市轻工系统造反派领袖和省会达人，陆续在文革舞台有多种精彩台本演出。

在大厂林立的西南老工业基地，重庆市中区建筑修缮联社亦属"小不点儿"。"重庆工人造反军"主要发起人朱登明本是一循规蹈矩的施工员，凑巧"八一五事件"当天，他和工友们正在重庆师专广场的脚手架上干活，亲眼看见学生闹事全过程，因对遭受围攻的大学生深表同情，给他们送了"十滴水"和清凉饮料；现场拍照的重大学生被围攻者追缴照相机，建筑工人还帮忙将相机接力藏匿，事后再专

6　李木森回忆、何蜀整理、注释《亲历重庆大武斗》，页27。
7　丘先甫《我这七十年》，自印书，页12。
8　丘先甫《我这七十年》（自印书）页45。

门去重大送还……这些细节被官方侦破,区委书记薛震鲁立即亲自带工作组进驻建筑修缮联社,对参与"八一五"事件的人员实施清查,朱登明首当其冲成为重点清查对象,由薛书记审讯定谳——朱就此"逼上梁山"。[9]

重庆市木材公司鱼鳅浩木材厂亦属"小不点儿"。从军队转业的黄廉,虽不属"黑五类",甚至还有从军的光荣,安排来此当宣教干事、秘书、采购员一类不算太寒碜的工作[10],皆因见多识广、不安分,反右时险些儿被"引蛇出洞"聚而歼之,于是常有怀才不遇、"浅水蛟龙"之恨,一俟文革风雷初动,他便"际会风云",成了重庆工人造反军的发起人之一、后来又成重庆反到底派主要勤务员,再后来,成了名满巴蜀的造反派"四大名旦"之一。他的造反经历尤多趣味[11]:

四清运动《二十三条》明确指出运动的重点是针对党内走资本主义道路的当权派,我很赞同。文革开初,重庆大学的学生写了很多大字报,揭露西南局和市委的官僚主义,尖锐批评他们把运动矛头对准一般群众,我就认为大学生的做法和提法合乎《二十三条》觉得他们是对的。可是工厂里就把车间主任和一般工人作为对象,我们木材公司是重点把矛头对准向领导提意见的人,其他单位也差不多。我举例揭发,公司建造了一栋新房子。没有住房、几世同堂的人都没有住,都是科长以上的干部分了。工作上,书记也是一天到晚养尊处优,不读书不看报,依我看,公司经理以上的,虽不是走资派,已经有一个

---

9 何蜀《在"原罪"的阴影中坚毅前行——记重庆文革"八二二"事件蒙冤者朱登明先生》网刊《昨天》第165期。

10 据田力为(网名老田)发表于《乌有之乡》2004年11月23日的《重庆文革口述史(黄廉访谈录)(修订版)》介绍,黄廉初二辍学后曾到川剧学校当学生,后进重庆群丰商行当学徒。1949年11月考入二野军政大学三分校四中队,因朝鲜战争爆发而提前结业,随军去青岛建设海军基地。后转南京海军联合学校二分校参谋系学习,两年后再转北京总参雷达学校学习。1952年分配青岛海军基地高射炮兵1413部队作战股当见习参谋。1953年调到1447支队当一段时间文书之后,回作战股当侦察员。1953年4月在青岛海军基地加入共青团,后改称海军北海舰队基地。1956年转业到重庆木材公司,在政治部办公室当宣教干事、秘书等,直到66年参加文革。

11 有关黄廉的言行,引老田写的《黄廉访谈录》,网文。

特权阶层的问题。

厄运终于到来。黄廉到市委看大字报，半夜回家刚哄睡女儿，房门忽被推开，来人要他去公司开会，接着就连夜批斗，说他一贯反党，要他交代去市委看大字报的事情，说市委已发布了"四不准"：不准抄大字报，不准看大字报，不准跟学生往来，不准去外面发表演讲。

第二天开始，黄廉就被关押在公司地下室。其间，他写了一份揭露公司黑幕的大字报：《为有牺牲多壮志、敢教日月换新天》称：现在修正主义就在我们眼前，你们害怕群众起来揭你们的问题，你们怕群众起来造你们的反，你们想压制这场文化大革命，你们想错了，我们工人阶级应该起来，保卫毛主席的革命路线和毛泽东思想，"头可断，血可流，毛泽东思想不可丢"，现在还不造反，更待何时？

黄廉被关一事，经公司工人越明祥等很快传出，还把《为有牺牲》的大字报交给了八一五和南下串联学生。南下学生到木材公司来调查遭拒，又组织本地学生一起行动，来人很多，"把整个中兴路都扎断了，最后冲了进来，找到了我，将我拥着出了木材公司。出来之后就到了市委，外面已经大变样，满街都是大字报，到处张贴着转抄来的北京传单，还有江青在北京一些大学的讲话什么的，我感到自己好像是外星人下凡，惊奇不已。

共产党建政以来，各色名目的政治运动接连不断，阶级斗争反复加码，从底层到高层，从庶民到官僚，社会撕裂已然成局，官民矛盾大量壅塞，尤其主持西南局的李井泉作风霸道、整肃异己手段阴鸷凶狠，反右派整一大批、反右倾整一大批、"四清""五反"整一大批……制造出一批又一批阶下囚、失意者和落魄之辈，他们必然会因生活失败、无可救药而渴望一个改变命运的机会，甚至等待一场发泄仇恨的风暴。特别历时三年的大饥饿惨造了千万饿殍亡灵，使李井泉不可回避地成为所有这一切敌对情绪喷发的出口。

有第一波学生造反风潮作为前奏，全社会揭竿而起便成为必然的续章。按造反梯次，传统小、手工业者成为初期最先的工人造反主力,最能证明这一缘由因果。据成都学生造反主力"红卫兵成都部队"(简称"红成")的文档记述,成都较早地起来造反的工人组织之一"工人革命造反兵团"(简称"兵团")主要分布在成都市老市区内,较为知名的有:"街道工业分团""公汽(公共汽车)分团""市中心分团""退职压缩[12]分团""九八(三轮车)分团""城建分团""财贸分团""居民分团"……从名字便可知道,这些组织大部分由老城区公私合营企业、合作商店、合作服务社的职工及一些街道居民组成,底层草民处境卑微,已经让他们丧失了起码的自信,"兵团"的第一任领袖李长友虽然不过区区工地驾驶员,却因系国有大企业第五冶金建筑公司员工,理所当然便被推举为了一把手。"红成"对此的评估颇多不屑:

> 究其社会阶级成分,根据毛主席的《中国社会各阶级的分析》,("兵团"成员应)属于小私有者,是小资产阶级和半无产阶级为主体的。这是一个规模较大的、系统又很复杂的群众组织,有的组织严重的不纯,有一些牛鬼蛇神,如没有改造好的地、富、反、坏、右分子,伪官吏、伪兵痞、劳改释放犯、投机倒把分子、甚至流氓阿飞削尖脑袋混进了这个组织,有的甚至一度控制了领导权。这些坏人,混在兵团的广大革命群众中,打着"造反"旗号,大喊"反右倾",行动上大抄,大砸、大抢,大搞反革命经济主义……[13]

红成的担忧实在多虑。因有毛泽东各种创新手段的驱动及李井泉慌不择路的愚蠢,"兵团"很快成为四川地区最大的工人造反组织。

---

12 "退职压缩"指大跃进破产后,被企业单位强行退职和压缩减员者。
13 《暴风雨中的成都》:成都地区革命造反派联合总部(简称"地总")、成都工学院"十一"战团东方红游击队编写。1967年6月印发。"地总"是"红成"派的地区性造反联合体。

第三节　李井泉手段老旧

政治是强者的游戏。文革作为毛泽东亲自发起的政治大赌局，谁要忤逆庄家意志，注定步步皆输。

李井泉参加了八届十一中全会，也到北京高校参观过热火朝天的文革景象，还到多家朝臣大吏家串过门摸过底[14]，毛泽东的目标他多少该有领悟。1966年8月16日李返回四川的一系列做法，显然是与毛泽东的意图对着干，用官方的说法，就是"四川省委要遵照西南局的指示，将文化革命控制在适当的范围内"[15]。只可惜工具箱只有些旧器破材老套路，不管怎么用，结果只能引发广大民众对当局的进一步质疑。

李井泉的套路盖有：对群众进行政治排队，以此为据加强内控，对草民分而治之，运动后期再记入档案、即所谓"黑材料"者，让人一辈子难逃管控。后来成为重庆军工系统造反派"工总司"一号领袖的李木森长期工作积极，政治上追求"进步"，多受领导重视，文革伊始一直用实际行动保卫组织保卫党。上级宣布重大八一五"暴徒"要来造反，他老老实实去嘉陵江守候一夜，可惜后来就因一件偶然事故把一切都改变了：

技术员高德安去党支部办公室办事，无意中发现了一份技术科人员"排队"名单，高从书记办公桌抓过来就看。张书记急行索还，二人在办公室追来跑去"躲猫猫"。高在追跑中看清了名单，回来即"找了我和其他3人，把他看到的'排队'名单情况向我们做了通报，在我们这五个人里，没有一个人排在一类，排在二类的有我和另

---

14 据西南局机关革命造反指挥部编写的《惊心动魄的斗争——李井泉及其一小撮同伙破坏无产阶级文化大革命罪恶活动大事记（1967年9月13日）》记录："在北京开会期间，李井泉与贺龙接触频繁，每天来往于贺家，有时一天去两次。廖志高、王任重有时也去参加。邓小平的问题虽然已经揭发，但李井泉仍带上贾启允到邓家密谈。"

15 中共四川省委党史研究室：《中国共产党四川历史（1950-1978）》页314。

一人，排在三类的有两人，高德安最气愤，他被排在四类！"后来得知，高在北京工业学院读书的时候，因为"言论"问题被学校记入了档案，虽然没有戴什么"帽子"，但是在国防工厂他就相当于是被暗中管制的"分子"了，这次运动一来，他就首先被划入了打击对象。李木森自认为工作如此卖力，听党的话，党委的"乖孩子"，一心争取进步想当先进，理当归属一类，怎么把他划入二类？一怒之下就造起反来。[16]

成都硅酸盐厂工人丘先甫发起所谓"九八暴动"，也因为工作组"对所有员工进行政治分类。消息传开，职工反响巨大，人人都想知道自己是否是在被整的材料内，想知道自己被排为第几类。"于是忍不住爆发。9月8日，丘等10余工人包围工作组要求交出"黑名单"遭拒，众人怒而踢开档案室，查抄文件柜，搜出了黑名单，结果让全厂工人们大吃一惊：

排在第一类和第二类的人不足20，这些人都是工作组所选定的厂内党政班子的接班人，将近200人被排在第三类，排在第四类的人竟达30人以上。

工作组的分类排队在群众中议论纷纷……有人说："要搞好一个厂，需要全厂上下干部和工人的共同努力才能完成，但吃糖的人就只有一、二十个，并且是早就安排好的，大家努力工作还有什么意思。"有人说："我出身不好，但我一直在努力工作，党的政策是有成分论，但应重在表现。我以为被排在第一类应该不是问题，不想被排在第三类，什么表现不表现都是白费劲。"有人说："狗日的，屁眼太黑了，我就是出身不好，平时爱吊几句二话，就把老子排在第四类，老子还有什么想头？"

牧民者对属下草民实施内查外调、分类"排队"、暗中记录，并以书面材料形式存入档案，成了悬在所有被治理者头上的达摩克利斯之剑，造成了随时可能遭遇惩戒的全民性恐惧。文革以降，各级工

16　李木森回忆、何蜀整理、注释《亲历重庆大武斗》，页31。

作组更把这种恐惧推向极致。1966年10月,军委《紧急指示》要求将此类整群众的材料"当众销毁。"[17]实在大鼓人心。各地造反群众涌进档案室查抄,发现了许多让他们大吃一惊的"秘密",切齿痛恨勃然而生,俨然攻击秉权者最有效的动员令,被歧视、被侮辱者于是纷纷加入造反行列。

其次,李井泉亲自蹲点重庆抓典型,以点带面,在全省推广"工人纠察队"等保守组织,并指导其与造反派对立、斗争,已经不是秘密。而采用"右派""暴徒""匈牙利事件"一类夸张无据的政治概念制造全社会慌乱,搞得杯弓蛇影,人人自危——其中尤以荒诞剧"八二八惨案"为最-——等到这些虚假泡沫被戳破,造反学生提供的信息更加迅速地传遍重庆全境进而整个四川,李井泉的人设、从而各共产党基层组织的权威迅速崩塌。

万县市(今万州市)工人造反组织"主力军"一号首领熊道生本是基层共产党的"乖宝宝",文革前从部队退伍安排在江城旅社作服务员。工作一贯表现优秀,多享殊荣[18],北京南下学生到万县煽风点火,当局还组织他去参加围攻。熊发觉当局作法与北京号召大相径庭,于是写出大字报《炮轰地市委》并立即遭到当局组织人员围攻,扣上"毒弹炮手""政治投机犯""政治骗子"等帽子,于是愤而"逼上梁山"[19]……

长期生活于强大权力之下的失意者、落魄者、蒙冤者组成的乌合之众,祈求改变却又胆怯于更大的灾难,于是总是等待着皈依,渴望有勇者和领袖替他们顶住危险、确保在疯狂氛围里享受暂时胜利的快感——现在,文革为他们准备好了一切。四川的工人造反勃然大兴,万事齐备。

---

17 马齐彬等编《中国共产党执政四十年(1949-1989)》,中共党史资料出版社1989年8月版,280页。
18 被评为市"学习毛主席著作标兵""复员转业退伍军人建设社会主义积极分子""五好青年""优秀团员"等称号,被市委当局作"苗子"重点培养,送"财贸政治训练班"学习。
19 熊道生2013年5月30日接受重庆市政协文史办的录音采访整理稿。

第四节 "大串联"：造反学生向全社会渗透

四川虽地处西部，历史上对文化教育却一直广得重视，考进北京高校学生不少。8月底，就读于北航等首都高校的自贡籍学生张兴华、毛源江、周桂明、尹昌华等，以"首都南下长缨战斗队"之名回自贡二中串联"点火"，写出第一份矛头直指市委的大字报——《四点要求》，大获土著学生追捧；江津一中校友、北大法律系学生曾宪章，会同邓启清、刘生余、李永明、谭大容、杨在彬等在外地念大学的学生回乡造反，名声大噪；北京轻工业学院一中江县籍学生，带领一帮京城红卫兵返乡，打出"首都红卫兵造反司令部七大院校联合造反团联络组"旗号，刷出的标语更吓人："打倒刘少奇，解放全中国！"把"奇"字横写，形如一"狗"；[20]北大中文系学生张甦陪同万县籍老师石安石重返故乡"煽风点火"，张甦还亲自带领熊道生等人舌战地委副书记邱维诚，一战功成[21]，成为当地的造反"教父"；远在哈尔滨军事工程学院读书的"红岩烈士"江姐之子彭云，也以"鬼见愁战斗队"的名头返回重庆，去渝黔交界处的小镇巴县木洞镇，危言耸听发表演讲，称"中央出了问题，形成了两个司令部，有人想篡夺毛主席的权，中国革命到了一个关键的时刻。毛主席发动这场文化大革命，就是要动员全国人民，防止中国资本主义复辟，巩固无产阶级政权！"说得小镇青年一个个胸口紧缩，热血偾张，表示要立即行动起来成立红卫兵，用鲜血和生命保卫毛主席，接着便去古街旧巷贴大字报"炮轰区委"[22]……

当年红军长征一大路段位于四川，让红卫兵心仪的"朝圣"景点不少。曾被红军"飞夺"过的泸定桥位于甘孜藏族自治州，其偏远神

---

20 曾伯炎：《文革中江武斗实录》（未刊稿）。
21 见张甦著《我们与万县（上册）》香港时代文献出版社，2009年版。请熊道生要求批准"万县主力军战斗团"为"合法组织"遭遇刁难，结果张甦出马，与地委副书记邱维诚一番辩论，马上获得批准。
22 倪伯华：《小镇刮来造反风》。网刊《昨天》第16期（2013年4月30日）。

秘尤让红卫兵神往。待到革命形势发展至12月，一批又一批"大串联"的大学生、中学生已如走马灯似先后"串"来此地。泸定桥距康定城[23]仅50来公里，以"点火"为己任的"小将"，焉能不关心近在圣地咫尺的藏区文革？先是重庆大学和四川农学院的"串连"学生来到康定，重大学生要到县广播站宣传革命观点，被县委机关的"革命派"三下五除二"辩"走了；川农学生提出要看"四清工作团"文件，又被"地头蛇"以中央关于保护国家机密的有关"指示"驳回，"小将"赖着不走，"工作团"头儿们遂取些"安排、计划"之类不触及任何实质边界的东西搪塞，还说你们"不了解藏区情况，宗教问题更弄不清楚"将其哄走。

不料偏偏有30多名来自北京、成都等多所著名学府的研究生，得知康定革命形势如此不堪，很快组成一支"研究生长征队""杀"来康定。为首的是清华大学研究生何子健，还有川大的王恳、罗反修和川医的肖邦亮等诸好汉。"研究生长征队"一到康定，旋与"四清重点"州人民医院挨整的群众接上头，继而以批"资反路线"为名，要求查封"黑材料"。康定本土"革命积极分子"群起对抗，凡装进"袋袋"都是"档案"，何来"黑材料"？更不能让外地佬随便查封？一"封"一"保"，剑拔弩张，相持不下。"长征队"决定找"四清工作团机关分团"的头儿们是问。据龚伯勋[24]先生的回忆文稿记载：

"分团长"名李英，县委宣传部副部长。李副部长系戴深度眼镜"半蔫老头，操一口阎老西的地道山西腔"，办公室就设在县人委楼上，12月28日，"研究生长征队"闯将急速"杀"进县人委，要分团头儿出面来就"查封"事"表态"，一进机关大院，就遭"铁杆老保"挡驾。"铁杆"振臂一呼："有人抢档案啰！"顷刻间附近"居委会"以思想纯正的藏族老太太为主的"革命群众"闻之即来。各单位的"左派"也纷纷涌来救驾。

眼见冲突忽现，一幅"撼山易，撼红卫兵难！"的巨幅标语突然

23　康定城为甘孜首府，俗称"打箭炉"或炉城。
24　龚伯勋《炉城文革亲历记》页39。

在大院墙上拉开,"闯将"们继而甩出"绝招":绝食,一干人等齐刷刷坐在县人委大门口的台阶上,发誓"分团"领导不见"长征队"绝不进食。这一招超灵。"分团长"果然下得楼来见面听意见,"闯将"们就康定地区"运动"猛放一通"排炮"后,还要李英和他们一道上省、上京,面见"中央文革小组"首长,否则他们将向"伟大统帅"直接汇报。

分团长闻言拉稀。12月30日。"长征队"到"州车队"直接开出"解放牌"大货车一辆,轰隆隆直驶县人委大院。"长征队"员扒开人群,迅疾将"分团长"拥上货厢便冲出大院,闯出东关,越过折多河,过泸定桥,翻二郎山,一路黄尘滚滚直奔成都而去……县人委大院乱成一团,"革命群众"好容易回过神来,抓紧贴出"大字报",发誓要《把绑架李英的黑手揪出来示众!》"绑架李英"成为这个故事性稀缺的古城"特大新闻"。革命烈火由此大燃。

其实,当天这类革命"绑架"县委官员李英也是平生初遇,只是多看些了文革动态,害怕自己落个"顽固执行'资反路线'罪名",便半推半就,自愿随"长征"小将一道去山外见见"世面"了。

第五节 不能不说的罗广斌

党政干部是权力金字塔的基石。《资治通鉴》开篇即如是说:政治秩序之"礼"当是"上之使下,犹心腹之运手足,根本之制枝叶;下之事上,犹手足之卫心腹,枝叶之庇本根。然后能上下相保而国家治安。"[25]文革以来,经过李井泉本人一番"骚操作",四川行政之树早已枝摇根伤,落叶飘散。西南局机关革命造反指挥部编写的《大事记》载:

全机关被列为重点批判的干部有72人,占干部总数的11.6%;

---

25 《资治通鉴》卷一"周纪一"。

被列为不可靠，准备下一步批判和调职的则为数更多。汽车队有工人57人，被列为重点批判的6人，占10%；被认为不可靠的16人，占29%。对重点批斗的干部和工人，大搞白色恐怖：剥夺政治权利、监视、盯梢、私设邮检、私设公堂、私设监狱、株连家属，无所不用其极。其中有几十名干部被投入私设的监狱和送乡下劳改，有3人被迫自杀。

机关干部政治触角最灵。人心思变，李井泉的权力之船如今千疮百孔，已然堵不胜堵。

罗广斌虽然不过重庆市文联的创作员，行政级别不高，无非体制内一小小成员罢了，他的造反影响力之所以巨大而特殊，皆因为他乃小说《红岩》主创。文革前俨然中国年轻一代的"红色教父"，但偏偏被重庆市相关部门以"历史问题有个别疑点"列入政治"黑名单"，实施暗中盯防利用。1966年7月22日，工作组和重庆市委宣传部文艺处冯某找罗广斌及小说《红岩》合作者杨益言、刘德彬三人谈话，一是批评三人对沙汀、马识途、肖泽宽诸"黑帮"的揭发材料有敷衍之嫌，不够"实质"；二是《红岩》创作期间，市委曾开介绍信让他们去全国遍查"敌伪档案"，如今社会混乱，责令他们立即将所搜集的所有资料（含敌伪档案）交出来由工作组暂为保管。三人一时未表异议，仅杨益言提出："我们本子中还记得有江青同志的讲话，交不交？"受命收缴资料的工作组员、女画家付某说："你们认为该交就交。"

"杨益言之问"正好成为罗、杨共同体最佳的造反题材，一个月后，"八一五"运动啸起，罗于是破门而出，抛出第一张大字报：《七二二事件说明了什么？》称："工作组收本本"是黑市委政治迫害，变相抄家，"目的是针对江青同志——甚至更高！"，"王炸"一摔，轻易便占据了政治制高点。

红卫兵大串连开始。文联紧邻火车站，交通方便，外地来喻红卫兵慕《红岩》之名，纷纷前来一睹"大作家"风采，甚至趁上火车之前也抓紧跑重庆文联请罗广斌在语录本上签名留念，热情邀请其前往外地作报告,云云。文联文革小组管串联学生吃住,还可免费打长途电话,不少红卫兵索性设联络站长住,一住下就帮罗广斌造反。外地学生能言善辩,文武具备,罗氏由此势力大涨。10月底,罗广斌断然决定成立文革筹备小组接管文联大权。经过"巴黎公社式的民主选举"——文联人少,参选人16名(另有8人被剥夺选举权),候选人11人,最后选出"工人阶级"炊事员郭清、厨房临时工尤淑芳及罗广斌、杨益言、刘德彬5人为革筹组成员,组长郭清——傻瓜也懂,这两个"工人阶级"不过幌子而已,实际掌舵人就是罗广斌和杨益言。刘德彬虽曾隶属三人创作集体,皆因为人厚道,还有"犯错误"前科,罗、杨造反,他不敢违拗,只好跟着跑龙套。革筹备小组一成立,立即发布《告文联全体革命同志的公开信》,旗帜一亮,造反势若井喷,声讨工作组"资反路线",声讨"文艺黑线",声讨文联"问题不少,性质严重,所办《奔腾》双月刊,据前30期粗略统计,反党反社会主义的毒草约占40%"[26],继而斗黑帮、抄家……"七二二事件"中奉命收缴资料的工作组员付某之夫、版画家吴凡因一幅《蒲公英》[27]在国际获奖,被批为修正主义宠儿,画中小姑娘吹蒲公英飞走种子三粒,被指责为代表"和平主义种子、投降主义种子、修正主义种子",吴凡由是被抄家、揪斗,不堪人格受辱,愤而自杀(未遂)。11月初,罗广斌还组织到市中心解放碑搞一次公开辩论会,批判工作组,影响甚大,杨益言再次揭发工作组制造"七二二事件""收本本",工作组长牛文[28]辩称那只是怕泄密,暂为代管,罗广斌立即模仿婴孩之稚声嫩气,挖苦道:"哎呀,我们是小孩,要你们保姆来代管……"引得满场哄笑[29]。

具有超级名气的罗广斌将造反大旗一举,造反者很快便主动找上门。重庆工人造反军成立不久,黄廉便通过画家正威牵线登门求

---

26 罗广斌、杨益言大字报《致重庆市文联全体革命同志的第二封信》1966年10月28日。
27 此画系作者首次采用"荣宝斋"水印木刻手法创作的一幅版画,描绘一农家小女孩吹蒲公英之童趣。
28 牛文,版画家。时任四川美协副主席。
29 杨世元晚年文集《甘作木犁带雨耕》。

教。罗广斌问黄:"(你)为什么有那么大的勇气,站出来领导造反军?"黄廉恭敬谨答:"很多革命前辈都为建立新中国而牺牲了,我要跟着毛主席走革命道路。江姐的革命牺牲精神在鼓舞教育着我们。"黄廉与罗广斌关系很快热络并结为政治盟友。

11月27日是著名的"渣滓洞、白公馆烈士殉难纪念日"。这一天,全国各地红卫兵齐聚重庆大田湾体育场召开"一一·二七"纪念大会,看台坐满外地年轻后生仔。罗广斌、杨益言被簇拥入场绕行一周,行经处但闻狂呼大喊:"罗老师,我们支持你!"罗作主旨演讲。大会通过《倡议书》,要求把重庆市改名为红岩市,曾家岩[30]改名为红岩路,把"一一·二七"烈士殉难纪念日定为"红岩烈士殉难纪念日",把《囚歌》改名为《红岩烈士诗抄》,把《重庆日报》改名为《红岩日报》……总而言之,文革狂潮中,"红岩"二字已成为重庆的革命标识。

第六节　刘结挺、张西挺悄然出场

文革前夕,刘、张夫妇已被李井泉当局正式削职,安置成都郊区红牌楼谪居。1966年8月文革风潮初起,刘、张也开始了以控诉李井泉迫害为题的赴京告状之旅。

从现在能找到的刘结挺、张西挺最早的揭发材料是1966年10月写出的《揭发西南局第一书记李井泉(原四川省委第一书记)反党、反毛泽东思想的第一批材料》。材料以首先还是拿李鹏、郭一等案件说事[31],称"郭一同意和赞成庐山会议被罢了官的修正主义分子的反党意见书。郭一说这个意见书正确,较全面较深刻""郭一攻击

30　重庆曾家岩50号曾为抗战时期八路军办事处所在。
31　《揭发西南局第一书记李井泉(原四川省委第一书记)反党、反毛泽东思想的第一批材料》(1966年10月17日),大字报署名:王茂聚、李良、刘结挺、张西挺。红岩特别纵队翻印。

总路线、大跃进、人民公社,说人民公社办早了"等,以此证明刘结挺当年将郭打为右倾机会主义分子完全正确。还揭露郭一对延安整风不满:"郭一在参加革命前,在阎锡山的防共委员会里干了一段时间……延安整风时审查了他这段历史,从此他就怀恨在心,一遇机会就对党进行攻击。55年肃反运动中,他攻击说:'延安整风开始时,审查出来很多特务。但多数都是逼出来的,最后真的没有几个。'又说:'我本来没有问题,拿几十个、二十几个人你咬我,我咬你,把我推进去了,搞来搞去,把我搞了几个月。'他还攻击说:'我在延安整风时,那可凶得很,把很多人都搞成特务了。'说:'延安整风有逼、供、信,有假枪毙、用刀子戳,'并说:'我胸口就被戳过一刀',还说'用扁担打,把扁担都打断了两根,用扁担打我的人现在还在武汉军区'。"云云。二人不愧中共政坛熟手,告状文稿以党内要害争斗破题,其"政治正确"比当时普通大学生水平高出多个数量级。

大字报署名顺序如下:王茂聚(现宜宾地委副书记,贫农出身),李良(原宜宾市宣传部副部长,工人出身),刘结挺(原宜宾地委书记)张西挺(原宜宾市委第一书记)。

当然还须发布耸人听闻而真伪莫辨的大字报以吸眼球:《看:西南地区密谋杀案,绞死灭口,焚尸灭迹》称:"昨日宜宾来信,工人出身的共产党员陈济民,原宜宾市委工业部副部长,已于十月十五日被西南局第一书记李井泉的追随者牟海秀(宜宾地委书记)、沈学礼、贾昌(均是宜宾地委副书记)、王志敏(宜宾市委副书记)和舒厚忠(宜宾市长)等人,密谋绞死,又急于在十月十六日焚尸灭迹。"[32]

四川两派群众尚未及分裂,刘、张病重乱投医,到处求告来京的四川学生支持。九月中旬,听说千人上京的重大八一五住北京展览馆,刘张于是赶去找到总团负责人黄顺义。黄同学不冷不热回答:"你们反映这些,中央有政策嘛!文革前处理过的干部问题,一律放到文

---

[32] 重庆市中学生红卫兵北上告状团印发的张西挺、李良大字报《看:西南地区密谋杀案,绞死灭口,焚尸灭迹》见中央文革小组办公室编印《文化革命资料汇编》第七辑,页295。

革后期处理嘛!"后来,成都地院学生到国务院西门等候周总理接见,又巧遇了前来蹭热度的刘张夫妇,地院造反派主要勤务员陈国梁回忆:

> 我们邀请刘一起去见周总理。见到总理后,我将刘结挺被李井泉迫害的情况向周总理做了汇报,总理指示他的秘书周家鼎负责调查。根据周总理指示,我们还指派了四个人组成调查组,专门到院筹委会开了介绍信到宜宾地委,地委办公室的人接待了他们,将有关刘张一案的材料交给了调查组。[33]

第七节 "一一·一三大会":四川文革的历史峡口

四川文革发展至此,各种政治势力齐聚发力、向李井泉做最后冲击大势已成。可惜关键时刻,发生在省会成都的一个标志性事件,偏偏大出人们预料:1966年11月13日,李井泉宣布在成都地标性建筑:人民南路"皇城"[34]向20余万群众正式就执行"资反路线"错误做公开检讨。不幸检讨会因成都造反阵营内部发生分歧而流产,大会流产的恶性效应迅速发酵,继而使全社会的政治力量不可避免地开始重新洗牌。李井泉借乱逃遁,消隐幕后部署做最后的暗箱操作,虽然操作空间已非常逼仄,几近末路。

1. 毛泽东点名李井泉

在十月中央工作会议上,陈伯达据毛泽东指示执笔写成《无产阶级文化大革命中的两条路线(两个月的总结)》,作为会议的主旨报告

---

33 2020年9月2日陈永迪与武陵江、陈国良访谈记录。
34 即现在的"四川展览馆"位置,历史上曾为"蜀王府",张献忠大西国"皇宫",清代改为"贡院"。建国后,该处古城垣尚存,当局模仿天安门,于其上搭建城楼作为节日庆典之用,被百姓成为"小天安门"。

予以宣读。多年以来，中共党史被抽象成"两条路线斗争史"，毛泽东是正确路线的代表，引导中国革命从胜利走向胜利，其他人之所以错误乃至反动，皆因执行了错误路线。中共高级干部们最怕坠入"路线错误"而万劫不复，李井泉、廖志高听了陈伯达的报告，明确指示四川省委："不要承认犯了方向路线错误，要顶住，四川的情况不同。"[35]

让李井泉最感头疼的是，中央工作会议印发了各地镇压造反派的材料，其中正好有四川南充一位妇女的控告文本。针对南充地委把2000多名学生打成反革命一事，这位川妇说："如果这两千多学生都是反革命，那地委就有问题了，因为这些学生都是在学校受党委教育的。如果出这么多反革命，我看地委就有问题。"[36]南充地委有问题，其他地委难道没问题？廖志高领导的省委有问题岂不顺理成章？李井泉领导的西南局尤其难脱干系。

事情还不止于此。中央工作会议期间，10月24日，会议举行有各大区书记参加的汇报会，毛泽东说："这次会议简报很多，我几乎全部看了，头一个阶段不那么顺，发言不那么正常""一张大字报、一个红卫兵、一个大串连，弄得各省市呜呼哀哉，谁也没料到，连我也没料到""所以你们有怨言也是难怪的"，毛泽东话锋一转，专问李井泉："廖志高怎么样？"李井泉回答："开始不大通，会议后一段比较好了。"九月上旬，李井泉、廖志高、李大章为避红卫兵揪斗搬到军区招待所隐居被人告发，毛泽东在汇报会上公开点名指责："什么一贯正确？你们自己就溜了，跑到军区去住。"吓得李、廖二人赶快承认错误，牵连成都军区政委甘渭汉也跟着做检讨。毛向李井泉撂下一句狠话："四川出了问题要你负责。"[37]领袖警语苛责之严，可想而

---

[35] 《惊心动魄的斗争——李井泉及其一小撮同伙破坏无产阶级文化大革命罪恶活动大事记》，《新西南》第3、4期合刊，西南局机关革命造反指挥部编（1967年9月13日）。

[36] 杨继绳《天地翻覆》，页269。

[37] 《惊心动魄的斗争——李井泉及其一小撮同伙破坏无产阶级文化大革命罪恶活动大事记》《新西南》，第3、4期合刊，西南局机关革命造反指挥部编（1967年9月13日）。

知。李井泉之惊吓恐慌，亦可想而知。

2. 李井泉被迫检讨

　　李井泉、廖志高从北京开完会议返蓉，第一件事情，便是抓紧召开干部会传达中央工作会议精神。11月2日，四川省委首先在锦江大礼堂召集北京"三司"南下学生、红卫兵成都部队[38]及成都大专院校红卫兵总部（保守派）各方代表，就召开全省三级干部会议问题征求意见，希望红卫兵们支持。其时，作为省会最大的造反学生组织，"红成"气势如日中天，红成代表霸气提出，在召开三干会前，李井泉、廖志高必须向全市人民做公开检查，并要求参加三干会的代表和成都市十七级以上的干部悉数参会。李井泉、廖志高没有立即给出回答，只说要"请示中央"再定，事情暂时拖了下来。11月9日，李井泉、廖志高正式答复，同意召开大会向全市人民做检查；具体事项则由红成派代表与成都市委具体协商。后按商定意见，明确了如下四条：

　　（1）会议时间定于11月13日上午九时，地点为成都市人民南路广场；

　　（2）会场布置等后勤工作由成都市委负责；

　　（3）成都市委负责通知机关、厂矿、街道、学校、商店以及近郊公社等参会；红成负责通知各大专院校；

　　（4）红成安排纠察队员维持会场秩序。

　　学生的具体筹备紧锣密鼓，红成勤务组同成都工人硬骨头战斗团、成都革命工人造反兵团、红卫兵成都野战军团、红卫兵半工半读总部、红卫兵中学司令部以及外地赴蓉师生等造反组织的代表进行了协商，请他们各派一名负责人参加大会主席团。省委也没有片刻延宕。从2日主动提出开会到9日最后做出检讨会决定，七天功夫。省委亦争分夺秒争抓紧向各方放风探底，商议对策。就在提出开会次

38　其时，四川大学八二六尚未分裂，属于红卫兵成都部队的一个支队。

日,李井泉便在省委召开的十八级以上干部会放出试探气球,说"我们是否犯方向路线错误,是否严重,请同志们考虑"。当晚,廖志高紧接又在省委常委、地市委第一书记会上打气,说:"陈伯达同志在中央工作会议上的讲话是一把火,这把火还要继续烧啊!特别是还点了四川的名,你们要顶住啊!"再次日,在锦江大礼堂召开的一个群众大会上,李井泉做检讨试水,结果效果极差,群众向他提出一系列质疑,如:为什么调动军队向革命师生示威[39]？如:为什么暗地里组织官办红卫兵和纠察队与群众作对？如:为什么指使各单位当权派把群众打成反革命？等等。总而言之,凡一接触实质性的具体问题,他就含糊其词,企图蒙混过关而不可得。李井泉已明白蒙混断难过关,与其侥幸延宕,不如铤而走险。7日,李井泉召开西南局书记处会议,决定对红卫兵的叫板正式给出回应。这次会议除公事公办讨论他的检讨稿,讨论参加13日大会的人员(李井泉、李大章、廖志高、阎秀峰、刘植岩、廖井丹、西南局书记、刘文珍和周颐[40]悉数就位),还就"相关事宜"及分管官员的工作内容、责任等进行研究,比如会议现场幕后监控、可能发生意外事件的应对和处置,甚至不排除李井泉、李大章等在大会上被群众抓走。会议决定,如果发生那样的极端事件,则正式"托孤"程子华主持西南局工作,等等。会议明确由程子华任大会幕后总指挥。

李井泉非常清楚,贯彻中央工作会议精神对四川省委及他本人构成的危机,蒙混已无可能,趁乱突围、绝地冒险,或能侥幸求生。"众水会涪万,瞿塘争一门"。"一一.一三"大会成了四川文革的瞿塘峡口。四川省各派政治势力,都将在这个汇流峡口奔涌、咆哮,演出无法避让的生死冲撞,夺取前行的狭路。

---

39 指九月初成都的几次学生闹事,总会同时出现所谓下乡支农的"解放军",故意绕道闹事现场游走之举。

40 阎秀峰:西南局书记处书记、刘植岩:西南局书记兼秘书长、廖井丹:成都市委第一书记、刘文珍西南局书记、中央文革成员、周颐:省委办公厅副主任、曾任李井泉秘书。

3. 历史峡口的夺路之战

中央工作会议精神已通过各种渠道在全社会传开，省委检讨大会的"四条意见"出台后，成都地区学生造反派红成全力以赴进行了大会筹备。为确保牢牢抓住大会主导权，他们除积极准备批判发言及各种会议事项，还向四川各地造反派发出邀请，请其参会并作批判发言，甚至远在贵州的造反派也收到邀请，组成"贵州赴川控诉团"赴蓉。其时，重庆造反形势已全线飘红，重大八一五收到邀请，当即决定由总团勤务员周家喻带队，以机械分团和采矿分团为主组成600余人的大型代表团，分乘十余辆大卡车浩浩荡荡奔赴省会，文工团的铜管乐队及体育队的赳赳大汉随队助阵，蔚为大观。收到邀请的南充、宜宾、自贡等地造反派亦积极准备出发赴会。

红成为大会的顺利召开做准备，可谓兢兢业业、兴致勃勃，他们确信这将是一个展示造反派力量，叫保守派威风扫地的极佳时机，坚信通过对李井泉的批判，必将对群众展示一标志性的胜利，推动西南地区的运动提速，一脚油门踩下，文革战车便猛冲而前，直捣黄龙。可惜红成领袖们实在太粗心，竟忘记了一个基本事实：省会的保守派虽经几轮交手，力量其实并未受到毁灭性打击，批资反路线虽让他们感到已落败于政治下风，可"百足之虫死而不僵"，各级基层当局只要轻易挪腾一下，保卫当局的基本盘完全足以对造反派发起强力阻击。红成派代表与成都市委共商的"四条意见"认定："机关、厂矿、街道、学校、商店以及近郊公社等参会人员由成都市委负责通知"，这不明明把刀把子直接交给了自己的政治敌手吗？须知，当局的行政动员能力，远在初入政治幼儿园的年轻学生之上。再说，大会地点、规模和场地安排也由双方"四条意见"商定明确。须知，成都市人民南路广场（"皇城坝"）天高地广，足够几十万人"装填"，成都的造反学生能有多少？这样人数庞大的大会，壮观则壮观矣，红卫兵们偏偏拱手让数倍数十倍于造反学生的保皇派们来操控会场命运：这是何等致命的错误！

兢兢业业的红成头目们初出茅庐，更没有觉察到造反派内部的分歧和矛盾，随着大会的召开，正悄然破土欲出。

川大八二六（其时尚属于红成的一个支队）认为，这类批判会应"以我为主，不假手政府，自己组织，自己主持，规模较小"以避免落入"政府的圈套"，"红成追求大声势的效果，不得不依靠政府安排，自己仅仅当了个名义上的大会组织者，（最终却）不幸坠入政府的圈套。"[41]，于是在"一一.一三"大会开幕前的11月10日，川大八二六和文艺界联合组织在成都市体育场，抢先召开了仅两万余人的批判大会，由刘安聪和吴欢迎[42]担任大会主席。刘安聪事后对这次大会作了如下回忆：

> 李井泉做检查，听着听着我感觉气味不对，走上前对李说"你让开"，然后对着麦克风大声说："李井泉是假检查真反扑，我们不能让他说下去，不准他继续放毒！"川大学生坐在主席台侧面的看台上鼓掌支持，我没看见也没听见，只看见体育场内旗帜挥舞，人群冲我喊："让他说下去，让他说下去！"吴欢迎走上前拉拉我的衣角，我退开让李继续讲。李讲完，我针对他讲的内容予以批驳。集会结束后，我和吴欢迎要李井泉在一周内提供50万份检查供全川人民批判，李为难地表示一时恐怕印不出这么许多，最后说定十天内印30万份，李当场写下字条交给我，张力行[43]在空白处写"此事由我办理。张力行"，弦外之音是：就不劳李政委了，到时候交不出检查，你们拿我问罪。

与此同时，还有一股目标明确、要与大会唱反调的势力也在紧锣密鼓行动。红成热心热肠为举办大会忙个不停，以北京地院东方红公社为首的首都三司南下红卫兵，正忙着策划在大会上造反。在他们眼里，各地当权派都是"阴谋家"，而李井泉的检讨不会是别的，只能是"假检讨、真反扑"。

41　刘安聪《红成与八二六》（未刊稿）。
42　吴为四川省歌舞团造反领袖，后任四川省革委委员。
43　张力行（1915-2002），山西文水人，1938年参加中共。入川后历任乐山地委书记、省政府秘书长，文革前任省委候补书记、副省长兼计委主任。

川大内部激进思潮的代表、以撰写大字报《钓鱼台》而一举成名的"赤卫""风雷""十人"战斗组成员几十个人组成的"井冈山野战军川大纵队"（简称"井野"）甚至做好了两套造反方案，一是改组主席团，二是把李井泉抢走，再发布预先写好的《造反声明》。

　　红成总部已得到信息，知道有人正在组织"破坏"大会，决定由下属部分支队于12日夜提前进入会场，负责主席台周围的安全。事到如今，对于红成，保证大会顺利举行就是一切。反之，企图造反大会者却很痛快，他们什么都可以不管不顾，搅黄大会就是一切。13日凌晨三时，北地东方红的宣传车强行闯入会场中心地区，作好了造反准备……同样是造反，1966年11月13日动荡不安的前夜，红成和南下学生需要实现的目标已南辕北辙。

　　面对吉凶难料的大规模群众集会，大会主角李井泉和省市委神经高度紧张却布置得详尽周全。为确保李井泉安全，应对方案做了多种预设，比如，大会结束后李井泉可能遭遇三种结果：一、放走；二、拉去游街；3、被重大八一五战斗团抢到重庆批斗。省市委的会议组织者们对几种可能都做了周密部署，即使最坏的可能：被拉去重庆——行事细密的西南局秘书长刘植岩也为此安排了汽车和火车两种交通工具，让"李政委"在"押赴"重庆的路上能尽量舒适一点[44]。省公安厅副厅长周宏遹为此召集多次会议，专门部署主席台上的保卫工作，并就行动方案向主管政法的省委书记处书记赵苍璧做了汇报。方案决定，派副处长田常礼在李井泉身旁当保镖，另一副处长郭金生配合，请成都市府办公厅以参会服务的名义给10余名公安人员配发证件，假扮服务员混入主席台。郭金生还向省公安厅厅长秦传厚表决心："宁愿不当处长、坐班房，也要保证李政委的安全。"[45]程子华和市公安局数十名干部则在"皇城"西侧的成都市政府市长办公室设立

---

44 《惊心动魄的斗争——李井泉及其一小撮同伙破坏无产阶级文化大革命罪恶活动大事记》《新西南》，第3、4期合刊，西南局机关革命造反指挥部编（1967年9月13日）。

45 《李廖死党是怎样利用省公安厅破坏"11·13"大会的》，《红色造反者》第11期，成都地区革命造反派联合总部主办，1967年7月23日出版。

临时指挥联络点，用有线和无线两套通讯设备与西南局、省、市委、公安厅及为李井泉预先准备的临时避难地一三二厂（成都飞机制造厂）保持热线联系，还在"皇城"大院内的明远楼地下室安装了专用电话。

11日晚，李井泉给陶铸打电话，谈及13日大会，陶问："你已经出去了四次，身体能不能支持得了？如果支持不了，就不要去了。"李答："我还是要去。这个会很重要，有二十多万人参加，去了以后看看情况再说。"陶又叮嘱："如果学生再纠缠你，你给我们说一下，由中央给他们发一个电报。"李再答："还是要去。这一次出去后就不再出去了"。[46]

12日，数十名公安人员在市政府办公室过夜。赵苍璧建议程子华、阎秀峰、廖志高、李大章、廖井丹在市长办公室过夜。当晚，程子华决定就由他一人值守。[47]

好戏就在这样的肃杀戾气之中开台。

4. 大会造反

13日上午，大会如期召开。会场布置得热热闹闹，二十余万人到场。成都市委事前发通知，要各单位领导组织"可靠人员"来会参加李政委"接见红卫兵"，听李政委"作报告"。参会人员在广场上的位置安排更大有讲究：紧靠主席台的，是机关干部和保守组织产业军，一直到远离皇城城楼（主席台）的百货公司以南，才给大专院校和外地来的群众安排了位置，以确保机关干部和产业军把造反学生与主席台远距离阻隔。工矿企业参会者则安排在皇城背后的市体育场，阻挡可能来自主席台后方的威胁。

应邀来蓉的重大八一五学生被重点盯防，位置安排得最远，距主

---

[46] 《惊心动魄的斗争——李井泉及其一小撮同伙破坏无产阶级文化大革命罪恶活动大事记》《新西南》，第3、4期合刊，西南局机关革命造反指挥部编（1967年9月13日）

[47] 《李廖死党是怎样利用省公安厅破坏"11·13"大会的》，《红色造反者》第11期，成都地区革命造反派联合总部主办 1967年7月23日出版。

席台约 2000 多米。重大机械系学生黄肇炎在《重大八一五赴蓉挺进纵队始末》一文中记录了亲历的现场景象:

  13 日开大会,大约有二十几万人参加,声势非常浩大,人民南路广场上坐得满满的。会场上不停地呼口号,敲锣鼓,摇旗帜等。我们的位置在百货公司附近,离主席台有点远。但标着"重庆大学八一五战斗团"字样的大红队旗和大横幅在不停地招摇,很是醒目。主席台设在高高的皇城城楼上。皇城有枣红色的城墙,三个拱形的城门洞,这就是成都人号称的"小天安门"。

  可惜,台下的参会人群始料不及:大会还未开始,主席台上便争执峰起。争执的焦点是:李井泉、廖志高应该站着检查?还是坐着检查?以北京学生为首的一部分人认为,这几个人是四川最大的走资派,是革命的对象,只能站着检讨,岂容安坐演说?主席台多数人则认为李、廖性质未定且年龄偏大,应该坐——此议未决,北京学生又提出主席台上彩旗飘扬,台下锣鼓喧天,不像是一个检查大会,倒像是一个庆祝盛典——"井冈山野战军川大纵队"趁乱宣读《造反申明》,坚称要改组主席团。台上人员于是紧急协商,同意在原主席团成员基础上增补一名北京学生,争吵暂时停止。

  大会由红成勤务组成员、成都大学学生张定中主持,红成勤务组一把手、成都地院学生伍玉生首先代表红成总部致辞,接下来李井泉走到麦克风前,打开稿子,开始检查。四周乱哄哄人群扎堆,李井泉刚念了几句开场白,就被一位北京学生抢走话筒,这位学生喊道:"革命同志们,今天的大会——你们看,主席台上红灯笼高高挂起,两边的彩旗迎风飘扬,这哪里是批判会?完全是庆祝会!庆祝李井泉等人蒙混过关!再听听他们刚才说了些啥,完全是假检查,真反扑!这是李井泉的阴谋!四川省委的阴谋!这个大会我们造反造定了!"

  北京学生的喊声立即引发了会场骚动,只见满坝红旗乱舞,人头攒动,一部分人对造反行动鼓掌呼应,高呼"支持造反!""支持造反!",一部分人主张将会议坚持下去……两种观点针锋相对,乱音互搏,指责谩骂之声不绝于缕。早已"埋伏"广场中央的"北地东方红"

广播车此时开始高分贝哇哇乱叫,与主席台上的造反学生遥相呼应。主持会议的红成学生乱了方寸,只得穷于应付,维护秩序,奉劝造反学生顾全大局。可惜收效甚微。

李井泉趁乱被人挤去一边,假扮服务人员的公安便衣迅速将其抬起便逃。皇城后楼下方早停就一辆卡车,便衣把李井泉放上卡车安顿妥帖,省公安厅副处长郭金生随即厉声威胁司机:"我是公安机关的,要你倒车。如不倒车,首长出了问题,我枪毙你!"司机战战兢兢将车倒入皇城院内的明远楼,郭站上卡车向周围群众大喊:"李井泉要解小便可不可以?"群众答:"可以!"。郭即把李井泉从车上扶下,由另一公安人员田某接住,迅速送进早已备好的华沙牌小轿车,从皇城北端后门急驶而出。郭金生爬在车顶上,一路对拥挤的群众大叫:"李井泉现在休克了,要马上抢救,请你们马上让出一条道路!"皇城后面布置的全是市委组织的群众,听闻此言,纷纷让路,郭这才从车顶跳下,华沙轿车直奔早已安排好的民航局招待所,暂躲至夜晚天黑,这才开回远郊的成都飞机制造厂。

简直就是好莱坞大片的惊悚画面。李井泉一经抢走,主席台上的造反头领们顿时傻了眼。川大八二六主要负责人、刘安聪回忆:"据江海云和游寿兴讲,他们两人以及主席台上的大多数红卫兵头头们被突发事件打懵了,眼见主持会议的红成头头与北京学生争辩,而自己成为观者。"

台下的群众更不知道台上究竟发生了何事。只听得会场中央北地东方红宣传车哇哇大叫,吵得众人更生烦躁,干脆被乱作一团的人群将车强行拖走完事。

重大八一五派学生黄肇炎回忆:

> 我们在台下只见主席台上乱作一团,听到广播里乱七八糟的声音,到底在干些什么也不清楚。大会流产了。会后才知道李井泉的检查没有作成,就被转移走了。周家喻和采矿分团团长郑全体应邀也在主席台上,对于向大会造反,重大八一五当场表示支持,发表了一份《支持造反的声明》。

李井泉的检讨11点开场，混乱局面一直延续到下午稍事稳定，大会主席团临时商定由省委第一书记廖志高继续做检查。自8月26日锦江大礼堂事件始，廖便多有向群众检查的经验，此番皇城检讨也算顺利，没受干扰，完整地把稿子念完，随后，南充师范学院、重庆大学、贵阳赴川控诉团、成都电讯工程学院等院校学生在大会次第发言，下午6点，大会草草散场。

　　喧嚣故事并未就此结束。当晚，人民南路广场依然人山人海，占据参会绝大多数份额的保守派趁着大会流产，重新燃起对造反派的怒火，他们重复8、9月间的议题围攻学生、发泄愤怒：你们为什么要批判李井泉？为什么要"炮轰西南局，火烧省市委"？还有将人马直接开到红成总部示威者，亦有参辩学生被保李干将围攻数小时，不得喝水、吃饭，甚至不准上厕所者。初冬之夜的皇城广场，闹剧迟迟难以落幕……

　　如果说对于老保的攻击，红成还能理直气壮地用毛泽东给予的理论武器予以反击，那么，对于来自造反派内部的责难，他们只能自吞苦果了。总之，由此引发的矛盾——后来的事实说明，正是"一一·一三"事件触发的争斗，让四川文革的政治版图完全改写。

5. 纷争群起

　　"一一·一三"大会之后，不少属于造反阵营的组织纷纷发表声明对会议组织者予以谴责。成都工人革命造反兵团五冶分团发的声明《我们为什么要造大会勤务组的反》颇具代表性。其观点抄录如下：

　　（1）市委利用这次大会，大搞阴谋活动。据了解，许多厂矿企业领导亲自出面停产组织参加大会，并且选派"核心力量"参加。由市委布置的大会会场，主席台上红旗飘飘、乐队高奏，搞成一个庆祝大会的气氛，全然不像揭发批判大会。大会操纵者，企图把大会引到反毛泽东思想的右倾机会主义路线上去。

　　（2）一大早，许多干部打着"革命群众"的旗帜，来到人民南路广场，继之工人纠察队、赤卫队都来了，公安人员也化装进入会场。这些队伍受命只许呼："毛主席万岁！共产党万岁！无产阶级文化大革命万岁！"三个口号。这些保皇逆流严重威胁着大会对资产阶级反动路线的批判。要是不造大会勤务组的反、大会将变成保皇大会。

（3）组织大会的某些领导人，犯了严重的右倾机会主义路线错误。搞折中、温情、阶级调和。大会领导人把无产阶级文化大革命主力军工、农、兵放到体育场，远远和革命师生隔离。显然，这是违背毛泽东思想的错误做法。大会领导人不把李井泉放在群众中去揭发、批判，反而把他安在高高的主席台上检阅队伍。大会原定口号没有"打倒李井泉、改组西南局"这个革命口号。我们认为，李井泉一贯反对毛泽东思想，长期在西南地区执行资产阶级反动路线，在这场文化大革命运动，又是镇压学生运动的罪魁祸首。不打倒李井泉就根本违背了大会的精神。后经革命群众的强烈抗议，大会勤务组才被迫加上"打倒李井泉、改组西南局"这个革命口号。另外，大会的组织者对群众揭发进行百般刁难，发言稿经过多次修改，仍不同意，最后在革命群众的强烈抗议下，才被迫使之发言。从大会的议程看，是借李井泉检查和大会批判之名，行掩护过关之实。大会这样地进行下去，会给无产阶级文化大革命带来不可估量的损失。于是我们断然决定，造了大会勤务组的反。我们认为，这个反造得好！一小撮资产阶级老爷说："会场被破坏了啦！""搞乱了呀！"这是一派胡说。我们要乱、就要把成都搞个大乱！越乱越好！我们要乱！乱！乱！

会后，四川大学八二六战斗团就该不该大会造反举行专场辩论会。反对造反者质问团长游寿兴，游立场鲜明地道出他的判断："文化大革命发展到今天，首要的问题是把群众发动起来，如何发动？就是要乱，越乱越好。"

再看权力当局的后手：郭金生秘密送走李井泉，立即到市长办公室向程子华、赵苍璧、许梦侠、秦传厚禀报领功。听完汇报，赵苍璧叮嘱："不要声张，无论任何人，只谈李政委生病了，被工人抢走了。"

对于习惯坐茶馆听评书的成都百姓，且不管"李政委生病"真伪，单就戏剧元素之惊悚离奇，就足够演绎出许多故事，大会当晚，省会街头传言蜂起，或曰李井泉住院休克，或曰李正在吊盐水抢救……"不明真相"的热心看客，拥李、反李，都把气往红成头上撒。红成一时成千夫所指的"冤大头"，情绪失控者干脆指责大会"是红成与政府出于各自的'卑鄙'目的，进行的一次'肮脏的政治交易'"。

现在轮到被红成下决心打倒的省市委来当"和事佬"，假惺惺对各派劝和了。

官方文本"李井泉同志检讨发言稿"早在会前就已印刷完毕，"一一·一三"大会后，西南局和省、市委堂而皇之地广为散发。检讨冠冕堂皇，称"西南地区大多数党委，在对待革命学生的态度上，不相信群众能识别敌我是非，怕字当头，对革命的学生运动不是热情支持，而是消极防御，从怕群众发展到与群众对立，因而在几个重大问题（例如派工作组、对待红卫兵、对待炮轰司令部、对待革命大串连等问题）上，不同程度地犯了执行资产阶级反动路线的错误。"现在，继续争论这份未能当场念颂的发言是"假检讨"也好、"真反扑"也好，都失去了意义，反正大会已被搅黄，原来共同反对李井泉的敌人已经互动拳脚，大打出手，现在以书面形式表明西南局的高姿态，完全成了初开内斗的造反派们的嘲弄。

11月14日，四川省委、成都市委共同发表了一个《我们对十三日大会的几点看法》，继续给造反派尚在流血的伤口"撒盐"。《看法》全文如下：

一、十三日在人民南路广场，由红卫兵成都部队等七个革命组织，主持召开的揭发、批判西南局、省市委所贯彻执行资产阶级反动路线的大会，是一次革命的大会。由于我们在前一段文化大革命中，执行了资产阶级反动路线，犯了方向、路线错误，应该向大家检讨。我们始终坚决支持这个大会。我们认为全市的工人、农民以及其他革命群众、革命干部，也是同样支持这次大会的。

二、对于开好这次大会，红卫兵成都部队等七个革命组织，是尽了最大努力的。大会进行中,虽然出现了某些枝节问题,但他们的大方向始终是正确的。希望全市工人、农民、革命师生、革命干部和革命群众不要计较这些枝节问题,应当对他们的革命行动继续积极地加以支持。

三、13 日晚上和 14 日,在人民南路和红卫兵成都部队总部等处,出现了一些群众同学生之间的辩论,我们殷切地希望大家迅速停止下来,以便集中精力揭发、批判我们过去执行资产阶级反动路线所犯方向、路线错误,帮助和监督我们改正错误。

中共四川省委
中共成都市委
一九六六年十一月十四日

关于这个"几点看法",省委书记兼成都市委第一书记廖井丹后来承认:

> 这次大会全部是李井泉、廖志高安排的。在"三干会"没开,干部、群众还有些被资产阶级反动路线蒙蔽的时候,开这种大规模检讨会是和中央精神违背的。大会结果造成红卫兵成都部队的分裂。我的错误是建议在会后围攻学生时写个表态申明。廖(志高)要我拟稿,原来大意是:希望对人民南路"北地"等宣传车的围攻和对红卫兵成都部队的包围立即停止下来,并对被围攻、包围的同学道歉。赵苍璧改为"包围辩论"和"包围质问",取消"道歉",后送廖志高他又改为辩论,取消了外地单位,加了很多支持。发表后更是火上加油。[48]

6. 众声喧哗的未了篇

"一一·一三"大会流产在造反派内部引起了剧烈震动。红卫兵成都部队脸面尽失、内讧顿起。总部不得不召集所属各院校支队、战斗团的头头整风。整风期间,改组"红成"总部勤务组呼声一片暴风骤雨。成电东方红战斗团为代表的一部分人甚至到处发传单,高喊

48　廖井丹检讨《我所犯严重错误主要事实》(1967 年 3 月)。

"打倒右倾机会主义，彻底改组红成总部"之类口号。激进分子认定总部负责人、特别是一把手伍玉生"右了""修了"，犯了方向路线错误，必须下台。红成初立时，众望所归的成都地院武陵江以院内事尚需安顿而坚辞了"第一负责人"之职，如今红成见辱，危局在前，敢作敢为的他拔剑而起，挺身而斗，接替伍玉生成为了新的掌舵人。

川大八二六本是红成下属一个支队，对这次大会的认知分歧使两者最终反目，八二六批评红成"右了，修了"，红成批评八二六"极左"。次年1月中旬，川大八二六战团正式从红成中退出，开始上演漫长而跌宕的"龙虎斗"。

重大"八一五"浩浩荡荡的车队在会后陆续返回，继续去重庆演绎属于他们自己的文革故事。仅留下一个以采矿分团团长郑全体为队长、数十学生组成的赴蓉挺进纵队长住省会，配合红成战友继续"打倒李井泉，解放大西南"。返渝队伍取道乐山、自贡回程，在自贡闹市区沙湾停留数小时，重大学生向市民散发并张贴传单、标语，安装了十多个大喇叭"全副武装"的"宣传车"放声高歌，引来芸芸市民围观称奇。

大会流产当日，李井泉秘密躲回一三二厂[49]。资料披露，在"一一·一三"大会前，李井泉便就他个人行止"找西南局书记处几个人开会，程子华、阎秀峰建议他离开成都，到外地休养。阎秀峰亲自起草向中央的报告，称他血管硬化，高血压加剧，得到了中央的治病批准。"[50]成都飞机制造厂（对外称一三二厂）位于黄田坝，远离城市，加上具有最高保密级别，李井泉待在那儿应该是很安全的，不想这次偏偏出了意外。一三二厂的造反领袖侯振东回忆称：1966年11月19日，经四川省监委副书记、时任成都大学工作组长郭实夫同意，当晚8时，把成都大学的"黑材料"用大卡车运到一三二厂，准备在该厂档案室存放，不料被成都大学学生和一三二厂工人发现，卡车被抗议

---

49 又名"峨眉机械厂"，系制造战斗机的超级大厂。
50 《惊心动魄的斗争——李井泉及其一小撮同伙破坏无产阶级文化大革命罪恶活动大事记》《新西南》，第3、4期合刊，西南局机关革命造反指挥部编（1967年9月13日）

的群众包围："（群众意外）发现中央政治局委员、中共西南局第一书记李井泉，藏在一三二厂，有一个加强连保护他，一日三餐有专人负责做好了送去。得知这个情况，激起群众公愤闹了大半夜！"

这次事件称为成都"一一·一九事件"。为此，成都大学的学生在 21 日举行了全市游行。事情闹大，行踪暴露，李井泉不得不离开成都，开始了东躲西藏的流亡生涯。

第八节　李井泉撂下烂摊子

李井泉离开一三二厂，先逃西昌、灌县一带转悠，次年 1 月 4 日彻底离川，经由昆明去上海，最后被重大八一五赴蓉挺进纵队得西南局干部配合，纵队长郑全体领衔，演出了一场所谓"智擒李井泉"大戏，将其抓回四川——李井泉玩了整整三个月失踪游戏。四川权力摊子加速溃散，成为顺理成章的结果。

自 1957 年反右以来，百姓胆敢对任何一个小小单位、小小党支部书记、甚至党小组长提意见，都将被视作"反党"加以整肃，如今"一一·一三"开大会，成都"小天安门"之上，光天化日之下，居然对李井泉这样的封疆大吏如此羞辱，抢他的话筒，将他赶下主席台，真是何等解气！何其刺激！尚在观望徘徊中的万千庶民，终于放胆走进了造反行列，各色群众组织纷纷破土而出，11 月 1 日成立时只有几千人的成都工人革命造反兵团迅速膨胀，到 12 月已发展到十几万人。原来神圣高洁、不可近睹只能远望的西南局大院，如今沦落为农贸市场一般人来人往的亵玩之地，任何小不点儿的基层企业，批判工作组、揭露某当权派"罪行"……统统开到西南局礼堂举行以壮观瞻。来此大院看大字报一时成了新潮时尚。

西南局以及四川省委、成都市委的机关工作人员同时也先后举旗造反。内外夹攻之下，四川权力当局陆续瘫痪。四川省委向中央的报告称："省委机关各单位被学生进驻，其中省委办公厅已全部被占……11月21日以来，被群众组织抓走、扣留的共73人，已放回34人，仍被扣留的38人，失踪1人……11月26日，廖志高、李大章、廖井丹等省市负责人被北京地质学院'东方红'学生抓走，至今未放回。"[51]

李大章的秘书回忆："大章同志被抢走关在四川省高教局的院子里。另一个造反派组织晚上就在墙上挖了一个大洞，连夜把大章同志抢到另一个大学的教室里。进去一看，好几位省市领导都被抓来了。大家席地而坐，相对无言。"[52]

1. 成都工人革命造反兵团赴京告状

李井泉跑得痛快，却苦煞了滞留的同僚。昔日百姓眼中高不可及的官员们，转眼间都成了乱民手中一袋袋土豆，任意进行挪腾。廖志高系"李廖死党"二把手，"船长"失踪，只能由这个"二副"来面对惊涛骇浪。"一一·一三"大会后第13天，1966年11月26日，北地东方红与刚成立不久的成都工人革命造反兵团将廖控制在陕西街省高教局机关——经策划，决定来一票轰动性操作：将廖志高挟持行动，拦火车上京告状——拦车无果，遂断然宣布徒步出发，扶老携幼，去万里遥遥的寒冬北国实施一次大冒险。

此次告状事件有几个特点：一、持续时间长。从11月27日廖志高被控制、接下来乱众抢占成都火车站并强登列车开始，到12月13日周恩来到白石桥接待站告状代表驻地接见北上代表、再计至18日告状人员全部返回，历时共20余天[53]。二、参与人数众多。总计达数百或更多。事件进行过程中，国务院曾向"兵团"发电报提出："欢迎你们派代表（小厂1人，大厂2至3人，总数请不要超过300）"，

---

51 廖晓村、廖晓光、廖晓元《风雨十年——父亲廖志高在文化大革命中》当代四川要事实录第二辑，页320。
52 林凌《我给大章同志当秘书》，载《当代四川要事实录》第二辑，页277。
53 告状队伍返回后，廖志高仍被控制在"兵团"总部（设在成都无缝钢管厂），数日后方才放回。

兵团主要负责人李长友表示同意按电报要求派出上京代表，但实际情况是事件自始至终几乎失控，实际人数比这多出许多。有资料可查，单成都磷肥和人造纤维两个厂就分 4 批共成功上京 114 人。三，整个行动组织散乱无序，上京成员表现的不受约束的冲动、暴力、狂躁，充分反映出压抑既久的孤立个体，一旦投入群体叛逆的快感、任性和原始的英雄主义。从事情开始，周恩来便先后给组织者和各级有关部门打过 6 次电话，发过 4 次电报进行节制和劝阻，力图将规模控制至最小，均无效果。以至于随队的北京工业大学南下学生郝小林，目睹乱状，憋不住慨叹："真没想到工人阶级队伍这样复杂，竟然对总理的指示抱这种态度！"伤心处，不禁失声痛哭。上京队伍拦火车未遂，上千人开始徒步北上，廖志高曾建议，说路远而且越往北天气越冷，希望"兵团"说服老弱和儿童回去。林姓首领大气凛然回怼："没法动员，全都得去！大不了死他几十百把人！"

果然困难重重，告状人员多经折腾，多多少少、先先后后，总算到了京城，这不能不算是四川工人造反的一大壮举。自首批代表到达当晚始，周恩来先后于 12 月 3 日、4 日、6 日、13 日接连 4 次接见告状代表，足见物质财富创造者造反，对国家秩序看守者的威胁之大。只是，这帮从底层劳动工位匆忙赶来的叛逆者，与先期造反的学生相比，面对国家总理，似乎提不出什么像样的政治诉求，又全不如无牵无挂的大学生伶牙俐齿，脑子活泛，把语录背得烂熟，到了国家最高朝堂，只能规规矩矩听总理做一番非常初级的教训：

你们提出要"解放大西南"，这个口号是错误的！大西南是中国共产党 1949 年早就解放了的嘛！现在还提这样的口号，针对谁呢？

对西南局和省、市委，要一分为二。毛主席、党中央的指示精神要靠各级地方党委来贯彻，都整垮了，谁来贯彻？

罢西南局、省、市委的官，要报经中央批准；中央还要调查和讨论。如果罢你们组织成员的官，那是你们自己的事情，至少也要民主讨论讨论吧？哪能那么简单呢！

"不把李井泉拉下马死不瞑目"，这样的话太绝对，最好不要讲。

更莫名其妙的,是告状团辛辛苦苦来到北京,竟然要求周恩来帮他们解决内部扯皮的鸡毛蒜皮——这就有点滑稽了。接见会上,有人谈到"兵团"领导人之一的"杨大胡子"(杨仲书),拉帮结派,处处同主要领导人李长友闹对立,致使"兵团"内部不团结,险些分裂。周恩来轻轻松松就打了回去,说:"工人阶级要讲团结嘛!'兵团'内部的事,靠你们自己去解决,我的意见也不强加于你们。"[54]

这一次动静硕大的社会喧嚣,就让周恩来轻易就对付过去了。[55]

2. 邓兴国出山

兵团成立伊始便挟持省委书记上京告状,显然是想扩大兵团政治影响,事实证明,这次行动仅仅是川内群龙无首之时,一次不成功的"无政府"狂欢。就在控告团回到成都三天后的12月21日,果然迅速发生了李长友为首的控告团与"兵团总部"的其余众头领谈判破裂,杨仲书(杨大胡子)为首的一波人干脆从控告团拉出来另立山头,号称"毛泽东思想工人红卫造反军团"(简称"红卫军团")。内讧的结果是一把手、大企业驾驶员李长友被轰下台,由另一个不大不小企业的驾驶员邓兴国所取代。邓兴国就职于成都市公交公司。

都市造反,公交公司有一大优势:交通工具多。发传单、贴标语,有车方便全城市到处跑。如果派学生写标语,3人一组,1人提浆糊,1人贴纸,1人拿笔写,慢慢吞吞,传播速度哪能与之相比?班子改组会认可了这一点,接下来就是公交公司由谁担此大纲?公交分团团长名王金亮,王本人或心无把握,或感觉本单位人头熟、地头熟,做个"小庙土地"比当个"大庙金刚"更实惠而且顺手,于是就推荐了小兄弟邓兴国。

客观地说,邓兴国担任省会城市最大的工人造反组织司令这个

---

54 以上内容均见曾庆祥:"'成都工人革命造反兵团'赴京告状侧记",见《当代四川要事实录》第一辑。曾时任廖志高秘书。
55 廖志高刚返回四川不久,12月下旬,另外两位书记段君毅、许梦侠又被兵团另一拨人揪着上北京告状。

职务是合适的。他性格外向随活，成天笑眯眯，待人热情，头脑比较简单，不善于隐瞒自己也不会搞自我伪装，因此容易获得群体的好感。他的好友李启明回忆，说邓兴国一天到晚穿个"撒片鞋"（靸鞋），活得率性，家里来了朋友，就一个"喝酒""喝酒"，"抽烟""抽烟"！颇多巴蜀"袍哥"遗风。后来当了"官"，家中更是"高朋满座"，人来人往不断"纤"，一来客，儿子邓国军就跑前跑后，烧水沏茶，老爹还总写个条子，叫他去外面某饭馆找某叔叔，"端两个菜"回来佐酒待客。邓国军回忆说："来的人太多了，屋头的烟锅巴（四川方言指烟头）都要扫一大堆，吃饭的人也多。还有好多外地来的、告状的，"有的一进门就给我爸跪下。我爸说我是群众代表，他们不来找我找哪个！"

邓兴国之父本是绵竹县袍哥，小有田产，皆因嗜赌将家业败光，让小邓意外获了一个"贫农"的红色出身；其次，他又遗传了乃父植根"袍哥文化"的地域性格、生活态度、社交方式和人文生态：泡茶馆里不受时间和外界压力束缚的，悠哉游哉、不急不躁、尽享聊天、打牌之乐；再其次，茶客们在轻松氛围结交朋友、聊天闲谈，不经意间便组成了友善而紧密的社交网络；最后，邓兴国的基本政治条件，如：出身贫农、当过兵、入了党等，在兵团整体形象——即红成挖苦的"提茶壶、卖汤圆、拉板车"成堆的群团之中相对就显得非常硬朗，也就顺理成章获得了社会底层"乌合之众"的一致认同。

还有，文革大乱，许多颇有谋略、甚至出类拔萃之辈，想改变命运却欠缺基本政治条件者，都愿意投奔邓兴国这种大大咧咧的"把头"麾下，主观上为实现自己的目标把邓兴国"当枪使"，客观上则组成了邓的智囊团，为兵团"打江山"平添羽翼。邓兴国的左膀右臂：温月伦和汪世华就是这样的能人，一个是政府机关干部（这个身份在与当权派的斗争中多有掣肘）一个有海外关系（汪世华之兄汪世中乃美籍富商，"改开"后来华投资——据说直接向邓小平提出要求将汪世华从狱中释放——此说不论真伪，总之中国改革开放之初，汪即从四川监狱放出到在开埠之初的深圳华侨城成立了美资"协和集团"，生产著名的天霸表、海霸表和首款中文 BP 机。根据已有的资料可以看到，兵团的许多重要活动，邓都不直接出面，全由温、汪二人实施组织和出面张罗。甚至文革前四川篮球队的著名球星蒋克礼，也常来兵团总部找邓兴国聊天喝茶……总而言之，不管外间如何指责兵团三教九流、鱼龙混杂，甚至说邓兴国水平有限，而他，无非就兵团一符号罢了，"袍哥"做派让他在烟火世俗的省会成都，终让兵团得以人才济济并不断壮大[56]。

3. 四川行政权力之树枝摇叶散

李井泉的逃逸，让四川行政权力之树彻底枝摇根伤，落叶飘散。廖志高作为"李廖死党"二号人物，尚且被造反派说抓就抓，其他官员深怕同遭"劫运"，尤其是基层的官员，被这番架势吓得只能老老实实被百姓被使唤得团团转，兵团北上告状的必经之地广元县县委秘书长何庆超这样回忆了自己当初的经历：

11月下旬，省会涌来的成都工人革命造反兵团挟持省委书记廖志高到北京告状路过广元，他们占据了县委招待所，强行要吃、要喝、要住，整得鸡飞狗跳。午夜，他们又蜂拥到县委，把住在机关的干部胁迫到会议室，要这些同志供出谁是领导，以解决其到北京的钱、粮问题。县委机关事务长王洪邦人长得矮胖富态，他们便一把揪住老王说："你这样子一定是领导！"弄得王洪邦啼笑皆非。另一件事，从成都方向来的以谢××为首的临时工、合同工造反兵团，他们一个同伙在火车上得了霍乱症，因广元人民医院没有抢救过来而死亡，他们就立即派人深夜把几个县委书记、副书记、县长揪到县医院批斗，我也在被揪之列。谢××蛮不讲理地说："我们兵团的这个同志是你们县委、县人委害死的。"硬要书记、县长为其披麻戴孝，举行隆重葬礼。领导不点头，他们就胡搅蛮缠不放。又挟持我跟他们一道到商业局，午夜敲开大门找到业务科同志，为其批了许多裹尸和丧葬用布匹。[57]

---

56 关于邓兴国的个人情况，取自笔者对取自陈永迪的采访笔记。
57 何庆超《我所经历的广元县文化大革命》。见《广元市文史资料第13辑（文

12月18日，川南重镇自贡市毛泽东主义战斗团、九一五战斗团、九二〇战斗团等造反派学生进驻市公安局，历时七天七夜，后由全市一百多个造反团队三万余人在英雄口召开"彻底批判自贡市委动用公安机关破坏文化大革命罪行大会"。现场群众要求罢市公安局局长岳学纯的官，被市委第一书记李唐基拒绝。造反派认定李唐基故意"顽抗"，将李连同岳学纯一起揪上汽车，连夜直奔西南局，先后找到省委书记赵苍璧、西南局书记刘文珍等，省委及西南局慑于造反派压力，同意罢免岳学纯……[58]

省委书记、副书记纷纷脱岗，省委第三号人物、省长李大章的日子更不堪了。李大章女儿李亚丹回忆父亲当时处境，艰难尴尬却坚守政务，其状很容易让人想起古代官员恪守儒规、克己奉公的清流之风：

> 西南局和省委机关都被造反派占领了，我们家也成了造反派的指挥部，所有人都被赶了出来。父亲领导的"流动政府"一会儿在金牛坝招待所，一会儿在城西的马家花园，一会儿在锦江宾馆。那时虽然首脑机关基本上瘫痪，下面的职能部门还在勉强运转，他还能够遥控，甚至召集会议。有多年地下工作经验的他，应付这一套是有点办法的……（此前）根据李富春同志的布置，西南局和省上都成立了抓生产的领导班子，年底中央提出抓革命、促生产的号召，父亲竭尽全力落实中央的指示。他长期担任省长，对政府部门工作很熟悉，就利用这条线落实工作，成立了省人委生产领导小组，并以省人委的名义发出通知，要求各级政府和各业务部门一直到公社，都要建立生产领导班子，负责生产、分配、收购和供应工作。虽然组建生产领导班子的工作后来在动乱之下告吹了，但仍然有许多部门的同志在坚持工作。许多参加过"文化大革命"的人都有一个"奇怪"的感受：那年月天下大乱，几乎是无政府状态，学生不上课工人不上班，成天在街

化大革命专辑)》页3。专辑由中国人民政治协商会议广元市委员会编。蔡元藻主编。机构自印书。
58 王锐《自贡文革大事纪》电子版。

头"造反"，走到这里那里却还有饭吃，虽然吃得差，饭总是有得吃，更没有大跃进时期全民大生产、全民饿肚子的事。其实他们有所不知，还有许多干部职工在为人民的生活、社会的运转默默而辛勤地工作着。

父亲就这样一边主持工作，一边挨批斗，抓到哪里就在哪里工作。造反派抓他，一个重要目的是找他要东西：无非是汽车、被服、"革命活动经费"等等。廖志高同志被造反派抓走后，从西南局到省委，就剩他一个"大头头"，掌握物资的部门也只听他的，不抓他抓谁？当时为了解决外地串联红卫兵的接待问题，他到锦江宾馆召集有关部门开会，组织赶制棉被，给露宿街头的红卫兵御寒，结果白天黑夜被造反的人围得水泄不通。中央要求给各地串联的红卫兵交通免费，还要给予生活补助，他不能不执行。可许多要求明显不合理，他又不能随便答应。于是那些人就拍桌打掌，纠缠不休，搞得他吃不上饭，睡不成觉。当年几个跟着他在第一线应付局面的秘书都还记得，他们常常一整天吃不上一口饭菜，抽空匆匆吞下肚的都是冰凉的水和干粮。1967年1月的一个晚上，几拨人围着他吵闹，一拨红卫兵说："红军长征经过的泸定桥，连个纪念馆都没有，你们这些走资派是怎么搞的？该不该修纪念馆？"他说："该该该。"他们说："那你拿钱来，我们把钱交给当地革命组织来建。"他说："这要通过财政部门办手续，一时办不到。"又一拨北京来的红卫兵说："批点钱出来，我们要制旗帜、袖章，印传单。"他说："不行，中央没这方面的规定……"就这样一拨去了一拨来地一直闹到深夜，成都工人造反兵团的一伙人突然闯到锦江宾馆，不由分说地将我父亲带走了。对父亲来说，这样的事几个月来已经是家常便饭，他也无所谓了。[59]

如果说李大章的做派尚余多少古士大夫风骨，在若干问题上还能坚守原则，那么，各层级、更多的官员，面对乱世风潮都选择了苟且求安，得过且过。

---

59 李亚丹著《远去的背影：李大章纪念文集》。四川人民出版社。2008年8月第一版。

时任广元县委秘书长的何庆超感叹:"就是在外地、本地造反派组织这样多次猛烈冲击下,局势一下子搞乱了。县委和各级各类组织根本无法正常开展工作,陆续陷入了瘫痪状态"[60]何先生所表述的情况,基本上概括了1966年底整个四川权力层面的普遍现实。

第九节 "智擒"李井泉

李井泉在"一一·一三"大会从主席台被警卫人员抢出之后,开始了真正意义上的逃亡。

据有关资料披露,李井泉先是藏匿于一三二厂,被工人发现后,又躲去铁道部第二设计院[61]西楼招待所暂住,感觉不保险,再转赴灌县(今都江堰市)灌口招待所,不料该所提出要介绍信方能入住。无奈之下,秘书王夫合电告阎秀峰和程子华,建议直接去北京,被李井泉否决,只好让西南局办公厅开具介绍信在灌口暂住;11月29日,李逃峨眉山脚红珠山招待所,30日逃乌斯河。留守西南局的书记们再次建议去北京,李坚称不去:在毛泽东和无法无天的首都红卫兵眼鼻子底下,必然更加危险。12月1日,李逃铁路工程局七处,2日逃西昌铁道兵司令部,滞留至21日,再逃垭口,22日逃渡口……逃亡期间,李井泉一直和成都方面保持热线联系,了解机关、书记处及各负责人动向,中央有何消息?北京有什么大字报?到12月24日,李去了云南元谋、禄丰一线。秘书王夫合则赶回成都再找阎秀峰、杨超、周颐等人商议,阎等仍建议李去北京,王秘书去电中央办公厅,请示让李去北京未得答复。新年元旦,李另一秘书黎本初直接给陶铸秘书打电话。陶铸答复:"中央不再批了,到什么地方去,你们自己

---

60 何庆超《我所经历的广元县文化大革命》。见《广元市文史资料第13辑(文化大革命专辑)》。专辑由中国人民政治协商会议广元县委员会编。蔡元藻主编。

61 位于成都马家花园。

联系，联系好了再去。"李井泉遂以中央批准他去上海治疗休息之名，于1月4日飞上海藏匿。

李井泉行踪变化不定，却始终未能逃出造反派视线。1967年1月16日，西南局办公厅秘书洪韵珊来到重大八一五赴蓉挺进纵队驻西南局联络站，对纵队长郑全体和吴成金（纵队驻西南局负责人）说："我们机关造反派控制了某些机要部门，发现了中央给李井泉的一封电报，内容是要李井泉回成都向西南人民做检查，不要去北京治病。我们不知道李的下落，无法转给本人，问程子华（当时主持西南局工作），他说，转上海市委。可见李在上海。你们看怎么办？"

郑全体，采矿系五年级学生，为人豪爽为事痛快，得闻此事，大喜过望，即刻赶回设于四川大学校园的纵队总部，和其他负责人紧急商议，决定立即去上海将李井泉抓回。主意既定，重大学生随即与西南局办公厅主任王同臻、秘书洪韵珊、周仁佑、何锦木等人商议，大家一致认为向省建委造反派借程子华一同前往上海，事情会顺利许多。其时，程被控制在建委造反派手里。各方立即分头行动：郑全体和吴成金去省建委，西南局几位干部负责飞沪行前的一切准备工作。事情十分顺利。省建委造反派听过八一五人员来意，立表赞同，随即找来正做检查的程子华，程亦一口答应，决定让秘书胡克新和他一道随重大学生飞沪。西南局机关造反派落实机票——所有准备事宜均在一天之内就绪。

1月17日晨，由郑全体带队，程子华、胡克新、周仁佑、何锦木（周、何系西南局工作人员）、吴成金、赖明国（重大八一五驻西南局联络站成员）一行7人从成都双流机场乘机升空，经贵阳、武汉到达上海虹桥机场已是下午5时。胡克新即致电华东局书记韩哲一，诈称程子华及随同人员一行从北京开会返川路过上海，请予接待，华东局即派车将来人一行接至锦江饭店安顿。

深夜，韩书记悄然前来看望。周仁佑、何锦木将中央要李井泉回成都向西南人民做检查的电报出示，询问李井泉居所何在？有中央电报为凭，韩哲一于是痛快说出李井泉去处：瑞金招待所。问题是，从韩的介绍中得知，李身边还有秘书2人、医生1人、护士1人、保卫科长1人、警卫员1人，还配有武器，且招待所门前设有岗哨。四川方能出面动作的仅5人，且手无寸铁，难以强行下手。情急催人智。四川来人马上想到上海公安系统已经夺权，于是连夜赶往上海市人民公安造反司令部请求援助。既然抓"走资派"，上海警方自然痛快应允，答应派3人配合行动。韩哲一亦让唐姓秘书随同前往，韩、程子华和胡克新则留在饭店候信。有本地公安造反派配合，瑞金招待所门卫轻易过关。

已是18日早晨。韩的秘书将李井泉随行人员叫下楼由何、周二人周旋，郑全体、吴成金、赖明国则直奔二楼李居屋。郑全体回忆：

> 李身穿军装，坐在沙发上抽雪茄，好像已经知道我们要来似的，一点也不慌乱。我把中央电报给他看，他知道了我们的来历。我们向他宣布，从现在起，一切听我们的。另外，为了你的安全，我们要搜身。他表示同意。由于我们怕李自杀（文革中自杀的人太多了），加上看过的侦探小说的影响，我们把李身上的糖果等从李的口袋里搜出来，拍了照，然后下楼一起吃早餐（早餐是白稀饭、小白馒头、花生米），这顿早餐真好吃，给我留下深刻印象，终生难忘。

华东局已经派好专机抓紧送客。郑全体偕李井泉、程子华、秘书胡克新、西南局秘书周仁佑、何锦木及李的随员：医生、护士、警卫员于德荣、秘书王夫和同机返回。郑全体抓紧用瑞金招待所的红色电话机给一直守候在成都电话机旁的副纵队长张正茂通话，按事先约定暗语告知：货已到手，今天下午派车到机场接。

行前，华东局来人告知，说李在上海体检结果，右半边血管硬化，身体不好，让这些人（指随员医生、护士等）一道走，均系为李井泉健康安全考虑。郑全体为避免意外，则嘱吴成金、赖明国二同学在飞机离开后24小时内不得向外打电话、发电报，不得离开招待所，然后再行回川，向赴蓉挺进纵队报到。

上午10点30分，专机于从虹桥起飞，到达双流机场是下午5时。郑全体一行不敢冒险白日行车，一直在贵宾休息室滞留至晚8点方由西南局派车接程子华、胡克新回西南局，何、周各自回家，另车让郑全体谐李井泉开去纵队所在地四川大学校园，安顿在校长室暂住。此行结果由程子华和华东局在第一时间向中央做了汇报，李井泉的去向和安全即刻变成了一大烫手山芋黏在重大学生手上了。郑全体心知兹事体大，责任山重，绝对出不得半点差池，车秘密开进川大，校长室离校门很近，又是一个独立小院，郑全体安排纵队全体人员站岗警戒，终得藏住李井泉，未有任何惊动。

将李井泉弄回成都，赴蓉挺进纵队才感觉事情更棘手。省城局面混乱如此，将李井泉留下，消息一旦泄露，惹出任何一点小麻烦，客居异地的重大学生不过区区几十，根本无法对付。此时的重庆已是铁定八一五天下，且有五十四军撑腰，大局无人可以撼动，纵队连夜急商决定：将李井泉迅速转回重庆是确保安全的唯一上策。郑全体马上找李井泉说明，李乃何等精明老辣之人，当即表示配合。纵队又连夜找来王夫合秘书，约定第二天一早离开成都。为不惊动地主川大八二六，纵队请王夫和迅速安排车辆去川大附近的九眼桥僻静处等候，第二天（19日）天色初放明，纵队即用吉普车载李井泉悄然驶出川大校园，到九眼桥与先行等候的一辆面包车汇合。何锦木已候在该处多时，一俟郑、李上车，便飞也似直奔重庆而去。王秘书车技与专业司机不相伯仲，二人轮换驾车，人息车不停，一路飞奔疾驰。郑全体回忆，途中仅发生过一场虚惊：车到内江，李要求停车撒尿，不小心被当地人认出，大叫一声"李井泉！"，赶路人吓一大跳，立马上车，绝尘而去。

当晚回到重大采矿系宿舍，总团负责人秦安全[62]早已等候多时，将成都来人一起接进事前预备好的一间宿舍，由秦与李谈话并作具体生活安排。郑亦将前后情况详做汇报，并把华东医院对李的身体检查、健康证明交给了秦作了交接——几乎三天三夜未曾合眼的郑纵

---

62 秦安全，重大无线电系五年级学生。文革前为校学生会干部。毕业后长期从事计算机与自动化的研究工作，作为总设计师和课题负责人，先后承担国家自动化工程项目20多个，并多次获奖。如国家南水北调工程大型水泵实验室自动化计算机数据采集系统、中国首套工业控制计算机系统DJS05、国家重点工程项目唐山陡河电厂的5号机组和6号机200MW火电机组计算机监控系统等。

队长这才如释重负，倒床睡去。李井泉终得在重大的安全环境里等候发落了。总团考虑藏在学生宿舍人来人往，安全性、隐蔽性均太差，很快又将李井泉搬到重大最坚固的电机系实验大楼（六教学楼）居住，总团专派同学日夜服侍，不敢丝毫懈怠，双方相处甚恰。郑全体后来时有从成都回重大述职，也要专门前去看望，以为当初当机立断把李送回重庆，确实再合适不过了。

"智擒李井泉"的故事当时被演绎得格外神秘，几十年后，笔者与郑全体等一干当事人重谈旧事，方觉此事完全是上当受骗，被西南局机关干部当了枪使，辛辛苦苦捡回来的，原来是一烫手山芋。总理办公室的要求，把重大八一五吓得诚惶诚恐，架设专线每天向北京报告。总团还专派采矿系三年级学生王永斌带领一帮同学日夜服侍。李井泉要吃烤面包片，就专安装电炉，把馒头一片片烤好送上；李要吃鸡，马上向总团申请经费去农贸市场采购。鸡炖好了，李只喝鸡汤，鸡肉实体就让监护同学改善生活了。好在很快就全国全面夺权了，"李政委"被五十四军和革联会从理论上接收过去，只是交由重大八一五代管，同学们才缓过气来。2月13日，"西南的春雷"：贵州省革委会成立，决定2月22日在贵阳市邮电大楼前广场举行十万人批斗大会，于是拿着介绍信来革联会借用，革联会批了条，重大将李井泉交出供贵州开会批斗，用后完璧归赵，依旧由重大侍候，不敢懈怠。张国华到四川履新，还专门召见郑全体等一干赴蓉挺进纵队员，传达总理指示，要保护好李井泉同志的安全和健康。直到1967年5月7日《中共中央关于处理四川问题的决定》下达前夕，重大八一五按上级命令将李井泉交送回去，"押送"成都，这才彻底松了一口气。

第十节　重庆：对"保守派"大举碾压

1. "一二·四血案"

如果说西南局和四川省委所处的政治中心成都因李井泉逃匿已导致政府功能几近荒废，社会几近瘫痪，各路造反大仙各显神威，大闹天宫，局面晦明莫辨，四川文革的另一中心重庆，造反派的战车正轰隆隆前进，大举碾压官方力量，已成一边倒之势。就在成都工人造反兵团挟持省委书记廖志高上京告状之时，12月4日，重庆发生了被称为全国首开大规模武斗先例的"一二·四事件"，万人厮打，血溅大田湾体育场，造反派以加速度将保守派彻底剪灭。

事情闹到这一步，究其原因，得归咎于李井泉重庆蹲点时间长而力度大，又是面授机宜组织保皇阵营，又是"送子参军"什么的，特别那个大骗局"八二八惨案"，搞得全重庆、全川乃至全国轰动……漏洞百出的假案不啻酿出旷世笑话，更让官民矛盾迅速激化，群众大面积醒悟，盛极一时的保皇派们纷纷感觉难堪丢人，必须想办法挽回面子了。他们曾误以为文革不过是再版"反右"，事到如今，发现这一回完全搞错了，连重庆市委召开"三干会"贯彻中央工作会议精神，都纷纷承认前一阶段运动犯了"方向性、路线性错误"。寻常百姓，干吗还要继续跟着官员背黑锅？为争取政治主动，重庆工人纠察队也接过"批判资产阶级反动路线"的旗帜，决定抛弃原来由李井泉所起字号，更名"重庆工人战斗军"[63]，并定于12月4日（星期日）在重庆市大田湾体育场召开"高举毛泽东思想伟大红旗，深入揭发批判西南局、省委所执行的资产阶级反动路线誓师大会"。

---

[63] 周恩来在一个讲话中明确提出各地成立工人群众组织不要用大革命时期的"工人纠察队"那样的名称。于是重庆的工纠改名工人战斗军，成都的工纠改名产业工人战斗军。本来四川全省都是由李井泉指示，杨超主持建立的工人纠察队。

大会海报一经贴出，重庆造反派和首都三司[64]等外地驻喻红卫兵立即认定这次大会是"工纠""大阴谋"，断然决定要对大会造反。造反程序是：纠集人员——冲击对方会场——抢夺话筒——发表造反声明——占领主席台，最后取而代之。此种捣乱行动的结果，轻则大会流产，重则大打出手，双方一场混战。武斗一开，接下来必然是闹事者"强烈抗议走资派挑动群众斗群众""强烈要求严惩毒打革命群众的一小撮凶手"等等，事情一闹大就好了：走资派必然进退两难、无法交代。事情闹得再大一点，让北京来说几句话效果就更轰动。

中共重庆市委对"一二·四"大会可能导致两派冲突十分担忧。竭力想说服工人纠察队取消大会。主持市委工作的书记处书记鲁大东1967年初在一份检查中回忆：

去年十一月二十九日下午，辛易之和燕汉民对我讲，街上贴出了海报，十二月四日工人战斗军要在大田湾开大会。黑市委书记处和燕汉民十二月一日在小温泉召开了干部会……联系谈到十二月四日工人战斗军召开的大会，一定要说服他们不开，如果他们一定要开，就通知各单位的工人纠察队不去参加。十二月二日上午我和辛易之在重钢招待所会见工人战斗军负责人楚光辉等三人……我发言的大意是：目前少数派与多数派有对立情绪，如开大会，少数派来冲会场，则很可能发生冲突。所以十二月四日的大会切不要召开。会见最后，他们表示非开不可，楚光辉还保证绝对不发生冲突。我才表示给他们准备开会条件，以示支持。十二月二日下午市委即在电话上通知各部委和各区委，一定通知所属各单位的工人纠察队，不参加十二月四日的大会。十二月三日和夜晚，王廉仍多次劝说他们不开大会，结果无效。[65]

---

64 首都三司：全名为首都大专院校红卫兵革命造反总司令部，1966年9月6日成立。因在此前已有首都大专院校红卫兵司令部（俗称一司，1966年8月27日成立）、首都大专院校红卫兵总部（俗称二司，1966年9月5日成立），后起的这个首都红卫兵大型组织便被称作第三司令部，简称三司。因其"造反精神"最强，深得毛泽东、周恩来和中央文革小组看重。

65 鲁大东《我的初步检查和揭发》，1967年3月4日。重庆革命造反联合委员广大工纠队员早已憋了一肚子冤枉气，就是要通过大会向公众表明忠于毛泽东、党中央，他们也是敢于向"资产阶级反动路线"造反的。市委区区几通电话，焉能平息数十万人马心中块垒？市委越要求他们停开大会，他们越偏偏要开！

两派仇恨迅速升级。大会开会前一天上午，以重庆大学八一五战斗团为首的重庆红卫兵革命造反司令部召开八一五派（其时重庆造反派都习惯称为八一五派）联席会议，制订对大会造反预案：如到主席台发言造反不成，则将队伍拉到市中心解放碑另行召开"真批判"大会，与"工纠"分庭抗礼。亦有人认为此计划太过"温良恭俭让"，3日下午和晚上，重庆工人二七战斗团、工人造反军和首都三司驻喻联络总站等组织负责人又制订另外两套方案，除了安排谁冲主席台、谁控制两侧看台、谁卡大门，还特别安排在主席台后边马路停放三辆救护车以运送伤员……

流血冲突爆发在即。市委劝说自家人无果，刘文珍、燕汉民[66]又急赴重庆大学，劝说八一五总团动员造反组织不要派人前往"一二·四大会"。刘、燕和重庆市委本是挑动重庆群众仇恨的当事方，其劝说注定毫无作用。

重庆市大田湾体育场看台可容纳四万余人，加上绿茵足球场和标准跑道，十万人聚会绰绰有余。体育场分24个看区，每看区均有进出口。是日一早，参会群众汹涌而来，体育场内很快一片人山旗海，领袖像、语录牌摇晃如林，喧闹声、语录歌如海涛震荡。"领导我们事业的核心力量是中国共产党""政策和策略是党的生命"……一听便知是参会"保皇四军"们的激情高歌。而围停在场外的宣传车则反复播放语录歌："马克思主义的道理千头万绪，归根结底就是一句话，造反有理""凡是敌人反对的我们就要拥护……""凡是反动的东西，你不打它就不倒""革命不是请客吃饭，不是绘画绣花""革命是暴动，是一个阶级推翻另一个阶级的暴烈的行动"等等——显然

会1967年3月11日翻印。
66　刘文珍为西南局宣传部部长，燕汉民正四川省委工交政治部主任。8月下旬随李井泉赴喻，一直留在重庆协助重庆市委工作。

是造反派前来骂阵挑战。惨剧很快开场。

亲历事件的重庆文革研究者庞国义回忆了现场情况：

> 大会尚未正式宣布开始，主席台上便发生骚乱，我们坐的位置居高临下，清清楚楚地看见几个人在主席桌前推来搡去，好像在争抢麦克风。我还没有弄懂是怎么一回事，周围的人就站了起来，爆发出一片愤怒的喊声："撑出去，撑出去！"一个瘦瘦的戴军帽的眼镜青年（听说是重大八一五的周家喻。笔者注：正是该生）正拼命扑向台桌抢麦克风，被几个大汉勒住脖子，连拉带拖，不知扔到什么地方去了。接着又一个戴眼镜的青年（听说是重大八一五的黄顺义。笔者注：亦不错）也被拖走了，四周随之报以一片欢呼声和热烈掌声。[67]

黄顺义向笔者补充了如下情节：大会开始前，造反派就陆续趁乱进入了会场。重庆大学八一五更由体育队的莽夫大汉和机械系、冶金系数十名大块头跟随进入。按照当时的礼数，大会主持者表面上还得表示"高姿态"，在广播中礼请重大八一五参会代表上主席台，看台上的"老保"们还主动让出道路。谁知周家喻、黄顺义前面一走，后面数十大汉便如得号令，亮出"重庆大学八一五战斗团"大旗，呐喊着冲锋而前，主席台附近的工人纠察队队员迅疾实施阻拦，一场混战由此而起。这便有了前面一幕。

主席台打斗开锣，场内乱戏立即应声而起，刹那间平地冒出若干旗帜，预先潜伏在场内的"工人造反军""二七战斗团""首都三司""北航红旗"等造反者狂呼"革命无罪，造反有理"奔涌而前，潮水一般直扑主席台。庞国义回忆：

> 那些老实巴交的工人纠察队队员，眼见身边忽然冒出这么多的"异类"，一时脑壳还没有转过弯。……主席台前的工人纠察队员手挽手排成层层人墙，不准造反派人员往上冲。四周看台上同时爆发出排山倒海般的吼声："八一五，坏得很！""八一五，滚出去！"……

---

[67] 庞国义《亲历1966年"12.4"事件》网文。2020年11月23日发于本书作者。庞当时为保守派赤卫军。

双方先是施展拳脚口水，继之使用的主要"武器"是随身携带的语录牌、旗杆，另外就是拆卸大型标语的抬架。这些木制武器相当可怕，因为这些拆散的木棒上面有钉子，只要是打在没有厚厚冬衣包裹的身体裸露部位（如头部、手部），那鲜血就会一涌而出。

十万人的会场像滚烫的沸水般翻卷冒腾，叫骂声、厮打声、哀喊声不绝入耳。双方至少有近万人直接卷入了这场文革以来罕见的大规模武斗。

四周看台上的人群帮不上忙，只能大声地有节奏高呼"八一五，暴徒！"，以声援场内打斗正酣的战友。狂乱之声此伏彼起，惊天动地。

大会主持者眼见防线很快会被冲垮，形势危急，于慌乱中临时碰头商议，决定中止大会的召开为避事态进一步扩大，一负责人急忙中拿起话筒宣布："大会暂停召开，请工人战斗军的同志撤出会场，立即撤出会场！"话毕，主席台上的人员从专用通道迅速撤离。

为尽可能制止冲突，重庆市委文革办公室事前已派人到体育场了解情况，观察体育场各侧门通道是否畅通，还架设专线电话（后来这些都被造反派认定是制造流血事件的"预谋"）了解实时动态。冲突发生后，市委当即派书记处书记岳林[68]和文革办公室负责人赶到现场劝解，并要求把所有的门都打开，迅速疏散群众。

流血冲突持续两小时左右始得平息。人群像潮水般从体育场的各个出口涌出，从各条通道汹涌而过。体育场内、场外道路上和路边的空地，折断的旗杆，撕碎的旗帜、标语，丢弃的鞋子、帽子一片狼藉。

会场上的流血冲突平息，场外更大规模的武斗却很快蔓延。被激怒的八一五造反派开始了一场武力报复的大狂欢，自觉政治上理亏的保皇四军彻底溃败逃匿。重庆著名的评书演员徐勍，回忆了他见到的情景：

---

[68] 岳林（1916-1979），江西吉安人。1929年参加红军，1932年入党。参加了长征，后任二野政治部秘书处长。中共建政后，任重庆一区区委书记、市公安局长、副市长、市委书记处书记等职。享受副省级待遇。

下午，我走到观音岩外科医院门前，只见一支杀气腾腾的造反派队伍，人人横眉怒目，高呼"还我战友""讨还血债"之类口号。街上行人见之无不惊恐……我跟在游行队伍旁边，跟着看热闹的人流，边看边走。走到七星岗，一些工人从兴隆街里出来，肩上还扛着卷起的旗帜，看样子是一些从体育场撤出来的基层工厂的"工纠"。八一五的游行队伍发现了，一声吼："打死那几个老保！"当场把他们抓住，旗帜撕了，人也打得鼻青脸肿，又听得一片嚷："弄回去！弄回去！关起来再说！"冲上去一群八一五的中学生，听说是六中的，把这几个"老保"抓起就走。[69]

著名国学大师、时任西南师范学院古典文学教授的吴宓在12月6日的日记中记载了西师造反派八三一战斗纵队抓捕炊事员中的工人纠察队人员引起的混乱："昨本校之八三一纵队竟捕去食堂之厨工（炊事员）数名，送城中拘押不放，今日西南师院全体厨工一致罢工，多人无所得食……"[70]

2. 虚假的尸展和煽情的谎言

三个月前，官方用虚构的"八二八惨案"对造反派大肆碾压，三个月后，轮到了他们自己来吞食苦果。12月4日发生在光天化日下的大武斗，给造反派提供了大规模碾压对方的极好理由。这一次是真流了血，真伤了人，做文章发挥想象力的空间就大多了。就在血案发生当天，"以血还血，以命抵命""向工人纠察队讨还血债！""坚决揪出一二·四血案的凶手！"一类大标语便在山城重庆铺天盖地刷开去。

5日上午一早，还沉迷于前一天愤怒之中的造反派，再次聚集于大田湾体育场，开会控诉"黑市委"和工人纠察队的"反革命罪行"。头一天抢话筒的重大八一五代表周家喻首先做大会发言，称：

---

69 徐勋《口舌人生中的一段插曲》，中国新闻电脑网络（CND）主办《华夏文摘增刊586期·文革博物馆通讯419期》，2007年7月4日出版。
70 吴宓著、吴学昭整理注释《吴宓日记续编》第七册，页547。三联书店，2006。

西南局、省市委中一小撮走资本主义道路当权派阴谋策划其御用工具——重庆工人纠察队、毛泽东思想红卫兵、赤卫军，赤膊上阵，拳打足踢，挥戈扬矛，大打出手。他们用钢钎、木棍、铁锤、铁矛、旗杆、主席语录牌……等等，打死打伤'八一五'派二百余人，造成世所罕见的流血惨案。

按当时的武斗水平，称武器含钢钎甚至铁锤，显属夸张不实之词；而大会主席台上情绪亢奋的作家罗广斌，他的演讲则满是庄严神圣的蛊惑之言。他专门提到"一个星期以前"大田湾体育场举行的那场纪念"中美合作所牺牲革命先烈"大会，他说："一个星期以后的今天，我们又在这儿追悼牺牲在重庆体育场的无产阶级革命造反英雄。"于是号召："所有共产党员、共青团员，紧急行动起来，和革命群众一起，站在以毛主席为代表的革命路线一边，保卫毛主席，保卫党中央，保卫无产阶级的革命事业！"[71]

惨案发生当天下午，街谈巷议早已盛传现场死了人，而且死人数量越传越多。

体育馆和市体委大楼前的大批判专栏上，一张张墨迹未干的大字报写着……被工人纠察队打伤两百多人，已经有3人死亡。不一会儿，有人用钢笔在上面补充："又有两名不治死亡，死亡人数上升为5人。"等我到各处转了一圈回来，只见不断被人用钢笔修改补充的死亡人数已达14名。[72]

控诉大会开始宣布的议程首项，就是向死难烈士默哀，可是烈士遗体却迟迟未能运达就位，开会时间只能一拖再拖，实在等不及了，最后只好宣布先行控诉，择日再专门举行尸展。

寻找尸体以供展览并证明惨案真实性成了紧迫任务。风传"黑市委"要毁尸灭迹，造反派立即在各交通要道口设卡对过往车辆实施检查，"一二·四"事件当晚，还由重庆红卫兵革命造反司令部、工人

---

[71] 重庆红卫兵革命造反司令部重庆大学红卫兵团、八一五战斗团主办《《815战报》创刊号，1966年12月9日出版。
[72] 庞国义《亲历1966年"12·4"事件》。网文，2020年11月23日。

二七战斗团、工人造反军总部等组织接管石桥铺火葬场，强令火葬场正待火化的 14 具尸体暂停火化。火化工罗贤文[73]回忆：

1966 年 12 月 4 日下午，造反派借口大田湾广场"一二·四"事件中牺牲的战友被焚尸灭迹，数百人手执钢钎棍棒进驻火葬场悼念大厅，强行停炉，连续三昼夜中断火化，致使停尸间尸满为患。那天我正在一线，非常清楚当天没有一具不明不白的死者运来火化，可他们偏不相信，把场长绑架软禁，还鼓捣把一具车祸死的遗体当作被打死的战友，折腾三天后他们一无所获撤出，火化才恢复正常。[74]

事过二日无果，12 月 6 日，性急者干脆直接采取"革命行动"：从火葬场强行拉出 4 具"可疑"尸体，连同当晚从重庆市第一工人医院停尸房抢出的另一具尸体（因风湿性心脏病去世的第二十五中学李天敏）作为"烈士遗体"送去体育场布展。7 日下午，经由罗广斌、杨益言主持重庆市文联文革小组和一些外地红卫兵筹划，"一二·四惨案"尸体在体育场进行预展。外地红卫兵担任纠察、主持广播解说。参观者被要求向尸体默哀，默哀时得先行临时摘下胸前佩戴的毛主席像章（以避免让伟大领袖向死人默哀之嫌）。当年一工人在日记中记载："8 日下午，罗广斌亲自到大田湾指导尸展情况"，[75]展览效果让举办者大喜过望。传单载：

参观的人络绎不绝，人山人海，其影响之大真是难以形容。总之，由于"受难者的尸体"使得山城处处可见左臂上带着白花的"悼念者"，满载着花圈、挽联的汽车开到各八一五派的住地和联络站，甚至"成都革命造反派"从成都也送来了装潢十分精致的花圈，装了满满的两大车。[76]

---

73 罗贤文后任重庆市殡仪馆副馆长，已退休。此为退休后，2005 年接受记者访谈所说。
74 罗贤文：《石桥铺 西南首家火葬场沉浮录》，载 2005 年 3 月 13 日《重庆晚报》。
75 陈家富《山城无产阶级文化大革命见闻录笔记（日记）》曾钟先生据原件整理录入并提供。
76 重大毛泽东思想红卫兵、赤卫军"挺立在山城"纵队《在"12·4"死难者尸体真假已不重要。重要的是"虚拟死亡"所产生的巨大震撼力。重庆市歌舞剧团歌唱演员李天鑫悲愤无已，顿时灵感来袭，一气呵成悲歌《亲爱的战友，你在哪里？》：

唱起那造反歌想起你，
亲爱的战友你在哪里？
那天我们一同去开会，
会场上我们却失去了你。我们的好同志！
你上台揭露了重庆市委，
你发言戳穿了阴谋诡计，
面对邪恶敢于斗争，
你站在毛主席像前传播真理。

歌词凡三段，每段都以"干什么"开头紧接"想起了你"。"干什么"除"唱造反歌"外，还有"提笔写大字报"，副歌则以"你勇敢战斗，你英勇无比。谁知那一双黑手把你的青春夺去。亲爱的战友，你永远活在我们心里"收官。曲调凄婉悠扬，催人泪下。那年头硬邦邦革命红歌大行其道，两相对比，这首煽情之歌大受欢迎。重庆大街小巷、码头车站，一时间到处张挂歌单，自告奋勇者高踞桌凳义务教唱，学唱者唱会一批又来一批，情切切而意深深，其势大有一夜楚歌，唱散十万雄兵之概。保皇四军很快溃不成军。

不过很快，保皇派们便发现了尸展漏洞，同时还闻讯造反派内部因假尸事发生了质疑和分歧，遂从最初的惊慌失措、被动挨打中醒悟，抓紧短促反击。他们追问：

"一二•四"受难者的尸体到底在哪里？受难者到底有多少？姓名和单位是什么？八一五派的主要负责人必须立即向山城革命人民回答！

正告八一五派的幕后策划者，你们若拿不出像样的尸体，说不出死者的单位和姓名，你们就应当向山城革命人民认罪，交待你们的政

尸体的背后》，1966年12月10日（油印传单）。

治阴谋,向被迫害的工人纠察队、毛泽东思想红卫兵、赤卫军赔礼道歉,公开恢复他们的名誉。[77]

毕竟大势已去。全国批判资反路线狂潮奔涌,重庆这些"旧政权"的保卫者们已经无力回天。造反派迅速将"惨案"剧情转入了下一桥段。8日下午,由哈尔滨军事工程学院"鬼见愁"红卫兵率领,造反派把体育场展出的5具尸体抬出,从两路口向上清寺方向示威游行,随后冲进中山四路重庆市委大院,强行将尸体抬到了市委办公厅楼上机要室停放,逼迫市委交出"黑材料",[78]尸展这一页就这样轻松地翻过去,继续他们对"黑市委"和保皇派的穷追猛打。

3. 罗广斌京城告状

罗广斌造反之初,曾力图依附在重庆文革具有巨大影响力的重大八一五战斗团。他通过在市文联串连的重大同学介绍,和总团负责人,人称"老黄牛"的黄顺义见过面,地点是两路口至菜园坝半山坡上那柱苔痕斑驳的"张国才纪念碑"前面,罗作家有节制地对黄表示了他对八一五的支持,同时躲躲闪闪向黄谈到了市委内部若干恩怨是非。黄顺义认真地在全团战斗组长会议上通报了这次秘密会见,结论却让热心热肠地向八一五表忠心的大作家大失所望:"听说罗广斌这人历史有问题,我们不理他。"

几个月来,来渝外地学生的崇敬仰慕,已经让罗广斌获得足够巨大的支持。"一二·四事件"为他提供了一次绝佳机会,筹办尸展时,他一本正经地训诫自己的信徒,说"牺牲14个人,这是重庆学运以来都没有过的,国民党时期都没有过的。"几天来的成功运作让罗广斌信心十足,于是决定亲率代表团赴京告状,把"一二·四"舆论连同他个人的声誉推向全国。

---

77 重庆大中学校毛泽东思想红卫兵、赤卫军长征队赴南充挺进纵队返渝调研组《"烈士"的亲人在哪里?——一评"烈士"尸体展览》,1966年12月13日(油印传单)。转引自何蜀《为毛主席而战》页101。
78 次日通过造反派中一些红卫兵出面劝说后将尸体移走。

当年在重庆市文联任业务组长的杨世元回忆：

> 罗广斌带了一帮人去北京告状，说"黑市委"操纵"工纠"打死了造反派。全文联都动员起来，为罗广斌上京告状准备材料，做调查。连我们这些"牛鬼"都动员起来了，我和（张）继楼、向晓、马戎也被喊去参加，去医院调查被"工纠"打伤的造反派。结果一调查才晓得，不是那么回事。好多医院的护士都是我老伴的学生——我老伴是护校的。我们去三院调查，她们就把我拉到一边，悄悄给我说真话，说那些造反派"伤员"来了，一凶二恶的，拍桌子打巴掌，要开这样药那样药，有的其实没得啥子伤。真正受伤重的"工纠"，不敢说话。我们在外科医院找到一个被六中32111（该校造反派组织名）抓到学校去审问，从楼上摔下来的"工纠"，是个老工人，老实巴交的，摔成了深度腘裂，不敢说话。我们去了，才给我们说了几句真话。后来我们还听说綦江有"工纠"要上京告状，路上被打死了。[79]

文革的逻辑是只要"路线正确"便一俊遮百丑，"路线错误"则满盘皆输。在重庆政治歇斯底里狂乱之中，"政治正确"已经压倒了一切，真相丝毫不重要。12月9日，胜券在握的罗广斌参加由外地赴渝红卫兵和重庆造反派组成的"一二•四惨案赴京控告团"启程北上。他一人独掏腰包为十多个控告团成员购买了全部车票。同月17日，首都三司在北京工人体育场召开"全国在京革命派为捍卫毛主席的革命路线，夺取新的伟大胜利誓师大会"，周恩来、陈伯达、江青、谢富治、刘志坚、张春桥、谢镗忠、王力、关锋、戚本禹、穆欣、姚文元、汪东兴等中央领导人和中央文革小组成员悉数出席大会。

因为首都三司有人直接参加了"一二•四"大会的造反行动，又参加了事后的"联合调查团"和"赴京控诉团"工作，故而首都三司负责人所致大会开幕词中，特别出现了这样一段话："在这场尖锐复杂、你死我活的斗争中，同志们，在重庆，在成都，在长沙，在上海，在北京等地，我们的一些革命战友为夺取无产阶级文化大革命的胜

---

[79]《文革风暴中的重庆市文联》，杨世元回忆，何蜀整理。未刊稿。

利,英勇地献出了自己宝贵的生命。他们是真正的人民英雄,他们的死,是比泰山还要重的。"开幕词赞美文革献身英雄,重庆位列第一。

与会群众全体起立(包括主席台上的周恩来等中央领导人)为"殉难的革命战友致哀"。之后,群众组织代表分别发言:发言者除几位首都红卫兵,只有唯一一名外地代表——重庆造反派"一二·四惨案赴京控诉团"的代表、著名作家、小说《红岩》作者:罗广斌。其他发言都是声讨首都近来出现攻击中央文革、攻击林彪的所谓"反革命逆流",而被安排在第二个发言的罗广斌,长达40分钟的发言却是控诉"一二·四惨案"。罗广斌列举了一些"目击者"证言,声称这次血案中革命群众被打死了十多人,强烈要求"严惩制造血案的罪魁祸首,立即解散重庆工人纠察队,打倒重庆市委,解放重庆山城!"在满场激越难抑的氛围之中,罗广斌将"控告"材料通过主持大会的红卫兵,庄严呈送给了周恩来、江青。

中央文革小组组长陈伯达发言,神父布道一般说了一句庄严的祷文:"我们准备为人民牺牲,我们已经牺牲了很多好同学,好同志,但是革命在前进。"

"一二·四"事件的影响迅速扩大到全国。大会当天,重庆工人纠察队赴京告状团的驻地就被首都造反派查抄,人员被赶走……

报道这次大会的《首都红卫兵》报和罗广斌的大会发言录音很快被带回重庆,广为传播,工人战斗军和与之同观点的毛泽东思想红卫兵、赤卫军、文艺革命军等"保皇四军",遭到沉重打击。造反派以"抓凶手""镇压反革命"等名义到处抓人,私设公堂和监狱,为造反派组织的发展壮大和下一步的夺权铺平了道路。

"一二·四事件"让造反派进攻之势雷霆万钧。重庆市委逼迫转入地下。

第十一节　巴蜀大乱成局

1. 1966年底的形势

文革发动以来，巴蜀社会全面、快速、急速恶化，大乱已然成局。

首先是国民经济遭受了巨大破坏。根据四川官方的统计数据，从1966年6月开始，到8月份，四川的工业生产总产值比上月下降0.6%。据对重庆、自贡、乐山、万县、南充等5个市地的统计，9月上旬有20%至40%的企业生产继续下降。成都全市21个军工企业中，8月份比7月份生产下降的占13个，比例62%。基本建设方面：重庆市建工局14个工区中13个生产不能正常；成都市基建系统市属以上80个企事业单位，内外串连造成闹事、围斗等现象的有6个单位，其中2个损失较大；省建设局直属建筑安装企业，9月上半月只完成计划工作量的30%；著名的龚嘴电站停产6天，9月原计划开挖16万土石方，但上中旬只完成6万方，仅为37%，比8月同期下降54%。科研设计方面，八机部第三设计院因领导被斗，院内350人从8月20日至9月10日未能办公；重庆市设计院原定8月份应完成大小勘察设计项目86个，仅完成42个。交通运输方面：8月份完成货运量比7月份下降，其中铁路和长航轮驳分别下降6.3%和8.2%。9月中旬宝成线少运13528吨。成都铁路局内物资运输只完成计划的88.9%，少运物资66700余吨；各线共积压原煤、钢材、木材、水泥、磷矿等物资8万余吨；重庆港务局积压物资2700吨，航运开始堵塞；一些企业库存满容，不得不停产。[80]到了10月份，全川方交通积压的各种物资达32万余吨，其中重庆地区就积压了近20万吨，严重影响了生产生活。如嘉陵玻璃厂的250吨耐火砖在车站已积压了一个月以上；乐山大渡河钢厂积压的26个车皮已达4个月之久[81]。

80　川发[66]327号文件《省委关于工交战线抓革命促生产的情况简报》1966年9月22日。

81　川发[66]354号文件《省委批转省经委、建委、计委党组关于当前交迎运输比经济形势更严峻的是政治形势。批判"资反路线"的冲击波浪涌峰回，反复冲击，四川的权力体系：党的组织几近瘫痪，行政机构也处于半瘫痪状态。

11月20日，中央办公厅转发了北京市委的重要通告，要求不许私设拘留所、私设公堂、私自抓人拷打等。省委按照要求贴出了该通知，但此举偏偏从反面引起大反响，造反派认为是把斗争矛头转移到群众身上，是挑动群众斗群众。由此，学生、工人抓人、扣留人、打人和进驻机关的情况不仅没有减少，而且还有了发展。从11月21日至27日，被各种造反组织抓走、扣留的有73人，有34人已放回，但仍有包括李大章、廖志高、廖井丹在内的38人被扣留，还有1人失踪。一些造反组织对工人、学生进行抄家、搜身、打人，或抄其他造反组织总部。有24个省级机关被学生进驻，省委办公厅和省人委办公厅大楼基本上被占用，已无法继续办公[82]……文革全面发动之年：1966年的岁末马上就要到了。对于这样一盘政治棋局，北京的无产阶级司令部显然非常满意。12月13日出版《红旗》杂志1966年第15期社论《夺取新的胜利》说："目前形势的一个重要特点，就是广大的革命工人群众起来投入了无产阶级文化大革命运动，革命的学生同工人群众相结合，出现了新的开端。"《人民日报》1966年12月26日社论《迎接工矿企业文化大革命的高潮》说："现在，一个无产阶级文化大革命的新高潮，正在全国工矿企业中兴起。"

所有这些都鼓动着已经失去理智的四川造反派继续高歌猛进。重庆方面，"一二·四事件"引发造反派的大举碾压，已将保守派打得溃不成军，锁定了胜局。成都造反派和保守派局面虽然还有些胶着，而造反派注定越战越勇。

自11月3日四川大学八二六的"井野"（井冈山野战军）率先冲击了《四川日报》，陆续写出《评〈四川日报〉的资产阶级反动立场》"一轰"至"八轰"共八篇铅印大字报，并强令报社随报免费派

情况和 加强交迎运输工作的报告》，1966年11月10日。
82 川发[66]379号文件《省委给中央文革小组及中央办公厅的关于几天来扣人和学生进驻省级机关的情况简报》。

发读者。12月15日，红卫兵成都部队等革命组织开会决定在一周后查封《四川日报》，预留一周时间为封报造舆论，并作好在封报后及时出版《红色电讯》的准备。同一天，"井野"炮轰《四川日报》系列批判文章最后一篇："李家王朝的西南黑报——九轰《四川日报》"发表，之所以要凑足数"九"为要，皆因1960年代中苏论战，中共发文正好其数为"九"，俗称"九评"。社会盛传，"苏修"头目赫鲁晓夫之所以下台，正是因为中共的这九篇雄文的穷追猛打。革命文章作用之巨可想而知。"井野"的"九评"最后霸气宣布："这样的报纸，是人民所喜欢的报纸吗？不是！这样的报纸，是中国共产党的党报吗？不是！这样的报纸，能传播毛泽东思想吗？不能！这样的报纸，不能办了！"

四川医学院斗批改师、成都地质学院东方红公社、成都工学院赤卫纵队等保守派群众纷纷赶到川报印刷厂毁版撕传单。两天后，17日晚上10点半，井野为首的21个组织干脆抢在"红成"动手之前提前行动，单方面封了川报。[83]

已然成名的袖珍小厂成都硅酸盐厂，由工人领袖丘先甫组织的"九八"暴动战团是成都东郊工业片区造反较早、影响较大的造反组织。12月初，官方针锋相对，有意在该厂专门举行产业军硅酸盐厂支队成立大会，附近的川棉厂、三砖厂等产业军1000多人前来祝贺，幸好"九八"暴动战团年轻战士多亡命之徒，很快把产业军赶了出去。

12月5日，"成都工人革命造反兵团"和同派红卫兵前往红照壁政协机关产业军所在地要求释放被绑架的人，产业军有所准备，人数众多，冲突中造反派大吃其亏，当晚，"兵团"只能组织游行对产业军的"暴行"表示抗议。

12月14日，成都近郊的灌县（现都江堰市）工人成立"兵团"灌县分团，兵团总部派代表前往祝贺，该县保守组织围攻。21日，时任"兵团"负责人的"五冶"驾驶员李长友等人到灌县了解灌县事

83　在12月31日出版了《红色电讯》。

件，又被保守组织围攻……

2. 造反派分裂：群众组织牌面的另一面

历史故事总是这样：当王朝和保王党退下舞台，总是就该轮到造反者来捉对儿厮杀。文革不例外，造反派的日子稍有改善，内部就会出现分裂。尤其文革，本来就是乌合之众极端、左倾的比赛，四川亦不例外。造反群体中即有相对激进的，也有相对温和的，这两种倾向的人在外部压力减轻时，就会内斗，首先是意识形态的"左"与"右"的争论，随之而来的是组织的分裂。

成都大学的学生运动声势领蓉城之先，清华井冈山兵团于是就去该校园贴大字报鼓吹"成大必须大乱"，责怪"你们学校里的左派太多了"；川大八二六总体虽属"激进派"，但内部认识也并非完全一致，团长游寿星年级较高（物理系五年级），年龄稍长，处事相对沉着稳健，几十年后，他还非常清楚地回忆，说当年他考虑决策问题相对周全不急速，故而总被同学称为"老奸巨猾"，而政委江海云，遇事好冲动，意见偏激进，游知道当时的政治环境需求，越激进越能煽动起学生的政治狂热，因此事事顺着小师妹，整个局面一直较稳定[84]。川大校园文革之初写出《川大保皇派为什么稳坐钓鱼台》而名声大噪的化学系"赤卫""风雷""十人"和外语系的"红心"战斗组几十个人，自觉"先知先觉"而头脑爱发热，免不了事事特立独行，川大支队和红成之间的关系尚未公开显露危机的10月下旬，这几十个"左倾先锋"便单独拉出一个叫"井冈山野战军川大纵队"（简称"井野"）的山头，宣布退出四川大学"八二六战斗团"。他们不满足学校总团"只想解决学校内部的问题"而要杀向社会"野战"。清华井冈山南下学生瞄准这一点，曾力推"井野"到成大联络，准备成立成都的"第三司令部"未遂。

本来，红成和川大八二六都是造反派，按常理讲，"兄弟阋于墙，

84　2018年8月9日，游寿兴与周孜仁谈话记录。

外御其侮"。一一·一三大会之后，造反派势力越来越大，而内部斗争越来越强。"成都三司"成立未遂，毫不影响"井野"的横冲直撞，砍杀得有声有色。

在重庆，对全国闻名的"一二·四事件"的后期处理，引发了造反派内部的分歧。

重大八一五战斗团负责人之一熊代富这样回忆当时的情况：

> （造反派）组织了一个"一二·四"调查团。我和北京清华大学的钟东（原名钟正国）是调查团负责人，我是团长。调查三天以后，发现没有死人。我们就把这些情况给北京学生，给各个造反派主要负责人做了通报。北京红卫兵第三司令部的一些学生和罗广斌就说，不管死没死人，都应该以死人来作宣传。这是重庆两派分裂，首次出现的一个重大问题。当时我们说如果不实事求是的讲，还是说工人纠察队是杀人犯，以后造反派就会非常的被动。最后老百姓会说：你们没有死人，你们造谣，那么你革什么命呢？你们不是欺骗我们吗？可是，北京"三司"的学生却说：革命的谣言万岁！只要能够摧毁工纠，摧毁保守组织，什么手段都可以用。我们不同意。他们就认为重大八一五右倾了，开始反我们的右倾。

熊代富所表述的理由是成立的，但是说服不了为了革命可以不释手段的年轻人。

成都造反派从一一·一三大会引爆的分裂，随着所谓"左倾""右倾"舆论的争斗，愈益公开和理直气壮。八二六派的《四川日报》《井冈山之声》《八二六炮声》等连篇累牍地发表文章，宣称"原来的各个群众革命组织正在大分化、大动荡、大改组""西南地区正在大动荡、大分化、大改组"。他们鼓吹"为了联合，革命的群众性组织内部首先必须大乱，乱就是大动荡、大分化、大改组""只有大动荡、大分化、大改组，无产阶级革命派才能大联合。没有大动荡、大分化、大改组，就没有无产阶级革命派的大联合。""大动荡、大分化、大改组好得很！好得很！！就是好得很！！！"[85]

事情发展至此，成都方面造反派的分裂，除了在12月22日有一个以杨仲书为司令的"毛泽东思想工人红卫造反军团"从原"成都工人革命造反兵团"中正式拉出，另立杆子，大面积的分裂尚未出现；而重庆，分裂活动则从潜水状态渐渐演化为公开行动。

"一二•四事件"后，"重庆工人造反军"的头面人物黄廉主动向重庆八一五派红卫兵的头面人物周家喻提出成立"山城八一五派联合指挥部"，由周家喻任总指挥，黄廉任政委。1967年开年第二晚，黄廉便正式以"联合指挥部"政委的名义主持会议，计划于1月4日召开"一二•四"事件一周月纪念大会以亮出大旗。不料黄廉此议立遭重大八一五代表反对，他们认为，工人战斗军及其他保守派组织的广大群众是受蒙蔽的，是要革命的，属于人民内部矛盾，造反派应该把斗争矛头对准党内走资派，掌握好斗争大方向，为了避免再次发生不必要的流血冲突。为防止阶级敌人趁机捣乱，更好地争取受蒙蔽群众，此会断不可开。许多与会造反派组织均赞同重大八一五的意见。辩论至凌晨2时，大家同意大会延期举行。1月3日，黄廉依旧以"山城八一五派联合指挥部"名义通知1月4日召开纪念大会。重大八一五针锋相对，迅速发表声明拒绝参会，致使次日的大会草草收场。"山城八一五派联合指挥部"亦迅速被中学八一五派人砸掉。

1月6日，首都三司、一司驻喻联络总站、重庆工人造反军、西南师范学院八三一和重庆交通学院九一五等代表，在牛角沱客运站开会密商反重大八一五"右倾"斗争策略。三日后，川大八二六战斗团驻渝联络站先行发难，召开大会批判重大八一五"右倾"，会议很快被重大八一五造了反，位于重庆六中的川大八二六驻渝联络站亦被一锅端。

1月11日，赴京汇报的罗广斌等人凯旋。回渝当晚，即刻在市文联召集包括黄廉在内的反重大八一五右倾的盟友聚会，商议继续

---

85 《暴风雨中的成都》，成都地区革命造反派联合总部、红卫兵成都部队工院总部"十一"战团、东方红游击队编写。

"反右倾""踢开重大八一五"事宜。

　　天下大乱，这正是毛泽东发动文革最想要的。新年前夕，12月26日是毛泽东73岁生日，他请部分人参加了他的小型生日宴会。寿宴间，他说中国现代史上革命运动都是从学生开始，发展到工人、农民、革命知识分子，才有结果。这是客观规律。五四运动是这样，文化大革命也是这样。举杯祝道："祝全国全面的阶级斗争！"[86]

---

[86] 《戚本禹回忆录》页543。《毛泽东年谱》第6卷，页24-25，中央文献出版社，2013。参加寿宴的戚本禹说，毛祝酒时说的是："为明年全国全面内战胜利干杯！""把无产阶级文化大革命进行到底！"

第四章

夺权狂欢和镇反炼狱

（1967年1月—1967年4月）

第一节 一月革命：四川的夺权

1967年一开年，毛泽东就制造了他最想要、同时也让造反群众狂喜的故事：夺权。

1月2日，"工总司"等20多个造反组织成立"打倒上海市委大会筹委会"。张春桥和姚文元1月4日来到上海。1月5日，张、姚二人在武康路二号楼接见"工总司"负责人。张春桥说："现在赤卫队垮了，你们这支队伍步调是不是一致，关系到上海的全局。上海的200万产业工人是我们的基础。上海工人要能左右上海的形势，工人运动不要受红卫兵特别是外地学生的操纵""现在对市委不必再抱什么幻想了，当前最重要的问题是要把要害部门都控制起来，包括海港、铁路、电厂、水厂、煤气、电话等"[1]；3日，《文汇报》造反组织接管了报纸，4日发表夺权声明——《告读者书》；5日，《解放日报》的造反组织夺了报社的领导权；6日，该报发表声明，宣布不再是中共上海市委的机关报。

1月8日，毛泽东召集陈伯达、康生、江青、王力、关锋、戚本禹、唐平铸、胡痴等开会，谈及上海两家报纸的夺权，他说："由左

---

[1] 徐景贤《十年一梦》香港，时代国际出版公司，页30。

派夺权，这个方向是好的。""这是全国性的问题，我们要支持他们造反。这是一个阶级推翻另一个阶级，这是一场大革命。"

次日，《人民日报》即转载了文汇报的《告全市人民书》，编者按转述了毛8日谈话的主要内容。

同日，以"工总司"为首的上海的32个造反组织署名的《紧急通告》[2]在《解放日报》和《文汇报上》同时发表，"通告"指出走资派与社会上的资本主义势力相结合，"以经济福利问题来转移斗争大方向，挑动群众斗群众，造成工厂停工、铁路中断"，"他们任意挥霍国家财富，随意增加工资、福利，滥发各种补贴费，煽动群众强占公房"等。

10日，毛泽东批示，要中央文革小组"替中央、国务院和中央军委起草一个致上海各革命造反派团体的贺电，指出他们的方针、行动是正确的，号召全国党、政、军、民学习上海的经验，一致行动起来。"[3]

11日，经毛泽东签发的中共中央、国务院、中央军委、中央文革小组联名给上海32个"革命群众组织"的贺电发往上海，还在中央人民广播电台全文广播。贺电说："《紧急通告》好得很。你们提出的方针和采取的行动，是完全正确的。""我们号召党、政、军、民各界，号召全国工人、农民、革命学生、革命知识分子、革命干部，学习上海革命造反派的经验，一致行动起来，打退资产阶级反动路线的新反扑。"

16日，《人民日报》发表《红旗》杂志评论员文章对"上海经验"加以概括，称"经验集中到一点，就是无产阶级革命派联合起来，向党内一小撮走资本主义道路的当权派夺权，把上海的政治、经济、文

---

2 《紧急通告》所指"经济主义风"始于1966年底，1967年初，社会底层的临时工、外包工、学徒工等人群乘文革造反，希图借机解决自己的低微和无保障的工资待遇问题，还组织了各种名目的造反组织，逼主管领导签字，一些领导或无法抵挡群众压力、或为赢得群众好感，纷纷签字同意致使银行存款大量取出。

3 席宣 金春明《"文化大革命"简史》（增订版）中共党史出版社（2011年），页122。

化大权牢牢地掌握在自己手里。"并称这是毛泽东"在新形势下所采取的又一个伟大的战略措施,这个措施将推动全国无产阶级文化大革命来一个新的飞跃。"

1月20日晚上,中央人民广播电台播出了次日的《人民日报》社论《无产阶级革命派大联合,夺走资本主义道路当权派的权》。通篇极尽疯魔煽动之语:

无产阶级革命造反派最盛大的节日来到了!一切牛鬼蛇神的丧钟敲响了!让我们高举起双手,热烈地欢呼:无产阶级革命造反派的大联合,夺走资本主义道路当权派的权好得很!就是好得很!

这是我国无产阶级文化大革命的一个新的飞跃。这是今年展开全国全面阶级斗争的一个伟大开端。

这是国际共产主义运动中的极其伟大的创举,是人类历史上从来没有过的大事,是关系到世界前途和人类命运的大事。

有了权,就有了一切,没有权,就没有一切。……联合起来,团结起来,夺权!夺权!!夺权!!!

……向党内一小撮走资本主义道路的当权派和坚持资产阶级反动路线的顽固分子,展开全国全面的夺权斗争,胜利完成毛主席交给我们的伟大历史任务。

敌人不投降,就叫它灭亡!

社论令举国皆惊。这个"伟大历史任务"很明白,一是对"党内一小撮走资本主义道路的当权派",一是对"坚持资产阶级反动路线的顽固分子"都必须被夺权,都必须被打倒。而这两个概念从来没有明确的定义,亦无没有任何政策界限,所以社论号召,实际上就是打倒一切,夺所有领导干部的权。对于造反的乌合之众,这是何等解气!何等快乐!

这一次,没有围打冬宫的呐喊、没有阿芙乐尔战舰的炮响,没有"波罗的海水兵"在大街嚓嚓走过,也没有电影上的卫队长,一边用梳子刮头发,一边对"资产阶级政府"的官员说:先生们,你们的工作结束了,从现在,直到永远。

为了让虚荣的年轻人萌生类乎"十月革命"的神圣联想,《社论》把上海造反派发动的这次夺权,称之为"一月革命"。巴蜀权力当局已残破不堪,极度亢奋的四川造反派,身逢如此伟大革命自当不甘落后。《当代四川大事辑要》载:

1月4日,四川人民广播电台被部分造反派进驻夺权。1月6日,成都军区根据中共中央指示,对电台实行军管,并决定只转播中央台节目,停办自办节目。

5日,四川省人委生产领导小组成立。省人委发出通知,要求各专、市、州、县、区和公社各级以及各业务部门,都要建立健全生产领导班子,负责生产、分配、收购、供应工作。

12日,《四川日报》改版的《红色电讯》又被迫停刊。13日开始由一派群众用"《四川日报》新一号"的名义出版,21日起另一派群众也用"《四川日报》新一号"的名义出了另一张报纸[4]。

21日,渡口市、攀枝花建设指挥部被"造反派"夺权。

25日,成昆铁路工地指挥部的领导权被夺,接着,沿线工地发生武斗,许多工点陷于瘫痪。第二工程局施工地段的各级指挥机关均被夺权,大量施工人员外流,铁路修建基本处于停工状态。

24日,重钢造反派夺权。公司党政工作从此处于瘫痪状态。

25日,长城钢厂被造反派夺权,该厂党政组织相继瘫痪。3月8日,对该厂实行军管[5]……

一些亲历者回忆,提供了基层地方夺权详细的情况,如万县市:

1月29日夜,熊道生带领一批"主力军"人员进入地委。地委副书记邱维诚同志热情接待,熊讲明来意要夺权,邱表态:"支持你们的革命行动!"并布置工作人员将地委各部门的公章清点移交给了"主力军"总部。"主力军"总部拿到这批公章发觉没有用处,反而

---

[4] 2月25日军队对报社实行军管,上述局面才停止,而由报社军管会领导出版《四川日报》。

[5] 《当代四川大事辑要》《当代四川》丛书编辑部组编。成都,四川人民出版社1991版。页246。

成了包袱，又在2月1日还给地委，代理书记王仲英同志收下印章，说："我相信你们。"⁶

还有泸州市。1月15日方才挂牌开张、由造反派主导却鱼龙混杂的全市跨行业组织"革命职工联合会"（简称"联合会"）揪斗了原市委书记展庆东、副书记市长李金维诸人，于1月22日宣布夺了泸州市各级机关党政财文大权，砸烂公检法。

远处川西雪域高原的甘孜藏族自治州，夺权更像一场滑稽戏：1月15日，康定炮轰团找到县委书记张茂岐，宣布要接管无产阶级专政的宣传工具：县广播站，查封《甘孜报》社。张害怕出卖了党和人民的利益，慌忙亲自跑州委请示州委书记天宝。

天宝，藏族，原名桑吉悦希，1917年生于四川阿坝马尔康县，1935年红军长征过此，少年苦僧桑吉悦希随军去了延安，在初创的中共党校少数民族班当班长，毛泽东赐汉名"天宝"。天宝农奴出身⁷，厚道随和，宛如邻家田舍翁。大家都喜欢称他"天老爷"。"天老爷"听过请示，当即痛快回答："谁要接管就让接管！接管了你们还少些麻烦。"

张茂岐很快签字同意让炮轰派接管⁸，只额外加了两条意见，一、接管后不得中断传播毛主席、党中央的声音；二、不得在广播上攻击别的革命组织。

1月22日，《人民日报》发表《无产阶级大联合，夺走资本主义

---

6 张甦《我们与万县》激荡岁月第三部（上）香港，时代文献出版社2019年1月。页39。

7 天宝，原名木尔加·桑吉悦希，藏族，1917年生于四川阿坝马尔康县，1935年春红军长征路过此地，少年苦僧桑吉悦希于是随军去了延安，还在初创的中共党校少数民族班当了班长，蒙毛泽东赐汉名"天宝"，中共定鼎大陆，天宝奉调解放军18军先遣支队进军西藏，此后又先后任西康区党委藏族自治区、西南民族事务委员会副主任、四川省副省长、省民族事务委员会主任、甘孜州委第一书记、阿坝藏族羌族自治区政府主席、甘孜藏族自治州委书记、康定军分区政委等。文革初支持当地造反派，"二月镇反"时被军人投入泸定监狱。凶信得周恩来听闻，1967年春第一次解决四川问题时，亲自让人将天宝狱中接出；次年四川省革委会成立，天宝任第五副主任。

8 张茂岐《对我来康定县所犯严重错误的检查交待（1967年3月15日）》。

道路当权派的权》，得陇望蜀的炮轰派又要夺州委、州人委的党政财文大权，川大学生罗反修说："无产阶级文化大革命开展到这个时候，没有个结果不行。革命的目的，就是要夺取政权，掌握政权，现在夺权已迫在眉睫！"25日一大早，炮轰派各支队便将州委大院围了起来，罗反修、石仙月、郑盛昌、漆中成诸人冲上二楼把州长沙纳、书记天宝等领导叫到小会议室，说上海已经夺权了。你们执行了资产阶级反动路线，我们必须把权夺到毛主席的命路线上来。具体参与策划和直接指挥"夺权"核心人物张锦康回忆[9]：

这时，天宝开腔了，他说：交就交嘛，省上的权都夺了，我们又有啥子办法呢！还说：我是中央候补委员、州委第一书记，我看把权交给毛主席的革命路线，有啥不可以嘛！

我就对沙纳说：你看，天宝同志都同意了。沙纳想了一下，问：咋个夺法？我说：咋个夺，交印嘛，交州人委的大印！

沙纳说：大印在州人委的办公室。他就叫我们一起去取。我和罗反修、郑盛昌、石仙月、漆中成等炮轰派联络总站的头头们就随沙纳来到州人委的办公室。沙纳迟疑起来，说印在办公室的抽屉里头，钥匙秘书管起在……我说：你是州长，把它撬开就是。于是沙纳找了个钉锤来，可又不敢动手，问我：这个，㧈得不[10]？

他想要我㧈。我想，不能找话说，还是由他动手才对。就说：怕啥子，你是州长嘛，㧈！

沙纳这才把抽屉㧈开，将大印取了出来。只见他捧着大印的双手不由自主地一个劲地打抖，慢慢地将印交到我手上，边交边用颤抖的声音对我说：这个，这个，你要管好哟！

拿到印后，我们又到州委楼上的小会议室。沙纳一想又说：高头（按：指上级）又没有指示，就交了大印，夺了权，咋个办？

这时，我也想，光拿到大印，这个"权"就算夺了吗？！不行，

9　见龚伯勋"一·二五夺权"补记。载《康定县文史资料选辑（第12辑）》。张锦康系炮轰派内的甘孜州机关干部。
10　㧈，此处读"ao"，四川土话，撬动之意。

还得要他们承认这个事。对,要他们写"投降书"。向谁投降?向"炮轰派"投降,他们一定不会干,那就写向毛主席的革命路线投降。我想,写了投降书,就是他们承认这夺权。于是,就拿来笔墨纸张,要他们写。可在场的谁也不肯动笔,都盯着天宝。天宝就说,写就写嘛。还说,我难得回来,这回回来觉得州委里头很奇怪。过去我回来,啥子事大家都主动,这回回来,什么事情都要我表态,真是的……

沙纳和天宝都是藏族老红军、老战友,两人的关系十分亲密,他听天宝的,就首先提笔写起来,天宝也写了。沙纳写了,霍九锡写了,张寿山写了,赵学刚写了,王润富也写了……白纸黑字,都写下了"我向毛主席的革命路线投降,赞成无产阶级革命造反派夺权……"的"投降书",各自签上大名交到了我手上。紧接着,炮轰派就发出《告全州人民书》。这份由州委农工部的廖××和甘孜报的张××负责起草的《告全州人民书》,以充满"革命激情"、极富煽动性的语言,向全州人民宣告了炮轰派夺权的胜利。

大印到手,紧接问题来了,不知道拿到手上怎么办?第二天,全部机关干部自动"放假"回家,没人办公,整个机关工作全部瘫痪。夺权成功者只好把大印交给州人委机关炮轰派组织的头头、联络总站勤务组成员郑盛昌,要他管起来。张锦康对他说:"大印嘛,我们夺过来了,以后咋个弄,就是你们的事情了。"张锦康心中自白:办公是你们干部的事,我们是工人,不懂,不能掺和进去,拿着大印不是好事。

接下来抓紧康定县"夺权"——州、县的"权"一夺,全城所有单位就都"夺"开了,从头道桥的地质队,到街道居委会,"丁丁大小"的单位,都夺。以至于直接指挥"夺权"的张锦康也埋怨开了:"你们夺那个'权'干啥子嘛?找事做!"但是却特别关照了县粮食局"进军号"的头头,要他们把"权"管好,远山高原,吃粮比什么都要紧。张锦康交代:"我们在外头,你就在屋头,好好把屋头管好。"[11]

---

[11] 龚伯勋《"一·二五夺权"补记》页34-37。《康定县文史资料选辑》 第12

相比专、州、县，西南局和四川省委所在地成都，反倒静静悄悄。除了有广播电台、报纸等宣传舆论领域的争斗，地方行政机构却没有发生任何大规模更迭的具象画面。省会成都的造反派分裂太早——1966年11月中旬，其他省、市造反派鲜有闹翻的，一般都到"一月夺权"前后才开始分道扬镳。因为分裂太早，成都到了该造反派联合夺权的时候根本就无法联合。即便稍早发生的1966年底封闭《四川日报》这样的行动，也没有搞什么造反联合。

相比之下，李井泉亲自抓点镇压造反派的重庆，夺权形象进度反倒快而变化多端。

第二节 重庆夺权嘉年华

1. 短暂的狂欢

作为四川第一波群体骚乱的领头羊、李井泉抓的点，重庆的"保皇四军"已经在一个月前发生的"一二·四血案"后被八一五造反派同仇敌忾，打得奄奄一息。到1967年"一月革命"前夕，群体性的保守派已基本垮台。重庆市委事实上已经瘫痪：他们已不知道该干什么，而事实上也什么都不能干了。

八一五造反派一家独大。而在12家高校里，重大八一五又一家独大。有分歧的学生组织主要就是：西南师范学院八三一和重庆交通学院九一五两家，西南师范学院在北碚，一家（重庆交通学院）在南岸，离城中心较远，实力和影响均相对弱小（尤其交院），其他高校均唯重大的马首是瞻。工厂，特别大厂、大系统的造反派组织亦然。1月21日夜《人民日报》发布夺权号召后，22日和23日，重大八一五战斗团、重庆工人"二七"战斗团总部、重庆无产阶级革命工人

辑．政协甘孜藏族自治州康定县委员会编（2006年10月8日）。

造反军总部等七大群众组织开会发起倡议，召开"抓革命，促生产"大会，商讨联合全市群众组织夺权问题。倡议发出，很快得到各系统共 56 个大型群众组织的快速响应。24 日下午一时，各组织按计划如期就位。重大八一五主持夺了重庆市委的权，而按照分工负责主持到市人委（即市政府）夺权的西师八三一偏偏根本没有来。主持人缺席，夺权主持者重大八一五只好匆匆调集其他造反派前来将收缴的印鉴、钥匙、文档等封存待处。

仅就形式而言，重庆夺权无非按中央意图履行某种手续而已，没有任何戏剧性的冲突和值得让人记忆的精彩故事。有趣的仅仅是，四川美术学院一帮前卫派小子对参加夺权这一历史画面非常珍惜，在顺利收缴了各种印章后，次第站上市委机关宽大的办公桌，模仿宣传画上工农兵英雄人物的流行动作，左手握语录本护身，右手作天王托塔状，举印章一枚，逐一拍照留念。当时满街都是鼓动夺权的宣传画，画上代表政权的印章都硕大如斗，而市委标准印章直径只有 36 毫米，举在手上很滑稽。[12] 山城八一五沉浸在欢乐中，连日连晚游行欢呼，危机却在暗地里发酵。

2. 派别矛盾被夺权激化

1 月 11 日，赴京汇报的罗广斌等人凯旋。首都活动近一月，收获满满，回渝当晚即在市文联召集包括黄廉在内的反重大八一五"右倾"的盟友聚会，商议"反右倾""踢开重大八一五闹革命"等议题。只是时间太急促，市委、市人委夺权诸事已被八一五抢了先手。情绪失落并愤怒的罗广斌、黄廉阵营必须抓紧予以还击。1 月 30 日，重庆工人造反军[13]、西师八三一战斗纵队及首都三司驻渝联络总站等 40

12　此景系由四川美院教授邹昌义提供。文革时，还是川美学生的邹曾被重庆大学《815 战报》聘为美编。

13　造反军分总部和司令部两家，都参加了重庆夺权前的筹备活动。总部负责人叶祖禄参加了在少年宫研究夺权方案的联席会，在会上发表了"我们工人抓革命促生产，没有时间来夺权，这个就交给你们十二所大专院校"的意见；司令部负责人蒋国志也参加了夺权筹备。"总部"和"司令部"两个多个造反组织在人民路小学原"一二·四惨案调查团"所在地集会，抓紧成立反对派的临时机构"联络站"。

当时，毛泽东正通过一系列社论指导全国夺权。其中 3 篇经毛泽东亲审阅修改的《红旗》杂志社论最为重要。其一是 1 月 31 日先期发表于《人民日报》的《红旗》第 3 期社论《论无产阶级革命派的夺权斗争》，社论总结了夺权斗争五点"基本经验"：第一，"无产阶级革命派联合起来，向党内一小撮走资本主义道路当权派手里夺权，这是大方向"；第二，"坚决实行无产阶级革命派的大联合，团结广大群众。这是向党内一小撮走资本主义道路当权派夺权斗争取得胜利的最重要的条件"；第三，"必须足够重视革命干部在夺权斗争中的作用。坚持无产阶级革命路线的领导干部，是党的宝贵财富，他们可以成为夺权斗争中的骨干，可以成为夺权斗争中的领导"；第四，"必须实行马克思主义的打碎旧的国家机器的原则"；第五，"在夺权的过程中，必须加强无产阶级专政"。第二篇是《红旗》杂志第 4 期（3 月 1 日出版）社论《必须正确地对待干部》，指出："对当权派，不做阶级分析，一概怀疑，一概否定，一概排斥，一概打倒，这是一种无政府主义的思潮。"第三篇是 3 月 10 日先期在《人民日报》发表的《红旗》第 5 期社论《论革命的"三结合"》，这算是毛泽东对夺权合法性的权威旨意了："在需要夺权的那些地方和单位，必须实行革命的'三结合'的方针，建立一个革命的、有代表性的、有无产阶级权威的临时权力机构。这个权力机构的名称，叫革命委员会好。"所谓"三结合"，一指革命群众组织的负责人、一指人民解放军当地驻军代表、一指革命领导干部。而"大联合"，则专指五花八门的群众组织必须联合起来组阁。至此，"大联合"和"三结合"成了合法新政权的钦定标配。

共产党的天下是枪杆子打出来的。"三结合"三部分中权重占比最重，对稳定政局最核心的，毫无疑问是军人。对此，1 月 2 3 日按毛泽东提议，中共中央、国务院、中央军委、中央文革专发了《关

山头一直对立，都想由自己一方代表造反军，互不相让，后来都没有署名。

于人民解放军坚决支持革命左派群众的决定》。从此，军人正式、全面、实质性地介入了地方权力的管理。

对政治动向极端敏感的罗广斌在"大联合"议题上找到有利于自己的武器，"联络站"成立大会以此破题，向中央拍发"加急电"[14]。电文如下：

> 以重大八一五战斗团周家喻为首的一些群众性组织的领导人，执行了一条右倾机会主义和右倾投降主义路线，他们完全违背了毛主席关于大联合大夺权的指示，完全违背了毛主席的群众路线，客观上迎合了黑市委的需要，于一月二十四日，以重庆十二所大专院校学生为主体，以重大'八一五'为核心，排斥了所有的工人革命造反组织，单方面的接管了黑市委和重庆市的全部市一级党政领导机关的大权，为了使这种非法接管合法化，他们于一月二十六日拼凑了一个'重庆市无产阶级革命派大联合大夺权，抓革命促生产誓师大会筹备处'，这个处的周家喻等结党营私，拉拢一批工人组织的领导人，排斥大多数工人革命造反组织，拉拢一些追随右倾路线的外地学生，排斥与之作斗争的来渝串连革命师生。一月二十九日这个誓师大会发表的紧急通告，竟宣布由大会主席团组成重庆无产阶级革命造反派联络总站，这个由周家喻等一手炮制的、排斥了大多数工人革命造反组织的、根本违反巴黎公社原则的联络总站，接管市委市人委的一切领导权。这一系列行为，激起了全市广大工人革命群众的强烈不满和坚决抵制。我们认为，这不是真正的夺权，而是假夺权，这不是真正的大联合，而是在搞分裂。其实质是欺骗群众，使黑市委窃据的各种大权名亡实存，使我市文化大革命流产。

联络站主持人姓"罗"，另一主持人姓黄名"廉"，该站遂被八一五派称为"廉罗栈"。2月1日，"联络站"成立大会尚未结束，便有与会者去重庆大学通报了"加急电"内容。重大总团闻之大怒，当即在松林坡礼堂紧急进行全校动员，针锋相对发布一封"致山城革

14　此电被邮局拒发，2月9日出版的《首都红卫兵》重庆版创刊号上刊登了这则文本。

命人民的一封公开信"。公开信斥责"加急电"是"一小撮走资派不甘心于失败，纠结社会上的牛鬼蛇神和混进革命队伍的个人野心家，结成的反革命'神圣同盟'""造谣生事、妖言惑众、挑拨离间，恶毒挑起造反派打内战，搅乱革命阵线，转移斗争大方向"；企图用"反革命的小联合与革命的大联合分庭抗礼"；公开信将"罗广斌，黄廉一伙政治大扒手"宣布为"上蹿下跳、造谣生事"的"牛鬼蛇神"，将"西师八三一、川大八二六和北京三司住渝联络站的某些人"正式定义为"个人野心家"。

公开信指责对方"在白色恐怖的艰苦年代，躲在个人主义的窝壳里气也不敢吭一声，现在革命快要胜利了，他们于是跃跃然跳下峨眉山'摘桃子'来了。他们的面目比谁都左，声音比谁都高。他们抓住革命组织的某些缺点，拼命攻击，以掩盖当前夺权与反夺权斗争的实质。"《公开信》宣布："这不是一场群众斗群众的内战，实质是资产阶级反动路线在新形势下的继续，是一小撮走资本主义道路的当权派，为了反夺权做的舆论准备和组织准备，造反派'内战'是现象，实质是两条路线斗争在新形势下的继续"。《公开信》称"这个'神圣同盟'成天叫嚷什么'反右倾'"却"迫不及待地撕开遮羞布，露出了凶相，公开叫嚣要砸烂非法的'革联会''革联会非垮不可'云云。铁的事实证明了他们的反右倾是假的，搞分裂是真的，反八一五是假的，搞垮革联会、破坏大联合是真的。"云云。《公开信》结尾是自谦且煽情的表白：

> 重大八一五战斗团在过去的斗争中取得了一点儿成绩，完全是属于伟大的毛泽东思想，是活学活用毛泽东思想的结果……我们要恭恭敬敬地做劳动人民的儿子，永远做革命人民的小学生。我们愿意化作革命道路上一块铺路石子，让时代的列车在我们的脊背上滚滚通过。[15]

《公开信》在暴风雨般的掌声中通过，接着数千学生立即抄成大

---

15 《公开信》发表于《815战报》第十期。

字报，奔赴全市七区三县铺天盖地贴去。《加急电》和《公开信》表明双方正式开始剑拔弩张的生死对决，无大联合可言了。

至于干部。重庆八一五派夺权之时，毛泽东关于"三结合"的"配置标准"尚未正式公布，但必须有干部这一条已有所闻，于是拉了一名叫徐正身[16]的干部入阁，只是徐级别太低，后来得高人指点，决定把曾被重大八一五称为"镇压八一五事件的刽子手"的辛易之拉来作"结合干部"，此举更被反对派挖苦为"拉郎配"。重庆夺权的"合法性"完全押在了军队一方。

3. 54军的选择

作为国家机器的暴力组分，军队历来是社会秩序和国家利益的终极维护者。枪杆子既是共产党政权的"钢铁长城"，也是党内斗争的利器。文革乱局半年余，政府行政系统被打得稀巴烂，全社会生产、生活、服务、流通各行各业之混乱已大大过界，为了维持最起码的社会稳定从而继续政治冒险，决定祭出军队这一"定海神针"。1月23日，毛泽东致信林彪[17]："应派解放军支持左派广大革命群众。以后，凡是真正革命派要求支持援助，都应这样做。所谓'不介入'是假的，早已介入了。此事应重新发出命令，以前的命令作废。请酌。"

同日，中共中央、国务院、中央军委、中央文革下发《关于人民解放军坚决支持革命左派群众的决定》称："凡是真正革命派要找解放军支持、援助，都应当满足他们的要求。"毛同时指称："问题不是介入不介入的问题，而是站在哪一边的问题。是支持革命派还是支持保守派、甚至右派的问题"。

重庆驻军陆军第54军系四野麾下7纵劲旅，参加过辽沈战役、平津战役，中共建国后又入朝参战，1958年回国驻防四川，1962年又参加中印边境自卫反击战，获瓦弄大捷，可谓战绩彪炳。作为野战

---

16 徐正身，时为重庆市第二商业局党组书记兼局长。
17 这是批在安徽省军区关于可否派出部队警卫群众组织召开的批斗省委第一书记李葆华大会的请示报告上的。转引自王年一《大动乱的年代》，页194。

军,与地方驻军相比,54军对当地社会行政相对超脱。而时任军长的韦统泰,其人生阅历与行伍出身的军人多异而独具风格。

韦统泰,1917年生于山东曹县书香门第,祖父韦延秩系光绪年进士,父亲韦昌麟则在民国政府担任公职并精于书法,韦统泰则自幼热爱诗歌和书籍,相较于纯行伍出身的赳赳军汉,韦统泰特殊的家学渊源和学养背景,使其对风云变幻的重庆文革政治,认知更多理性和包容而少了许多极端。

先是,韦奉命重庆市委之命给官办的毛泽东思想红卫兵(俗称"思想兵")当"辅导员"。只是该组织很快就运程危殆,很快就垮了台。1967年1月8日,师专附中一群"思想兵""反戈一击"成为八一五战士的中学生到54军军部大门静坐,要求韦统泰、梁大门[18]出来承认错误,不出不散。参谋长耿志刚对韦统泰说:"一号,还是我去见他们吧,你是军长,不能随便出去,有事我顶着。"

韦统泰答"他们非要见军长,我不出去不合适,难道我们还害怕群众吗?"岂料刚到营门,韦便被十几名学生围上来抬起便走。卫兵要封锁大门。韦统泰大声命令:"把大门让开,谁也不许阻拦!"继而任由学生用棉被捂得严实,抬上一辆大车就拉到了重庆红卫兵革命造反司令部"软禁",双方相处从尴尬到融洽。几天后,得能人指点,象征性地在解放碑开了一个批判会,让双方都下了台阶,然后韦统泰被礼送回军部大院。

绑架事件并未导致重庆驻军与造反派之间更加尖锐的对立,反而提供了一个奇怪的机会,促成了双方的沟通和了解。韦统泰与造反红卫兵多日的近距离接触、对话,让这位重庆最高军事长官,对这些与他儿女年龄相仿的"革命小将"有了进一步的认知宽容。[19]

54军党委接到《关于人民解放军坚决支持革命左派群众的决定》,立即认真组织学习。韦统泰在军党委会上明确表示:现在,重

---

18 时任54军政治部主任,保守派红卫兵"思想兵"成立,梁与韦统通同时奉命被市委安排为辅导员。

19 参看何蜀《54军军长被造反红卫兵绑架内幕》网络公号《新三届》(2020年11月08日)。

庆市的政权机构、党的各级组织都瘫痪了，驻渝部队的其他单位和军事院校也陷入派性的斗争之中，全市的车站、码头、港口大量货物被积压，旅客滞留，许多工矿企业停产或半停产，公安、检察、法院等执法机构和政府机关都被砸烂了，整个重庆市陷入一片混乱，严重影响了正常的社会秩序和人民群众的正常生活。在这种情况下，我们不管谁管。出于党性，我们非管不可。我们要为重庆市400多万人民负责，就是有天大的困难，也要把这副担子挑起来。

有鉴于半年多文革，重大八一五在社会上事实上已赢得重大影响和广泛民意，军长韦统泰、政委谢家祥及副政委蓝亦农、政治部副主任刘润泉、重庆军分区司令唐兴盛等在第一时间集体召见了重大八一五勤务组周家喻、黄顺义、吴庆举、秦安全、熊代富、查正理等十余人。韦军长明确称"重大八一五战斗团"是"左派组织"，表示坚决支持，并要重大八一五主动联合其他造反组织夺取重庆市的权。军队还推荐了财贸系统造反派头头王绍川、军工系统阳增泰[20]，革命干部段大明[21]等，并正式派出政治部副主任刘润泉出任革联会主任。

有枪杆子做后盾，一切都变得简单而顺当。尽管三项"技术指标"多少有些不尽人意，重庆夺权的进程谁也无法改变。1月26日，重庆地区六所军事院校学生示威游行，16辆军车在山城街头隆隆驶过，年轻军人一路高呼："八一五好得很！""坚决支持八一五的革命行动！"再一日，军校学生在大田湾集会重申立场。再一日，驻军2000名指战员武装示威，对"重大八一五"等造反组织及其夺权行动表示坚决支持。

一切都如流水下滩，瓜熟蒂落。1月29日，重庆30余万八一五派群众在大田湾体育场举行"无产阶级革命派大联合、大夺权、抓革命、促生产誓师大会"，宣布夺权行为完胜并且已经合法。会上，原市委第一书记任白戈、书记处书记鲁大东、辛易之、孙先余、廖苏华

---

20 王绍川，重庆市第二商业局教育办公室负责人，转业军人，中共党员，财贸工人八一五战斗团负责人，阳增泰在第一卷已有介绍。
21 段大明，江西吉安人，1932年加入中共。中共建政后，先后任重庆市公安学校副校长、重庆市检察院检察长、重庆市常务副市长等职。

及西南局宣传部部长刘文珍等全部被揪到会场批斗，按照惯例，一律高帽、黑牌、"喷气式"侍候，而后游街示众。从目前幸存的一张历史旧照，人们尚能清晰看到1967年1月29的山城当日，共产党当权者受辱时低弯的身姿和扣在头顶的如林高帽，帽高而尖，如剑指长天，极具视觉冲击力。大会游行结束，歇斯底里的民众还当众焚烧了刘少奇、邓小平的标准像——夺权盛典胜利结束。

4. 暗流涌动

年轻狂热者们不懂得政治是妥协的艺术，作为造反者，只会把初次胜利的战利品视为不容分割的整体，岂容他人觊觎和分享？更何况，那年月他们接受的训导，是"路线斗争中没有调和的余地"这样的标准经典，谈判、妥协、让步均视为"右倾""调和""投降"，人群之间永无止境的争斗遂成必然悲剧。吹吹打打热热闹闹背后，注定是分裂的暗流汹涌。

军工系统是重庆制造业一大领域。原有一个八一五派的造反组织：八一兵团，首领阳增太已进了革联会常委班子。该系统另一大造反组织军工造反兵团，随八一兵团之后成立。

1月20日，革联会筹备组挂牌运作，军工兵团立即正式写报告申请加入，可是八一兵团已抢先占了席位。军工兵团人多势众，八一兵团不放心。革联会筹备组负责人对军工造反兵团加入革联会深表欢迎，却做不通八一兵团工作，只能和稀泥，让军工造反兵团先来参加2月12日举行的革联会成立大会，人数不超过1000，会后再商谈入盟问题。不料矛盾就在成立大会上爆发了。李木森回忆：

军工造反兵团按照筹备组的要求，组织一千人的队伍前来参加大会。我们身穿整齐的劳保服，胸佩红底黄字的胸章，由无线电厂选出大汉何汉瑞[22]为旗手，高举鲜艳的军工造反兵团的大旗走在前头，

---

[22] 何汉瑞时为国营重庆无线电厂工人，复转军人。文革造反中参加军工造反兵团（后为军工井冈山总部），1967年夏主持在重庆市中心交电大楼建立"完蛋就完蛋广播站"。后因八一五派攻打"完蛋就完蛋广播站"时交电大

踏着整齐的步伐，高呼有力的口号："下定决心，不怕牺牲，排除万难，去争取胜利！""向重大八一五学习！向重大八一五致敬！"……雄赳赳绕场半周，博得兄弟组织的热烈掌声。

队伍走到指定位置站好，旗手何大汉在工作人员带领下把大旗插到大会主席台旁边的指定位置。一千双眼睛望着军工造反兵团的大旗高高飘扬，内心无不感到光荣和自豪。

不料，我们的光荣和自豪感才刚刚开始品尝，军工造反兵团大旗突然变成了袭击目标。几个人在主席台旁边围着军工造反兵团大旗激动地叫嚷着，有人开始抓扯，何大汉为了护旗，被那伙人推拉殴打……大旗被人扯下来撕碎了，何大汉仍紧抱光旗杆，顽强地站在主席台旁，最后，他终于无法站立，慢慢倒下……何大汉被大会工作人员送到附近的工人医院去了。

事后我们才知道，打人、撕旗的是当天的大会执行主席，八一兵团的一个头头。大会结束后，我们一千名军工战士，气冲冲把革联会筹备组围了个严严实实，提出抗议，要求革联会主持公道，追查打人、撕旗的严重事件，惩办凶手及幕后指挥者……我们留下的一些代表在那里坚持了整整四十八小时。后来被认为是向革联会"静坐示威"。

暗中的龃龉迅速变成公开的对抗，军工造反兵团总部接连召开三天会议，请反革联会的西南师范学院八三一战斗纵队和重庆交通学院九一五战斗团学生前来演讲、传输观点，然后分组讨论，最后，各兵团总部一致表态，赞同"砸烂革联会"。军工造反兵团后改名"军工井冈山"，并最终成了"砸派"队伍的中坚。

只是，1967年2、3月的重庆，有54军对八一五派的强力加持，从而维持了短暂的平和局面。八一五派和日渐啸起的"砸派"之间的血腥恶斗延期了。

楼毁于火灾一案被关押审查多年。

第三节 "二月镇反"

1. 军人的认知分歧

北京《关于人民解放军坚决支持革命左派群众的决定》一旦下达，成都军区及所属各部应声而动，迅速介入地方文革，纷纷成立"支左办公室"，派出大批干部战士分赴各单位进行"三支两军"，主要形式为军事接管，如接管省市公安部门，广播、报纸等宣传部门，成都市委等单位。另外，还派出毛泽东思想宣传队驻大专院校、训练红卫兵等。以成都军区独立师为例，全师共抽出支左人员669名，其中干部288名，占全师干部总人数的33.5%。[23]

和重庆方面相比，成都军区作为地方大军区，其涉及的面更大，也复杂许多，要完成此项任务，首先必须解决两大问题。

第一是"左派"认定。对于已被严重撕裂的四川社情，让军人做最后、最高的仲裁者，首要问题并非派出人员多寡，而是对文革各参与方的政治认定和相应采取的态度，即毛泽东指出的"站在哪一边的问题。是支持革命派还是支持保守派，甚至右派的问题"。在此首要问题上，四川军方很难不走入误区。这是因为，军人作为社会秩序的代表者和维护者，天然有趋于稳定、偏于保守的政治惰性，对造反派"以下犯上"、胡作非为的无政府行为多抱反感，判断文革派别的"左"与"右"，心理砝码天然会倒向保守一边，对党团员多、成员出身好、性格顺从，行为稳健的群众组织，感情往往趋于认同。其次，中共建政十七年，各地方军分区长期驻扎属地不挪窝，军官多在当地结婚生子，公、私交通，与地方官员（也即文革中的走资派）保有千丝万缕的联系。记录万州文革的专著《我们和万县》[24]有如下分析："万县军分区领导干部的家属绝大多数都在万县地、市两级机关工

---

23 成都军区独立师政治部《关于抽调支左人员的情况报告》([67]政宣字第70号文，1967年3月20日）。
24 作者为北京大学南下学生张甦。香港，时代文献出版社2019年版。

作，几乎都是单位骨干，都是'四清'和文化大革命初期的积极分子，对于造反派的造反行动一向看不惯，持'排斥'态度，对'红联站'（注：当地官办保守派组织）则坚决支持，甚至加入。她们的观点自然影响万县军分区领导干部的立场。"这一现象具有普遍代表性。成都是被人誉为"来了就不想走"的安乐之乡，成都军区机关久居此地，自然更易生出同样的惰性。最后，成都军区还有一个非常重要且特殊之点：它本身就是遭受文革最早冲击的对象。

成都军区所属部队（除 60 年代调来的四野系 54 军）均创建于刘伯承、邓小平领导的晋冀鲁豫军区[25]，干部多山西人，人称"晋绥系"，中共入川建政后两任司令员：上将贺炳炎和中将黄新廷均系贺龙爱将，故素有成都军区是邓小平、贺龙的部队之说。文革开锣，四野主帅林彪接班格局已成，打理"贺龙班底"遂成情理中事——这便有了 1966 年 11 月 15 日中央军委关于在成都军区开展"四大"的决定。令其开展"四大"的理由颇为牵强："地处内陆，不临边、不临海，没有直接御敌的战备任务。"[26]

正是全社会批"资反路线"疯魔之时，成都军区"四大"火力一开，造反军人便与社会庶民一样陡现狂野之状。司令员黄新廷、政委郭林祥成狂轰滥炸之靶心，黄被冠名"黄霸天"，郭被冠名"郭老修"。罪状是耸人听闻、纯系子虚乌有的所谓"兵变"：

造反派批判黄新廷、郭林祥在成都军区推行了一条"修正主义路

---

[25] 10 军、11 军、12 军、60 军、61 军、62 军分别由晋冀鲁豫军区的 2、3、6、8、13、15 纵组建而成。
[26] 1967 年 4 月 3 日，代总长杨成武在解决四川问题的会议上对此做解释如下："原成都军的司令员贺炳炎 1960 年死后，成都军区没有司令员，林彪副主席提出从广州军区或福建军区调一个拥护毛主席的好同志当司令员，当时就受到李井泉和李的后台的坚决反对，邓小平也反对。另找了一个人当司令员，就是黄新廷。成都军区是个独立王国，水泼不进，针插不进，这个情况材料反映很多，活动也很多，我们看了许多材料，有从北京到成都串联的，有成都到北京的。过去邓小平、彭真这些人都到四川去活动，刘、邓、彭真、罗瑞卿都到那里去进行串联。中央揭开他们的盖子后揭发的。"见宜宾革命造反派赴京代表整理的《会议纪要》（载 1967 年 12 月 18 日的重庆反到底派《文攻报》）。

线""参与贺龙篡军夺权活动""要搞兵变"等等。文革前成都军区在灌县大深山里搞国防工程施工，招了一批年轻力壮的民工，便于保密和统一管理，给每位民工发了一套军装，只是没有领章、帽徽。于是，就说是黄、郭招募的"黑兵"，为"兵变"组建的武装力量。鼓动这批民工来北较场大院造反，冲击机关办公大楼。[27]

军区机关造反者多为低级军官，最高职务不超过科长。司令部的造反组织为"红色造反纵队"（简称"红纵"）、政治部为"千钧棒红色造反军"（简称"千钧棒"），人数不多却能量不小。此外，造反成员还有后来名满全川的空军13航校（"空字０二八"）、文艺兵"战旗文工团"和牛高马大的体工队运动员。军队"四大"火力之疯狂、行为之野蛮，丝毫不逊于地方。战旗文工团话剧团演员金乃凡[28]在日记中记载了批斗军区领导的实况：

> 军区的余副政委、政治部的孔副主任、牛副主任、崔副主任及各部正副部长正在会议室开会，急忙迎出，就这样，一场"冲击政治部党委"的批判大会开始了。（群众）高呼"余述生是保皇派""打倒保皇派"之类的口号。每个发言者的口气都相当严厉，完全是斥责，弄得4位政治部首长无措手足……主动站出来交待和揭发黄司令员、郭政委的问题。中途群众不断高呼口号，大声斥责，以"打态度"（注：打耳光、拔领章帽徽、剃阴阳头、往脸上泼墨汁等，先把"神光"褪了，再进行批斗，美其名曰端正态度，实为对人格的极大侮辱）。[29]

高级干部均未能幸免。某日在军区大礼堂批斗黄新廷、郭林祥、何正文、余述生，造反派先拔掉他们的帽徽领章，接着左右开弓，猛扇耳光，打得受辱者晕头转向，脑袋耷拉，郭林祥登时半边脸肿得老高。施暴者、政治部原二级部长某因生活作风问题被发配基层——趁机报仇泄愤——他走到余述生面前大叫一声："余述生，你还认识我吗？！"余刚抬头，脸上便重重挨了一拳；另一位施暴者系贺炳炎亲

27　军区副政委余述生的子女回忆。见《北较场风雨轶事》（自印书），页374。
28　金乃凡，大校军衔，文革后1980年代任成都军区话剧团团长。
29　《北较场风雨轶事》，页319-321。

威，拿着竹条对受批者挨个抽打——缘由无他，据说就是想"挣表现"。

黄新廷长居旧时德国建筑师为蒋介石设计建造的欧式独栋洋房"黄浦楼"，茂林修竹，曲廊花径，自然很"修"了。成都军区团级干部住筒子楼的一大堆。心理当然不平衡。造反军人将黄家抄出的电子管电视机、席梦思床垫、落地式台灯等家具办展览，在马路上摆一地。郭林祥注重穿着派头范儿，华居明洁，客厅还摆一架钢琴铮亮，郭家亦活脱脱一"修正主义生活方式""展览馆"……

成都军区开展"四大"仅9天，黄（新廷）、郭（林祥）等旋被宣布停职，一级部长、二级部长几乎全军覆没。11月28日，军委宣布，军区工作暂由第四政委甘渭汉主持、副司令员韦杰、李文清协助[30]。成都军区"军内四大"清洗"贺龙班底"一战功成，而高层将校仇恨却深埋心底，单等对造反者的报复时机降临。

四川军队介入文革面临的第二个问题，是军内山头之间的矛盾。

驻川军事集群含三大块。一是成都军区，一是野战军（开始时仅陆军54军一个军，1967年5月中央第一次解决四川问题后，又从东北调来50军）；一为省级地方军区及所辖各专、州、县级分区（或武装部）。对比长期待在属地平庸度日的属地驻军，54军南征北战、频建战功的野战之师自然容易居功自傲，甚至产生盲目的荣誉感。成都军区司令韦杰曾在朝鲜战争吃过亏[31]，自然更被其不屑。由是，54军要与李井泉、黄新廷、郭林祥为首的成都军区心生罅隙便理存其中了。文革期间奉调入川的50军，本是四野久围长困下长春起义整编的"偏师"，不被看在眼里亦于理有存……总之，54军特立独行，在作训、保障衔接等方面都与军区机关少不了磕磕碰碰。某次成都军区开会，54军军长丁盛姗姗来迟，惹得黄新廷厉声责斥："丁军长，在

---

30 1967年3月19日，中央军委发文《关于集中力量执行支左、支农、支工、军管、军训任务的决定》称"军委各总部、各军兵种机关的'四大'，一般在三月底左右暂告一段落。"成都军区的四大方告结束。

31 1951年韦杰任60军军长，率部入朝参加著名的第五次战役。在战役第二阶段，所率60军180师在撤退途中被美军包围，全师只有少量人员突围。

北较场[32]还是要以我的表为准!" 54军和成都军区的矛盾传到北京,引起了各方的关注渲染,以至中央军委和成都军区党委不得不于1963年4月派出工作组到54军开展整风[33]。整风内容盖三点:

1. 组织纪律观念不强。军机关与上级机关工作关系长时间不够协调;对印自卫反击战前,非常紧急情况下,在选择派出部队问题,不能尊重上级领率机关的意见,越级报告;向作战区域指挥军区汇报不够……

2. 领导班子不够团结。军事首长在成绩面前不能自持,个性强……严重影响了党内民主集中制的贯彻落实……

3. 要善于总结经验教训……对印自卫作战中,还存在虎头蛇尾现象,打扫战场不彻底,预案不够严谨,以至造成离我部队几百米左右的印军前线总指挥、印第四军军长考尔中将乘直升机跑掉……

54军刚从前线凯旋,成都军区便挑刺揭疮疤打脸。丁盛憋不住拍案而起,怒道一句"有什么了不起!"摔门拂袖而去,顿时全场愕然[34]……不愉快的历史公案为双方关系投下暗影,从而在介入四川文革的大戏中,频频演出脚本迥异的"成渝双城记"。

中国军队的属性本非单纯的国防军,而是共产党夺取政权、保卫政权的"战斗队、工作队、生产队"三合一的武装组织。这样的武装集团本已精于政治窥测、权力内斗和对策谋略。北京授权他们以"三支两军"的方式介入"天下大乱"的地方社会治理,注定既是福音又是凶信。四川文革乱局陡然间变得更难预料。

---

32 北较场指成都军区所在地。黄新庭此语见军区副政委余洪远之子余昂回忆录。《余洪远与北较场》见《北较场往事》回忆文集(自印本)。
33 军区政委郭林祥对工作组长余洪远安排任务如是说:"54军机关与军区机关积累了一些矛盾,这次去整风是化解矛盾,理顺关系,主要是认识认识'满受损、谦受益'的道理。你余副政委是老资格,在东北工作多年,熟悉四野的干部,思想沟通方便些。" 余昂回忆录《余洪远与北较场》。
34 余昂《余洪远与北较场》。

2. "一·二九事件"

1967年1月29日，重庆八一五派群众在54军支持下喜气洋洋开大会，庆祝革联会[35]夺权成功。成都军区眼皮子底下，底层百姓的一场灾难性事件却突然发生。这场灾难史称"一·二九事件"。

1967年1月13日，为中共中央、国务院联合颁发文件《关于在无产阶级文化大革命中加强公安工作的若干规定》以防止日益混乱的社会翻车出轨，规定凡6条，简称《公安六条》[36]。皆因"公、检、法"尤其是公安机关被砸得溃不成军[37]。如今单靠《公安六条》维持局面显然力有不逮，必须让军队直接下场。中央"支左"决定下发5天后的1月28日，中央军委再颁发《中央军委命令》（即"军委八条"）。该文件规定："对那些证据确凿的反革命组织和反革命分子，坚决采取专政措施。""军队内战备系统和保密系统，不准冲击，不准

---

35 革联会全称"重庆市无产阶级革命派造反联合委员会"。
36 《公安六条》的颁发背景是，1966年年底，全国若干地方出现了一股所谓反对"无产阶级司令部"的"反动思潮"，为"保卫文化大革命"、保卫"无产阶级司令部"，遂由公安部长谢富治主持起草制定该文件。《公安六条》主要内容有：第一，"对确有证据的杀人，放火，放毒，抢劫，'制造交通事故进行暗害，冲击监狱和管制犯人机关，里通外国、盗窃国家机密、进行破坏活动等现行反革命分子，应当依法惩办。"第二，"攻击污蔑伟大领袖毛主席和他的亲密战友林彪同志的，都是现行反革命行为，应当依法惩办。"第三，"严禁武斗。……对那些打死人民群众的首犯。情节严重的打手，以及幕后操纵者，要依法惩办。第四，地、富、反、坏、右等类人员，一律不准外出串连，不得混入革命群组织，更不准自己建立组织。第五，不得利用大民主或其他手段散布反动言论，等。其中与文革乱局最为相关的是二、四、五条。其他无非习惯提法。1979年2月17日，中共中央宣布撤销《公安六条》。
37 安徽省公安厅原常务副厅长尹曙生于《炎黄春秋》2013年第10期著文谈文革"砸烂公检法"一案介绍：1966年11月12日，江青在人民大会堂接见各地来京的造反派时说："公安机关十七年来干尽了坏事，要打倒、要砸烂。"参加接见的有周恩来、陈伯达、康生等中央文革领导。""1967年武汉'七二〇'事件后，谢富治对公安部副部长李震、政治部主任施义之说：'毛主席说，听到砸烂公、检、法这句话我就高兴。''你们要把这句话捅出去。我当面听主席讲砸烂公、检、法没有十次也有七八次。'李震、施义之当晚通过公安部造反派报纸《红旗》将这一消息刊登，并迅速传遍全国，立即在全国掀起砸烂公、检、法，主要是公安机关的高潮。"

串联"。29日，叶剑英向军委扩大会议传达"军委八条"，说到"谁想把部队搞乱，绝不会有好下场！"狠狠拍桌示怒，致使右手掌边端骨折。[38]

"军委八条"为军方整饬地方秩序、镇压造反派提供了"尚方宝剑"。甘渭汉、韦杰等大佬在军区"四大"中受够了气，早就寻机会对"以下犯上者"实施打击。1967年1月29日机会来了。

成都工人革命造反兵团下属街道工业分团多底层贱民，所谓"社会渣滓""牛鬼蛇神"级别人物最多。红成派挖苦"工人造反兵团"为"撬杆兵团"，此之谓也。"撬杆"是成都土话，"撬门入室""鸡鸣狗盗"之意。"兵团"主要头头黄全章、宋立本、张德龙等都被关过局子，尝过无产阶级专政"铁拳头"的厉害[39]。《公安六条》和《军委八条》接连发布，成都地区于是谣言风传，说公安机关即将实施大逮捕。风声日紧，造反兵团于是主动出击。官史对该事件表述如下："1月29日上午，以'成都造反兵团街道工业分团'为主的4000多人冲进市公安局，砸抄办公室和保管室，抢走文件档案资料及公章、空白介绍信、逮捕证、枪支弹药等，并于下午撤出时绑架了21名干警。"[40]

当时，成都地区分裂既成的两大造反派：红卫兵成都部队与川大八二六、成都工人造反兵团势同水火，保守派势力存量也不小，各方对这一重大事件立即都做出了不同表态，亲历者亦从不同角度对若干细节做出解释与补充，比有称28日，曾有三位公安人员在没有任何法律手续的情况到街道分团抓人遭拒[41]；又有资料称，公安局科长谢明光根据《公安六条》第4条精神，确曾凭一张"联系有关事情"的介绍信到街道分团，了解街道工业分团先锋支队刘某某等4人涉嫌"反革命分子"问题，以帮助分团纯洁组织云。据此，街道分团于

38　《李作鹏回忆录》香港，北星出版社，2011年，页566。
39　据当时保守派传单介绍，黄全章系投机倒把分子，曾经被公安机关拘留；宋立本曾因诈骗被劳动教养；张德龙一贯扒窃，多次被拘留和强制劳教。
40　中共四川省委党史研究室编：《中国共产党四川历史（1950-1978）》，页336。
41　黄文英《"一·二九造反记"》，见《一·二九战报》1967年8月11日第四版。

当晚召开支队长会议，决定 29 日到公安局造反[42]等。这些都不重要，反正是骚乱之众冲击了共产党的专政机关，官史用上述不算太少的文字加以表述，且基本事实大体相符，也就够了。

《军委八条》开宗明义第一条就规定："必须坚决支持真正的无产阶级革命派，争取和团结大多数，坚决反对右派，对那些证据确凿的反革命组织和反革命分子，坚决采取专政措施。"命令除第七条涉及军队文革，"其他各条，都适用于地方。"于是，被街道分团这帮市井草民"砸烂"的成都市公安局立即向成都军区求援，军区主持工作的韦杰见报复机会送上门，立即与正在北京汇报工作的甘渭汉电话联系。甘的回答斩钉截铁："老韦，西藏自治区前阵子也乱得厉害，抓了几个造反派，形势一下就稳定了。我看这个经验对处理成都当前的问题可借用。"韦杰大喜过望，回答："不管怎么说，军队和公安局都是无产阶级专政的柱石，这块柱石不能不管那块柱石。那我就下命令调动部队了！"

军队行动迅疾。1 月 30 日深夜，由成都市公安局配合，军汉们迅速包围了位于古中寺成都少年宫的成都工人造反兵团街道工业分团，逮捕宋立本、黄全章等 7 个民间草莽，落网者一律五花大绑，推上卡车游街示众。紧接，公安局大量散发传单，宣布"现行反革命罪犯已经捉拿归案"。"坚决取缔反革命组织成都工人革命造反兵团"之类大标语在成都街头四处张贴。

3. 李大章蒙难

军队包围街道分团捕人，发现了一个意外情况：普普通通的古宅旧院，竟然"藏"着一位顶级地方大员：省长李大章！此外，还有副省长张呼晨、成都市长米建书等一干高级官员。那年月，这些老干部无疑皆属"走资本主义道路的当权派"，走资派而藏匿于如此龌龊的窝穴之中，无疑是牛鬼蛇神"黑后台"了。军人们毫不犹豫将时年已

---

42 《四川二月"镇压反革命运动"大事记》四川省公安厅革命造反总部、西南政法学院政法兵团合编（1967 年 6 月）。

67岁的李大章及其幕僚一举擒获，五花大绑抓走。李大章于中共建党初期即参加革命，建政前历任陕西省委宣传部长、青岛市委书记、河北省委宣传部长、中央北方局宣传部长、太行分局副书记兼宣传部长、牡丹江省委书记、中央东北局宣传部副部长等职，建国后任四川省省长、中央西南局书记处书记，德高望重，声名显赫，资历远在成都军区所有将校之上。可惜面对横蛮无忌的持枪军爷，这几位"老革命"只能乖乖就擒。目击者说，李大章被抓时头戴一顶鸭舌帽，穿一件蓝色大衣，面前站着站张呼晨、米建书等"大坏蛋。"[43]

李大章是1966年11月底被街道分团"扣"到古中寺的。其时李井泉已逃匿，廖志高被胁押赴京，省市机关瘫痪，只有第三把手李大章苦苦支撑局面。街道分团让李大章滞留此地"办公"，是要"当权派"随时替他们解决各种经济问题，如给分团批条子领现金、物资之类。李大章久历乱局，阅世深厚，对此取随遇而安之态，把古中寺旧宅当成了自己的临时办公点，随时召集有关官员来此开会议事。事实上，街道分团的底层草民对于高官并无失礼不敬之举，成天"李省长"长"李省长"短地伺候得周到，派人送饭、送水，亲自给厨房打招呼，说"李省长"肠胃消化不好，须得专门给他煮面条软食云。街道兵团还乘机召开过一次专门大会，让市井庶民哭哭啼啼向省长哀诉工资低、生活苦，接着请"李省长"指示，李大章动了恻隐之心，说过去不清楚大家的生活情况，还表示支持大家造反云云，全场于是掌声雷动。会毕，分团叫人左一个、右一个地扶"李省长"下去，关切道"你这么大年纪，需要休息。"高高在上的大人物被底层草民胁迫而来，和自己同吃同住，了解民间疾苦，寻常岁月全然不可想象——

---

[43] 林凌文稿《我给大章同志当秘书》介绍："1967年2月，大章同志被另一个造反派组织劫持到成都市少年宫（一个造反派组织的总部所在地），一起关在那里的有4、5位省、市领导同志。白天，大章同志继续忙于找机关干部开会，解决接待红卫兵的问题，晚上还被迫参加这个造反派组织召开的"座谈会"，听取他们"诉苦"。（我因事请假回家）谁知等我赶回来后，大章同志已经不知去向了。开始我以为又被哪个造反派组织抢走了，一打听才知道是被军队抓去游街，关进了成都宁夏街监狱。《当代四川要事实录》第二辑，页278。

——这也算四川文革一道特殊的风景线。

李大章女儿李亚丹回忆：

> 晚上，父亲（在古中寺）召集有关干部研究如何组织接待红卫兵的工作，深夜才散会，主管财经的副省长张呼晨回不去，几个人凑合着在一个房间里睡了一夜。早晨起来刚喝了口稀饭，院子里突然响起一片哄闹声，伸出头一看，是全副武装的部队在抓人，吵闹声哭喊声响成一片。一个士兵走进楼上父亲他们住的房间……随后几个兵便上楼把父亲和张呼晨副省长押了出去。他们把父亲和张副省长推上汽车，父亲的警卫员张官尧跟着爬上车，当兵的问：你是干什么的？下去！"他说"我是警卫员，负责警卫李省长的安全。中央没说打倒他，我就要跟他在一起！"这群人把父亲押在车头，以经典"喷气式飞机"样，一边一个按住肩膀反剪双手，当中一个揪住头发把头拉得仰面朝天，浩浩荡荡游街示众……他的脸被打伤，头发被抓掉一大把。这是父亲深感屈辱的一天。[44]

李大章一干高官从街道分团被抓出，荒唐的施暴者竟以此为"钢鞭"证据，将"一·二九事件"包装成走资派幕后指挥、牛鬼蛇神前台造反的骇然大案。

4. 黑云压城

街道分团被军队和公安人员联手镇压，顿如巨石落水，在省会激起千层大浪。

保守派兴高采烈，紧跟公安指挥棒起舞。造反派里的红成和八二六已分道扬镳，八二六的政治盟友"兵团"出了如此大事，红成情绪难免幸灾乐祸，马上派员前去调查事件"真相"，并于2月13日发表了关于"一·二九"事件的"严正声明"，15日公布了首批"调查报告"。"声明"态度鲜明地宣布"一·二九事件"是"有组织、有计划、有步骤地进行"的"党内一撮走资本主义道路的当权派，勾

---

[44] 李亚丹《远去的背影——深切怀念父亲李大章》页212。

结混入成都工人革命造反兵团街道工业分团中的一小撮反坏分子，煽动不明真相的群众……冲进市公安局进行抢劫活动。这是一次严重的反革命事件。"此处所称"党内走资本主义道路的当权派"显然指李大章等人。[45]

面对街道分团莽撞行事而遭灭顶之灾，兵团群众无路可退，本能地做一些零星反抗，当晚6点，有人在人民南路进行集会抗议；夜11时，兵团一二·四分团约30人，在市中心鼓楼北三街强行拦截了军车、扣押司机、汽车，带走参谋人员[46]；2月7日深夜，在玉龙街口又发生一起劫军车事件。[47]

"兵团"总部和川大八二六面对突发事件措手不及。1月30日，兵团和川大八二六联合发表了五点声明，指称"一·二九事件"是"严重的反革命事件""坚决支持成都市人民公安革命造反司令部对此事件所发表的《最紧急呼吁》，一切革命造反组织应该积极支持和协助他们完成这一案件的破案工作。""坚决支持解放军成都部队镇压这次反革命事件的革命行动……部队对这次反革命事件实行镇压完全代表了广大革命群众的意愿，这一行动干得及时，干得坚决，干得好。""公安局是实行无产阶级专政的一个重要工具，我们决不允许任何人假借搜黑材料为名，煽动群众，盗窃国家机密，破坏无产阶级专政，对这次事件的幕后和现场指挥者及首恶分子，必须按照中共中央文件的规定严加惩处。""在这次事件中，凡是受蒙蔽的群众应该向有关组织揭发阶级敌人的罪恶活动，追回被盗国家机密和枪支弹药，挽回国家损失。"等等[48]，很快紧感觉不妥，次日又发布第二号声明，称"一·二九事件"不是反革命事件，成都军区部队逮捕的不是反革命分子等，而是"镇压了成都工人革命造反兵团"。后来的《兵团战报》干脆声称被捕的7个首要分子是兵团的"中坚""基层骨干"。

45　载1967年7月20日《八三一战报》（成都大学红成派主办）。
46　67年2月3日成都部队部分造反组织传单《非法强劫军车的严重事件》。
47　成都部队革命造反兵团联合指挥部2月12日传单《扫除一切害人虫》。
48　转引自成都地区总部、红成工院总部"十一"战团编写的大型宣传资料《暴风雨中的成都》。

空军13航校造反派"空字028""红总"数百名学生，于2月2日下午身着军装、佩戴红卫兵袖章，在宣传车鼓噪下冲进成都军区大院，包围司令部办公大楼，大书标语、贴大字报、发表演讲，怒斥军区推行"反一派、压一派的反动路线"，局面对峙，势态紧张，韦杰出面解释："军区党委改组后，已是无产阶级司令部，有错误可以批判。但是军区当前在抓革命促战备，需要一个安定正常的工作环境，希望大家从国家的安全考虑，冲乱军区的战备系统就会指挥失灵，贻误战机。""红总"一些头头和少数人仍同军外造反派组织在军区大院继续游行、唱"语录歌"，高呼："打倒带枪的保皇派""打倒韦杰"。[49]

一切都无济于事。疯狂的枪杆子一旦披上革命外衣，手无寸铁的百姓只能是奉上祭坛的羔羊。"一·二九事件"后是韦杰最亢奋的日子。2月5日，韦杰召见成都公安系统头目开会，指示："现在牛鬼蛇神出笼了，就是要他们暴露，暴露出来才好打。现在暴露得还不够。小伙子们，好好干，行动要跟得上。你们是第一线，我们是第二线。情报工作你们负责，要跟踪追击，我们作后盾。一切由军区负责。"2月7日，成都军区指使并参与成都市公安局组成调查组，对工人造反兵团实施调查，特别对街道工业分团支队长以上人员进行"摸排"，准备进一步精准打击，以为全川镇压造反派配备样板；2月8日，四川省公安厅"革命造反委员会筹委会"九人班子正式成立，行使一切公安大权。筹委班子成员全部由成都军区党委圈定。

2月10日，韦杰到四川省及成都市公安部门下达镇反命令，决定"打击社会上的牛鬼蛇神，打击重点是川大八二六和成都工人革命造反兵团中的反坏分子。"并宣称"成都右派势力很大，迷惑了不少人，他们以'左'的面目出现。支持我们是假的。这些右派组织抢权、夺权很厉害。现在只有公安、法院和军区的大权没有被夺过去。"是日晚，韦杰又在军区机关召开支书会议，宣布："现在牛鬼蛇神都暴露出来了，就要搞复辟活动，拼命的夺权。我们的认识和措施都要跟

49　丁固《成都二月风云》载《飞鸣镝》，页99。

上来。我们的思想要坚定。"韦宣布：军委已把调兵的大权交给我了，对阶级敌人就是要施专政，我要把那些打着造反旗号的头头，一个个都抓来，把四大监和北较场[50]都关满！

枪杆子一旦获得最高权力当局授权，任何规则都不复存在，连李大章这样的党国元老，说抓就抓，人世间还有什么让他们畏惧？军事长官的意志就是法律，一切都可以由着性子干。

5. 造反派的末日

成都军区开展"四大"时候短暂任性过的军内造反派末日跟随降临。2月10日晚韦杰召开军区机关支书会，次日凌晨2点便开始抓人，《战旗》文工团、空字〇二八"红总"造反派30余人最先落网，军区机关"千钧棒"被逮30多人。上午9时，韦杰看见被捆绑在北较场的"空字〇二八"16名叛逆者，喜不自胜地说了一句："好戏还在后头呢！"

军内造反派被抓，迅速激怒了地方同道。川大八·二六和成都工人造反兵团、"红教工""战旗"等组织11日下午游行示威，声援"革命战友"，队伍继而行进至北较场门口围堵，要求韦杰接见。韦杰断然拒绝并怒怼之："他们要打倒一切，认为黄新亭、郭林祥是死老虎，他们要打活老虎，要打倒甘渭汉，打倒韦杰，打倒李文清，他妈的什么都要打倒！""他们要夺军权，他妈的来夺嘛！"[51]

军人的蛮横远超川大书生们的意料，于是决定静坐示威。《八二六炮声》报还为此出版批判成都军区专号，公布《成都军区顽固推行刘邓路线大事记之一、之二》，号召市民"砸烂成都军区黑司令部"。

---

50 四大监系指位于成都市区的临夏街的监狱。清末仿日本监狱模式修建的模范监狱，分内监(押已决犯)、外监(押未决犯)、女监、病监四个部分，可容500余人。后有人谐川音"四"为"市"，误释为"市大监"，亦有人称"全川第四大狱"，皆误传。历来凡案情重大的人犯均囚于此狱。北较场为成都军区所在地。

51 2月11日韦杰就八二六开始静坐所发表的政治判断。见《四川二月"镇压反革命运动"大事记》(四川省公安厅革命造反总部、西南政法学院政法兵团合编 1967年6月)。

军人的回应则实质得多。2月12日，成都军区正式发布《成都部队紧急公告》称：

一、凡公开违抗最高统帅毛主席批发的《中央军委命令》者，就是反对毛主席，坚决以现行反革命论处。

二、任何组织和个人不准以任何借口冲击军事机关，不准围攻、架走我军人员，不准拦截军车，不准破坏、抢劫军用物资，不准散发、张贴反动传单和漫画，丑化、侮辱中国人民解放军。

三、戒严是一种军事行动，由当地最高军事领导机关根据需要决定实施，各群众组织一律不得擅自实行戒严。

四、现在强行住在中国人民解放军成都部队领导机关营区的外来人员，必须在本公告后迅速离开。否则，将采取必要措施。今后，军内外任何人员，未经许可，一律不准住在军事机关营区内。

五、凡违背以上各条者，坚决依法惩处。

字字千钧。俨然1967年军方制定并具有最后解释权的《四川法典》。军事当局言出行随，以此为据，大规模捕人战车轰隆隆开动了。

先是宣传机器铺天盖制造舆论，宣布"坚决维护最高统帅命令的尊严，对违抗中央军委命令的违法乱纪分子实行纪律制裁"，继而历数军区机关"红纵"和空字〇二八"红总"六大"罪状"，指其伙同工人造反兵团宋立本等策划一·二九抢劫成都市公安局事件，强行冲击军区司令部战略系统……殴打韦杰、茹夫一，喊反动口号、写反动标语等等。声称要"彻底粉碎阶级敌人搞垮解放军的阴谋"，要对革命群众坚决实行"纪律制裁"等。同时又以军内革命组织的名义大量散发传单，公布"成都工人革命造反兵团一小撮坏蛋的反革命面目"，罗列十七大"罪状"，如："兵团勾结党内走资本主义道路的当权派李大章、张力行、张呼晨、孟东波、米建书、金力声等，策划一系列'反革命'活动。""从各方面纠集反动势力，把矛头指向中国人民解放军……企图整垮军队，整垮无产阶级专政，夺取军权，进行反革命复辟"，号召全川人民"群起而攻之、讨之、诛之。"

枪杆子主持下新建的四川省公安厅"筹委会"跟随起舞，表示坚决支持成都军区的《紧急公告》，并发布《对一·二九抢劫成都市公安局反革命事件的严正声明》,宣布镇压"反革命"。军区作训部长周××、高××紧接召见成都公安部门正式研究布置"镇反"工作,决定成立"镇反联合办公室",公安部门立即组织力量对工人革命造反兵团进一步开展调查,四五天内即审查批准一个拘留"兵团"150人的名单,待机抓捕。

2月15日,成都军区正式向各地州军分区发出紧急指示,号召开展全省性的"镇反"行动,"坚决粉碎阶级敌人的新反扑"。内江军分区的动作最快,12日军区《紧急公告》甫出,内江分区即闻风而动,拘捕10余人并开枪打伤一人。紧急指示发出后,各地一派"齐步走,向前进"的恐怖态势。晴和巴蜀的二月之春黑云压城。

6. 大网垂天

几乎与成都军区紧锣密鼓部署对造反派铁腕镇压同时,2月16日,远在京师怀仁堂召开中央碰头会上,开国老帅们进行激烈抗争,矛头直指中央文革小组——此举即著名的"大闹怀仁堂"事件。老帅的冲天之怒对全国文革激起巨大回响。正在成都紧锣密鼓布置镇反的韦杰对公安头目们放言:"成都右派势力很大,迷惑了不少人,夺权夺得很厉害,现在只有公安局、军区两大权没有被夺过去。""我以前右了,不能再右了。牛鬼蛇神出笼了,要大抓特抓"。

川大八二六学生对军方的咄咄逼人嗤之以鼻。群体心理学指出,被仇恨和愤怒触发起来的群体,世界没有什么值得他们害怕的事情。孤立的个人明白自己无法去焚烧宫殿、捣毁敌营,而弥漫于群体的各种暗示、夸大其词的宣言和幻象,却能轻而易举改写个人的胆怯与动摇。文革岁月的年轻人确信自己的信念无比崇高,他们渴望在政治骚乱中创造历史、建立荣誉和功勋。成都军区的武夫恫吓算得了什么?

时任川大八二六战斗团主要负责人的刘安聪回忆:

中学生加入了静坐行列。工人、农民、市民也自发前来声援,为学生送来开水、糕饼、蓆子、棉被,搭起蓆棚,安营扎寨,还有人送慰问信,表演节目……(其间)军内不断有人爆料,某司令员是贺龙的部下，某政委是邓小平的部下，拉出一张长长的名单。这本不奇怪，四川是贺龙和刘邓大军解放的，刘、邓、贺进京了，部队留本地，但是在学生看来，成都军区有根子和后台，问题真的很严重。

军区的态度使静坐学生的愤怒升级，每天定时有节奏的齐呼，由"韦杰出来，甘渭汉出来"，上升为"韦杰滚出来，甘渭汉滚出来"，再上升为"混蛋韦杰滚出来，混蛋甘渭汉滚出来"。[52]

从11日开始静坐，已经到第七天了。政治上本已气息奄奄的成都保守派组织，被军人和警方接连注入的强心针刺激得再次雄起，重新开始了对造反派的挑衅和报复，他们不断举行大规模的示威游行，队伍一律都绕到军区驻地北较场，向静坐军区门口的造反派们高呼"八二六滚回去！""打倒八二六"之类的口号。民众之间的生死争斗再次白热化。

就在八二六造反派为捍卫自身权益向成都军区狂冲猛打，同为造反派的红卫兵成都部队却陷入盲区，显得有点进退失据。首先，红成对自家阵营里悖逆而出的川大八二六日益坐大颇多不适；其次，书生气十足的红成学生们坚守的理念过于纯洁甚至迂腐，对政治操弄几乎一无所知。红成派总部"地总"（全称成都地区革命造反派联合总部）和红成工院总部"十一"战团、东方红游击队联合编写的大块文章《暴风雨中的成都》曾对成都的工人造反派做过如是分析：

八二六派的成都工人革命造反兵团是成都市区内较早地起来造反的工人组织之一……其成员部分是国营工厂的产业工人外，绝大部分是由市区的原公私合营、合作商店、合作服务社职工等单位以及一些街道居民组成的。究其社会阶级成分，根据毛主席的《中国社会各阶级的分析》，应属于小私有者，是小资产阶级和半无产阶级为主体的。这是一个规模较大的、系统又很复杂的群众组织，有的组织严重的不纯，有一些牛鬼蛇神，如没有改造好的地、富、反、坏、右分子、伪官吏、伪兵痞、劳改释放犯、投机倒把分子、甚至流氓阿飞削

52　刘安聪《二月镇反》与川大八二六（未刊稿）。

尖脑袋混进了这个组织,有的甚至一度控制了领导权。这些坏人,混在兵团的广大革命群众中,打着"造反"旗号,大喊"反右倾",行动上大抄、大砸、大抢,大搞反革命经济主义,直至欺骗兵团和八二六派的革命群众冲击公安局,围攻解放军,舆论上则处处针锋相对与中央对抗。如在他们所霸占的《四川日报》上把党中央提出的"自下而上地夺走资本主义道路当权派的权",篡改为"彻底地自下而上地夺权",把党中央提出的把权"夺回到无产阶级革命派手里",篡改为把"一切权力夺过来"。他们公然宣称"军队中的党、政、军大权非夺不可"。更恶毒的是他们指着我人民解放军陆、海、空三军的黄、灰、蓝服色和我们的最高统帅毛主席和他的亲密战友林副统帅接见革命师生时穿的草绿色军装,狂叫要"砸碎一切白骨精,管他是绿的还是黄的,管他是黄的还是灰的,将他们统统砸碎"如此等等。很明显,这些思想是非常反动的,这是他们背着兵团和826的广大战士干的,直到现在这些家伙还没有向兵团、八二六广大战土们交待,并且还在继续欺骗他们。他们利用川大八二六的山头主义、宗派主义等小资产阶级思潮,大搞原来的革命组织的"大分化、大动荡、大改组",到了2月4日他们还在大喊:"我们认为大动荡、大分化、大改组好得很!好得很!就是好得很!!"

  书生气的红成完全没有想过,韦杰等人想要扫荡的,不仅仅是兵团和八二六,而是所有造反派,待到八二六的被彻底剪灭摧毁,很快就会轮到他们。当时,悬在他们头上的达摩克利斯之剑尚未落下,幼稚的政治认知和简单的派别认同,竟让红成稀里糊涂地站到了军方同盟者的阵营。2月17日下午,红成派"地总"甚至还莫名其妙召开了数十万人参加的"彻底粉碎资产阶级反动路线新反扑誓师大会""强烈谴责党内走资本主义道路的当权派伙同社会上的牛鬼蛇神,把斗争锋芒直接指向人民解放军的反革命行动",会后队伍还游行到军区门口,向正在"静坐"的川大八二六示威,正好与军方和省公安筹委组织的示威队伍不期然合流。

  就在这天夜里,四川"二月镇反"的血腥之剑,骇然落下。

7. "二一七信件"

2月17日晚，北较场营门口静坐示威的学生还在继续热闹，前一天参加"大闹怀仁堂"的中央军委秘书长叶剑英，正式签发了一封《中央军委给成都工人革命造反兵团、川大八二六战斗团同志们的信》（简称"二一七信件"）。信件明确宣布"成都军区应革命群众的要求，派出部队协助公安机关捕捉抢劫成都市公安局几名首要罪犯的行动，是正确的，你们应给予支持。""军区为了维护最高统帅命令的尊严，对军内极少数严重违抗中央军委命令的人，所采取的措施，是完全必要的。同时，这是军队内部的事，请你们不要介入，不要干预。"信件严厉警告："你们不要把斗争锋芒指向中国人民解放军"，劝告造反兵团和八二六自觉执行中共中央《关于不得把斗争锋芒指向军队的通知》和军委的八条命令，不要围堵、冲击军区，不要干涉军人行动自由，尽快撤离军区。"我们相信成都工人革命造反兵团大部份是无产阶级的先进分子组成的，川大八二六战斗团大部份是革命师生组成的"，信件最后警告："如果你们继续围攻成都军区，一切严重后果，由你们完全负责。"

信件以电报形式发来。已是午夜，成都春寒料峭。一位年轻参谋拿着电文来到南营门口（军区正大门），像外交官发布最后通牒一样向造反派宣读完毕，扬长而去。

初始，示威者有点不知所措，但马上又不依不饶地开始大喊大叫，诅咒成都军区领导"韦杰、甘渭汉之流""伪造假文件罪该万死！"继续要打倒这个打倒那个，"镇压革命群众绝没有好下场！"……但战斗团的头头们已感到事情之严重：时间已到18日凌晨，经过紧急商议，决定全部人马立即撤离。八二六的政委、个子娇小的无锡籍女生江海云走上宣传车，宣读了《东方红八二六战斗团五点声明》：

1. 坚决执行中央军委的命令，立即撤离军区大门；
2. 到这儿来是为了以鲜血和生命保卫党中央和毛主席；
3. 我们没有冲击和围阻军区，而是要韦杰出来回答问题；

4. 如果成都军区向中央虚报情况，后果由军区负责；
5. 对向军区提出的四项要求保留意见。

然后，参加静坐的川大和本地学校学生陆续撤离。在东营门的北地"东方红"驻蓉机构"红色堡垒"成员也随学院宣传车撤走。参加现场静坐的北地学生陈永迪回忆：

> 这时军区东营门的高音喇叭突然响起，反复播放信件的内容，有军人从东营门出来向我们散发印有 217 信件的传单。一位同学递给我一张，就在我埋头读传单时，静坐队伍中突然冒出几个人，大喊："快点！抓反革命，不要让他们跑了！"原来是产业军埋伏的卧底乘机制造混乱。再看白下路东头静坐者唯一的出口，已经有产业军组织的方阵喊叫着压过来……
>
> 形势异常危急，所幸我方还有不少人，他们迎着产业军的方队冲上去扭打成一团。这时有同学提醒开宣传车冲出去，宣传车是地质局的大客车改装的，可开车的师傅不知跑哪儿去了。危急时一位高个、腿有点微瘸的同学宣称他会开车，在我们怀疑的眼光中，他已爬上司机座位将宣传车开动起来了，车子像巨大的推土机将挡路的人群推开，我们紧随其后往外冲，刚冲过路口，大伙一哄而散，各奔东西。
>
> 我正顺着文殊院街往东走，准备去一位最可靠的中学同学家里避难。突然听见从北边万福桥方向传来汽车的轰鸣声，转瞬间摩托车开道的军车车队到了白下路，从车上跳下大批肩背 AK47 冲锋枪的士兵，杀气腾腾地将路口封锁。好险！幸亏冲出来了。我继续往东走，只见大街小巷已经有戴袖标的人在盘查行人，一张大网正在向我们袭来。[53]

17 日晚，做困兽之斗的学生还干了一件胆大包天的事。军区副参谋长、军区镇反领导小组成员胡永昌亲自到东营门宣读军委来信，一群北京南下的红卫兵包围了他，向胡永昌大喊"信是假的""你敢不敢和我们一起去北京对质？"说着便将胡塞进一辆事前准备的冷

53　陈永迪《我在成都"二月镇反"前后的经历》。

冻车，向城南方向飞驰而开。到达目的地，胡永昌发现眼前的大楼竟是省委滨江饭店，他常来开会的地方，心里便有数了。北京红卫兵押他往宾馆里面走，迎面走来一位服务员正好认识胡永昌，胡向他暗示自己已被挟持，服务员很快向军区做了报告。第二天，军区派人与扣押"人质"的北京红卫兵谈判，北京红卫兵同意胡夫人前来探视。胡夫人在司令部一位参谋陪同下前来，参谋暗中向胡提议派军人把他抢走。胡否决了。1966年6月，胡永昌曾作为省委工作组组长派驻成都电讯工程学院，有与学生打交道的经验，深知如此强来，双方冲突必然造成伤亡，从而让解救人质陷入被动，最终同意随红卫兵一起上京。只是在北去的火车上，军区暗中派便衣随车保护。抵京后胡被关进北师大附中教室，后由总政派人把胡永昌接走了。[54]

成都的早春是阴冷的。1967年2月17日这一夜，乌云将天空整个儿密锁。成都无人入睡。在军区发言人向造反派宣读军委信件的同时，整个省城都在调兵遣将，独立师的子弟兵们已把所有路口围得铁桶一般。整个成都宛若兵城一座。

2月18日，产业军的大队伍很快陆续开进川大校园。他们大摇大摆地在宿舍、教室、各个角落搜查"反革命"，扭送公安局。不幸的是，曾与川大八二六一起造反后因观点离异而结下冤仇的红成主力、与川大仅一路之隔的成都工学院"十一战团"，大批人马也冲进了川大，"打倒反革命组织八二六"的口号声震校园。

"二一七信件"开始在成都所有广播喇叭啸叫。80万份印着信件内容的传单由成都军区用直升机向全市、全省散发。四川省公安厅筹委配合军区的政府指令，于2月18日，在公安厅筹委李子英、杨岗[55]的指使下，发表了《最坚决拥护中央军委最新指示》（指二一七信件），并组织声势浩大的游行，誓言要把"混进革命组织的反坏分子，

---

54 胡小刚回忆文稿"军委叶剑英副主席签发的一封电报"。载《北较场风雨轶事》。自印书。胡小刚系胡永昌之子。
55 李子英，原新疆军区政治部保卫部长，1965年调四川省公安厅，任厅长；"二月镇反"时，任省公安厅筹委会负责人；杨岗，原公安部预审局副局长，1965四川省公安厅任副厅长。"二月镇反"时，为公、检、法联合调查办公室五人领导小组主要成员。

一个不漏地清洗出去",要"无情揭露一切反革命分子的破坏活动，粉碎一切反革命阴谋"。本已衰败无力的产业军和各色保守组织顿如起死回生，血脉偾张，纷纷上街游行，抓捕"八二六"成员，抄砸了成都工人革命造反兵团总部及下属的一些组织，将大批造反派人员押送市公安局收审。

面对"二一七信件"掀起的轩然巨浪，川大八二六战斗团发出了《紧急动员令》，号召全团"针锋相对，以牙还牙，以血还血，血战到底，彻底粉碎资产阶级反动路线新反扑，不达胜利，死不瞑目"，可惜，在军人、警察、数量巨大的保守派的合围之下，这已毫无实际操作价值。2月18日是四川大学最为热闹的一天，军用直升机在昏暗的校园上空盘旋，播撒军委信件。数万产业军和红卫兵成都部队的人员汹涌开进，"打倒反革命组织八二六"的口号声响彻锦江边春寒料峭的校园。

2月19日，四川省公安厅筹委抽调人力抓紧成立"镇反"班子，在业务办公室统管，下设一室四组，即：镇反办公室，审批组，收留审查组，调查组，对外宣传组。从这一天起，全川各地公安部门开始大规模收容、审查参与围攻北教场军区大院的造反派头头和骨干分子。著名的四川"二月镇反"正式启幕。

2月23日，成都市公安局紧随省厅步调发布抓人通告，同日，成都军区政治部亦发《关于取缔各种非法组织的通令》，宣布军区机关和文体单位组织的"许多群众性战斗组织""被少数别有用心的人掌握了领导权，他们同社会上的牛鬼蛇神相勾结，打起'造反'的旗号，欺骗、蒙蔽部分群众，大造反革命舆论，大搞反革命复辟活动，干了许多坏事，严重地破坏了无产阶级文化大革命"，对这些"非法组织""要坚决取缔，立即解散，严禁继续活动。"[56]一派紧锣密鼓。

川大八二六团长游寿星和其他一些同学匆匆遁逃，或"上北京，求救星"，或远避他乡，家乡远在无锡的八二六政委江海云无处可逃。

56　成都军区政治部[67]政秘字第2号：《关于取缔各种非法组织的通令》，1967年2月23日。

23日傍晚，这位小女生外出返校，途中正与一群工人游行队伍迎面相遇，游行者一路高呼"打倒八二六"，江情怒难抑，憋不住举起拳头冲队伍高喊"打倒产业军！"吓得同行的俩同学将她一把拉住。江个子太小，酷似未成年女孩，游行人只当她是中学生，不予注意。俩同学埋怨："你好勇敢哟！（你出事）我们全都得'光荣'啰"[57]……江满脸不服，临近校园便独自一人，径直沿锦江左岸下游走去。第二天川大全校风传：江海云已于昨晚被捕。

原来，江为安全计，独自去某中学女生家借宿，那女生平时很"贴"江，多次邀江去她家做客，父母亦示欢迎。可那一天，江进门甫坐，中学女生便借故外出了。江感觉事有蹊跷，意欲告辞却遭对方父母阻拦。江自知已入险境，于是望着窗外飞舞的雪花，写下一张字条。果然，女生很快带了几个男同学进门，指认江是反革命分子，将其扭送派出所投案。江发现其中有一学生不大说话，便悄悄把字条塞他示意帮忙送出。江事后感慨："没想到中学生也会出卖人。他们太年轻了……天空突然下起了雪，老天作证，我就是窦娥"。她的字条写了8个字："下雪了，雪花很好看。"

造反派叫嚷了几个月的"砸烂公检法"一夜归零。人们再次面临了十七年来多次见识过的"无产阶级专政"铁腕，而这一次更疯狂，范围大得多。18日起，产业军便砸了成都工人革命造反兵团总部及下属的一些组织，大规模捕人，被抓者一个个被五花大绑，揪住头发，挂上黑牌，一卡车一卡车送进公安局，警察来者不拒，照单全收。产业军去砸兵团总部，公安厅筹委专门规定当天不放假，坚守岗位。领导告知："如果产业军有事，我们好去协助。"

这样，以保守派群众为第一线、公安机关为第二线、军队为第三线的抓捕系统，实施铁桶合围。从二月十八日到三月底止，据不完全统计，全省拘捕二万五千二百五十余名（军区只统计一万五千名），占四川总人口的0.035%，由军区直接掌握的成都市公安局就拘捕一千八百六十三名，占全市人口的0.12%，如果把"收留审查"的一千

57　刘安聪《"二月镇反"与川大八二六》（未刊稿）。

九百八十八名计算在内，则占 0.24%，创出共产党执政以来的"最高纪录"[58]。

21日上午到下午，川大八二六兵团各分团支队学生和部分兵团人员1000多人从川大校园列队出发，断断续续到成都军区"请罪"。他们或真诚地企图坚持真理，修正错误，或心怀对失踪同学的悲伤，或带着更为复杂、难以表达的心情缓缓而行，游行队伍走一段停一段，暂停时，队员们便单腿跪地，有的甚至双腿跪地，在淋漓细雨中，举起双手，沉痛呼喊"向毛主席请罪！向毛主席请罪！"泪水与雨水齐下，其情切切，路人无不动容。站起来重新列队前行时，他们又呼出了震天动地的口号："打到产业军！""革命不怕死，怕死不革命！"口号声响遏行云。据红成领袖之一、成都地院学生伍玉生回忆，2月21日川大八二六战斗团1000余战士还到了人民南路广场（今"天府广场"）请罪，领头者一声令下，队伍全体下跪，去掉胸章袖套，倒挂团旗，以示自辱……

即使如此"游行请罪"亦立即被军人驳回。成都军区开出三条语义宽泛而模糊的请罪要求：1. 必须向毛主席、向全国全省全市人民请罪；2. 必须在广大群众中消毒；3. 立即交出黑后台。否则，请罪无效。

不仅如此，次日，四川省公安厅筹委还紧跟而上，发出"加强无产阶级专政，横扫一切牛鬼蛇神"的传单，宣布要"彻底粉碎成都工人革命造反兵团和川大八二六一小撮反坏分子假请罪，真反扑的阴谋"，说兵团和八二六继续把斗争锋芒指向"革命组织"，"公开喊打倒产业军，誓与产业军血战到底，要产业军向毛主席请罪"。传单威胁：如属"假请罪，真反扑"，将坚决予以镇压云云。

3月2日，四川省公安厅发布《取缔反革命组织和右派组织的意见》。凌晨，再对川大实施定点清除，4卡车荷枪实弹的军人在公安

---

[58] 《四川二月"镇压反革命运动"大事记》四川省公安厅革命造反总部、西南政法学院政法兵团合编（1967年6月）。关于四川二月镇反的数据，杨继绳《天地翻覆》又有如下记录："全省取缔造反群众组织1100多个，共抓捕造反派头头和骨干分子8万多人，其中，成都地区抓了33000多人……另一个数字是抓了十万人。

人员陪同下对川大校园戒严,然后按照川大保守组织提供的30余人的名单秘密抓人,川大八二六勤务组成员李贵禄等9人被捕,游寿星、尹正良、何玉春在逃;川大保守组织、红成对川大三舍、五舍、七舍等300多间寝室进行搜查。据刘安聪回忆:镇反中,川大学生共计被抓约200人,多出来的100多人来源有二:一是某些学生在某县很有名气,该县公安局也潜入校园,抓回当地关押;二是本校保守组织和外单位来校的群众,将目标人扭送公安局。

成都市公安局按照军区通知,于4日凌晨全市戒严,再施抓捕。川大826勤务组成员又有4人落网,兵团总部勤务组18人全部被抓。全市共捕500余人,史称"三四大逮捕"。军区支左办公室对此仍不满足,在召集省、市公安厅、局负责人汇报会上,称3月4日的行动对某些组织打击不力,计划再打击一批,。重点是青白江、黄田坝两个市郊工业区;除打击不彻底的《井冈山之声》《兵团战报》《惊雷》《红涛》等群众组织宣传机构外,还有"红教工""红文艺""红卫生""工农兵文工团""省歌舞团"、党政机关内部、邮电系统,及其幕后操纵者亦被列入继续清洗的名单。

8. 成都军区:法由己出,抓!抓!抓!

事情至此,我们已经看到,当武装的暴力集团拥有了绝对的、不受约束的权力,将会给社会带来多么可怕的灾难性结果。抓捕造反派群众几乎成了军方唯一的工作。成都军区的在职领导除副政委余洪远负责生产,其余均全力以赴"镇反",最高负责人是甘谓汉、韦杰,其余负责人有:李文清(副司令员)、邓少东(副司令员)、茹夫一(参谋长)、胡永昌(副参谋长)、孔骏彪(政治部副主任、负责省公安厅)、杜灵(独立师师长、负责成都市公安局)。省公安厅成立了"镇反领导小组",负责人周子珍(军区训练部部长)、杨岗(原省公安厅副厅长)、李子英(原省公安厅政治部主任),成都市公安局镇反负责人杜灵、贾林山(原市公安局副局长)。任何规则约束均荡然无存,四川重演了"朕即国家"的军方版。其特点有三:

第一,一切以军事长官的喜怒好恶为准绳。判断和决策仅凭长官的情绪,于是信口开河,言出令随,迅速演绎成社会灾祸。且看成都军区军头的言论:

成都右派势力很大,迷惑了不少人,夺权夺得很厉害,现在只有公安局、军区两大权没有被夺过去。/我以前右了,不能再右了。牛鬼蛇神出笼了,要大抓特抓。[59]

你们公安机关十七年来积累的材料干什么用?在这个时候就是该使用了。你们怕什么?有我们强大的中国人民解放军作你们的后盾。/对公安工作六条要活学活用,按照规定精神,灵活运用。[60]

你们这里上前天的戏演得很好嘛!我听××首长讲了,我很高兴,这戏是大家演的,我只不过是派了点兵力,听说是一网打尽。现在对他们是这个(韦用手臂比作×型动作,表示二一九被捕的人先捆起来),以后查清了还要这个(韦用手在脖子上砍,意思是要杀头)。前天之前,你们搞不起来,乌云笼罩着,这次是军内外牛鬼蛇神的大暴露,温度一高他们都跳了出来。如煮饭,锅盖揭早了饭是夹生的,揭晚了饭早烧糊了。军委二月十七日的信公布后,正好把锅盖一揭,跳的都浮在上面,都抓住了。/二月十七日军委的信,比原子弹还厉害,下达之后,形势立刻大变。我们也搞了点策略,晚公布了两天,让牛鬼蛇神统统都跳出来。

要运用"后发制人"的策略,要学习中印边界战争的经验,先造舆论,提警告,然后退几百里,他们来了我们就打,他无话可说,政治上取得很大胜利。/到时间我们一行动,你们就有了充分准备,坚决反击,一反到底!

不要怕,大胆地干,有解放军做后盾,如果敌人胆敢整你们,老子枪杆子就不认人,我们的刺刀又不是吃素的![61]……

59　2月16日,韦杰对四川省公安厅革命造反委员会筹委会指示。见《四川二月"镇压反革命运动"大事记》(四川省公安厅革命造反总部、西南政法学院政法兵团合编1967年6月)。

60　2月18日,军区支左办公室田××部长对省公安厅指示。

61　2月21日,成都军区副参谋长薛××到成都市公安局所作报告:《团结起第二，自立法律，立法、执法三位一体，监督则完全不存在。镇反期间，成都军区及其扈从：公安机构从 2 月 12 日至 3 月 5 日 23 天之内共发布实质性的、可操作性极强、执行时限极其短促的文件多达 13 个。这些法律的制定，不需要任何审批申报手续，头头点头立即生效。

2 月 12 日，成都军区发布《成都部队紧急公告》。公告规定：一、凡公开违抗最高统帅毛主席批发的《中央军委命令》者，就是反对毛主席，坚决以现行反革命论处；二、任何组织和个人不准以任何借口冲击军事机关，不准围攻、架走我军人员，不准拦截军车，不准破坏、抢劫军用物资，不准散发、张贴反动传单和漫画，丑化、侮辱中国人民解放军。三、戒严是一种军事行动，由当地最高军事领导机关根据需要决定实施，各群众组织一律不得擅自实行戒严。四、现在强行住在中国人民解放军成都部队领导机关营区的外来人员，必须在本公告后迅速离开。否则，将采取必要措施。今后，军内外任何人员，未经许可，一律不准住在军事机关营区内。五、凡违背以上各条者，坚决依法惩处。

2 月 14 日，四川省公安厅筹委会发布《对一·二九抢劫成都市公安局反革命事件的严正声明》。《严正声明》坚决支持中国人民解放军成都部队的《紧急公告》，并开始布置个地州"镇压反革命"运动。

2 月 18 日，四川省公安厅筹委会发布声明："最坚决拥护中央军委最新指示（即二一七来信）"，表示要把"混进革命组织的反坏分子，一个不漏地清洗出去"，要"无情揭露一切反革命分子的破坏活动，粉碎一切反革命阴谋。"

2 月 20 日，四川省公安厅筹委给各级公安机关下达了《彻底粉碎反革命逆流的紧急通知》。《通知》以贯彻"公安六条"为名，将"收留审查"对象明确并扩大为：1.《公安六条》规定的几种现行犯的嫌疑分子；2.制造反革命事件和重大事件的策划者和指挥者；3.打死人，打残人的首犯，情节严重的打手；4.混入革命组织，进行破坏活

来，共同对敌，加强无产阶级专政》。

动的"十八种"分子；5.深知兵团内幕的支队长以上的人员。《通知》还明确规定对"犯罪分子"可由群众"扭送"，"对群众扭送到公安机关的现行反革命分子，反革命嫌疑分子和坏人，必须认真审查，不得优柔寡断，放纵敌人……"公开煽动群众暴力并使之合法化。

2月23日，成部军区政治部发出《关于取缔各种非法组织的通令》。

同日，四川省公安厅发布《关于坚决镇压反革命活动的布告》。

同日，成都市公安局紧随省厅步调发布抓人《通告》。要求广大群众积极检举揭发破坏活动分子，由公安机关根据犯罪情节依法处理。

28日，成都军区批准公布由公安厅筹委制定的《四川省公安厅关于坚决镇压反革命活动的布告》，印发二十六万份全省张贴。《布告》将造反派煽动群众冲击军事机关和公安机关、抢劫武器弹药、盗窃国家机密、破坏无产阶级专政、破坏工农业生产等行为一律明确定性为"反革命逆流"。要"坚决镇压反革命活动""坚决取缔反革命组织"，以保障"无产阶级文化大革命的正常进行，保障无产阶级的革命秩序，保障工农业生产的安全，进一步巩固无产阶级专政。"

3月2日，四川省公安厅再发《取缔反革命组织和右派组织的意见》。

3月5日，成都军区授意省公安厅起草并陆续发布《关于坚决取缔反革命组织和反动组织的意见》《关于正确处理极少数红卫兵做了错事甚至做坏事的几点意见》《关于逮捕、拘留、判刑审批权限的意见》。

3月5日，成都市公安局《紧急通告》正式公布，通告明令禁止兵团、八二六、红卫军团、川棉红旗战斗师四个群众组织进行活动，勒令大小头目坦白交待，交出抢占物资等……

这些自定法律一经执行便雷厉风行。被投入监狱的高级领导计有：省长李大章、副省长张力行、张呼晨、孟东波、成都市委书记米建书、金力声等。2月22日，韦杰到市公安局讲话，曾问："刘正庚

[62]是多少级的干部？",人答：九级。韦道："不管他多少级，犯法是不行的。"有人提出："拘留这些人，不是我们的权限范围"韦杰答："这是老框框，（现在）情况特殊嘛！"军人铁腕之下，高干尚待遇如此，庶民百姓完全成为草芥，生存安全毫无保障了。

第三，创新抓捕模式，使群众暴力合法化。

文化革命以来，随着群众暴力的升级，各地均有将仇恨对象"扭送"专政机关的大量执法案例。所谓"扭送"，就是在既无犯罪证据又无法律依据的情况下，采用暴力将人强制送往警方关押。此种行为一经政治提炼，就成了文革中流行的、独特的执法样式："群众专政"。对造反派本怀仇恨的四川省公安厅领导对这一司法样式自然大加赞赏和支持。在其制定的《彻底粉碎反革命逆流的紧急通知》，第二条就对群众"扭送"加以明确肯定。周子珍甚至解释道："今后群众'扭送'来的人，一个也不放，放人要经过批准，否则就是非法"。"扭送"本系非法之举，反制非法倒成了非法，黑白颠倒可谓极矣。成都军方更将这一群体暴力的非法行为以"创新模式"之名加以确认，即所谓"军队、公安抓捕与群众'扭送'相结合。"韦杰对此做出如下解释："镇不镇反是大方向问题，放松了镇反，才是个大错误，该打击该抓的一定要抓，抓的面小了，打不开局面""群众积极起来抓反革命，精神多可爱！他们是第一线，你们是第二线，我们是第三线。[63]"

军人自定法律且随意解释，抓起人来便随心所欲，毫无底线了。在"三四大逮捕"中，西胜街制球社硬骨头战斗团支队长杨××仅仅因为广播了外地赴蓉学生写的"对成都地区目前形势的声明"（关于"二月镇反"的），就以"广播反动传单"罪名被捕；小学生袁××在学校教室内写出："坚决粉碎自上而下的资本主义复辟反革命逆流""成都工人革命造反兵团中大部份是无产阶级先进分子组织起来的"，便以书写"反动标语"之罪投入监狱……如此火力，成都驻军

---

62 刘正庚，老红军，65 信箱（成都无缝钢管厂）监委书记。
63 2 月 23 日韦杰视察成都市公安局的讲话。见《四川二月"镇压反革命运动"大事记》（四川省公安厅革命造反总部、西南政法学院政法兵团合编 1967 年 6 月）。

独立师师长杜灵尚嫌不够,是日下午,他到市公安局对全体干警发表讲话还大反"右倾",称:

> 我不理解为什么你们对镇压反革命这样手软,现在是非常时期,要打破一切束缚我们手脚的旧框框,当前公安局的中心任务就是镇反,归根结底就是一个字,抓!抓!抓!大家要大胆地干,不要怕,一切由军区负责。前段时间,反革命气焰嚣张的时候,警察一个个都灰溜溜的,现在该你们出去兜风了,现在是显威风的时候了。

9. 专县的镇压与抗争

四川各专州县的镇反,从2月12日成都军区发布《紧急公告》正式开始,至"二一七信件"下达与省会同步推向高潮。从能够搜集到的史料上可初步判断,动作最快的是离成都交通最便捷的内江市。成都军区《紧急公告》发布次日,内江军分区即开始镇压以"内江工人造反司令部"为首的工人造反派。事后韦杰曾如此表扬:内江打了两网,抓了130多,同公安机关协作连续作战,打了7天7夜。"[64]

内江开始抓人的消息由"红电工战斗团"战士迅速传到近邻自贡市,14日,自贡造反派便在英雄口广场召开"声援内江造反派誓师大会",内江造反派代表在大会上发言控诉。会后举行了游行。次日,各造反组织纷纷组成"慰问团""调查团""医疗队""宣传队"等声援内江的组织,当晚,以自贡二中为首9个学生造反组织3000多人步行前去内江,途中被内江军方组织的近万农民持械阻截在凌家场地区,坡上还架起机枪,将造反学生分割围困于公路对峙一晚。自贡武装部担心发生流血事件,紧急致电内江军方高层"千万不能对学生动武",并连夜组织"交通兵团"等调集近百辆大卡车急赴事发现场,于次日一早将数千学生接回自贡。

成都北邻重镇绵阳地区军分区和各县武装部党委统一部署"镇

---

[64] 2月23日韦杰视察成都市公安局的讲话。见《四川二月"镇压反革命运动"大事记》(四川省公安厅革命造反总部、西南政法学院政法兵团合编 1967年6月)。

反"。造反派组织被取缔,部分造反头头和造反骨干分子被逮捕或刑事拘留。据统计,从 2 月 17 日至 3 月底,全区取缔造反派组织 19 个,逮捕 538 人,拘留 1158 人[65]。连荒远的凉山彝族自治州军分区,也继雅安驻军之后,于 3 月 5 日正式张贴通告宣布"成都工人革命造反兵团雅安分团是右派组织",称:"凉山全区凡同成都工人革命造反兵团、川大八二六战斗团有密切联系的,执行其指示,或基本观点与其一致的各种名号的组织……实属反动组织,必须依法取缔"。据不完全统计,该州先后明令取缔六十五个革命造反组织。

如果说二一七信件下达前,军人在关键时刻首鼠两端,尚犹豫不定,那么,"二一七信件"下达之后,胆子就彻底放开了。造反群众太多,抓捕难度和工作量太大,镇反行动必得充分发挥军队督阵、警察抓捕与群众"扭送"相结合的方针,专县的镇反当局(特别是作为基层军方的武装部)必须充分煽动并调集其农村基本盘:农民参与。资料提供了如下案例:二一七信件下达次日凌晨,荣县武装部调集了数以万计的农民蜂拥进城,告知他们荣县中学"红旗"学生造反了,要"抢监狱""抢银行""冲武装部",被煽动得牙痒痒的农民于是一举抄砸了"荣中红旗"等造反团队办公地,广播站等。广播器材、办公用品、旗帜、袖章等均被洗劫一空。有学生上前制止阻挡,即被殴打,继而捆送公安局。有"荣中红旗"等造反学生 33 人,到县公安局抗议并"静坐示威",从 2 月 17 日中午"静坐"到 18 日中午,后由县长王家福出面做工作,静坐学生方才去县委食堂吃了一顿稀饭,然后付清钱粮离去。[66]

2 月 19 日深夜,自贡驻军及自贡市公安局拘捕了"川大八二六"在自贡的群众组织"中南海哨兵"勤务员二人,保守组织"五军一兵"也在内江军分区个别负责人的支持下,大造舆论,写出"坚决镇压反革命""横扫一切牛鬼蛇神"等巨幅标语。20 日开始对市内部分较大的造反组织的"勤务员"进行了"清理调查"。21 日,在驻军配合下,

---

65 《中国共产党绵阳历史(1949-1978)》第二卷第四章 十年"文化大革命"的内乱 (2014 年 7 月 24 日)
66 王锐:《自贡文化大革命大事记》。

市公安局"临时领导小组"按成都军区命令,抓捕成都工人革命造反兵团自贡分团勤务员5人。22日,市公安局"临时领导小组"在驻军配合下,将"全红总"[67]自贡分团主要勤务员10人抓捕入狱。25日,市公安局革委会发布"第一号通告",以贯彻"公安六条"及"军委八条"之名,提出"横扫一切牛鬼蛇神,取缔一切反革命组织"等口号,拉开全市"大镇反"序幕。先是,自贡二中"毛泽东主义战斗团宣传队"20多人在以"自贡市红卫兵司令部宣传队"名义赴宜宾地区巡回演出,不知局势已变,演出中仍有攻击宜宾地区军方负责人王富德镇压造反派的内容,返程途中即遭宜宾高县军方实施拦截,"宣传队"20多人全部以"反军"之罪围困于县招待所,同来的"自贡市交通兵团"送人送舞台布景和乐器的两辆卡车及所有宣传器材亦被扣。其中3人被抓直接送县看守所关押。后经自贡造反派持自贡市武装部介绍信[68]前往营救,高县当局方同意"宣传队"人员在街头当众做公开"检查"后放行。

10. 天宝落网

专州县抓得疯魔,被抓者的社会层级也越来越高。甘孜州委第一书记天宝,虽然有中央候补委员、四川省副省长、省委常委的头衔亦未能幸免。这位藏族老干部,对甘孜州所在地的极端行为一律采取息事宁人的态度应付,使康定县的"炮轰派"得以轻松完成了"夺权"。泸定县和州府所在地仅咫尺之遥,听闻康定炮轰派1月25日轻松夺权成功,次日,泸定县也抓紧夺了"县权"。不同的是,泸定的权是被与"炮轰"观点对立的另一派所夺,而且是在人武部和原县级党政领导支持下"夺"的。泸定"炮轰派"一怒之下决定"反夺权",方略则是假借批斗之名,到康定将天宝"押"来泸定,实则是要"天老爷"来给泸定原领导"打招呼"把权交给"炮轰派"。孰料天宝一到

---

67 全称"全国红色劳动者造反总团",一个合同工、临时工的全国性造反组织。1967年2月24日被中共中央宣布取缔。
68 自贡市武装部负责人李宗白是四川仅有的一个支持造反派的军队干部。

泸定,康定的"炮轰派"大队人马也跟着"杀"了来。当年红军飞夺过的铁索桥边之蕞尔小城。在县委机关大院发生的两派恶战顿时热闹,愈演愈烈。孰料28日晚一个营的军人已悄然开到泸定桥头,29日凌晨,部队将"炮轰派"团团包围,几个彪形大汉将天宝打下楼梯便绑了,押进泸定公安看守所关押。全城大抓捕随之开始,泸定小城一下就抓了1500多,除了看守所的监号,连县文化馆也关满"人犯",此为泸定"一·二八事件"。天宝则开始了没完没了的大会批判,巡回游斗,最后押回康定"隔离看管"。

"二一七信件"下达,天宝罪行被宣布"坐实"。1967年2月23日《甘孜报》第三版以头条位置发布"中国人民解放军四川省康定军分区"的《紧急通告》,明确宣布:"以天宝为首的一小撮走资本主义道路的当权派和坚持资产阶级反动路线的顽固分子,及其御用保皇组织'成都工人革命造反兵团康定炮轰团',纠结地、富、反、坏、右和牛鬼蛇神,怀着刻骨的阶级仇恨,疯狂地破坏无产阶级文化大革命,破坏工农联盟,破坏无产阶级专政,破坏'抓革命,促生产'。到处煽阴风,点鬼火,造谣惑众,制造事件,挑动群众斗群众,把斗争矛头指向无产阶级革命派,指向无产阶级专政机关,指向中国人民解放军。他们的滔天罪行,激起广大革命群众无比愤怒,一致要求严加惩办。'甘孜州红色公安革命造反司令部'遵照中共中央、国务院,《关于在无产阶级文化大革命中加强公安工作的若干规定》,逮捕和拘留了一批反革命分子和坏分子,这是保卫无产阶级文化大革命、加强无产阶级专政、保卫无产阶级革命秩序的革命行动。"

《甘孜报》还专发康定10万群众批斗"反革命修正主义分子天宝"的全景照及一幅特写镜头:三壮汉执经典喷气式步架,粗胳膊一齐掐向"修正主义份子"天宝头颅,狠狠下摁。"天老爷"表情模糊,只见得一幅无奈相可怜巴巴。

《泸定反革命事件罪证展览》也是必选项目,展览列举了天宝及"炮轰派"大量"反革命罪行"。[69]

---

69 参看龚伯勋《"炉城"文革补记》页 61-62。中国人们政治协商会议甘孜藏

11. 万县开枪杀人

川东地区以万县造反势力最是强大，军队的镇压和造反派的抵抗，因此表现得最是血腥残忍。北大南下学生张甦详细记录了这一惨剧：

2月22日凌晨，万县军分区实行"军事戒严"，万县地市公安机关的消防车同时开上大街，拉响警笛，凄厉的警报声响彻漆黑的夜空。万县军分区宣传车的高音喇叭一遍又一遍播放着取缔"反革命"组织"主力军"的《通告》和《军事戒严令》。

凌晨4点，埋伏在主力军总部外面的万县军分区独立营和专区公处干警，便实施抓捕行动：先由公安干警翻过高墙，进入"真原堂"内（主力军驻地）小院坝，再摸进内部第二道门。这时被住在里面的"主力军"二路军农民发觉，以为是"红联站"组织人员前来"偷袭"，就抡起板凳砸向进门的公安人员！公安人员马上开枪射击，将砸板凳的农民击毙！再冲进屋里，对其他并未反抗的"二路军"农民一阵疯狂扫射，打死20多人！

"真原堂"内枪声大作，大街上消防车恐怖尖叫，惊醒了万县市主城区所有居民。万县二中"赤旗战团"总部负责人钟嘉钰立即召开紧急会议，动员"赤旗"战士举行全城大游行抗议军分区的武装镇压！万县军分区独立营在巷道内画了三道"军事戒严线"，都用白油漆标识。最后一道"军事戒严线"就画在"主力军"总部"真原堂"大门口。解放路中学赤旗学生听说"真原堂"主力军被打死好多人，在负责人牟其群指挥下，冒着大雨冲进"真原堂"巷道。分区独立营和专区公安处戒严人员全部集中在"真原堂"大门口，他们看见学生们冲上来了，指挥官、军分区作训科科长董家琪高声喊道："再往前走，就开枪了！""赤旗"学生根本不相信人民军队和人民警察会向手无寸铁的中学生开枪，义无反顾地往前冲！带队指挥官对天鸣枪，制止不了学生，便向着石板地面射击，其他士兵也斜着枪管，向地面射

族自治州康定县委员会编。

击，个别民警却直接对学生和群众射击。地面的跳弹和直射的飞弹，构成火网飞向前头的人群：顿时，前头学生和群众倒下一片！外边的造反派战士看见战友一具具血淋淋的遗体，看着呻吟的负伤战友，怒火中烧！他们有人飞快将伤者送去抢救，有的找来门板将牺牲的战友摆在上面：一共 24 具遗体。怒火在万县人民心中火山一样爆发出来，"赤旗战团"总部负责人和"主力军"总部委员吴惠昌研究，一致决定，举行抬尸大游行，强烈抗议法西斯大屠杀！[70]

是日风雨如晦。乐队高奏《国际歌》乐曲，十多万群众的怒吼在江城上空唱响：《国际歌》完了，又是《就义歌》："戴镣长街行，告别众乡亲。砍头不要紧，只要主义真。杀了我一个，自有后来人！"接着又是"抬头望见北斗星，心中想念毛泽东，想念毛泽东！"……其壮怀激烈，直令天地鬼神惊泣。事后，奉命参与戒严的驻万 7799 部队（54 军下属团级建制）一号首长孟亚夫对张甡讲："我和二号（注：指团政委刘金庭）一看这场面就全明白了：'主力军'怎么可能是'反革命'组织呢！"，于是命令"戒严"干部挥手让游行队伍通行。

四川镇反是开国老帅和成都军区军头的共同决心，小小万县 7799 部队几个团级干部的歧义毫无意义。"二二二"事件的枪声和歌声初歇，军分区和警局照样在全城进行大搜捕。万县市看守所人满为患，只好将废弃的国民政府"老法院"、北山路小学等处辟为临时监狱，关押共数千人。军事当局将"主力军"定为"反革命"组织，其他群众造反组织一律定为"反革命帮凶"。为证明武力镇压乃正义之举，照例举办"镇压反革命组织'主力军'展览"以为政治攻势，煞有介事地告知庶民百姓，说一姚姓"伪军团长、副官主任、参谋长、团管司令、少将副师长、中统特务"解放后，被中共判刑劳改，"在这次无产阶级文化大革命运动中，积极为反革命组织'主力军'充当

---

70 张甡《激荡岁月（第三部上册：我们与万县）香港，时代文献出版社 2019 年 1 月版，页 50-51。另据官史《万县志·大事记》记载，此次事件死亡人数为 33 人。

幕后指挥"[71]云云。

面对在失去理性的枪杆子，手无寸铁的生命不管多么崇高，只能是权力砧板上被任意宰杀的羔羊。江城的抗争沉寂了。造反群众只能"畏罪潜逃，伺机反扑"。"反扑"的唯一途径，就是"上北京，求救星"。3月7日，张甦和解放路中学同学面商，公推"二二二"事件亲历者11名同学一道赴京告状。

至此，除最先上京的成都八二六，专县上京告状的计有万县、宜宾、涪陵、内江、开县等数百人。

第四节　重庆的另类风景

1. 批斗李井泉

成都军区自恃二一七信件在手，毫无顾忌地发泄自己的偏见，彻底推翻了文革半年多结果，重新定义"左派""右派"和"反革命"，公开宣布对产业军"必须重新认识，重新估价，原打为保皇组织是错误的。这个组织比较纯洁，对党有深厚的阶级感情，三多（出身好得多、党团员多、转业军人多），（他们）对解放军、对镇反态度是鲜明的，立场很稳……红卫兵成都部队为代表的一些组织，这个组织是在成都地区文化大革命中成长起来的，斗争大方向基本是正确的，是一个革命组织。与川大八二六做过斗争，在一•二九事件上的态度是正确的，不过迟了一点，是认识问题。川大八二六和工人造反兵团是右派组织，开头是比较好的，后来被走资本主义当权派和牛鬼蛇神操纵了。"[72] 把兵团、八二六为代表的一众造反派投入黑牢，监狱人满为患。著名的"四大监"不敷使用，还大量启用临时监狱，甚至被誉为

71　张甦《我们和万县》，页48
72　2月19日，四川省公安厅革命造反委员会筹委会传达军区负责人指示。

"震旦第一禅林"、唐玄奘在此修行的古大慈寺，禅房僧舍被"反革命"塞得满满当当。

与成都军区不同,驻重庆的54军在对待造反派这个要害问题上,完全明确地支持了重庆主流造反派:以重大八一五为领头羊的群众组织,并在事实上推动成立了一个虽残缺未全,却初具符合"国标"雏形、由军人主导的"新政权":革联会。基本稳住了局面。在巴山蜀水一片血雨腥风中,山城重庆出现了另类的文革风景。

北京的夺权号召猝然来临之时,重大八一五以其资格老、名气大,影响纵深,事实上已经联络和控制了重庆绝大多数的造反派势力。势单力薄的工人造反军头目黄廉,和大作家罗广斌虽欲另拉夺权山头,但时间来不及了。再说,54军立场鲜明表态支持八一五,重庆既成局面无人能撼。1月29日,重庆30余万八一五派群众在大田湾体育场举行"无产阶级革命派大联合、大夺权、抓革命、促生产誓师大会",宣布重庆市的夺权行为已经结束并且合法。2月8日,"革联会"宣布正式成立,54军政治部副主任刘润泉任主任。重大八一五熊代富及由54军推荐的"财贸八一五"王绍川、原重庆市第二商业局副局长徐正身等任副主任。虽然"革联会"大政方针均由54军党委集体研究决定,但作为"革联会"执政基础的社会力量八一五,毕竟属于响应毛泽东文革号召蜂拥潮起的造反派。

西南王李井泉被"智擒"监护于重庆大学已有一月余,其时重大八一五已将其交54军和革联会接收,只是继续由重大代管。2月8日,重庆"革联会"正式宣告成立,需要将其揪出来正式批斗以示新政权革命大方向之正确了。2月19日,批判大会终得安排以"重庆市最高权力机构"的名义召开。被批者职务西南地区最高、罪名最响亮,加上民愤最大,对他的批判规格自然应该最高。参会群众太多,大田湾体育场无法容纳。时值初春,长江尚未涨水,市中区沿江而下的长江河谷有一江心岛名珊瑚坝,水枯时节便和江岸连一起了,坝上还一直保留着抗战时期修建的飞机跑道,整个儿就一天然大广场。事后小报消息称参加批斗会的人数达60万,虽非准确统计,但比大田湾体育场30万人的大会容量,肯定大了许多。早春的雾霭把江两边的石岸和层层叠叠的城市建筑全都省略了，飞机坝满眼喧哗与骚动，旗幡与呼喊。2月25日出版的《815战报》第十期发表的专文报道："在文化革命运动中深受反革命修正主义分子李井泉镇压和迫害的山城广大革命造反派，早就对李井泉恨之入骨，直欲将这个土皇帝千刀万剐而后快。"故而"砸烂李井泉的狗头""谁反对毛主席就砸烂谁的狗头"之类的口号在长江河谷萧萧风雾间显得特别震撼人心。报纸第三版还刊出5张照片，其中有一张李井泉的大特写，面部不太了然，只见他的头被一只大手死死摁下，嘴吃力地微微张开，咻咻喘气，头发几乎掉光，更显出特殊的凄苍老迈。李井泉时年不过61岁。批判大会毕，将李井泉及陪斗的刘文珍、鲁大东、廖苏华诸人押上卡车游街示众。游行队伍以毛泽东大幅油画像为前导，驻军部队开道。巨幅画像上毛泽东笑容可掬。又逢"西南的春雷"——贵州省革委会成立，决定2月22日在贵阳市邮电大楼前广场举行十万人批斗大会[73]，于是拿着介绍信来重庆借用，革联会批了条，重大将李交贵州批斗暂用，用后又抓紧送还重大继续看管[74]。

重大八一五学生为服侍李井泉忍气吞声如此，到了1968年中央首长接见四川代表，发布著名的三一五指示，周恩来依旧严厉责备："重庆去年把李井泉搞去，不给'反到底'斗，'反到底'扎了三个草人，斗了后把他烧了。'纸船明烛照天烧'为什么不给他们斗？这是大方向问题。"[75]试想，当时李井泉安居重大，其安全状况学生需一日一报，谁敢把这个"宝贝儿"随便出借？再说借给对立派，出事概率之高，傻瓜也懂。直到1967年5月7日中央正式下达《关于处理四川问题的决定》，重大八一五终于按上级命令将李井泉"礼送"成都交还有司，这才彻底松了一口气。

---

73 参见邓振新编著《贵州风云》（自印本），页74。
74 1967年5月张国华到四川履新，专门召见郑全体等一干赴蓉挺进纵队员，传达总理指示，要保护好李井泉同志的安全和健康。直到1967年5月7日《中共中央关于处理四川问题的决定》下达前夕，重大八一五终于按上级命令将李井泉交送回去，彻底松了一口气。
75 315指示，张国华同志传达记录稿。

2. 革联会的重庆镇反

珊瑚坝批斗会前两天（2月17日），"二一七信件"下达，血雨腥风的四川"二月镇反"正式拉开大幕。从18日开始，由成都军区负责人的直接指挥，四川一派黑云压城。直升机在巴蜀天空凄厉盘旋，播撒传单凶信。重庆珊瑚坝批斗会后第三天，万县军人向手无寸铁的造反派实施实弹射击，杀死24人，伤无数。比震动全国的青海首开枪杀先例的"二二三事件"[76]早一天。

面临全川迅速恶化的局面，尚属四川治下的重庆[77]，54军虽在造反派问题上特立独行，但在"镇反"问题上却难独善其身。

首先，公安六条、军委八条均在年初发布。紧接1月22日《人民日报》社论正式号召夺权，1月31日由《人民日报》发表、经毛泽东亲自修改审定的《红旗》第三期社论《论无产阶级革命派的夺权斗争》，以大量篇幅专谈"镇反"，明确指出："在夺权的过程中，必须加强无产阶级专政。这是建立无产阶级的革命新秩序，必不可缺少的条件。""在当前无产阶级同资产阶级及其在党内一小撮代理人决战的阶段，坚持反动立场的地主、富农和资产阶级右派分子、坏分子、反革命修正主义分子、美蒋特务，都纷纷出笼。这批牛鬼蛇神，造谣惑众，欺骗、拉拢一些不明真相的人，成立反革命组织，疯狂地进行反革命活动。""牛鬼蛇神一齐跑出来，是一件大好事，我们正好趁此机会来一个大扫除，'扫除一切害人虫'。"社论号召："一切革命群众组织，一切革命同志，都必须提高革命警惕性，防止反革命分子混进来捣乱。要在统一指挥下，配合专政机关，担负保卫无产阶级专政的任务。"

北京三番五次强调镇压反革命，重庆焉能无动于衷？

其次，成都因"一·二九事件"给成都军区提供了口实而直接导

---

[76] 1967年2月23日，青海省军区调动独立师、独立团的部队，计十三个连，包围《青海日报》社，向围攻报社的学生实弹射击，死伤群众347人，其中：亡169人，伤178人"史称"青海223事件"。

[77] 1997年3月由八届全国人大五次会议正式批准，重庆改为中央直辖市。

致军委"二一七信件"下达，为军队发动全川镇反，摧毁造反派并重扶保守派，这股逆流必然影响重庆文革的演进。2月24日，重庆市公安局革命造反临时委员会（简称"重庆公安临委"）[78]按照四川省公安厅革命造反委员会[79]紧急通知，部署了镇反，决定由市革联会、市无产阶级专政委员会、驻军代表、红卫兵革命造反司令部和市公安局临委会联合组成"打击现行反革命指挥部"。3月中旬，四川省公安厅副厅长、镇反运动主要负责人杨岗到重庆检查工作，再次强调说，《红旗》杂志社论说的"大扫除就是大镇反。"[80] 3月20日，四川省召开"抓革命，促生产"工业交通基建会议，重庆开会代表认为这次镇反捉人多了，当即被批为"思想跟不上""分不清什么是反革命"[81]，孔骏彪[82]对省厅筹委杨岗等人强调："重庆市在一•二九前后，敌人暴露的程度没有成都突出，但重庆是国民党的老巢，政治情况比较复杂，如果重庆的镇反搞得不好，就是夺了权也不巩固，因此，重庆的镇反要好好地抓一下。"

第三，重庆夺权前夕，造反派内部已现分裂之势。八一五凭着人多势众和军队支持一举夺权成功并成立了革联会，人少势寡的一派（如西南师范学院八三一纵队、重庆工人造反军、重庆交通学院九一五战斗团以及部分外地学生如首都三司、一司渝办，其典型代表即罗广斌和黄廉）自然就不高兴。不高兴就要造反，就要砸烂革联会（后来这一派就自称为"砸派"，后改名"反到底"）。2月8日，大田湾体育场举行革联会成立大会，欢呼"新山城"诞生，砸派派人到会场造反未遂，是夜又派人到《重庆日报》抄砸大会报道铅版，公安机关

78　由重庆公安局造反派与西南政法学院政法兵团红卫兵联合夺权建立的临时权力机构。

79　此前，四川省公安厅革命造反委员会筹委会于1967年2月8日成立，在成都军区督导下开展镇反。

80　《罗让交待关于"镇反"问题》，载反到底公检法指挥部、工总司财贸第一造反纵队《全盘否定重庆二三月"镇反运动"资料汇编》第一辑18页，1967年10月。

81　《四川二月"镇压反革命运动"大事记》四川省公安厅革命造反总部、西南政法学院政法兵团合编（1967年6月）。

82　孔骏彪，时任成都军区政治部副主任，直接负责四川省公安厅镇反工作。

迅疾以砸坏制有毛泽东照片的铅版为由抓捕了为首人员，军队即正式开入报社实施警卫。

林彪在文革肇始时发表的著名"五一八讲话"："政权就是镇压之权"。八一五造反派既已掌权，对权力的反对者实施弹压就事属合理了。2月4日，新华社向全国播发了《贵州无产阶级革命造反总指挥部通告——关于被社会上的牛鬼蛇神打入和篡夺领导权的群众组织的若干规定》，提出"对打入革命群众组织、篡夺领导权的牛鬼蛇神中的首要分子及其死党，必须立即逮捕法办。""必须以阶级斗争的观点来对待所有群众组织及其行为"，邻居贵州的镇压行为既然已得中央认可，重庆自然也能照此办理。

以上因素决定了重庆"镇反"的特点：除打击通常意义上的"牛鬼蛇神"外，就是打击那些与革联会对着干的群众组织，以"反对革联会""破坏文化大革命"等罪名宣布为"反革命组织""反动组织""右派组织""非法组织"等勒令解散。其成员被逮捕、拘留、揪斗或"勒令"自首、请罪。其中影响较大的事件有：1月23日：工人造反军的前哨支队、六号门纵队等被作为"反动组织"明令取缔，对负责人、骨干成员被捕后五花大绑游街示众，《新重庆报》对公审大会作重点报道。3月7日，北碚区驻军宣布西南师范学院八三一战斗纵队是"右派组织"，勒令解散。次日，革联会所属的北碚区公安分局"压不倒"造反队、重大八一五战斗团和新成立的西南师范学院"春雷造反兵团"等发布《联合公告》，宣布接管西师党、政、财、文大权。西师八三一战斗纵队被宣布为"反动组织"，勒令解散。西师八三一负责人周荣等7人被北碚公安分局压不倒造反队以"现行反革命"罪名拘捕。3月9日，54军对后字242部队（解放军后勤工程学院）实行戒严，宣布取缔该学院反革联会的"红色造反者总团"（简称"红总"），先后拘捕其负责人及骨干成员30余人，同时抓走驻该学院的其他反革联会红卫兵29人。此后，后字242部队红总、西师八三一和交院九一五，就被八一五派称为"三大右派组织"。

杨继绳先生对全国"二月镇反"的类型做了两种划分："第一种是反对文革的军政官僚和保守派群众组织联合起来实施的，这种类型的'二月镇反'的思想倾向，是和大闹怀仁堂的'二月逆流'相通的。第二种情况是在革委成立前后，支左军队和一部分造反派镇压另一部分造反派。镇压的理由是这一部分造反派反对革委会（或革委会筹备小组）。第二种类型的'二月镇反'和北京的'二月逆流'没有共同的思想倾向。"[83] 重庆镇反属于第二种。54军政委蓝亦农在一次检讨中如是说：

> 我们54军执行三支两军工作有许多错误，有的是方向路线错误。主要有三大错误。一个是"二月镇反"。我们的确顶了，但没有完全顶住。成都军区个别负责人直接通知我们抓人，当时就有些想不通。二月十七日的公开信，我们不知道是假的，认为是真的。当时通知我们去两路口江海云的亲戚家去抓江海云，我们军的领导思想都不通，没有去抓。三月初，到军区去开会，批评我们右倾，说哪个专县都抓了多少人，你们重庆是国民党的老巢，步子太慢……我们怕乱。保守思想作怪。没有看到"二月镇反"是李、廖阴魂不散。当时对黄（新庭）、郭（林祥）还有好感。李井泉过去从各方面压我们，黄、郭揪出来了，认为甘（渭汉）、韦（杰）是毛主席司令部的人，有思想上的奴隶主义。我们在几个地区顶，都被压了回来，有的地区还不让我们指挥，要军分区指挥。我们有怕乱思想，保守思想，奴隶主义。二月十七日的信件，完全顶住不容易[84]。

三月初，八一五派群众（包括革联会内部）对锒铛抓捕曾经的"造反战友"负面声浪渐起，15日，"重庆公安临委"通知各区、县，单位暂停捕人。其后，人民解放军进驻公检法机关，建立了重庆市公检法军事管制委员会，由空军第九工程总队总队长徐国栋任主任。据重庆市公安局史志办公室公布的数据，"二月镇反"期间，全市共24个群众组织被宣布为反革命组织或非法组织明令取缔，被拘捕2253人。

---

83 《天地翻覆》第十二章"二月逆流"和"二月镇反"。
84 1967年4月13日，蓝亦农在京西宾馆座谈会上的发言。座谈会系由张国华、刘结挺、韦统泰、蓝亦农、白斌等接见重庆八一五在京勤务组全体成员。引自陈万明《亲历继续革命的实践》（自印本）下册第17章。

3. 罗广斌的命运

必须说一说"砸派"的灵魂人物罗广斌。

1月29日，重庆八一五三十余万派众在大田湾体育场召开大会宣布夺权成功并组建"新政权"，次日，重庆工人造反军、西师八三一战斗纵队及首都三司驻渝联络站等40多个造反组织旋即在人民路小学筹建被八一五挖苦为"廉罗栈"的反革联会机构"联络站"，罗广斌代表市文联红卫兵战斗组出席会议并在那封著名的《加急电》上签名，批判重大八一五"执行了一条右倾机会主义和右倾投降主义路线，排斥了所有的工人革命造反组织，单方面接管了全部市一级党政领导机关大权"——他不知道，一个定点清除罗广斌的落网此时已在重庆悄然布下。该行动不是由重大，而是南下的北航红旗战斗队驻渝联络站发动的。

1月31日，北航红旗驻渝联络站在重庆四处散发传单、张贴大字报，号召"打倒罗广斌"，其中重头文章《罗广斌很像革命造反派内部的定时炸弹》称，罗广斌"历史有问题""是周扬黑线上的人物""与黑帮分子沙汀、马识途等关系十分密切""是重庆文艺界最大的铁杆保皇分子""是埋在山城革命造反派内部的一颗定时炸弹""山城头号政治大扒手"……北航红旗的宣传车在解放碑周围高声朗诵讽刺罗广斌和杨益言企图向革联会反夺权的打油诗："老罗和老杨，整天工作忙，一个想当书记，一个想当市长……"2月3日上午，罗广斌再次来到人民小学"联络站"，西师中文系教师杨向东笑问："老罗，有人说你是埋在造反派内部的定时炸弹，你好久爆炸？"罗哈哈大笑道："黔驴技穷，不屑一顾！"又问："人家说你想当市委书记，有野心。"他再笑答："我还嫌市委书记太小了哩！"这是密友对他的最后印象。

以重大八一五领衔的重庆红卫兵革命造反司令部紧接发出"通令"抓捕罗广斌。2月5日中午，一大群革联会派的红卫兵冲入文联大院。为首红卫兵自称是北航红旗的，要罗广斌跟他们走一趟。当时，北大学生侯均初正在阁楼上，听到罗广斌理直气壮地边走边说：

"走，前边带路！有什么了不起，我就当十七年前没有从白公馆跑出来！"罗广斌被带到了位于大坪马家堡的解放军后字242部队（后勤工程学院）"八一楼"关押。当晚即对其进行突审讯。审讯者企图从罗的"历史问题"打开突破，一无所获。

2月10日"革联会"宣布正式成立的第二天，正是农历大年初二。是日清晨，春寒料峭，42岁的罗广斌，在关押地三楼，借上厕所洗脸、解便之机，脱下毛领皮袄（皮袄衣袋里放着手表、钢笔、钱、粮票、《毛主席语录》等物），取下呢帽、围巾，一件一件挂好。站门外守候的重庆建筑工程学院八一八战斗团红卫兵张某发现异动：罗广斌已爬上厕所窗台，惊喊："你要做啥子？"罗广斌高呼口号"毛主席万岁""中国共产党万岁"，然后往窗外纵身一跳。

罗广斌之死立即引起不大不小的轰动。革联会派随即宣布罗广斌为"畏罪自杀"。反革联会一派则认定罗广斌是被"谋杀"。罗广斌被抓之后，杨益言、刘德彬已先后逃离赴京。2月11日，革联会派宣布市文联三个反革联会的群众组织为"反革命组织""保罗（广斌）组织"，勒令解散。同日，北京地质学院东方红公社驻渝联络站被革联会一派抄砸。接下来，14日，首都三司驻渝联络站驻重庆分点、川大八二六驻渝联络站等，亦被革联派抄砸……重庆在革联会控制下，天下已然太平。

第五节　成都的抗争

1. 牢狱纪事

四川"二月镇反"和青海"二二三事件"、湖南"湘江风雷"的被军方镇压，都是毛泽东及其激进阵营和元老集团间博弈的投影。元老们依恃的是麾下的铁血枪杆；而跟随毛泽东灵异大纛前进的，则是数以亿万计的狂热青年。他们在红色环境长大，从小迷恋英雄们戏剧性的悲壮故事，渴望辉煌的人生场景，不惜到枪弹之下去死。"二月镇反"的野蛮凶残，根本无法遏制皈依者们的抗争，相反，四川造反派遭遇的牢狱之灾，包括血肉模糊的尸堆，反而为毛泽东熔铸成打倒元老们的利器。

成都硅酸盐厂的青年受难者丘先甫回忆：

2月20日我被捕入狱时，宁夏街监狱的牢房[85]是空荡荡的，由于监狱每天都有一批造反战士被送进牢房，其间又有几次大逮捕，到三月上旬，监狱已经人满为患，小小的10平方米的牢房，最少的已经关了12人，最多的关了14或15人。

被关押的造反派经常被揪回原单位接受批斗，普遍被挂黑牌，坐"喷气式"，被拳打脚踢，回牢房后遍体鳞伤，久难恢复。丘先甫与难友一道大唱歌曲"造反有理""想念毛泽东"，其声亢奋响亮遭狱警制止，最后被施以单间关押处置。

（狱吏）反剪我的双手并给我戴上手铐，用力将手铐锁到最后一扣，我的手腕很粗，他用了最大力气都按不到最后一扣，这时他猛然将手铐往墙上一碰，"铛"的一声，手铐铐到了最后一扣，我立即感到手腕一阵疼痛，几分钟后，两手感到越来越胀，越来越麻，一个小时后手铐像陷进了肉里。我被带到另一院牢房，这是宁夏街看守所关押重要犯人的牢房……后来知道这里关的是（原）市公安局长林佐夫，三线办公室主任郝天宝，市工会主席郭付人，五冶建筑公司经理苏志光等人，我被带到地基高的那排牢房的第一间，里面已经有三个人了，一个姓郑，是一个派出所的所长，另一个是患神经病的农民。这是我入狱后最难熬的日子，双手疼痛肿胀又带着背铐，晚上根本无法入睡，有时太疲倦了也会迷迷糊糊打个盹，但那位神经失常的农民每当晚上每隔一二个小时都要爬起来杀猪般地长声吆吆地吼叫："报告干事！"许多人都会被惊醒，更何况我。三天后，背铐被取掉了，

---

85 指位于成都市区的临夏街的监狱俗称四大监。历来凡案情重大的人犯均囚于此狱。

但两手的皮肤一直是麻木的，几年后这种麻木的症状才消失[86]

2. 红成进退维谷

"一•二九事件"明白无疑地表明了成都军区对造反派武力镇压的决绝之心。利剑已高悬头顶，执拗的红卫兵成都部队还在书生气地凝聚力量，为夺权的海市蜃楼造势，2月2日，成都地区红成派跨行业联合组织"成都地区革命造反派联合总部"（简称"地总"）正式挂牌。滑稽的是，2月5日，八二六派也在皇城广场正式成立了跨行业的联合组织"解放大西南革命造反联合总部"（简称"解大联总"），公开拉出架势要与红成一决雌雄，没半点要共同夺权的格局了。"二一七信件"下达，两个群众组织的力量对比整个儿发生变化。"大联合"不仅泡汤，而且双方彻底成为寇仇。

八二六被军人瓦解，红成第一时间就表现了近乎本能的幸灾乐祸。"二一七信件"下达当日下午，"成都地总"召开有35万人参加的"彻底粉碎资产阶级反动路线新反扑誓师大会"，谴责八二六"把斗争矛头指向中国人民解放军"，会后还组织队伍游行到军区门口向静坐的川大八二六学生示威……2月18日一早，与川大一街之隔的成都工学院"十一战团"学生呼喊着"与八二六中一小撮坏分子血战到底"的口号，砸了八二六总部。红成其他组织也迅速跟上，砸、抄兵团总部及各分部，继而多次组织队伍到川大游行示威，配合军区、公安戒严。

这样的红成理当赢得了四川镇反主持者韦杰的友情评价："红卫兵成都部队为代表的一些组织，这个组织是在成都地区文化大革命中成长起来的，斗争大方向基本是正确的，是一个革命组织。与川大八二六做过斗争，在一•二九事件上的态度是正确的。"[87]

红成完全不懂得，成都军方眼里的左派只能是产业军这样"组织

86　丘先甫回忆录《我这七十年》（自印书），页80。
87　2月10日韦杰讲话。见《四川二月"镇压反革命运动"大事记》（四川省公安厅革命造反总部、西南政法学院政法兵团合编1967年6月）。

纯洁"、对当局循规蹈矩，巴心巴肝的保守派乖乖，作为最先起事的造反组织只能是右派。红成匆匆忙忙的表态很快使自己陷入尴尬。他们草率的情绪发泄，让成都军区只能给他们一个进退唯谷的选项：必须与产业军实现"大联合"。军区多次通知红成勤务组成员，强调"红成与产业军是人民内部矛盾"。红成终于醒悟。圣徒一样决绝的学生领袖断然拒绝了军方的橄榄枝。

3月11日，成都军区要红成与红卫兵大专院校指挥部等保守组织在一起听韦杰的整风动员报告，红成代表宣布："我们不能和老保坐在一条板凳上开会。"将2000张入场票全部扣下，拒绝派人参会。3月14日，省级机关联合总部邀请红成代表和产业军代表会谈，同样亦遭回绝。红成学生固执认为，他们"对老保的斗争是两条路线的斗争。在路线问题上没有调和的余地。如果允许老保翻天，就否定了无产阶级文化大革命的伟大成果，否定了毛主席的无产阶级革命路线。"[88] 3月15日，军区副参谋长胡永昌找红成、红卫东、"二七"和省级机关联合总部（保守派）讨论军区制定的成立四川省革命筹委会（简称筹委会）的方案，方案初定安排由红卫兵成都部队、红卫东、产业军、贫下中农战斗军、省级机关联合总部和重大八一五、（重庆）财贸八一五组成七人小组，原省委书记杨超作为老干部参加"结合"。该方案立遭红成代表蔡文彬反对，他说："只有真正的革命造反派才能夺权，保皇派无权参加夺权，产业军、贫下中农战斗军都没权参加夺权，筹委会不能搞大杂烩，现在决不能调和、折衷。"[89]会议历时4个半小时，红成坚决反对，筹委会组建宣告失败。

红成的不合作态度让成都军区大失所望。韦杰如是称："我们和甘政委找他们（指红成）谈了十一次话，他们都不跟产业军联合，他们还说他们的大方向始终是正确的。""如果他们再胡闹，我就向中央打报告，对成都实行军事管制。他们整风，不整不疯，越整越疯。他

88　转引自成都地区总部、红成工院总部"十一"战团编写的大型宣传资料《暴风雨中的成都》。
89　卢跃刚采访蔡文彬记录（2007年10月4日-6日）。

们怕整风，怕我们把它整垮。"[90]2月25日，军区国防工办召集成都地区军工厂军代表会议，要求各厂军代表无一例外的要领导镇反。韦杰到会讲话："要打中要害，抓头头，跟踪追击抓幕后"。"黄田坝（指成都峨眉飞机制造厂）抓三五十不算多"。国防工办会议发出的军工厂镇反动员令，打击的重点正是红成派主要的工人造反组织"红卫东"。1956年开始的第一个五年计划、苏联援建的国营大型企业和军工厂几乎都集中东郊区。成都铁路局二七战团、249联总（成都无缝钢管厂）等也受到镇压，每天都有人被游街示众。

镇反的恐怖让红成对成都军区的不满情绪日益增长，后来更发展到直接叫板。3月5日，主持红成工作的武陵江到北较场参加甘渭汉主持的会议，他在会上公开提出："我们认为川大八二六广大战士是革命的，我们欢迎他们革命，他们一行动就认为是新反扑，这种说法是错误的。""不应该把川大八二六打成反革命组织。"3月8日，红成还把宣传车借给首都南下学生去声援川大八二六，组织人员上街刷标语，鼓动"成都工人革命造反兵团和川大八二六广大战士挺起腰杆来，把无产阶级文化大革命进行到底！"主持红成工作的另一头目，电讯学院的蔡文彬干脆头发剃光，做好坐牢和挨批的准备，让实施"喷气式"的莽汉无发可抓。

3. 送战友北归

3月17日，首都红代会的南下学生乘车返京。川大八二六派同学3000余人戴上胸章、袖套，撑起大旗集队欢送，队伍穿城直到火车北站，一路上不断有中小八二六和兵团群众加入欢送队列，队伍越走越壮大。"热烈欢送首都红代会战友！""向成都工人革命造反兵团学习！""八二六战士永远忠于毛主席"之类口号和"八二六战士想念毛主席"一类歌曲声震街衢。北京学生则高呼誓言："一定把革命战友的心愿带给毛主席！""我们会重新杀回蓉城并肩战斗！""把文化大

90　韦杰在成都西城区人委的报告（1967年3月23日）。

革命进行到底！"成都军区和省公安厅的宣传车则针锋相对追随干扰，以"贼心不死""新反扑"之类恫吓之语威胁，成都公安司令部还专将 40 余名五花大绑被关押的造反者分乘数辆大卡车游街示众，向欢送队伍迎面开去。只是警员人数和气势远不及欢送群众之排山倒海，只好无奈地将押解"人犯"的大卡车开去一边。

四川和成都军区这些土官小吏和武夫们不知道南下学生的分量——毛泽东正是用他们作打鬼的钟馗和眼线，此去北归，注定很快将会把巴蜀凶情传诉给京城的庭臣宠吏。接下来，1967 年 4 月，等四川文革的主战场转去北京，南下学生在自家门口，注定将把四川当局逼到墙角。

当时，镇反高潮中的成功逃脱者，著名的，如四川大学八二六总团团长游寿星、更著名的，如一直躲避在成都地质学院实施翻案的刘结挺，以及更多劫后余生的专州造反派，均已从不同路径纷纷逃到了北京求救。

4. "二月逆流"的破产

元老"大闹怀仁堂"让毛泽东雷霆震怒。就在叶剑英批发《中央军委给成都工人革命造反兵团、川大八二六战斗团同志们的信》次日，2 月 18 日晚，毛泽东召开中央政治局会议，严厉指责谭震林一干党国元老，称"你谭震林也算是老党员，为什么站在资产阶级路线上说话呢？又说：我提议这件事政治局要开会讨论，一次不行就开两次，一个月不行就开两个月，政治局解决不了，就发动全体党员来解决。说罢。退场[91]。康生紧跟着威胁说："毛主席发怒了，是无产阶级之怒，是无产阶级的义愤！"此后，中央政治局不复存在，一切大政方针悉数由"中央文革碰头会"拍板[92]。2 月 28 日，毛泽东在陈伯达送去的一个材料上批："从上至下都有这种反革命复辟的现象，值得

---

91 参见赵峻防、纪希晨《"二月逆流"》页 223-227。
92 "中央文革碰头会成立余 1967 年 3 月。名义上由周恩来牵头，成员多为江青帮伙，后又增吴法宪等人。

注意"。自此，不安分的元老们在怀仁堂的"大闹"及相关活动被正式定义为"二月逆流"。遭遇了全京城疯狂的批判，相关的小道消息不断地传回四川，满社会漫灌——

3月11日，以首都红代会及农林口[93]机关造反派为主体的近百个群众组织，联合成立"首都彻底击溃谭震林自上而下资本主义复辟联络站"。下午，北京师范大学"井冈山"等32个单位齐集农业部前召开了"揪谭"誓师大会；

3月14日，北京50多所院校10万人示威游行，反击"二月逆流"。游行队伍高呼口号：用鲜血保卫中央文革！打倒谭震林！打倒陈毅！打倒叶剑英！打倒李富春！打倒李先念！打倒徐向前！打倒聂荣臻！

3月16日，178个单位13000人在北京农业大学召开声讨谭震林大会。3月19日，农口革命造反组织在工人体育馆召开批判谭震林大会。

北京高校造反派领袖蒯大富等纷纷发出号召，耸人听闻地宣称《迎接第八个回合》，告知大家从中央到地方，存在着一股妄图否定文化大革命的反革命逆流，这是自文革开展以来两条路线的第八次交锋……

成都大逮捕前逃亡、正被四川警方通缉的川大八二六领袖游寿兴，于3月25日写了一封公开信并从北京迅速传回校园，公开信肯定地指出：一、目前形势是刘邓路线的大反扑；二、镇反不是抓一小撮而是抓一大撮。据不完全统计，川大已被抓110人，百分之七十以上是工农子女，百分之六十以上是党团员；三、号召造反派革命战士顶住逆流。这封公开信立即被抄成大字报贴去蓉城闹市，在引起全社会巨大震动。

正好又到26日，八二六造反半年的纪念日。憋屈既久，满腔怒火正待发泄的大学生当晚即在大学礼堂举行誓师大会，扬言"发扬八

---

93 谭震林是"大闹怀仁堂"情绪最为激烈者。其时，谭震林为分管国务院"农林口"的副总理。

二六革命造反精神,把无产阶级文化大革命进行到底"。28 日晚,八二六再次举行广播节目晚会,"东方红"广播站用纸做成喇叭筒大声呼叫,晚会上群情激昂,台上台下的呐喊交融回响,直至深夜乃止。

群众重新呼啸而起,"个体"属性的百姓现在已经组成了具有共同价值取向的造反"群体"。"群体"最易接受流言传染从而让自己感觉力大无穷。1967 年 3 月纷纷扬扬的北京的消息让四川的受难者确信,保护神毛泽东对造反派的恩宠依旧,他们坚信自己是最后的赢家。

5. 四川当局尴尬的撤退

相反,成都的军头们还沉醉在大逮捕的狂欢之中。没有资料证明他们对北京业已发生并正在发生的颠覆性事件是否知情。可以肯定的是,权力已让他们深陷盲区,自信枪杆子和监狱无所不能,于是对北京传来的信息迟钝、怀疑的甚至排斥。3 月 11 日,北京已经公开举行大会批评谭震林,发誓要击溃"自上而下资本主义复辟"。此前一天,四川省公安厅《关于坚决镇压反革命活动的紧急部署》刚刚正式定稿,《紧急部署》很有成就感地宣布:"为彻底粉碎反革命逆流……先后开展了镇压反革命斗争,迄至 3 月 8 日,据成都、重庆、温江、雅安等十四个市专的不完全统计,取缔'反革命组织' 96 个,逮捕 696 人,拘留 5488 人。"但《紧急部署》依旧感觉"斗争还仅仅是开始,发展还很不平衡。总的看来,城市、专区所在地和交通沿线的县城进展快一些,搞得好一些,一般城镇搞得慢一些,差一些,农村基本未动"并提醒"公安队伍的状况很不适应斗争的需要,不少地区的公安机关和公安干警,对当前尖锐的阶级斗争,还认识不足,对敌情的严重性认识不足,对开展对放斗争的迫切性、必要性和深远意义认识不足。因而下不得手,'斗争软弱无能',个别单位甚至被反坏分子篡夺了领导权,与社会上的牛鬼蛇神互相勾结,干了不少坏事"。《紧急部署》要求"各地公安机关,必须把开展镇反斗争作为当前的中心任务,切实抓紧、抓好。争取在四月底前把这个战役基本告一段落",“公安工作的各项业务工作,都要围绕镇反斗争开展起来",“在当前敌人有很大暴露的情况下,捕人多一点是完全必要的",“要大张旗鼓地开展宣传工作,动员各方面的力量,搞好'镇反'工作"。

再次日(3月12日),四川省公安厅筹委副主任杨岗,专门带着成都军区政委甘渭汉指令到"镇反"动作迟缓的重庆;14日,杨岗背着54军和重庆政法系统的造反派组织,在市公安局旧班子的协助下,自行召开了各区、县、各单位的公安、保卫干部会议,重申重庆旧市委关于"三权"下放各区、县的规定继续有效,还制订了抓人的指标。杨岗在这次会议上说:"镇反是毛主席的伟大战略部署,你们重庆太右了。"指责"重庆没有一个真正的造反派。"3月14日以后,在重庆的区、县开始大肆抓捕造反派[94]……

北京"无产阶级司令部"的意图经过民间预热,4月1日,官方文件《中共中央关于安徽问题的决定及附件》终于正式下达。这个编号为中发[67]117号的文件指出:"不得随意宣布群众组织是反革命组织。""不得把群众打成反革命,不准乱捕人。仅仅因为冲军区和对军队提意见,或对本地区夺权有不同意见,而被打成'反革命'的,应一律平反,被捕的,应一律释放,通缉令,应一律取消。"文件强调"革命无罪,言者无罪,大民主无罪",明确要求军队"坚决地正确地支持各左派革命群众组织,在左派组织之间,不能片面支持一方,打击另一方"。

4月2日,人民日报紧跟发表社论《正确对待革命小将》。社论指出,现在有一股逆流,抓住革命小将的某些缺点错误不放,全盘否定革命小将的大方向,甚至支持已经垮台的保守派组织进行翻案活动,把一些革命小将重新打成"反革命"。接下来,4月6日,中央军委发表了《十条命令》,强调"不准随便捕人,更不准大批捕人""不准任意把群众组织宣布为反动组织,加以取缔。""对过去冲击军事机关的群众,无论左中右,概不追究。"

---

94 《四川二月"镇压反革命运动"大事记》四川省公安厅革命造反总部、西南政法学院政法兵团合编(1967年6月)。

这些指令，简直像专门针对四川情况而说而发。四川大学校园再次成为夜夜喧嚣的政治集市，自游寿兴3月25日北京来信，天天都有激动人心的活动让人去看热闹。当时有一句流行语："革命是无产阶级的盛大节日。""二月镇反"以来，饱受军人打压的成都造反百姓，熙熙攘攘全都来到这儿参加革命的嘉年华，倾诉冤情和发泄仇恨，探听情报和交换信息，转抄和翻印北京动态，举行大大小小的集会游行，刷出大字报、大标语。发誓"彻底粉碎自上而下的反革命复辟逆流""揪出四川的谭氏人物！"被军事当局搞垮的造反组织纷纷重整旗鼓，东山再起。

市中心最热闹的春熙路一带，八二六观点的大字报与日俱增，夜夜爆棚，观看的市民人如潮涌。"二月镇反"以来40多天的冷清局面一扫而空，文革初期的疯魔再现蓉城市街。

民心用行动表明他们站在暴力、刺刀和监狱的对立面。呼啸骤至的挑战让警察再失方寸。3月31日，省公安厅得知川大八二六准备次日将举行纪念毛泽东接见半周年，"彻底粉碎资本主义反革命复辟逆流"的游行示威，决定抢先一步造势反击。他们和省级机关造反联合总部（红成观点）一道提前上街，高呼"打倒八二六，镇压反革命！""不准八二六死灰复燃！"一类口号沿街游行，散发传单，官方队伍游至春熙路，一队中学八二六学生正对撞而来，针锋相对高呼"彻底粉碎资本主义反革命逆流！""不准老保翻天！"围观群众对中学生报以疯狂掌声。两支队伍狭路相逢，势成火拼之态，得千万市民助阵，中学八二六气势如虹，无以阻挡，官方游行旗帜、横标顷刻间被砸得满地狼藉，警员们纷纷落荒奔窜。

4月1日又逢成都红卫兵学生上京谒见毛泽东半周年纪念日。上万八二六派学生从四面八方再聚川大校园集会然后游行，声势更为浩大。成都工人革命造反兵团成员亦再度冒险举旗进入队伍。游行所经之处，满大街皆是市民夹道，宛如迎接王师凯旋。

再一日，人民日报社论《正确对待红卫兵小将》发表，川大的狂欢潮再爆棚，八二六学生全部冲出宿舍，忘情欢庆。蜂拥而来的学生只用两分钟就攻克了被保守组织强占了40天的广播站，重新为自己的胜利大喊大叫。入夜,"兵团"战士500余人赶来,在川大校园广场与八二六学生同庆胜利,欢呼高歌,直至深夜不息。此后,每到下班时分,被打散的兵团组织纷纷重新聚集,或打起纸糊红旗,或举起在镇反中被产业军划了黑叉的队幡,涌向广场大街。游行队伍所到处,皆人山人海,雷动掌声,"彻底粉碎资本主义反革命复辟逆流!""打倒刘少奇!""打倒产业军!""不准老产反攻倒算!"之类口号响彻夜空。

北京的态度已经明朗,军队和警察不能不自认失败。4月8日零时,首先将在押的川大八二六勤务组成员,悄没声儿趁夜释放。"人犯"既已归来,川大学生焉肯罢休?八二六战斗团立即举行大会祝捷,饱受牢狱之苦的小个子女生、政委江海云痛陈狱中苦情及斗争经过,继而全体人员上街游行,直逼省公安厅,再演两月前围堵军区之举:静坐示威,逼请警察当局迅速释放被公安厅筹委会非法拘留的革命战友,筹委会如临大敌,却已无两月前的横蛮心气,只堪被动挨打、等待幕后军头发话了。

4月12日,关押在大慈寺的造反者被奉命全部释放。为减小影响,当局采取了分批释放的办法,而且从后门和侧门悄悄放走。大慈寺本处闹市之侧,市民闻讯,纷纷赶来现场欢迎,大慈寺前门、后门、侧门昼夜均被挤得水泄不通,每放出一个"人犯",现场便掌声雷动一片。同事们便一拥而上前去为其披红戴花。900余人犯,放了两天两夜,大慈寺四周一直盛况不减。

大慈寺偷偷摸摸放人的遭遇使军方和警察极度尴尬。处理关押重犯的宁夏街四大监便更费周章了。监狱围墙虽高,毕竟闹市之中,隔壁就是四川省歌舞团,4月以来,歌舞团造反派故意用大喇叭向监狱不间断广播《中央处理安徽问题的决议》《中央军委的十条命令》等消息,放风的"人犯"一经听闻,于是把牢门统统大开,全都跑出牢房听广播,每院监舍的造反"战友"自由汇聚交谈。一监、二监、独监和女监共1000多名囚徒,只管相互喊话、传递信息、喊口号、唱语录歌、大合唱……监狱的骚乱让当局伤透脑筋。

大慈寺的人放光了,四大监尚无动静。囚徒们于是模仿红色电影故事，主动发起了抗争，各监区推举临时召集人召集会议，誓言把"毛主席教导我们的'凡是反动的东西，你不打他就不倒，扫帚不到，灰尘不会自己跑掉'等语录落到实际行动上"，正式开展"狱中斗争"。关押在独监的老干部提出从 4 月 14 日起展开全监绝食。这个倡议通过相互喊话，得到所有狱友赞同。

绝食活动让牢头大感头疼，决定马上采用改善伙食的办法"灭火"：早餐增加馒头，稀饭改成干饭，中餐的诱惑更大：增加传统川菜回锅肉、鱼香油菜苔，甚至土豆红烧肉……美食的诱惑成为狱方的武器，囚徒们也毫不示弱，针锋相对地继续升级对抗：在牢里明确成立领导机构以联络大家继续统一开展斗争。组织取名"红囚徒"。郭付人和孙宾被推选为勤务组负责人。

郭付人，山西忻州人，成都市总工会主席。与其同为晋绥系南下干部、原成都市文化局局长叶石之女有如下一段回忆：郭"个子高大，行事决断，说话铿锵有力。他见父亲（对揭发李井泉）犹豫不决，斩钉截铁地说："我支持你造反！"父亲说："我当过右派也能造反吗？"郭说："摘了帽，就可以造反。只要这次站在保卫党中央保卫毛主席的立场上，起来造反，过去有多么大的错误，也可以取得党和群众的谅解。"最后让叶石动心，是郭付人一句江湖气十足的承诺："你的案子就是李井泉搞的冤案。将来我一个人也要到北京替你翻案！"

郭的一番话让叶石"感激涕零，感觉遇到了恩人，于是经常与他来往，渐渐开始接触社会上的造反派组织，终于"卷进了'文革'的漩涡，从此无法自拔"，"二月镇反"也跟着关进了著名的四大监。[95]

勤务组另一负责人孙宾则为成都机车车辆厂青年技术员，黑龙江省牡丹江人，典型关东汉子。有勤务组成为狱中斗争的主心骨和指挥部，"红囚徒"的集体意志更加笃定：坚决要求集体出狱，拒绝单独放人。

---

[95] 任红凌《父亲的吕梁，母亲的黄河》页 295。叶石的右派问题已在七千人大会后得到甄别。

绝食进行到第三天，有病的和老年"人犯"身体开始出现恶性反映。"红囚徒"一致决定劝说他们放弃，经动员后约有三分之一恢复了吃饭。其余的、包括全体女监"犯人"则继续将绝食进行下去。

日益严重的饥饿让人无法入睡。晚上，大家就坐在天井里仰望夜空，寻找北斗星。大墙隔壁的省歌舞团的大喇叭不断传来北京信息。丘先甫回忆，有一晚还"传出仙乐般的歌声。这是一个稚幼的女中音，我有生以来第一次被音乐魔力般的力量所震撼，这歌声拨动了造反战士的每一根神经，掀起了心底巨大的情感波澜——想念战友，想念亲人，想念心中的偶像毛泽东。所有的人都屏住气息，静静地听这首歌，不禁黯然泪下：

远飞的大雁，请你快快飞，
捎封信儿到北京，
造反派战士想念亲人毛主席！

军事和警察当局没有熬得过这帮"红囚徒"。准确地说，他们不敢继续对抗北京最高当局的意志，于是，成都军区参谋长茹夫一亲自来到四大监，找郭付人和其他勤务组成员商量，希望出狱时不要把声势搞那么大，建议小批小批地出去。军方的请求遭严词拒绝，一切只能按受难者的要求进行了。

4月18日上午11时，约2000名造反战士打着"红囚徒"横幅，排成三人纵队，集体迈步出监。熙熙攘攘的街头观众迅速闪开道路，鼓以掌声。出狱队伍从宁夏街出发，经江汉路、文武路、春熙路，东大街一直走向八二六的大本营：四川大学。整整6公里长街，两边重重叠叠，全是欢迎夹道，热泪横飞。经过几天的绝食斗争，囚徒们已没有力气唱歌和呼口号，只能报以微笑和眼泪，有的走着走着就走不动了，有的甚至昏厥过去。工人革命造反兵团"九八"分团的战友事前便蹬来上百部三轮车，前前后后跟随队伍前行，一旦发现有人走不动就抬上三轮车，让游行队伍始终保持正常进行……

成都市的百万市民，以最大的热情欢迎这支"红囚徒"队伍出狱。丘先甫回忆："像49年成都人民迎接解放军进城，像58年中国人民迎接志愿军归国，像历朝历代的人民欢迎凯旋归来的战士那样迎接'红囚徒'的出狱，这一动人场面给成都的革命造反派战士留下了毕生难忘的记忆。"

6. 四川"二月镇反"抓捕人数简析

按官方统计数，全省共"取缔了700多个造反派组织"，如"造反兵团""八二六""红卫兵造反兵团""川棉红旗战斗师"等。据1967年3月底统计，乐山地区抓3975人，成都市抓3845人，温江地区抓3808人，内江地区抓3190人，重庆市抓2105人，涪陵地区抓3201人，全省总计"镇反"抓32554人。[96] 民间流行的简约说法则称抓了10万人。同为官史，由杨超、何郝炬、宋锡仁主编，当代中国出版社1997年5月出版发行的《当代四川简史》亦采信了类似说法，称"据当时的材料，二三月间四川在'镇反'中扣押了近十万人，包括不少'造反'组织的大小头目。"[97]

抓人数据之所以出现将近七万的差距，其缘由有二：其一，二月镇反造成川人从未经历过的血腥恐怖，让人对中国第一人口大省容易产生超常的"心理数据"。中共十七年来发动的每次政治运动，制造的敌对势力都有一个3-5%的规定指标，在7000万人口开展疯魔"镇反"，区区3万无论如何是打不住的，说10万人不足为怪；其二，除了可以准确统计的抓进国立监狱的人数，还有大量所谓"收留审查"者、所谓"强行集训"者，据四川民间文革学者王锐搜集整理的数据，"二月镇反"中，自贡全市抓捕了1017人，另有口头宣布为"反革命"予以"警告"的100余人，还有已批准"抓捕"或"集训"，因时间安排而没来得及执行者还有100余人。[98] 此外，全川为数更多、由所谓"群众专政"实施关押的数字，如果一并加上，应当

---

[96] 省委党史研究室编写《中国共产党四川历史（1950-1978）》（社会主义时期），页339。
[97] 《当代四川简史》页193。北京，当代中国出版社1997年5月出版。
[98] 王锐《自贡文革大事记》。

比正式关进监狱的数据大得多,说抓了 10 万人,确在情理之中。

不管十万也好,数万也好,在最高当局眼里,都不过轻飘飘的数字而已。1968 年 10 月召开的中共八届十二中全会上,毛泽东说:"谁叫你搞'二月逆流',一抓就是十万人?……你抓错放了就是了。(张国华:还剩五百人,都是坏人。)你放了九万九千五百嘛,还不是自己搞错了,放了就是了。"

第五章

第一次解决四川问题

（1967年4月—5月）

第一节 四川问题摆上桌面

1. 概说

京城情况大反转，那股"从上至下的反革命复辟逆流"遭遇毛泽东司令部的反击。四川"二月镇反"的经典文件《二一七信件》，正是由"大闹怀仁堂"的老帅叶剑英亲自签发，理当遭彻底清算。时至三月，上海、山西、山东、黑龙江、贵州诸省的夺权已初就雏形，还被毛泽东钦定出一套"成功经验"，因"二月逆流"中断的"一月革命"，现在当按下重启键了。

其次，四川"二月镇反"炼狱般的血腥疼痛，通过密如蛛网的神经脉络很快传至北京政治中枢。粉碎"二月逆流"及"二月镇反"，四川民心正可大用。巴蜀受害者的先锋人物已陆续逃来京城与中央文革的御林军汇合，抓紧对他们加以安抚，可为新政权的建立奠定极佳的民意基础。

第三，最重要的，类似于山西刘格平、山东王效禹、黑龙江潘复生、贵州李再含这样的左派造反干部刘结挺、张西挺，也为四川准备停当。

作为中国第一人口大省、三线建设重镇，借平反"二月镇反"之机，筹建四川"新生红色政权"，时势皆备，恰当其时了。

2. 突破口

向中南海发起告状的北归红卫兵和艰难来京的巴蜀受难者，可谓纷纷扰扰。但四川问题之所以被中央重点关注并实际发生重要作用的，偏偏是一份不显山露水的私人密报。

这是原宜宾地委办公室副主任田禾3月13日给中央文革小组的一份报告，名为《关于宜宾问题给中央文革的报告》。报告约4000字，谈了四个问题，一、宜宾斗争的焦点；二、宜宾斗争已经历了五次反复；三、宜宾斗争的种种迹象（意指刘、邓"黑司令部"插了手）；四、宜宾当前的情况。报告自1959年"反右倾"运动开始写至"文化大革命"，内容盖为刘（结挺）、张（西挺）、王（茂聚）、郭（林川）四人与西南局第一书记李井泉及宜宾地委第一书记牟海秀之间共五次"复辟与反复辟的斗争"。

毛泽东发动文革冒险，最初的引爆点，正是1958年乌托邦狂热大溃败、七千人大会及1962年毛与刘少奇的游泳池谈话[1]，对"睡在身边的赫鲁晓夫"幽灵的恐惧，成为他必须做最后一搏的动因。四川小城的这个报告从1959年所谓的"反右倾"破题、继而承题、起讲、束股、收尾，准准击中了毛泽东的痛点。刘、张、王、郭的好运终于等来了。

3. 政治赌局的刘、张惊魂

訇然而降的文革大乱成了刘、张盛大的节日。1966年8月四川局乱伊始，他们便悄然跑去北京混迹于满天下乱众之中，正式启动翻案活动，只是事多波折，处处惊魂。京城已然成了全中国造反者的天下。刘、张在告御状的人群熙攘间到处蹭热点，不屈不挠地蹭，并终于撞了好运：他们找到了中央文革的"御林军"之一的"北航红旗"。

1　林小波《四清运动始末》，《党史文苑》2005年第9期。

这一卦拍灵了。

12月30日，中央文革小组成员王力接见了刘、张。王力听了他们关于西南局、四川省委及李井泉、廖志高对其实施"迫害"、"复辟资本主义罪行"的控诉，当即表示："你们这个案子是个大案子，李井泉就这个案子就够了。"[2]

王力称："你们的案子一定是那些坏家伙搞的。批这个案子的不是安子文，就是彭真，最高不过邓小平。从他们中挑不出一个好人来。"王力当即给江青写报告，肯定刘、张的诬告"是有重要作用的"。江青同日批复："除张西挺留在北京继续写揭发李井泉的材料外，其余的人支持他们回去闹革命。"

1967年1月1日，江青将年前王力接见刘结挺等人的报告转中央文革小组组长陈伯达，提出"此事应议一下。"并要陈伯达与她一起去林彪处讨论刘、张问题。[3]

夺权在即，刘结挺、王茂聚等人根据王力指示赶回成都活动，张西挺则继续留京和王力"单线联系"，同时邀约北京群众组织成员一起"整理"和李井泉作"斗争"的材料。1月4日，刘结挺、王茂聚、张西挺联名写长信一封给李良和宜宾"反修战斗团"[4]全体成员，全面具体地布置夺权[5]。信函谨慎乐观，称："五年的斗争，王力同志12月30日和我们的讲话，已经作了肯定，真理在我们手里。"

其时，成都地区红成人多势众，正凝聚力量为即将进行的夺权造势。刘、张一伙在省会一直受红成主力成都地质学院庇护，心头敞亮："四川夺了权，宜宾就好办了。"红成派跨行业组织"地总"成立盛会，刘结挺、王茂聚、郭一民、田禾欣然参会捧场。

2　《当代四川要事实录》（第二辑）页228。
3　肖健卿《四川文革的一段往事》《百年潮》2005年6期。肖系中央文革驻四川记者。
4　"反修战斗团"是在红成支持帮助下，由原宜宾地委组织部长郭林川等成立的造反组织。
5　袁光厚发给新华总社的《调查报告——刘、张问题调查之一》（1968年1月15日）。

地总成立第二天，北京又传来山东夺权的"好消息"：王效禹[6]到省会济南带领造反派一举夺了省委大权，且立即得到中央肯定。王效禹不过青岛区区副市长，几年前也栽过大筋斗：由省副检察长贬到德州国棉一厂任副厂长，行政级别从10级降为13级……如此经历与刘结挺何其相似乃尔！山东夺权简直就是中央为刘氏量身定制的样板。刘结挺等随即到"地总"总部求助，勤务员武陵江也欲见样学样，当即明确表态："四川看来也要走山东的道路。山东是从青岛市找来一个副市长王效禹到济南夺旧省委大权的。现在四川省委中没有能够站出来的，你们站出来夺旧省委大权，我们支持"。[7]

刘结挺要的就是这句话，于是趁机进言："你们在军区有熟人，可以到军区活动一下嘛。这个事要得到军区的支持才行。"幕僚郭一民事后回忆，刘结挺要当四川的王效禹，有两个问题必须解决：一是摸中央的底；二是"地总"和"八二六"没有联合。郭遂向刘结挺出主意，要想办法让"八二六"同"地总"联合起来支持刘、张夺权，不然中央不会同意。

事情的发展偏偏和这帮宜宾嗜权者作对。就在红成派成立"地总"的第三天，2月5日，八二六派也扯旗放炮开大会，成立跨行业的联合组织"解大联总"，摆出与红成决一雌雄之态，绝无联合夺权之意。刘、张正在红成、八二六之间左右为难，"二一七信件"骇然下达，八二六派被成都军区彻底打压。刘、张的困局不解自释。赌注只能押在军方了。郭一民坦承：

> 我们作了一番研究，认为"镇反"这个形势对刘结挺取得甘渭汉支持是一个好机会，我们分析："兵团""八二六"已经打成"反革命"了，不存在联合的问题了，这对刘结挺夺权来说，解决了一个大难

6　王效禹（1915-1995）山东青州人。1938年加入中共。1954年任山东省人民检察院副检察长。反右倾时被贬德州国棉一厂任副厂长。右倾问题甄别后，1965年任青岛市副市长。文革初公开支持红卫兵。得毛泽东肯定。山东成立革委会，王效禹任革委会主任，继而升任济南军区第一政委，王与军方矛盾日深，"九大"后被中央陆续免去各项职务。

7　武陵江、陈国梁与陈永迪、彭伟的座谈记录（2020年9月2日）。

题,是个好事。只需要解决军队的关系问题了。首先,我们要支持甘渭汉的"镇反"。所以,刘结挺、王茂聚带上我们在西南局门口刷了"坚决支持'217'信件"的大幅标语。同时,刘结挺和田禾一起到军区去求见甘渭汉,表示支持"镇反",支持"217"信件,希望甘政委能支持他。[8]

成都军区完全不买账。他们要的是颠覆文革半年多来的成果,将"产业军"扶持起来,进而打击硕果仅存的造反派红成。红成是支持刘、张翻案的庇护所。麻烦的是,执拗的红成一再拒绝成都军区抛来的橄榄枝,让军头们日益恼怒。以至于深感危机的刘结挺继续待在成都地院日益失去了安全感。

不断传来的四川凶信让远处北京的张西挺再次向王力求助。王对张说:"告诉老刘,不要管军队的事。"张马上致函刘结挺,告诉他不要管军队的事,甘渭汉是可以信任的。既然王力有话,刘结挺只能顺着杆子爬,在成都地院到处宣传"甘渭汉是中央信任的,他了解中央意图,有事多和他商量,不能干涉军队问题。"又说"'一·二九'事件就是反革命事件";"产业军的问题要考虑,恐怕原来的态度不行。"又说"'八二六'我原来就看出不是革命的,他们是不是被李井泉收买了?"他还让人以宜宾反修战团的名义到处贴支持"二一七信件"的大标语,跑去甘渭汉的接待室走访,表示要支持"镇反",要求甘政委给予保护[9]等等。

军方反馈的信息让刘结挺大失所望。3月5日(或6日),甘渭汉在成都军区小礼堂主持会议,参会的地院领袖武陵江发言劝诫,说八二六是学生组织,"兵团"大多数群众是工人,现在抓人太多不好。甘渭汉将桌子一拍,怒怼:你胡说八道!你们站在反革命一边,再这样我就要把成都军管。两天后,抓捕人员果然开始对红成、红卫东人员动手。武陵江回忆刘结挺的惶恐之状:"他让我们一天把他转移几

---

8 袁光厚《悲剧是这样造成的》(上册)页153。
9 丁祖涵《愤怒揭发批判个人野心家刘结挺、张西挺大搞独立王国的滔天罪行(1970年中央学习班发言材料)》。

个地方，一会儿躲在楼上，一会儿又叫赶快把他转到地下室。看到他吓得那个样子，我们便把他转到了北京。"

最后，成都军区确实下令地院，要他们把藏匿校园的刘结挺交出来。武陵江断然回怼：要交，我们只能交给中央！武陵江亲自把刘结挺送上北去的火车。临别，刘结挺没忘记向武再次交叮嘱："你们千万不能顶甘政委。在没有把握的情况下，不要忙于提'打倒产业军'的口号，也不要忙于联合，搞不好会把你们吃掉。"[10]

时至三月，京城情况骤变，以"大闹怀仁堂"为华彩的"二月逆流"已经被清算，四川的"二月镇反"随之奄奄一息，等待处置。文革司令部干将王力红得正发紫，他将刘、张、王、郭四人《关于宜宾问题给中央文革的报告》第一时间即批转给中央文革记者站肖健卿。肖回忆：

3月下旬的一天，记者站编辑组突然收到一封由"中央文革"成员王力用铅笔批示"摘登简报"的群众来信，交给我处理。那时，"中央文革"记者站向党中央领导呈报文革情况的刊物，主要是两种：一是《快报》，一事一报，以动态为主，每天有多少就出多少期；二是《文化革命简报》，内容较为集中，文字较长，反映时间性不很强的问题。这封群众来信有几千字，以谈问题为主，历史跨度较长。我细看这封来信，抬头写的是"王力同志并转中央文革"，落款署名是"原宜宾地委办公室副主任田禾"[11]。

中央文革记者站不敢怠慢，迅速把宜宾报告摘编付梓，3月26日，以《宜宾党内一小撮走资本主义道路当权派对文化大革命猖狂反扑残酷镇压革命派》为题刊登于《文化革命简报》，分别呈送毛泽东和中央政治局的领导成员及有关中央领导部门。

次日，《简报》便得领袖亲阅并批示：

（3月27日）晨二时，阅中央文革小组办事组三月二十六日编

10　武陵江、陈国梁与陈永迪、彭伟的访谈记录（2020年9月2日）。
11　肖健卿《四川文革的一段往事》。

印的《文化革命简报》第四三五期登载的反映四川宜宾地区两派冲突激烈的来信后,批示:"中央文革小组:此事应加以处理。可找双方各十人左右来京商谈,成都军区甘渭汉也应来。请商总理酌办为盼!"[12]

毛批示当天,陈伯达、康生、江青致信毛泽东称:"宜宾问题,我们接触较早。20天前,我们替中央起草了一个文件,并有几个附件,送给了总理。现在送上一份,供主席参考。"

晚八时,毛泽东批示:"林彪同志:此件请一阅。此事不仅牵涉宜宾一处,而且涉及成都军区及若干军分区对群众组织所采取的政策。你阅后,请送聂荣臻同志一阅,然后还我。"

周恩来心中有数。3月28日,周恩来致信毛泽东:"主席给中央文革小组的批示已看到。当由康生、王力、关锋三同志约刘结挺等同志商谈,决定双方各来十数人,包括军区甘渭汉、宜宾军分区司令员政委在内。"

毛泽东批示:"已阅,退总理。"[13]

1967年3月30日晚,中央一干高官在人民大会堂接见四川来京告状人员,周恩来宣布:"中央将陆续解决全国各省的问题,先从四川开始。"[14]

4. 政治需要和事实真相

4月3日,周恩来在平反刘、张的会上当众宣告:"四川宜宾地区的问题马上就要解决了。我们派有记者到宜宾,你们返回去以后,有什么问题还可及时向他们反映。"几乎同一时间,中央文革记者站总部已据此要求,通知驻点就近的四川渡口市[15]记者王煝长、杨心灵迅速赶赴宜宾,及时反映情况,便供中央决策之用。

王、杨乘火车夜达宜宾,骇然便见车站前大字报栏上,一张署名

---

12 《毛泽东年谱》第六卷,页69。
13 《毛泽东年谱》第六卷,69页。
14 王允方、张蔼玲《在中央文革记者站材料组》载《飞鸣镝》页25。
15 现攀枝花市。

"红旗派"[16]群众组织的大字报写明,中央已派《红旗》杂志记者杨心灵、《解放军报》记者王焴长前来宜宾调查了解情况,支持"红旗派"。"焴"字实属生僻,大字报上却写得丝毫不差,而且对他们谁是哪家报刊的记者也准确无误[17]。显然北京有内线传信,人没到,消息已经传开,无形中将二人推到了"红旗派"一边,对于记者客观采访垒砌了障墙。担心的事情接踵而至。第二天,"红旗派"所属组织人员便蜂拥而来,将二人"包围"了好几天。王、杨着急,决定一人"留守"应付,另一人私自外出暗访。

暗访者果然发现许多意外情况。一批老红军、老干部情绪难抑,声泪俱下地向记者述说刘、张的许多问题,特别当年"夫妻合谋,滥用职权,顺我者昌、逆我者亡"诸多旧事;有人还拿出刘结挺读过的《毛选》,要记者看上面的批语,说"他才是真正反对毛主席,走资本主义道路的!"有几个女老红军甚至跪下说:"你们是解放军就应该向毛主席反映这些情况!你们不反映,我们爬也要爬到北京去见毛主席!"还有的老红军激动地拍胸脯诅咒:"我敢担保,如果让刘、张、王、郭来治理宜宾,不用一年,宜宾就会真正成为资本主义复辟的典型!"

此后记者王、杨翻阅了有关刘、张、王、郭案件的材料,与能找到的知情人交谈,对刘、张问题越发生出许多疑问,内心亦陷入极度的困惑之中:为刘、张平反是中央下发的"红头文件",还能不能据实反映情况,唱反调?[18]记者站负责人之一肖健卿这样回忆了现场记者和总部的困惑与无奈。

他们(指王、杨)考虑再三,认为自己是一名共产党员,身为中央派出的记者,背负着向毛主席、党中央反映基层真实情况的重任,不管后果将会怎样,都应该将了解到的情况如实向上反映。经过反复

---

16 支持刘、张、王、郭一派的造反组织。
17 因工作需要,中央文革记者站的记者都持有《解放军报》、《红旗》杂志社与新华社的记者证,根据情况需要灵活使用。
18 肖健卿《四川文革的一段往事》,《百年潮》杂志2005年6期。肖离开记者站后,任新华社驻某大军区常驻记者,新华社驻某大军区分社社长。

商量，他们写出名为《刘、张何许人也？》的调查报告，迅速寄往北京。王临行前对杨说："这个调查报告，可能会被扣上'反党'的帽子，你再考虑一下，如愿意署名，我们就共同署名，如不愿意，我就只署自己的名字。"杨听后，语气坚定地表示没有任何异议。

《刘、张何许人也？》于4月底寄到北京记者站编辑部，当时中央解决四川问题的会议还在进行之中。我看到这一稿件时，猛然一惊，仔细读过，更感到问题严重。我拿不准是否编发，领导反复研究，并与我共同商量，一致认为，此调查报告还是不发为好，也不要向上呈送原件，以避免招来"灭顶之灾"。我们还联想到不久前，王、杨记者曾发回题为《中央解决宜宾问题后宜宾两派的反应》的报道。稿件的标题虽为两派的反应，但从内容上看，反对刘、张、王、郭这一派的意见较为具体，措辞也较为尖锐；而对拥护刘、张、王、郭这一派的意见，却写得较少。这一篇稿几乎没有修改就编好，打出了清样。正在踌躇不定时，编辑组接到电话通知要去人民大会堂参加中央领导同志的一次接见活动，站领导便决定将稿件的清样面呈王力。深夜，编辑组的负责人从人民大会堂返回，立即传达了王力的口头指示："这个稿件根本不能登，记者的看法有问题。要告诉记者注意反映支持刘、张、王、郭这一派的情况。"随后，王力立即通过"中央文革"办事组，送来一些有关刘、张、王、郭几个主要案件的摘要，还有张西挺在北京某红卫兵小报上登载的《狱中日记》等等。联系这一情况，促使我们决定不编发《刘、张何许人也？》一稿。此时，记者站的领导决定从宜宾第一线抽出王记者返回北京，参加尚在北京召开的解决四川问题的会议。

王记者从宜宾赶回北京，当他看到调查报告既未刊登，又未呈送，不由双眉紧锁，欲言又止；而当他看到中央批示的刘、张、王、郭问题的《文化革命简报》时，更是茫然难解；再听到王力的有关指示以及送来的诸多有关刘、张、王、郭问题的材料，他唉声叹气，心底透凉了。

他们政治上确实太幼稚，作为中共最高层的耳目，他们的工作职责只能根据领导眼色提供相应信息,而不是真相。再说,王力等人的政治预案已经写好,放在最高领袖桌面上。任何企图用真相忤逆无产阶级司令部意图者只会自我作孽。

刘、张上位已经不可阻挡。四川问题的解决只能按既定的政治脚本出演下去。

第二节 大洗牌

1. 预热:对受难者进行安抚和泄愤

解决四川问题的会议含三个环节。一是对"二月镇反"的受害者进行民意安抚:3月31日的接见会及4月17日二次接见;二是正式为刘、张平反,时间4天;三是正式确认四川问题的解决,最后于5月7日宣读文件收官。从政治逻辑判断,刘、张是以"二月镇反"的受害者和反对者进入程序的,因此3月31日的安抚会实际是为刘、张正式平反,进而将二人拔上权力高位,最后组建四川新权力核心。三环节层层递进,衔接有序。

正常行政管理渠道已经不复存在,首都三司学生受命组织了一个所谓"西南联络组"[19]行使钦差大臣之职,作为解决四川问题期间中央文革的联络机构。无产阶级专政如此强大,却由非官方行政部门的民间私下串联的方式组织如此重大的会议,实在反常。参加人员都是镇反中逃京避难的八二六派受难者,经由该"联络组"搜集通知而来,参会人员的遴选、组织仓促,甚至非常忙乱,有点类似地下党的工作方式,可为文革一大特色。

---

19 由北京地质学院等组成的临时机构,根据解决四川问题最后一次会议的记录稿,根据解决四川问题最后一次会议的记录稿,参会的联络组成员杨文元和王定之分别为北地东方红和北工大学生参会的联络组成员和分别为北地东方红杨文元和北工大学生王定之。

第五章 第一次解决四川问题

四川大学八二六驻渝联络站被砸，从重庆逃跑到北京的叶上威回忆：

3月31日傍晚，我刚在北京地质学院食堂吃过晚饭，突然一辆华沙牌轿车拦住我，一位解放军让我上车，上车后又叫我交出身上带的钥匙和小刀……车开到人民大会堂，解放军说，今天周总理接见你。我才如梦初醒，随他走了进去。原来中央开始解决四川问题了。要听四川的情况汇报，（川大学生）在北京只找到我一个人……于是我有幸近距离见到了周恩来总理和当时的其他中央领导人，大约有十人之多……会议一完，我就跑到电报大楼，把消息传回川大。[20]

北大学生张甦的回忆更详尽一些[21]：

3月31日晚上杨荣楷等坐一部白色面包车来到北大把我叫上车，讲今天晚上周总理在人民大会堂接见四川代表和"万县问题联络站"成员，车上还有万县卫校两名女生李达芬和胡良珍、开县两名中学男生郑清伟、何如愚。人民大会堂有军人执勤，我讲了周总理接见，并报上姓名，他就挥手让我们进了大门。来到河北厅，只见正前方一排长桌子，正中坐着康老，旁边坐着江青、春桥、文元等中央文革小组成员，还有杨成武、温玉成、汪东兴等中央首长，康老正在听宜宾造反派汇报。我们只能坐到后排。我从衣袋里掏出小笔记本，撕下一张纸，写了："敬爱的康老：四川万县2月22日发生了部队开枪镇压革命工人、学生的流血惨案。在座就有从万县逃跑出来的中学生。我们请求让我们先汇报万县情况。"然后急步上前，一位工作人员立即上前接过字条送给康老。康老看完后对全场说，"万县发生了开枪镇压群众的流血事件，现在让万县来的同志先说！"

我抓紧做汇报。主要内容是：一、万县地区的革命造反派组织是"主力军"和"赤旗"。二、2月22日，万县军分区、当地驻军和公

---

20 叶上威"一蓑烟雨任平生——复王恳兄"《华夏文摘》1085期。
21 以下内容摘自张甦回忆录《激荡岁月——我们和万县》香港时代文献出版社2019年版。文中说所提石老师为北大青年教师，万县籍人，与张同赴四川串联。文中其余人均为当地造反派。

安机关开枪镇压群众,杀死了工人、农民和学生。"今天到会的就有亲身经历 2 月 22 日流血事件的万县中学生。"开县郑清伟同学接着坐来前排正要汇报,全场雅静了:敬爱的周恩来总理精神抖擞,神采奕奕走进来。全场代表热烈鼓掌。掌声停歇,康老把我写的纸条递给总理。周总理说:"请万县的同志继续发言!"

郑清伟同学绘声绘色讲述了 2 月 22 日那天在万县市亲眼目睹的情景,接着又把开县造反组织情况及造反组织镇反中抓了多少人,关了多少人,也讲得一清二楚。郑同学汇报完毕,何如愚立刻上前排坐下。

总理问:"你叫什么名字,多大了?"

何若愚报了名字,答"我满 13 岁了,是开县长沙中学初一年级学生。"然后讲述"二月镇反"中如何被抓,如何逃到万县市,以及亲历 2 月 22 日开枪事件,再接下来由万县卫校女生李达芬、胡良珍轮流发言……万县问题汇报了整整两个多小时。

最后周总理讲:"万县问题是很严重的,要迅速让革命群众组织的代表来京参加会议,解决四川问题。"

2. 刘、张上位

刘、张自命"二月镇反"的受害者和抗暴英雄。3 月 31 日的受害群众控诉,实际上替这两个"一贯路线正确的英雄"平反铺平道路;4 月 1、2、3 日,中央在人民大会堂西厅马不停蹄地召开了三个下午的会议,政治逻辑和处理程序就顺理成章了。出席会议的有中央、中央文革、全军文革的主要首长和解放军各兵种、各大军区负责人,还有四川省委、军区与宜宾地区的相关负责人、当事人和群众组织的代表。会议一直由周恩来主持,康生、江青配合,陈伯达、张春桥、姚文元、谢富治、杨成武等到会表态,出席代表之多,会期之长且内容连续,仅为解决一个地区级"冤案",实为史上罕有。

会议主题标称为解决刘、张与李井泉进行的"路线斗争"问题,实则为两个地县级小吏翻案。重庆反到底派《文攻报》刊发的"宜宾革命造反派赴京代表"整理的"会议纪要"[22]，提供了接见会比较详细的文本。这份长达近万字的文本与其说是会议记录稿，不如说是一份庭审笔录，只是没有法律审判的诉讼陈述、证据出示、交换和辩论环节，只有法官气势汹汹、不容置疑的追诘、训斥和直截了当的结论。甚至就像将群众批斗大会搬到最高殿堂。

周恩来宣布"四川问题要解决，我们先解决宜宾问题。宜宾问题是个突破口嘛！宜宾问题解决了，再解决四川问题。"紧接便由刘结挺控诉李井泉的罪行：

> （刘结挺）讲到去年到中央告状，接待的人说，邓小平同志非常关心这件事，叫我们赶快写材料
>
> 康生、江青：叫什么？他说谁讲的？
>
> 刘结挺：叫余梅阶，就是他逼迫我离开北京。
>
> 周总理：赶你走的也是这个人？
>
> 江青：梅花的梅？（刘答：是）
>
> （刘结挺同志继续控诉。讲到李井泉、牟海秀派代表来北京抓人，接待他们的人说："小平同志非常关心这件事"……）
>
> 康生：谁讲的？
>
> 周总理：几号讲的？
>
> 刘结挺：中央办公厅讲的，9月12日，说什么"小平同志非常关心这件事"，要他们赶快离开北京，说不然事就闹大了。
>
> 康生：这是用电话讲的吗？
>
> 刘结挺：是直接见面时讲的。27个被接见的人中有一个人揭发了这件事，以后就被军分区抓了，现在还在狱中。
>
> 康生：现在还在监狱里。这个人叫什么名字？
>
> （刘结挺答：叫高玉文）
>
> 周总理：高玉文是谁抓的？（众：王富德[23]）王富德同志，高玉

---

22 1967年12月18日《文攻报》发表时题为《解决刘张问题之争是两条路线之争》。
23 王富德，时任宜宾军分区副政委。

文还关着呢？

（王富德：高玉文是地方革命组织抓的，我还不知道呢。）

周总理：你马上去打电话把他放出来，叫到北京来。

（革命派同志高呼：毛主席万岁！毛主席万万岁！！）

周恩来责问参会的成都军区政委甘渭汉："原通知你们把来开会的人召集齐，在外地的都要负责找回来，北京3月30日派飞机接。可是你们却把这些人还看管着，当犯人……你们为什么不执行中央军委指示？！"周命令甘把郭林川、李良、宋良述、高玉文、谢英富这五个人找到北京来："你去查，限你二天！"

接下来王茂聚开诉宜宾"党内一小撮走资本主义道路的当权派"二三月份在宜宾实行白色恐怖，残酷镇压革命群众的罪行。康生立即点名牟海秀[24]："你晓得宜宾抓了多少人？"牟答："我不知道"。

康生摔出"王炸"："你不晓得？你在中央面前，声明你一点不晓得？"

牟坚持："我在中央面前声明我不知道。"

康生愤怒道："你在中央面前声明你对逮捕人一点也不晓得？"然后指令："记下来！"

康生再问沈学理[25]："你对抓人的事情晓得不晓得？"

沈学理说"我3月5日才出来……。"

康生又愤怒，说你沈学理"成了三结合的对象了嘛！"又追："抓了人没有？"

沈承认"抓人的事是有，抓多少我不知道。"

康生再甩"王炸"："你在中央面前，声明抓多少人你不晓得？"

沈学理答："我在中央面前声明抓多少人我不知道。"

康生没撤，命令："记下来！"

周恩来救场，要沈学理"讲你放出来以后嘛，你出来40多天了嘛！"

24　牟海秀时任宜宾地委书记。
25　沈学理时任宜宾地委副书记。

沈学理承认当局确实宣布了几个组织是反革命组织：有"方面军""反修战斗团""前哨""永革""觉醒"……

周恩来也甩"王炸"，宣布"不知道抓了多少人吗？记下来！"

有人趁机上前要把"反修战斗团"的袖章献给"最最敬爱的伟大领袖毛主席"，周恩来接过袖章交给江青，江青"小心地将它放在衣袋里"，众人再次狂呼"毛主席万岁万万岁！"

射灯全部集中到了宜宾地区和刘结挺和张西挺头上。周恩来如此定义："四川的问题之所以被重视，是刘结挺同志提出，中央才检查四川的工作。军区颠倒黑白，说成是'镇反'工作，实际是镇压革命。"

第二天由刘结挺唱独角戏。刘非常权威地宣称，说"我们案件牵涉较宽，牵涉到宜宾革命派，成都和其他地方。宜宾走资本主义道路的当权派，在保刘、邓这条黑线。昨天总理讲话过后，还有人说刘结挺翻案要宜宾说了才算数。刘、张案件成了他们的活动的中心。许多干部被盯梢控制……"，接着开始做长篇控诉（记录稿显示全过程无任何中央大员插话表态）。接下来再由其他人员控诉。记录稿无中央大员插话表态，记录者只用草草一句"后面的记录也是几个'二月镇反'中抓人的事例。"一笔带过。

第三天该宣布结论了。过场还得走走，让被告宜宾军分区和宜宾地委的"同志们"陈述几句，虽然明知朝廷大员全都"一边倒"站在对立面，"被告"们还是顽强地进行自我辩诬。文稿原文记录如下：

汪宗情[26]全篇发言闭口不谈刘、张、王、郭问题，不检查自己的错误，反而在会下继续造谣诬蔑说方面军夺枪，冲击军分区，毒打王富德等……说同志们提的意见有出入，建议中央派调查团专门调查，调查清楚后听候中央处理。

王富德和汪宗情一个腔调，不仅没有检查错误，反而在会上继续攻击革命派……也要求中央派调查团去。

沈学理手里拿着厚厚一大沓材料，从介绍刘、张、王、郭案件怎

26　汪宗情，时任宜宾军分区司令员。

样发展形成的开始讲起，说专案组是由王茂聚、郭林川负责，没有按正常工作进行，个人决定问题等等……此时，周总理将他打断了，要他"简短点，过去的事我们都很清楚了，不用讲了"沈学理继续对着材料讲，康生再次阻止他，说"过去的事情我们都清楚了，讲现在吧。"

沈学理说现在的情况不清楚，因为"我已三个月没工作了……"

犹如古代的朝堂"廷杖"，参会大员只管对地方芝麻官一个劲儿冷嘲热讽：

姚文元：你是三结合对象嘛！（众笑）

杨成武：不亮相怎么结合？

姚文元：你在这里也可以亮一亮相嘛！（众大笑）

接下来轮到牟海秀。记录说他仅仅"承认自己对文化大革命很不理解。还顽固地诬蔑说刘、张有严重错误"康生打断他："你对李井泉有什么看法？"牟海秀支吾其词："根本的问题是没有高举毛泽东思想伟大红旗，学毛著抓得不好，民主集中制贯彻得不好。"……周恩来干脆直截了当宣布"宜宾情况已经很清楚了"，接下来让中央文革组长陈伯达、总长杨成武、康生、谢富治诸人做最后表态：

王富德、汪宗情、牟海秀、沈学理，这些人发言显然是不老实的，在伟大的毛泽东思想阳光照耀下，一切牛鬼蛇神都要暴露的，逃脱不了的。刘结挺和张西挺的冤案终于揭发出来了。揭开宜宾阶级斗争的盖子，将是揭开四川阶级斗争盖子的一个序幕，将是揭开以李井泉为首的党内一小撮走资本主义道路当权派的盖子的一个重要序幕。我们认为同志们要继续工作，继续斗争，把我们伟大领袖毛主席无产阶级革命路线红旗插遍全四川，插遍大西南。

康生再次明确肯定刘、张及宜宾问题的重要价值：

宜宾的问题是个比较典型的问题，是文化大革命两条道路斗争的一个突出的问题，也是以毛主席为代表的无产阶级革命路线同刘邓资产阶级反动路线斗争的一个突出的例子。从刘结挺的报告看到这个斗争不是从文化大革命才开始的，是从七千多人大会后62年开始的，说早一点是59年庐山会议彭德怀反党开始的。所以这是毛主席的革命路线同刘、邓的资产阶级反动路线长期斗争的问题。所以，宜宾问题集中反映了毛主席革命路线同刘邓资产阶级的反动路线斗争的尖锐，也反映了四川斗争怎样复杂曲折。摆在面前的事很明显：我们不能说刘结挺、张西挺是没有缺点错误的。可是我们看到一个事实，（他们）坚决反对刘邓资产阶级反动路线，反对刘少奇、反对邓小平的同志被打成"反革命"，这是一个原则问题。

周恩来对会议很满意，总结称："关于宜宾问题三天的会，当然不是全面结束，要从宜宾突破到整个四川"。4月4日，中央的平反通知正式发布，文号为"中发〔67〕154号"。文件宣布：

这个案件是党内走资本主义道路当权派李井泉一手制造的，经邓小平、彭真、杨尚昆批准的冤案，完全颠倒了黑白。

刘结挺案应予平反。所有因为这个案件而受处分的同志，应一律取消处分，开除党籍的应恢复党籍，关在监狱里的，应当一律放出。

受陷害的刘结挺、张西挺、王茂聚、郭林川、李良等是坚持党的原则的好同志。他们对右派分子郭一等人，对李井泉等人的翻案风，坚持革命原则的斗争，是完全对的。这些同志和其他同志有权参加四川省和宜宾地区的无产阶级文化大革命。当地驻军的负责同志要协助他们，支持他们闹革命。

从1963年被四川省委正式立案调查并最后决定开除党籍，免于刑事处分，到4年后被中央最高层特别关注并加以否决，刘、张这两只未死鸟，终于在文革的云诡波谲之中，变成了四川文革激进派的旗帜，练就了一切通吃的赢家。刘、张旧案发生地宜宾既已宣布为四川问题的突破口，如今口已突破，四川文革的发展应该顺风顺水，柳暗花明了。

事实恰恰相反，1967年4月1日开始这场非表演性质的审判，虽借平反"二月镇反"的强大民意裹挟而倏然了结，看似一切顺遂，实则成为毛泽东为四川文革打开的第二重魔盒，我们马上就会看到，刘、张的复出，在巴蜀搅动起更剧烈的新一轮大乱。

在地方干部这个要害问题，周恩来暗中留了后手。李大章的女儿回忆：

> 1967年3月底，周恩来总理突然点名要我父亲到北京，并派专机来接他。成都军区接到命令时，根本不晓得李大章在何处[27]，派人跑遍成都，最后在一个关押他的地下室里将他找到，避开各派组织的耳目，把他偷偷送上专机。
>
> 总理给父亲交代了三个意思：一是说他是四川的老人，了解四川的情况，中央对他寄以希望，要他赶快出来把四川的工作，工农业生产，特别是三线建设抓起来；二是要他尽快解放一批有经验的干部，协助他工作；三是为了出来工作，首先要检讨自己的错误，取得群众以及造反派的谅解和认可。[28]

第三节 成都军区的变迁

1. 短命的甘、韦班子

甘渭汉、韦杰主持的成都军区，是文革开始后，批"资反路线"中上位的新班子[29]，很快便投入了京城军事元老集团的怀抱。成都军区疯狂的"二月镇反"正是直接源于"元老集团"流产的反叛。"逆流"一遭清算，成都军区的新军头们全盘皆输。在解决四川问题的法庭，4月17日，在人民大会堂，周总理主持，康生、江青、陈伯达、叶群、王力、姚文元等参加接见四川各方代表的会议。他们理当推上

---

27 "二月镇反"期间，李大章在宁夏街监狱关了20多天后，被转移到红牌楼看押。警卫员小张被赶走。
28 李亚丹《远去的背影》页204-205。
29 于1966年11月28日正式批准组成。

被告席，实施政治"廷杖"。新华社记者记录了面对公开惩戒时，一个月前还威风八面的将军韦杰的窘态：

面对（会场上经久不停地口号和诅咒），他握着话筒的手发抖了，说话声音低微。待他刚一开口，会场上又有人高喊："不许狡辩！"这时周总理从主席台的座位上站起来，双手上下急速摆动，连声阻止大家："请大家安静，不要打断他的发言，还是让他把话讲完！"[30]

周恩来直击要穴，要求谈与成都军区从而与中央军委直接相关的"万县惨案"。万县军分区和 7799 部队[31]呈报的统计，"二二二惨案"军人开枪击毙的"主力军"工人、农民及"赤旗"学生多达 41 人！周恩来看过名单，慨然道："我们过去只知道青海开枪事件，不知道万县也开了枪，而且比青海还早！"接下来让主力军一号勤务员熊道生对万县镇反作全局表述，熊称万县军分区盗用中央名义指"万县市《主力军》是中央军委批准为'反革命'组织"，还有成都军区给万县军分区转去的中央军委的电报批示为凭。周恩来质问四川镇反一号主事者甘渭汉。甘渭汉支吾其词："我听说有这件事，但详细情况不清楚。"周恩来再呼韦杰。

韦杰站起来，答："报告总理，关于万县问题，中央军委发了封电报，经由成都军区转发给了万县军分区，指示万县军分区'诱敌深入，政治攻势，分化瓦解，捕其首脑，全部歼灭！'"

周又问："现在电报在什么地方？"

万县军分区副司令员王贵章站起来，他全身和双手都颤抖着，一边往前走，一边试图打开公文包，但他手抖抖的就是拉不开皮包的拉链……这时有人高喊一句："连皮包一起交上去！"总理示意卫士上前从王贵章手中取走了公文包。这时全场高喊：交出来！交出来！王贵章的脸色像黄瓜一样，双手发抖。[32]

30　肖健卿《四川文革的一段往事》，载《百年潮》杂志 2005 年 6 期。
31　54 军住万县的一个团级单位。
32　张甦《激荡岁月——我们与万县》第三部（上）页 80。

四川代表们住地西苑旅社，韦杰成了大小会议的批判对象，被许多地区群众组织的代表"勒令"按时前去乖乖"回答问题"。[33]曾经一言九鼎的"四川霸王"，成了人人喊打的丧家之犬。主持了不到半年的新班子就此了断。按政治场游戏规则，既然把主持工作的上司老帅出卖了，自己注定不会有好下场。此后，韦副司令在成都军区不再负责战备、训练，而改抓农副业生产。位置从第一副司令员拉到了最末一位。韦杰因祸得福，在成都军区当了25年的副司令员，没有换岗也没有提升，最后终得享受大军区待遇离休。

2. 张、梁上台

甘渭汉、韦杰黯然逐下舞台，成都军区迎来了新的掌门人。

4月27日会议结束，周恩来郑重其事地将新任成都军区第一政委张国华、司令员梁兴初介绍给了与会代表，宣布："明天请梁兴初司令员开个小会，大家谈谈。"张梁二人先后站起来，向中央领导和向全体代表，行一个标准的军礼。资料载明，履新张国华和梁兴初与四川群众代表的见面会，是在10天后的5月5日。

张国华在中共将星群落堪称文武双全，相比其军功战绩而言[34]，其政治智慧和文官施政更堪为一把好手。中共定鼎之初，张奉命率18军入藏，与西藏当局达成著名的"昌都协议"，促成藏区和平解放，后任西藏自治区党委第一书记，与西藏宗教领袖、上层人士长期交道，练就处理地方复杂问题的耐心和能力。文革伊始，张国华在西藏被造反派打成"土皇帝"，"二月镇反"中也下令抓过人，执行镇反也是积极的。但他胸怀宽广，不计前嫌。他虽然是西南局书记，只是挂

33　肖健卿《四川文革的一段往事》，载《百年潮》杂志2005年6期。
34　1962年中印边境反击战，张国华任前指总指挥，首战克杰朗，张力主将印军一个建制旅消灭，总参以该案过于冒险为由予以否定，张坚持己见。官司打到毛泽东处，毛一锤定音：张国华了解前线情况，同意他的方案。果然首战告捷，全歼印军第七旅，俘旅长达维准将。再战邦迪拉，张指挥一个团，用七天六夜穿越天险 "贝利小道"切断印军退路。将印军切为几段，第四师大部被歼，全线溃败，我军凯旋。见尹家民：《受困于文革中的成都军区一把手》《党史博览》2006年第12期。

名，他的工作涉及民族政策、国家之间的边界冲突，所以直接受中央指挥，与李井泉关系不大。历史上张是一方面军的人，与贺龙无交集，这都成为张的优势。

与张国华相较，以"万岁军军长"[35]名世的梁兴初，更富纯粹军事首领的强硬气质，也注定对复杂诡异的政治环境多有不适，尤其天下大乱的文革环境。文革初梁任广州军区副司令，司令员黄永胜因长留北京，政委刘兴元又生病住院，梁便遇了出面制止军区文工团揪斗"黑帮"、在桂林步校遭学生批斗打伤之类的故事。广州军内造反派的行为让梁大为恼怒。1967年2、3月，广州军区贯彻"军委八条"，梁断然决定取缔"反革命组织"八一战斗兵团，一夜抓捕2000多人，取缔一系列造反派组织……这段广州的文革经历，表明梁兴初在思想和感情上均偏于保守。

张、梁在红军时代即同一连队，张为司号员，梁为通讯员，私交渊源弥久[36]，其次，二人虽性格大异，但对毛泽东的耿耿忠心，使他们在入川之初贯彻中央所订一切指令，均勠力同心。

5月5日，在京西宾馆接见会上，梁兴初对成都两派代表如是表态："当然喽，解放军要解决支持成都工人革命造反兵团、川大'八二六'和红卫兵成都部队等革命造反派的问题。"张国华则指出："支持'产业军'的就是那么几个人。军区有，地方有，这是阶级斗争的客观规律反映，成都地区的武斗那么严重，规模那么大，没有后台是不行（意指'不可能'）的。这些后台就是要我们大家去揪。军队里的坏家伙我们去捉，地方上的由你们去搞，去揪、去追。"张专门还强调："'产业军'大部分群众都是受蒙蔽的，你们要作好争取他们团结他们的工作。"张、梁二人对解决四川问题充满信心。会上，张、梁"代表江青同志"给参会代表每人赠送了一枚由解放军总政治部制作的毛主席像章。

---

35 梁兴初最为经典的内战案例是"黑山阻击战"。朝鲜战争时代，领三十八军参战，又因松谷峰阻击战大胜而被彭德怀赞美"三十八军万岁"，故名。
36 任桂兰、李宗儒《统领万岁军》504-505页。

第四节　派别阵线的重组

1. 以"二月镇反"划线

四川"二月镇反"以其大规模的恐怖，把文革以来、以至延伸上溯自中共建政 17 年来的官民矛盾、官官矛盾、民间社会的所有矛盾都推到了极致。这场国家暴力的呼啸而起与戛然终局，极大搅乱了四川的政治版图。

更大的麻烦是，"二月镇反"成了四川文革的一道血线，把所有群众组织划分得泾渭分明：首先，经受牢狱之灾的"兵团""八二六"政治上彻底翻身，势力陡增，"坚定左派"的身份标定他们当在巴蜀政坛赢家通吃；其次是尴尬的"红成"，他们造反最早，这些大学生在毛泽东召唤下揭竿而起，只懂得在社会舞台的射灯下凭激情作本色表演，不懂政治纷争背后的阴谋、权变和隐忍，更不懂窥测方向、择机下注……"二月镇反"全过程，他们一直左右为难，等到北京对四川问题谜底揭开，他们的处境便更显尴尬了，仅解决四川问题的群众代表一端，参加者尽属清一色兵团、八二六及与八二六观点相同的造反派，红成一个没有。

最失败的当然是以产业军为代表的保守势力，"一月革命"前夕本已江河日下，"二月镇反"得军人扶持又满血复活，如今再遭当局一巴掌打回原形，接下来的权力盛宴，已不可能有他们的席位。作为共产党政权的基本盘，产业军成员多为身负优越感的工厂职工、党员、团员、劳模、标兵……受宠多年，他们注定不肯因保卫"党组织"招致失败而认输。一朝被遗弃，阵容尚为强大的保守派为了荣誉和命运，注定还得上演最后的拼死一搏。

2. "五六惨案"

4 月 26 日，反刘张的宜宾红色派（以宜宾红色造反总司令部为主的一派）经过一段时间的观望和犹豫，终于憋不住对北京平反刘、张、王、郭提出公开质疑："刘、张等人是一直站在毛主席革命路线一边的吗？""刘、张从1962年以来就跟刘、邓路线和李井泉作斗争的吗？"扬言"舍得一身剐，敢把刘、张、王、郭拉下马"。4月30日，宜宾地区一批干部组成上京控告团，前往北京向中央反映刘结挺等人的问题，对中央为刘结挺等人平反提出不同意见。[37]

在镇反中扮演镇压者的军方和警方自然也不甘失败。军分区一级反映最为强烈。4月1日，内江军分区副司令刘尚武[38]亲赴自贡指挥，从市级机关及部分厂矿抽调53名干部组成28个"工作组"，到全市28个公社组建贫下中农战斗军，指示"所有贫下中农只能参加战斗军。造反派一律打垮。"23日，市公安局革委会策划将保守组织"机关战斗军政法兵团"改头换面，正式成立"人民公安战斗军"，通过"支持五军一兵"的《公开信》。《公开信》称："人民公安战斗军誓作五军一兵的坚强后盾。"5月1日"五军一兵"内部广泛传达"成都产业军"写来的一封信，叫大家要有"造反精神"，不能再保守。并扬言"撬杆（指'兵团'）在磨刀，我们也要磨刀"。紧接，人民公安战斗军大量翻印据称是林彪"最新指示"的谣言传单称："像产业军这样几十万人的群众组织，把他们打成保守组织，你们考虑过没有？"5月4日，"五军一兵上访团"对外公布《走访中央文革接待站的纪要》，称中央文革接待站左某说："可以揪李宗白"等等……其他地区的情况大体相似。

省会成都再次成为风暴眼。

北京不断传来的消息让造反派亢奋。保守派则不能不准备彻底破产前的绝地反抗。4月30日，成都街头出现了一张末日预言般的大字报：《成都就要爆炸——2月17日的红灯又亮了》，作者是川大一战斗队。文章危言耸听地告诫市民："谭、赵人物（指谭震林、赵永夫）即将开始爆炸性恐怖行动"，大字报呼喊：

---

37 章明《泸州文化大革命笔记》页64-65。
38 刘尚武，时任内江军分区副司令员。因原以副政委李宗白为首的自贡武装部支持造反派，故二月镇反以来，刘尚武亲自来自贡坐镇。

> 成都，成都，暴风雨前的沉默。
> 决战前夜的静寂。
> 疯狂的野兽和沉着的猎人。
> 同志们高度地注意吧：
> 成都就要爆炸！

川大另一战斗队随即再贴大字报应和，豪迈宣称："第一次世界大战打出了第一个社会主义国家苏联，第二次世界大战打出了社会主义阵营，三次国内革命战争打出了伟大的中华人民共和国。历史将做出结论：成都的'爆炸'必将'炸'出一个毛泽东思想的天下，一个无产阶级革命派的天下。"

如果说上述大字报毋宁说表达的，更多是胜利者不无矫情的自豪，那么，作为川大八二六总部，对取得最后胜利前形势的不确定性，确实还保持着冷静的判断，他们正式发出《东方红八二六战斗团动员令》，警告大家"要准备应对突然事变"。

这些警告并非危言耸听。我们很快就会看到，成都市民将不再从大字报的字里行间感受突然事变，而将在载满武斗人员的卡车和工厂区血腥的厮杀场看到真实的"爆炸"。

成都东郊的川棉一厂是著名国营大厂，职工近万人，系"产业军"的发起单位之一，加之属李井泉夫人肖里[39]治下，故其在"产业军"内具有举足轻重的地位。成都东郊片是"一五"期间新建工业区，红成观点的工人组织《红卫东》占优势，川棉遂成东郊片"钉子户"。"产业军"中坚"川棉产业师"以"产业大楼"为主体，控制周围各幢大楼，人数及战斗力尚弱的"红旗战斗师"则控制该厂"生活区"。"二月镇反"被否，造反红卫兵（包括属"八二六"派的川大和属于"红成"派的地院、成都大学、成都电讯工程学院、成都工学院的）应邀以"学习队""联络站"名义大量进驻该厂。"产业师"和"红旗师"之间的摩擦和冲突日益增加不息。4月30日，"川棉产业师""勒令"进驻川棉的学生当即离厂，否则后果自负。5月1日清晨6时

39　肖里曾任川棉一厂厂长，时为四川省轻工厅副厅长。

许，产业师砸抄了红成驻川棉的"学习队"及川大"八二六"联络站。

5月3日，川棉产业师将成都工人革命造反兵团（以下简称"兵团"）、首都红代会及川大八二六等组织5名成员绑架毒打，并于夜里向红旗师发起进攻，冲入造反派宿舍打、砸、抢，许多红旗战士被赶出厂区，逃往川大暂歇。

对于刚刚复苏的八二六和兵团，彻底打垮宿敌川棉产业师以壮大声势，尤其代表意义。4日，川大八二六数千人兴师出征，沿途中八二六、兵团各下属分团陆续加入，队伍排出好几里长度，如洪流奔泻，淹没了城乡结合部的宽街窄巷。红成所属地院支队、成都工学院支队、红卫东、成铁二七的队伍也从四面八方涌来；凑热闹、看稀奇的市民更达数万之众。"北地东方红"的宣传车前来助威，疯狂的呐喊将现场气氛迅速加温至沸腾。

川棉产业师组织数千人在厂内设置防线，严阵以待。多数人赤手空拳，作战武器就是石块。双方先是远距离作抛掷对阵，军人赶来调停，在双方之间隔出一段人墙。密麻呼啸的石块在人墙之上往来乱飞，不断落入隔离军阵，砸出一片头破血流。人墙无奈撤离，于是冲锋号凄厉吹响，人潮狂涌，喊声震天，双方棍棒、拳头贴近肉搏，如古战场之两军厮杀。人数处劣势的产业师很快溃散，残兵退入5层红砖大楼继续据守——此楼人称"产业大厦"，正是产业师总部所在。

产业军再衰三竭。造反派于是发起总攻。还是"冷兵器"：石块、砖头、石灰、着火的汽油附着物……进攻的人员越来越多，东郊居民：小娃儿、老妞儿、老大爷都来凑热闹，顺便扔几块"太平"砖瓦取乐。亲历者说，大批医务人员前来抢救伤员，不少群众到医院慰问伤员，送鸡蛋、水果，颇有红色电影中"人民战争"的意趣。产业军本已民心尽失，失败只是时间问题。产业大厦紧闭的大门很快被冲开，造反派从一楼窗户翻进，一路砸门踏桌而过，大队人马紧随蜂拥而入。亲历者说：

> 这时我看到了令人恐怖的一幕，战俘们满脸满身鲜血地被拖出大楼，沿途不断遭受石块、棍棒、拳头的打击，不少人已经变得血肉

模糊。这是我见过的最血腥的事件,如注的鲜血使我内心颤抖。当时的场面令我惊愕,留下的印象至今不忘。[40]

北京会议在四川引发的政治过敏症迅速恶化。与两天后紧接发生132厂血案相较,川棉事件只是"小儿科"。

132厂以制造"大国重器""歼10"和"枭龙"战机而名重华夏,该厂孤悬于远离市区的黄田坝,因其军事意义之重要,工人政治条件要求极为严苛、政工体系管理亦极为封闭,加之远离市区,故而死忠当局的保守组织产业军"红联"一直处压倒优势。厂里有一"造"字号的"兵团一一·一九分团",只算小不点儿。北京消息纷纷扰扰,"一一·一九"终于不甘寂寞,串联社会"分团"和"学生兵"于4月21日与大块头"红联"干了一仗,也吃了大亏,于是发毒誓:"革命小将的鲜血不会白流!"社会上亦盛传"一一·一九派要血洗黄田坝"云。"红联"担心造反派报复,抓紧调来大批"产业军"同盟者:贫下中农战斗军(简称"农民军")进厂驻扎,以备防卫之需。

5月4日川棉产业师被造反派围攻,同病相怜的132"红联"组织1000余人前往驰援。"一一·一九"趁厂内空虚发起游行示威,被留守"红联"弹压。次日下午,造反派和驻厂红卫兵再次广场集会,又被团团包围,造反派虽撤去另一广场,仍遭冲击。是夜,"一一·一九"2000余人不敢返归宿舍,只能避险于通往市区的铁路,通夜淋冷雨露宿。

132厂造反派的败窘之状飞传市区。仇恨本已让成都满地积薪。只需一根火柴投来,烈火便会冲天而起。这一根火柴很快投来了:6日上午9时许,四川医学院九一五战团8名未来的"白衣天使"(7女1男)乘救护车驶来了132接运5日冲突的伤员,遭"红联"严拒且强行扣车,还将8名"天使"学生抓捕并虐打,再解厂区关押。"两国交兵,不斩来使",此乃古理,何况医科学生此来施行"革命人道主义",竟遭如此野蛮施暴。是可忍,孰不可忍?

北京传来的全是造反派的利好消息,两天前"川棉事件"狂胜,

---

40 李秉铎《川棉一厂武斗》。李时为四川大学物理系学生。

让造反派热血沸腾。132厂"老产"如此横行无忌,不趁势打掉而何?川医学生被抓消息传来,市区造反派各路人马,顿如江河决堤,万马狂奔,乱纷纷直扑黄田坝。

成都穷街陋巷,长期苟活于古老屋檐下的百姓,对按苏联图纸兴建的红砖厂区一直心怀敬畏,132厂竟然能造飞机,竟然工人好几万,厂区竟然还有飞机跑道!西南土皇帝李井泉遭难就专程逃这儿躲避!所有的神秘故事都让市民感觉刺激。再说,芸芸草民平时对派出所民警、甚至居委会老太太的眼神都心有胆怯,如今能参加让当局难堪的大狂欢,何其难得!5月6日的132厂把整个成都的眼球和脚步全吸来了。

10时许,工厂各大门被最先抵达的造反派全部控制。"红联"退守厂区各制高点。瞭望哨里但见造反派如群狼在成都平原满坝里夺路而来,于是抓紧退进围墙内将要道堵死,进入临战状态。第一波冲来围墙前的造反派遭遇守卫者雨点般的石打棒击,受伤者众,戾气顿生怒勇,后续的亡命之徒源源不断涌来,强攻之势已无法阻挡。

老产且战且退。生活区很快失守。保守派及绝大多数职工退守生产区,与进攻者隔墙对峙,用石头、砖瓦开战。下午1时左右,造反派终于推倒围墙,直接冲进了生产区,猛攻38、39号大楼,大规模攻防遂在开阔地展开。"红联"呈居高临下之势,集中力量从楼顶以石块砖头狂砸来犯之敌。冲锋最前的都是十五六岁的中学娃娃。孩子们的心如湖水一般清澈,可眼睛却常被幻象欺骗。他们把地狱之火当成了照亮黑暗的红烛,于是如飞蛾扑火,一群一群地扑上去,倒下,然后被人从血泊中拖上救护车运走。接下来的冲锋者则扛木板、桌子作盾牌继续前进。石飞如雨,不断有人倒下,却无人退缩,只管舞着红旗继续呐喊而前。

此时一辆宣传车开来,好心劝告"革命造反派的战友们""为了避免伤亡,你们不要冲了!不要冲了!"接着向"红联"展开政治攻势,告诉他们中央文革关于解决成都产业军和造反派武斗问题的电话指示,还有厂军管会的《紧急通告》,还有首都红代会的《最后通牒》……厮杀现场曾有过片刻宁静。很快,高踞38、39号楼顶的"红联"产业军剁碎房瓦，刹啦啦又向满场乱砸。劝降失败，战斗重开，气氛和规模再度升级……灾难已无法遏制，双方都不理会死神何时喷出第一道彻底狂野的地狱之火。

整个社会都已乱套，132厂没有乱。旧秩序的力量太强大。北京对四川重新洗牌，132厂的权力牌桌上稳坐不动的依旧是原来巨头：厂长马诚斋（中央副部级干部）、副厂长晋川、赵玉生、政治部主任王德、厂军管会副主任陈文瑛、陈学明、厂武装部部长冯瑞庭等。为预防可能发生的不测，陈文瑛和陈学铭事前便与"红联"一起制定了《战斗计划行动图》和《火力布置图》。"五六惨案"前一天，陈文瑛还再次迎来一批"农民军"进厂备战。马诚斋与王德6日上午闻讯赶回，一道参与坐镇应变。中午，城里涌来的数万造反派已将工厂围得铁桶一般，亡命徒飞蝗也似的轮番冲击，"红联"据守的生产区几幢大楼被全面攻占只是时间问题。两天前川棉产业军覆没的悲剧很快又将降临头顶。副厂长晋川于是紧急召集核心层磋商，断然做出了一个致命决定：立即发枪！史料披露，当场发出枪械计有：机枪10挺、步枪149支、手枪几十支和冲锋枪（数量不详）。每支步枪配5发子弹、机枪、冲锋枪、手枪子弹无数。132厂是一民兵师建制，本身即配有机枪、冲锋枪，还有数种火炮。事后清点，作为领取枪支抵押的工作证，一共188个。

一旦发枪，广场攻防局面立即转换。现在，所有的呐喊、喧嚣及它们表征的崇高或卑下、公理或不义、善或恶、永恒或短暂……统统变得毫无意义。死神已经把判决权交给了守卫的一方。

目击者证实，第一次枪响是从39号楼窗户射下的。时间是下午2：50分。清脆而真实的枪声把武斗现场所有的进攻者都惊呆了。冲击队伍中有人惊叫："产匪开枪了！产匪开枪了！"只是刹那间的惊吓和犹豫，很快被即将到手的胜利幻象冲得一干二净，大片大片的人群再次高呼激烈口号和毛泽东、林彪的语录，继续争先恐后，拼死向前。依旧是狂躁的年轻生命，完全顾不得死亡近在咫尺。38号和39号楼前的产业军再次退却，用办公桌椅及其他障碍物阻塞大楼，甚至顾不得保护国防机密和贵重设备的纪律和禁令，在放置高级精密仪器的处所,用仪器设备堆成屏障抵抗进攻。实在退无可退了!于是,枪声再次响起,这次是两声——人们已不再恐惧。无非再高喊几声"产匪又开枪了"他们认为产业军大势已去,再开几枪,不过是溃败前的壮胆与唬人罢了。此时宣传车再次开来,停在39号楼前的大广场,这一次,宣传车坐进了6位军人——证明制止武斗已经上升到官方层面。除了几个代表成都军区的士兵,车上还有首都红代会所属的北地东方红、北航红旗、科大东方红,以及成地"红成"、川大"八二六"的代表,在已经杀红了眼的防守者眼中,宣传车已经没有任何说服力。于是,当那位名叫陈家铭的解放军战士刚刚念完厂军管会当天发布的关于停止武斗的"紧急通告",39号大楼三楼东端窗口旁边,三个"红联"人员已经举枪瞄准了宣传车,军人正喊"把枪放下!"几支枪已同时扣动了扳机。事后调查证实,据守大楼的"红联"人员将这辆喊话的宣传车,视作了武斗现场的"临时指挥车",必须首先集中火力对其实施密集射杀。

宣传车位于大楼面前,完全暴露在火力下,且车上人员密集,无任何掩护。第一波枪声响过,车上6人伤亡。猝不及防的宣传车只得在密集子弹射击中高喊"同志们!开枪了!快退!快退……"然后慌忙倒车直至厂外安全区,始得检视及抢救伤亡者,死者计有:北地东方红学生李全华,一颗子弹击中喉部并从后颈穿出,当即死亡,22岁;26中红成派学生程其逸,文静俊俏的花季少女,腹部中弹,当即身亡,时年16岁。伤者除两名红卫兵外(其中一女红卫兵腹部中一弹,一男红卫兵肩部中一弹),两名解放军战士受伤(一腹部中一弹,一大腿中二弹)。

宣传车被打退,38号楼,39号楼各窗口和制高点的枪口同时亮了出来,一齐向进攻者射击。更有甚者,有"红联"人员持枪下楼,冲到马路上向造反派射击,一时枪声密集,中弹者众。密集枪声扫过,各处皆见有人扑倒血泊之中。

据造反派事后称,产派人员使用的子弹是"经过处理的特殊子弹"、所谓"开花弹"者。其时,有"战地消息报道"这样描述现场伤亡者惨状:"……有的被击中头部者则脑浆迸裂,有的甚至半个脑袋都没有了。被击中胸部者则炸出一个碗口大的洞，击中腹部者肝肠寸断……"

史料记载："武斗一直持续到天黑。军队闻讯赶到现场，进驻工厂制止武斗。此次武斗该厂造反派和外来围攻者被打死48人，枪伤129人，钝器伤500余人。"[41]

"五六"事件之后，陆续向外界公布的各类材料为数众多。许多年后，甚至还有记录和解析该事件的历史专著。这些资料对事件的具体记录和死伤人数都有计较可信和直接的记录。如开枪最密集的时段，准确到了几点几分，比如，四川医学院的《伤亡情况调查公告》统计了该校附院（现华西医院）省医院、省中医附院、市二医院、市三医院等各家收治的伤员数量，初步认定伤者应该是4000人左右……等等。

民间的记载还有：5月6日深夜12点左右，132厂由野战部队奉命接管，立即在生产区全面戒严，并在全厂范围大规模清查收查产派人员及收缴武器。5月8日，成都市内举行了30万人参加的追悼大会，声讨李廖死党和保皇派制造的惨无人道的大屠杀罪行。

6年后，中央解决四川12家老大难企业会议，官方对这笔血债给出了如下说法："由于林彪修正主义路线的干扰破坏，分裂群众打派仗，一个飞机厂两年少出了几百架飞机，相当于中东战争埃、叙两国的消耗。"[42]

几百条鲜活的生命的价值尚抵不上几百台无生命的金属制品。又一叹！

---

41 比较完整权威的版本是民间文革学者王锐撰写的《文革成都"五六"事件始末》。发表于四川省社科院《当代史资料》2012年第1期。
42 《四川十二个重点企业解决老大难问题的情况汇报》（草稿）页10。四川重点企业汇报会议领导小组1974年1月编印。

第五节 中央对"五六惨案"反映

1. "红十条"发布

5月6日发生在成都的惊天惨案,让北京的文革大员们不能不对四川问题抓紧收官。用周恩来的话说,就是"发生了这样大的流血惨案,我们心里感到不安,夜长梦多啰。四川问题不解决不行了!"[43] 关于四川问题共九条决定本已拟好,北京急急忙忙就血案专加一条,排序第十,在5月7日正式发布了。

文件编号"中发(67)147号",全称《中共中央关于处理四川问题的决定》,民间则简称"十条"或"红十条"。全文如下:

一、以李井泉为首的一小撮党内走资本主义道路的当权派,长期以来,把四川省当作反党反社会主义反毛泽东思想的独立王国。在无产阶级文化大革命中,李井泉等人坚持执行刘少奇、邓小平的资产阶级反动路线。中共中央决定撤销李井泉的中共中央西南局第一书记的职务,中共中央、中央军委决定,撤销李井泉的成都军区第一政委的职务。

二、在无产阶级文化大革命期间,成都军区在反对党内最大的走资本主义道路当权派的顽固追随者黄新廷、郭林祥的斗争中,表现是好的。成都军区在支援地方无产阶级文化大革命,特别是在支工、支农方面,是有成绩的。但是,成都军区个别负责人从二月下旬以来,支持了为一些保守分子所蒙蔽、被党内一小撮走资本主义道路当权派背后操纵的保守组织,把革命群众组织"成都工人革命造反兵团"和"川大八二六战斗团"等,打成了反革命组织,大量逮捕革命群众。他们把无产阶级文化大革命运动变成了"镇压反革命运动"。同时,

---

43 周恩来、陈伯达、康生、江青、王力、关锋、萧华、杨成武、叶群等在接见四川一些专、市代表时讲话纪要(1967年5月7日下午8时 人民大会堂西厅) 周良霄、顾菊英编《疯狂、扭曲与堕落的年代》之二——《十年文革中首长讲话传信录》,2009。

擅自调动部队到宜宾，支持宜宾军分区，支持宜宾地委内一小撮党内走资本主义道路的当权派，镇压革命群众组织和革命群众，实行大逮捕。在万县军分区，还制造了武装镇压群众的流血惨案。在其他一些军分区和地委，也或轻或重地犯了这样的错误。成都军区个别负责人在支左工作中，犯了方向路线错误。经中央指出后，成都军区就很快地开始进行改正。54军的领导同志，及时作了检讨，行动上也改得快。毛主席在四川的一个文件批语中指出："犯错误是难免的，只要认真改了，就好了。四川捉人太多，把大量群众组织宣布为反动组织，这些是错了，但他们改正也快"。

三、由新任成都军区第一政治委员张国华同志、司令员梁兴初同志和前宜宾地委书记刘结挺同志、前宜宾市委书记张西挺同志，负责组织四川省革命委员会筹备小组，以张国华同志为组长、梁兴初、刘结挺同志为副组长。筹备小组的成员，应该吸收革命群众组织的主要负责人、军队其他适当的负责人和经过革命群众同意的地方上的革命领导干部参加。

四、宜宾地区由王茂聚、郭林川同志负责组织宜宾地区的革命委员会筹备小组，在四川省革命委员会筹备小组领导下进行工作。

其他专区和省属市或者成立委员会筹备小组，或者成立军事管制委员会，由四川省革命委员会筹备小组讨论决定，报请中央批准。

各专区和省属市的革命委员会筹备小组的成员，按第三条规定的原则处理。

五、四川省革命委员会筹备小组，要对四川全省在无产阶级文化大革命中被打成"反革命"的革命群众组织、革命群众和革命干部进行妥善处理，一律平反，一律释放，并且依靠其中坚定的左派作为骨干，搞好无产阶级文化大革命。对死难的革命群众、革命干部，要进行抚恤。对确有证据的现行反革命分子，另案处理。

要帮助革命群众组织恢复和发展。川大八二六和工人造反兵团这样的革命组织，要注意同红卫兵成都部队及其他革命组织加强团结，不要互相攻击，而转移了斗争目标。各革命组织，都要活学活用毛主席著作，整顿思想、整顿作风、整顿组织，在毛泽东思想的基础上实现无产阶级革命派大联合，实行革命的"三结合"。

六、要响应毛主席号召，大力进行拥军爱民，向军队和群众双方都进行正面教育，加强军民团结，严防坏人挑拨军民关系。伟大的人民解放军一定会得到广大群众拥护的。要向全体指战员和广大革命群众宣传毛主席关于相信和依靠群众、相信和依靠人民解放军、相信和依靠干部大多数的指示。

七、要把斗争的矛头，指向党内最大的一小撮走资本主义道路的当权派，指向四川最大的走资本主义道路当权派李井泉及其一小撮同伙。在四川省军队内部，在干部和群众中，要对刘、邓、李等人进行充分的揭露和批判。这个批判，要同处理当前的问题和筹备革命的"三结合"临时权力机构统一起来。

八、广泛宣传中央军委的八条命令和十条命令，中共中央关于安徽问题的决定和批语。这些文件中规定的原则，要严格执行。

九、对为党内一小撮走资本主义道路当权派操纵的保守组织主要是进行政治思想工作，使其中的广大群众觉悟起来自己造反，同个别的坏头头和背后操纵他们的党内走资本主义道路当权派决裂，同资产阶级反动路线划清界限，回到毛主席的无产阶级革命路线一边来。要教育受过压制的革命群众组织，按党的政策办事，不要对保守组织的群众进行打击报复，而要对他们进行说服教育，把他们也看作反动路线的受害者。一切群众组织，都只许文斗，不许武斗，不许打、砸、抢、抄、抓。煽动武斗的坏人，必须追究。

十、关于五月六日成都发生的流血事件，中央将作为重要的专门案件处理。对于枪杀群众的凶手，特别是事件的策划者，要依法处理。一切群众组织的枪支弹药，都一律由成都军区负责收回封存。对各群众组织中受伤的人，都由成都军区负责安排治疗。对死者要进行抚恤。

文件在5月7日下午8时举行的大会上宣读。周恩来、陈伯达、康生、江青、王力、关锋、萧华、杨成武、叶群等出席。参加接见的代表有：川大"八二六"代表2人，红卫兵成都部队代表1人，江津、绵阳、雅安、彭县代表各 1 人，西南联络组代表 1 人以及其他方面代表共 15 人。

文件由中央文革组长陈伯达宣读。陈老夫子满口闽南方言不改，只得由康生用普通话逐句翻译。最后合影留念，照片中十分抢眼的是川大江海云与李红兵两位女大学生分别站在江青两边挽着"江阿姨"的手臂。1967 年 5 月 13 日的川大《八二六炮声》报道：

> 中央首长和我们一起照了相。江青同志也来了，江海云拉着江青的手跳起来。江、李靠着江青同志，江的另一边是周总理，李红兵一边是江青，（另一边是康生）。叶群和江海云握了手，所有中央首长都握了手。叶群把她的女儿林豆豆介绍给江海云和彭县的代表认识，叶群同志说：你们战斗得很好，我们向你们学习，我们对你们支持不够。江海云同志讲：是党和毛主席给我们撑腰才有这样大的力量。

接见过程中，李红兵的瘸腿成了中央大佬放松气氛的噱头。周恩来关切地要她抓紧治疗："在这里不治好，回去不好治啊？"康生跟着调侃："治不好找不到爱人啊！"惹得众人大笑。会毕，众人在人民大会堂吃了晚餐，可谓其乐也融融。

2. 隐患

对于四川的造反派，132 厂的血案是一个多好的契机！曾经分裂的、闹得你死我活的两组造反派，在枪林弹雨之中携手共进，血流一处。今日"红十条"颁布，大家应当同乐痛饮，可惜事情并非如此。"红十条"偏偏这样写了一句："川大八二六和工人造反兵团这样的革命组织，要注意同红卫兵成都部队及其他革命组织加强团结。"

四川造反派再次被北京当局分出三六九等。同为造反派、同时喋血广场的"川大八二六和工人造反兵团这样的革命组织"成了依靠对象、文革政治的"贫下中农"，而红卫兵成都部队成了团结对象，文革政治的"上中农"。八二六欢呼跳跃之时，会上唯一的红成代表宁不独自向隅？会议记录稿称：蔡文彬"要北地东方红在成都做检查。"《八二六炮声》的消息更详细:"蔡文彬不服气,他要北地东方红在成都做检查。我们就讲,北地东方红是硬骨头,没有什么可检查的,他们得到广大工农兵的支持和拥护。康生同志听到就非常生气地站起来说:北地的同学死都死在你们那边了,你们还没有一点同情心。"[44] 西南联络组的北京红卫兵王定之更是毫不客气:"我们觉得成都红卫兵部队底下的广大战士是造反派,他们的一些头头是走的机会主义路线!"

江海云插了一句看似轻飘飘,实则分量很重的话:"他们说他们红卫兵成都部队跟中央接不上关系,是王力搞的鬼。"记录稿说"总理笑:哪里!不是!"此一细节意味深长。

蔡文彬的申辩招致更多责难。一个叫刘喜的代表请求:"总理,我觉得我们到这里来不要转移大方向了,开枪的老产又不在,不要互相告状了!"王力借势而上,称"不要听阶级敌人的挑拨了",康生也上:"错了就承认错误吧!"关锋也上:"对你们承认错误,人家就原谅你们了!"王力再上,对川大李红兵说:"你们也不要提他们(指红成)总部一小撮了。对'产业军'才能那样。"周恩来接着定音:

你们在抵制军区方面主要是不与"产业军"联合。但在对待川大"八二六"和"工人造反兵团"的问题上犯了错误,上了军区的当了。你们承认这点才站得住脚。你们现在改了我们就欢迎啰!

我原以为今天你们能坐下好好地谈,但现在还在吵,这是出乎我们的预料的。我是认识"成都红卫兵部队"的,去年认识的。……你们"成都红卫兵部队"对"产业军"划清界限,这一点我是欣赏的。但后来对川大"八二六"的态度是迷信军区,上了当啰!写成了文字嘛!这是很大的错误啰!

蔡文彬孤掌难鸣。更何况他面对的全是口含天宪的权力大佬。他还有什么可说?

周恩来最后的讲话高屋建瓴,无人再能撼动:

---

44 《八二六炮声》报 1967 年 5 月 13 日消息。

你们要批判刘邓嘛！把斗争矛头指向党内最大的一小撮走资本主义道路的当权派嘛！西南的李井泉、黄新亭、郭林祥嘛！也可能还有其他个别的人嘛！这是一小撮嘛，"产业军"一小撮头头，也可能跟着他们跑的，你们的矛头要对准他们。

匆匆发布"十条"前，周恩来说"夜长梦多啰。四川问题不解决，不行了！"似乎只要中央文件一下，四川臣民便唯唯称诺，巴山蜀水从此承平祥和。可惜如今民间积累的仇恨太多，造反派内部新的矛盾再次升级。四川文革之夜正长，巴蜀大地漫长的血色噩梦，这才重新起步。

第六节　迷乱的重庆与"红五条"

1. 造反阵营分裂

重庆一月夺权前夕，"保皇四军"已在"一二·四"事件后被打得奄奄待毙，八一五造反派稳居压倒之势。后成为"军工井冈山"一号勤务员的李木森这样回忆当时情景：

我们厂里的工人战斗军被军工江陵兵团和八一兵团六五团联合打垮了，我们共同行动，发布《勒令》，收缴了工人战斗军的旗帜和袖章。收缴"战斗军"袖章时，一些参加了"战斗军"的老工人想不通。我们单位的党小组长老彭，是个老工人、老技师，始终不愿交出"战斗军"袖章，他认为那袖章是党组织发给他的，代表党对他的关怀和信任。被我们造反派逼得急了，他干脆用火柴把那袖章烧了，烧成灰以后，用水冲着喝进肚子里去了。[45]

其次，得驻军 54 军对八一五派立场鲜明的支持，使重庆市的夺

45　李木森《亲历重庆大武斗》页 26。

权顺水顺风。筹备临时最高权力机构"重庆市无产阶级革命造反联合委员会（简称'革联会'）"时的委员安排，基本涵盖了当时主要领域的造反派组织：军工系统的八一兵团、钢铁系统的重庆九八战斗团、制造业最大的跨行业组织二七战斗团和红岩八三一战斗团[46]工人各一人，共4席、农民2席（红农八一五、革命农民造反军各一人）、财贸系统1席（财贸八一五战斗团），文教卫生系统1席（文艺界革命造反司令部）、革命师生代表1席（即重庆红卫兵革命造反司令部，代表以重大八一五为首的12所高校），虽说革命干部代表级别太低，革联会好歹算是符合了"三结合"的组成标准，应该皆大欢喜了。问题是，偏偏此时罗广斌满载利好消息从北京返回，继而闹出一个"联络站"，他们坚决反周家喻的"右倾""假夺权"……这就让革联会与毛泽东钦定的夺权的另一指标"大联合"难以完全匹配了。

54军政治部副主任、军方指派的革联会主任刘润泉对此的说法是："革命造反派内部产生了分裂，一方是'革联会'，一方是'联络站'。1月20日至2月2日，我们召开了'革联会筹备委员会'的会议，讨论和研究了工作，发了一个书面的联合公告。在这同时，又有一些组织在开另一个会议（开联络站会议），他们并给中央发了'急电'。当时工人造反军的几个头头，一方面参加了'革联会筹备会议'，另一方面又去参加了'联络站'的会议。在'联络站'的会议上，罗广斌发了言。会后，他们抛出了两支毒箭，一支是借反以周家喻为首的重大八一五的右倾机会主义为名，反'革联会'；一支是把斗争的矛头指向解放军，他们说什么'重庆市的联合是枪口下的大联合'等等。"[47]

刘润泉，东北人。身材硕壮，慈眉善眼，颇似邻家"和事佬"。

---

46 红岩机器厂是文革前由无锡和洛阳内迁组合而成的军工制造厂，该厂无锡帮工人不堪工作组偏向洛阳帮而造反。八三一造反虽早，但孤悬与远离城区的北碚歇马场，与社会联系甚少。该组织是重大八一五鼎力推荐的"抓革命促生产"模范，并被新华社报道表彰，故获得入阁殊荣。

47 《重庆市革命联合委员会常委会主任刘润泉同志在市国防工业系统"抓革命促生产""三结合"经验交流会上的讲话》，大会秘书组印发（1967年3月12日）。市级机关革命造反纵队一支队翻印（1967年4月14日，油印件）。

革联会的成立本是大势所趋、人心所向的好事，符合重庆百姓尽快结束无政府状态的愿望。共产党的国家学说的定义本就是阶级统治的工具，主张无产阶级（通过共产党）实施专政。如今在北京"有了权，就有了一切，没有权，就没有一切。"[48]一类极端口号的蛊惑下，还能指望众人保持宽容和理性吗？"和事佬"刘润泉的话，当然是代表了54军党委的集体意见。对革联会持反对意见的群众既然已选择了极端，军人理所当然也同时将持不同意见者视为了异端，视之为"毒剑"，冠之以"反军"；更不幸的是，还把某些铁杆组织打成"反革命组织"，把其骨干投入监狱。矛盾步步激化，于是持异见者不仅要"反右倾"、反"假夺权"，而是要彻底"砸烂伪革联"。这就有了重庆文革上又一著名的派别："砸派"。

"砸派"核心组织"二轻兵团"负责人夏祥贵[49]这样叙述了他从拥护革联会转向砸革联会、从"八一五派"转向"砸派"的心路历程：

> 那阵打听说，政法兵团的学生和重大学生组织起打鬼战斗队，跑到基层各个单位去抓坏人，这个问题就严重了，站在打击造反派那边去了。搞得各个分部哦，各个厂都有反映，都上来反映这个问题。我说这个问题就大了啊，不是炮轰革联会的问题了。那段时间辩论的是搞改良主义还是彻底革命，对新生红色政权，要改良还是把它砸烂？还有一种意见是要帮助它改正错误。我去找刘润泉，我说这个东西你错没有？抓造反派没有？他说也可能抓错了部分人，但大方向是正确的。
>
> 那阵我们总部常委会就决定，把二轻所有分部集中到向阳电影院开辩论会，邀请了54军的代表参加。范副参谋长派了两个人来。辩论的题目就是革联会还要不要它，它不改正错误我们究竟哪个办？究竟它能不能代表我们造反派。辩论的结果，大概五分之四的分

48　1月21日《人民日报》社论《无产阶级革命派大联合，夺走资本主义道路当权派的权》。

49　夏祥贵，当年是钢材改制厂的青年工人，担任了二轻系统最大的群众组织二轻兵团的主要负责人，后来为重庆市革委会委员。其口述系于2012年3月21日由重庆市政协组织、何蜀主持记录。

团和战斗队都赞成砸烂革联会。有五分之一，大概有两个分团，一个服装分团，一个长寿分团，不同意砸烂革联会。

4月7日，夏祥贵终以委员的身份在革联会召开的大会上，公开发出呼吁："革联会是我们把它扶起来的，可是现在它却成了资本主义复辟的工具，我们大家一道起来把它砸烂吧！"

2. 群众组织重新洗牌

重庆本是八一五派一统江山，砸派悄然出现并坐大，原因得归咎于"镇反"。重庆革联会及54军没有跟成都军区起舞，大搞否定文革成果、重新定义造反派和保守派的"二月镇反"，但在"巩固无产阶级专政""政权就是镇压之权"的国家理论框架下，为维护"新政权"权威，"革联会"不可能独善其身。更何况，"三结合"的组分之一，八一五派组织的政治态度还在相当程度上左右着社会民意和军队的判断、决策，他们既是54军最坚决的支持者，又是乌合之众，要"革联会"对极端狂热的反对者们谦和宽容显然很难，而只会相反。

革联会确实抓了人，只是人数相对较少，改错也快，诚如"中央解决重庆问题的决定（俗称红五条）"所言："应当实事求是地估计和对待重庆警备区司令部在支左、支工、支农、军管、军训工作中的成绩和缺点错误。应该看到，他们在这些工作中，是有显著成绩的。他们支持的是革命群众组织。他们的缺点错误在于，在二三月间，没有完全顶住成都军区个别负责人把无产阶级文化大革命变成'镇反运动'的方向路线错误，在处理持有不同意见的革命群众组织的关系问题上，错误地支持了一方，压制了另一方，支持了公安部门错捕革命群众，把一批革命群众打成'反革命'。他们已经开始认真地纠正自己的缺点错误。"

重庆革联会成立后被抓的人大约有两类：

一类为直接对当局（革联会）叫板的。此为砸派最初的源头主流，如西师八三一战斗纵队。论资历、名望、学生数量等，重庆高校中足以与重大比肩的仅有西南师范学院，皆因地处边远，消息迟滞，行动大不如重大便捷，社会影响小了许多，故而文革肇启未能成为"老大"。亦因此端，八三一与同样后发起事而领袖欲极强的罗广斌诸人，很容易走到一起，成为反对派中坚。加上外地、特别思想更为激进的北京红卫兵助推，于是坚信自己是革命路线的正宗代表，革联会成立后游行不止，闹得当局心烦，于是一抓了之[50]。除了西师八三一，交院九一五8位负责人、后字242部队（解放军后勤工程学院）"红总"负责人及骨干成员30多人亦被拘捕。其余跟着这"三大右派组织"起哄闹事的学校，亦分别遭到训斥、警告。

还有一类被捕者，是所谓"混进造反组织队伍"的所谓"牛鬼蛇神""社会渣滓"、地富反坏右之类。这些人历来属社会"另类"，用他们做庆典祭品以证明"新政权"合法，谁也无话可说。[51]

问题之严重在于抓人事件的衍生效应。造反派内部的"反动组织""牛鬼蛇神"一抓，业已垮台的保守派必然蠢蠢欲动，东山再起。当时不正倡"革命不分先后"一说吗？保皇组织垮了，兵卒无枝可依，于是一窝蜂就投靠八一五，改头换面当起了革命派。八一五要壮大势力，自然乐观其成。最有名的案例当数西师"春雷造反兵团"，虽然为首者确属八三一老造反，但基本层面多属于原思想兵（"麻子兵"）、工纠和随大流师生员工，"春雷"遂有了"春麻儿"之绰号。工矿系统最著名案例则为重纺六厂"保皇势力反夺权"案[52]：

> 六棉"纺织兵团"（按：八一五派）于元月二十八日夺了党内走

---

50 3月7日，北碚区驻军宣布西南师范学院八三一战斗纵队是"右派组织"，勒令解散。次日，革联会所属的北碚区公安分局压不倒造反队、重大八一五战斗团和新成立的西南师范学院春雷造反兵团等发布《联合公告》，宣布接管西师一切党、政、财、文大权。西师八三一战斗纵队被宣布为"反动组织"，勒令解散。西师八三一负责人周荣等7人被北碚公安分局压不倒造反队以"现行反革命"罪名拘捕。

51 重庆工人造反军的前哨支队、六号门纵队等，被革联会作为"反动组织"明令取缔，负责人及骨干成员被召开公审大会逮捕并五花大绑游街示众。抓捕前均征得了工人造反军总部同意，足见自身软肋，总部负责人心知肚明，不得不尔。

52 此段摘自西师八三一机关报《红岩》第十期的"棉纺六厂资本主义复辟情况调查报告"报道。文稿写于4月17日（八三一平反复出之后）。

资本主义道路当权派权所掌握的党、政、财、文大权。但是，在厂长王××和一小撮顽固坚持资产阶级反动路线的分子曾××（保卫科长）、屈××（厂办公室主任）等，惊魂稍定，又立即支使已垮台的工纠中的顽固分子，于二月二十三日拼凑了一个新的保皇机构——重棉六厂'二七'分团（按："二七"系全市性的跨系统八一五组织），在革联会和区×××部长的支持下，于三月十七日晚，借九龙坡区公安分局到该厂'镇反'为名，从无产阶级革命派手中进行反夺权之实。

此事影响太坏，革联会常委会4月6日做出六条决定，其中第三条就专门明确："立即调查处理沙市纱厂[53]等单位的问题，彻底打退走资本主义道路当权派操纵保皇势力进行反夺权的资本主义反革命复辟逆流。凡是被保皇势力反夺了权的地方，革联会坚决支持并帮助真正的革命造反派把权立即夺回来"。事后，革联会机关报《山城战报》派员对此做专门报道称："4月3日，市革联会组织六中32111战斗团、三中抗大兵团、重大八一五战斗团等单位部分战士开始进厂，配合该厂的广大革命战士，一面调查研究，一面大造声势，协同作战，在兵团战士的凌厉攻势下，几天之内，厂内一小撮走资本主义道路当权派和他们的御用组织、纯'工纠'变种——六厂二七兵团被打得落花流水，狼狈不堪。4月7日，兵团战士在毛纺厂红岩战斗团等革命组织的协助之下，把大权重新夺了回来，紧紧掌握在无产阶级革命派的手中"这则消息的眉题是"只许左派造反，不准右派翻天，长革命左派志气，灭阶级敌人威风"。正题是"纺织兵团六厂战斗团痛击反革命逆流"，副题是"他们重新掌权，扬眉吐气，振臂高呼：毛主席的革命路线胜利万岁！"顶头通栏则是毛泽东语录："人民得到的权利，绝不允许轻易丧失，必须用战斗来保卫。"[54]。同时配发评论员文章："革命尚未成功，刀枪不能入库"。

"工纠变种"六棉"二七分团"很快倒向"砸派"，成为革联会

---

53 该厂系抗战时期由湖北沙市迁渝，故惯称"沙市纱厂"。
54 见《山城战报》第十期。1967年4月16日出版。

坚定的反对者。循规蹈矩的保守派尚且如此，本来就是造反派，一旦受辱，反弹起来，能量更大。军工系统内部先行参与夺权的"八一兵团"，在"镇反"高潮中勒令与之有龃龉、闹矛盾的"军工兵团"组织整体解散，负责人和骨干还遭批斗、强迫请罪。4个月后，军工兵团重组为"军工井冈山"，成了"砸派"中坚、武斗主力。

还有一些奇葩个案。重大无线电系三年级学生徐光明一贯思想前卫、特立独行，1966年7月，喜欢闹事的重大学生每日成批涌去市委工作组驻地鼓噪寻事，徐光明偏偏悄然独行，自费赴京去找党中央状告无线电系工作组压制学生之恶行，直到等到大轰大嗡的八一五事件爆发了方才悄然返回。此后一直游离于群体行动之外，却始终保留超然世外的批判地位，比如，他嘲笑"八一五本身就是不彻底的革命事件""九三、四上北京[55]是右倾逃跑"等等，皆因认知太过超前，徐组建的"红岩公社"组织成员一直保留在个位数[56]。滑稽的是，一贯与重大八一五不睦的西师八三一也对其不屑，说他"一边举起左手高喊打倒重庆市委，一边却举起右手大叫要打倒八一五派。这真是毛主席早在四十年代就批判过的戴季陶主义的活标本。"[57]神使鬼差的是，2月22日，徐到重庆师专附中去找和他观点相同的中学生黄开全讨论形势，此前黄开全的组织曾被"中八一五""红旗"砸抄，那天正巧"红旗"外出，黄等人乘机发动报复性砸抄，"红旗"闻讯赶回，认定徐是打砸抢黑手，于是将其扭送派出所，交杨公桥看守所关押15天，受尽折磨甚至以绝食抗议。据说抓徐还专门请示了"革联会"政法小组并得到批准。徐释放后一怒之下，再赴京城告状，没承想正遇中央解决重庆问题，徐光明遂成了砸派的20名代表之一。

重庆市公安市中区分局"革命造反临时委员会"简报载："自2月7日抓捕造反军前哨支队第一名'现行反革命'始，截至3月29

55　指1966年9月3日绝食、9月4日千人上京告状事件。
56　1967年4月，在反革联会的风潮中，重大八一五内部分裂出一个"重大八一五东方红纵队"。为首者电机系邹世友原系815造反的主要发起人之一。后"重大八一五东方红纵队"与"红岩公社"合并改名为"井冈山公社"，邹等人力主吸收各方反八一五人士，队伍方才逐步扩大。
57　西师八三一《红岩》报1967年《新年献词》。

日止，经市局革委批准共取缔'反动组织'3个，被革命组织砸掉的8个……共打击处理了421人，其中逮捕53人，管制5人，劳改40人，戴帽4人，刑事拘留108人，拘留审查211人……非法组织自行瓦解的34个，主动到公安机关请罪的18个，到派出所坦白交待问题的有692人。"曾积极参与筹建革联会的"重庆无产阶级革命工人反修兵团"是以合同工、临时工为主的跨行业组织，"镇反"中被当作"大搞反革命经济主义"的反动组织摧毁，大量人员被拘捕、批斗[58]……

这些被"新政权"抓捕又重获自由的"老八一五"，以及由原保守派反水而出的造反者，于是全部聚集在反对派麾下，坚定地发出了同一个声音："砸烂革联会"。这一派群众自称为"砸派"。

3. 革联会的抉择

初入政治幼儿园的八一五造反派，眼见曾与自己一起"浴血奋战"的战友被自己推出的"新政权"披枷带锁抓起来，而被自己舍生忘死打垮的保皇派重上舞台，圣洁感情实在难以接受。反击"二月逆流"的潮流涌来，他们其中不少人选择了感情取向而非利益算计，也举起北京赐予的政治武器，站出来为新政权的受害者抗争。包括各单位八一五选派来机关工作的人员。愈益躁动的声浪严重搅乱了革联会的工作秩序。

革联会不能不采取紧急对策。4月6日，革联会发布《关于目前重庆市无产阶级文化大革命运动中几个问题的通告》[59]，同时用整整

---

58 重庆市公安局市中区分局革命造反临时委员会1967年3月30日镇反简报，载反到底公检法指挥部、工总司财贸第一造反纵队《全盘否定重庆二三月"镇反运动"资料汇编》第一辑14页（1967年10月）。

59 4月6日《通告》计含八个问题：（一）斗争的主要任务，（二）关于革命的"三结合"，（三）正确对待革命群众组织，（四）正确对待革命小将，（五）关于镇反工作，（六）关于夺权中的问题，（七）关于保守组织，（八）抓革命促生产。先是，3月26日，警备司令部（54军）曾就重庆当前形势发布了一个《公函》，四六《通告》则在《公函》基础上又有所前进，表述得更明晰具体。如第二条指出："革命群众组织的代表是革命的'三结合'的基

两天时间召开有全市革命造反派负责人参加的"自我炮轰大会",大会就在办公厅宽大的过门厅举行,常委们一律站着,只管争先恐后抢话筒,大呼小喊,唇枪舌剑,热闹非凡。前述"二轻兵团"委员夏祥贵刚发言呼吁"大家一道起来把它砸烂吧!"大厅顿时一片嘘声,要他"滚下去!"更多委员紧跟发言,一致认定"革联会是我们自己的,有错误,有缺点,我们炮轰它,帮助它改进,砸不是办法……"另一个自称也是"二轻兵团"的发言者直接宣布:"刚才那个人(指夏祥贵)不能代表二轻兵团,只能代表他自己,我们二轻兵团的广大战士坚决支持革联会,革联会就是好,好得很!……"

《山城战报》第九期对会议做了如下报道:"各革命组织的同志高举毛泽东思想伟大红旗,充分发扬了大民主,发扬了敢想、敢说、敢造反的革命精神,用大量事实揭露了资本主义反革命复辟逆流在重庆的各种表现,同时对革联会工作中的缺点和错误提出了尖锐的批评。"《山城战报》消息最后称:"大家一直认为,革联会是我们造反派长期浴血奋战的成果,革联会的大方向是正确的……决不能把革联会看得一团漆黑,一棍子打死。"

会议结果无疑是对 54 军的充分肯定。革联会主任刘润泉在总结讲话中高兴地表示"会开得很好",再次发誓"我们支持革联会,没支持错。革联会有两条,一是有 30 多万人的群众基础,二是革联会的左派力量占绝对优势。""镇反工作要规定三条,一、不管任何人假借镇反为名,镇压左派,调查清楚后要严加惩办;二、如果有人背着革联会干坏事,调查清楚后要严加惩办;三、今后逮捕人要经过警备司令部党委批准。"前来助兴的 54 军参谋长耿志刚亦作了发言,称"革联会好得很!我们警司支持革联会,我们过去、现在、将来都要支持革联会,坚决支持造反派和革命组织。""我们支左没支错。""镇

础……绝不许把他们当作陪衬,更不准把他们排斥在外";第四条明确宣布了"西南师范学院八三一战斗纵队、交通学院九一五战斗团等组织是革命群众组织";第五条提出了"在这次镇反工作中凡被错打成反革命的群众,一律平反";第七条再次重申不许保守组织"纠集原班人马打着'造反'旗号,恢复原有组织,更不允许招降纳叛,改头换面重新组织,否则,立即取缔,对于首恶分子,必须依法惩处"等。

反工作的大方向是正确的。成绩是主要的,这次抓人主要是其本人历史、社会关系有问题的,文化大革命中有问题的。""我们坚决保卫革联会,支持和保护左派广大革命群众。"[60]

54军顺应了大多数八一五的意愿和认知,态度是真诚的,只是已被仇恨烧得滚烫的受害者并不买账,以西师八三一为代表的激进分子认为自己既然付出了比重大八一五们更大的代价,在重庆的政治盛宴上理应坐主宾位了。这匹烈马原来就不愿被人套上笼头,平反复出后更不可能成为八一五的附庸。他们采用各种手段和语言,刺激八一五本已陷入困惑的脆弱神经,咒骂重大八一五是"山城最大的右倾机会主义集团""叛徒集团""被黑帮收买了"等等,咒骂革联会是"资本主义复辟的工具",用漫画将其描绘为丑陋不堪的"癞格宝"(重庆土语,即"癞蛤蟆")……必欲将曾为他们喊冤叫屈的重大学生逼得山穷水尽而后快。

4. 重大八一五:从迷乱到坚定

可怕的是,随着北京传来"粉碎资本主义复辟逆流"的日日冲击,领头羊重大八一五确实开始人心浮动。文革乱局野化训练了大半年的莘莘学子,对革联会成立以来开始恢复的旧秩序已多感不适,他们终于憋不住了。

3月31日,动荡不安的重大校园再次像八一五起事那样征集签名,准备次日进城大游行。已然成为新秩序代表的八一五总团连夜召开小组长会劝阻,无效。次日晨六时,总团再次紧急召集全团群众大会,一号勤务员周家喻上台发表演说,企图阻止游行亦被群众造反,数千人浩浩荡荡进城示威。4月4日,革联会召开全市群众大会,誓师向刘少奇开火,重大学生在会场刷出针对性极强的大标语:"警惕山城和平演变""打击革命小将就是打击无产阶级文化大革命""革联会必须坚持毛主席的革命路线"公开对自己捧出来的"新政权"

---

60 见《山城战报》第十期。1967年4月16日出版。

表示质疑。

对于庞大的重庆八一五派，领头羊歧路徘徊无异于一场大灾难。那段时间比重大更加焦虑的是全重庆八一五派的造反群众。他们太担心重大八一五会发生动摇。一个佚名工人在重大校园贴出大字报，表达了八一五派共同的不安。这一首叫《呐喊之声》的诗，被重大同学广为传抄：

不要这样沉默，重大八一五！
让雷霆喊出你胸中的愤怒。
为什么万里之外对你缺席审判？
为什么前后左右向你进攻？
假如你胸中是一轮红日，
解开纽扣，把它托上解放碑峰。

几乎天天都有人来重大声援游行。他们穿行于夜幕下的校园广场、沿江马路和学生宿舍间夹竹桃长得密密匝匝的小路。有的还举着火把，火光在春夜显得晶红耀眼。"向重大八一五学习！""向重大八一五致敬！"的口号声彻夜不息，大学生无人入睡，纷纷从床上跃起，赶去宿舍外夹道欢迎。掌声、欢呼声、口号声汇成一片，响彻夜天。

4月12日，重大八一五在风雨操场举行全团辩论大会。台前骇然出现一幅大标语：

"誓死捍卫一月革命的伟大成果！"

在群体无意识的狂热环境，一个动人的口号就是一面旗帜，足以让所有人跟着它呼啦啦前进，接下来就只需诉诸情感的神圣激发而不必费心思去做任何理性判断：不管前面是死神还是胜利之光。这次辩论会无任何杂音。剩下的就是用行动向市民宣示自己的统一意志了。《815战报》第十五期发表的《重庆大学红卫兵团、八一五战斗团对目前形势的再次严正立场》对此进一步阐释："革联会是一月革命的产物"，而"一月革命是比'十月革命''更伟大的'的历史创举"。

5. 重大八一五再度成为核心

4月15日，八一五事件八个月纪念日，重大八一五和师专八一五、重建八一八等沙坪坝区的造反派组织，举行串联游行。队伍由沙区出发，途经小龙坎、石桥铺、大坪、两路口直涌市中区，一路上，人越汇越多，到了解放碑，已汇成了数十万人洪流。第二天，八一五派又在尚未涨水淹没的长江珊瑚坝集会，更多支革派冒雨召开大会，会议题目是"向中国头号走资本主义道路当权派刘少奇发动总攻"，实际目标谁都知道，是要炫耀支革派的实力。李井泉等也作为道具出场示众挨斗，以示革命"大方向"正确。

此前，重大八一五在风雨操场举行全团辩论大会同日，4月12日，由反对派红卫兵发起召开了一次主要由中学生和中专生组织5000多人参加的"反击二月逆流，砸烂非法革联会"大会，会后也举行了穿过城中心主要街道的大游行。这是自"二月镇反"以来在市中心举行的第一次公开号召"砸烂革联会"的大游行。21日，西师八三一、西农八二六、川外八二六等组织对北碚地区八一五派召开的"向中国头号走资本主义道路当权派刘少奇发动总攻誓师大会"发起造反。重大八一五宣传车开来北碚专为"总攻"刘少奇奏乐助威，结果遭西师八三一等造反者一拥而上，把汽车、广播器材及铜管乐器全部砸个稀巴烂。消息传来，正在重大集会的师专附中、一中等八一五派，立即和重大学生一道，身着民兵装，腰扎皮带，直奔北碚报复。次日，不依不饶的重大八一五再与沙区学生上万人盛怒游行，在市中区上、下半城杀气腾腾绕行一天。被砸坏的宣传车、广播器材、铜管乐器等等随车展示，作为砸派挑衅的铁证。再次日，砸派在大田湾体育场大会反攻。大会题目是："打倒刘邓陶，砸烂革联会"。八一五继续以牙还牙，对游行队伍实施围堵、嘲弄、捣乱，把人数本不多的队伍纠缠了四五个小时，方各自收兵。

砸派决不善罢甘休。4月16日八一五珊瑚坝大会后，作为对等行动，砸派决定在下一个周日（23日）也开一个类似大会，题目还叫"打倒刘邓陶，砸烂革联会"。为此，他们还向"伪革联"发出一份"勒令",要他们交出李井泉等诸"道具"供批斗之用。革联会强势回应:砸派如果不用"勒令",对革联会的称谓如不加"伪"字,可以考虑将道具给出。否则坚决不给。反到底扎了三个草人批斗后烧掉。对革联会"保"和"砸"的争斗愈演愈烈。

6. "红五条"下达

北京正式解决四川问题自 3 月 31 日始。重庆作为四川文革的重要一极,中央首长接见、开会,却从无八一五的份儿。京城舆论一边倒。清华《井冈山》报、北地《东方红》等大牌小报配合四川、重庆问题的解决大造舆论,《山城在浓雾中》《妖雾迷漫嘉陵江,黑云滚滚压山城》之类耸人听闻的文章接二连三登陆显赫版面。这让八一五非常愤怒。四月初,由总团吴庆举亲率"重庆八一五赴京汇报小组"上京叫阵。100 余人在八一五广场[61]宣誓出发,自信"王师"所至,定会所向披靡。孰知这次遭遇比前一年 9 月那次绝食上京糟得多。北京"强龙"在重庆被八一五"地头蛇"咒骂为"救世主",联络站被砸的砸抄的抄,如今仇人自个儿送上门,首都三司自然一报还一报。"汇报小组"在三里河接待站的驻地,被北地"东方红"两次光顾砸抄,将带来的传单、书籍、告状材料一抢而空,"战旗"撕个粉碎。"重庆崽儿"败而弥勇。4 月 27 日,发表一则《告首都人民书》[62],向北京市民陈述重庆"一月革命的伟大成果"及"八一五战士"对毛泽东的耿耿忠心,控诉"一些别有用心的人百般干扰,在光天化日之下多次抢走我们给毛主席、中央文革小组的汇报材料,绑架毒打我赴京汇报战士,挑起武斗,制造事端,践踏十六条,妄图割断我与毛主席、中央文革小组的联系",扬言八一五战士"钢气节英雄胆""提着脑袋也要跟着毛主席干革命"。5 月 3 日,100 多人直接开到中南海

---

61 重庆大学原有一"团结广场",文革前夕学生义务劳动新建了第二个广场。八一五事件发生当天,造反学生即在此集会,故名八一五广场。文革后正式更名"思群广场",以纪念蒙难自戕的老校长郑思群。
62 见《815 战报》第 19 期头版。

门口排队宣誓，大呼曾经挂上解放碑顶的经典口号"头可断，血可流，毛泽东思想绝不丢；可挨打，可挨斗，誓死不低革命头"。然后奔赴北京地院找"东方红"算账。自投虎穴，寡不敌众，自然被东方红学生围困痛打。正在脱身不得，忽有20余骑自行车者呼啸而来，一律黄呢军装，手持皮带，一阵狂抡，把地院学生赶走解了围。亲历现场的重大电机系学生刘云仁[63]回忆："中学生自称是'联动'的，记得领头的是苏静将军的两位'千金'。后来我们就搬到东大桥去住了。"

八一五完全不知道"无产阶级司令部"早已委托"西南联络组"的三司红卫兵为重庆内定了名单，砸派已获准派20名代表[64]参加会议。这些代表有西南师范学院八三一老师杨向东、重庆工人造反军总部黄廉、后勤工程学院242"红总"张龙宝……连八一五最看不上眼的徐光明也被列入了参会20位代表之一。

实质性的交易都在幕后进行。解决四川问题同时，重庆这台社会筵席已由后台的政治厨师们调和鼎鼐。解决四川问题的最后一次会议上，周恩来宣布："重庆问题，作为专案，毛主席批示叫重庆的两方，军队方面、地方的'八一五'，有两种看法，对革联会怎么算，都找来了，单独研究搞清楚，然后作出决定。"[65]

5月7日，解决四川问题的"红十条"已正式下达，新当局已定由张、梁、刘、张组阁。第四条规定"其他专区和省属市或者成立革命委员会筹备小组，或者成立军事管制委员会，由四川省革命委员会筹备小组讨论决定，报请中央批准"。张国华、梁兴初分别从西藏、广东刚刚调来，对四川与重庆的情况不甚了然，而刘、张系本地干部、打倒李井泉的功臣，声誉如日中天，具体草拟重庆方案就落到他们手上[66]。二人写了个"八条意见"，企图把重庆和全川"问题""一

63　2021年3月刘云仁与周孜仁书面通信。刘现为旅美学者。
64　一说为10人。笔者为此多次询问当时砸派代表人士，年深日久，都称记不清楚了。
65　《萧华江青周恩来在宣读〈中共中央关于处理四川问题的决定〉会上的讲话》，1967年5月7日。载宋永毅主编《中国文化大革命文库》光盘。
66　重大八一五负责人之一黄顺义后来曾问过梁兴初：《八条》是怎么回事？他

锅烩"。将支持八一五造反派的54军也弄个"犯了方向路线的错误"。54军对北京情况已有听闻，遂有急发"通天电报"之说。时间是5月4日，54军在"通天电报"中表示："只要主席说我们支左支持错了，我们就立即改正。"[67] 5月7日毛泽东就山东等地有造反派把"斗争锋芒指向解放军"一事做出批示称："山东及各省，正规军弄错的较少。重庆54军有电报说关于支持重大'八一五'是否错误问题，宜找两方面人都来，和梁、张、甘、韦诸同志共同商处。"[68] 5月8日，毛泽东据此指示重庆问题专案解决。四川省革筹小组在周恩来亲自主持下，研究讨论解决重庆问题的意见，决定由中央召开专题会议加以解决。当时重庆尚未直辖，"作为专案"由中央直接处理尚属罕有。重庆两派各选派20名代表，与54军领导人和个别原党政领导干部代表，以及新上任的四川省革筹小组，在周恩来领导下继续开会二次。所谓的群众代表，只在5月13日那天的会上有了一次发言机会，反革联会一派只有6个代表发言，八一五得以发言的更少，5月16日第二次会议就正式宣布中央的意见了。群众代表前来过堂，走走过场罢了。

5月16日凌晨，周恩来及康生、关锋、王力、杨成武一干大员在人民大会堂西北厅向出席解决重庆问题会议的全体代表宣读并逐条讲解了经毛泽东批准的《中共中央关于重庆问题的意见》(时称"红五条")。文号是"中发[67]159号"。全文如下：

中共中央同意四川省革命委员会筹备小组张国华，梁兴初，刘结挺，张西挺四同志关于重庆市问题的看法和意见。

第一，重庆市各革命组织应当把斗争的矛头，指向党内最大的走资本主义道路的当权派，指向四川最大的走资本主义道路当权派李井泉及其一小撮同伙，指向重庆市党内走资本主义道路的当权派任白戈及其一小撮同伙。在军队内，在群众中，对刘、邓、李、任等人

说：当时他和张国华都是刚到四川，对重庆、四川的情况也不了解，实际上是刘结挺、张西挺他们起草的。
67 1967年5月16日凌晨周恩来在接见重庆代表的讲话。
68 《毛泽东年谱》第六卷，页78。

的罪恶，进行充分的揭露和彻底的批判。中央同意公开宣布撤销任白戈的中共中央西南局书记处书记和重庆市委第一书记的职务，撤销任白戈兼任的重庆军分区第一政委的职务。

第二，应当实事求是地估计和对待重庆警备区司令部在支左、支工、支农、军管、军训工作中的成绩和缺点错误。应该看到，他们在这些工作中，是有显著成绩的。他们支持的是革命群众组织。他们的缺点错误在于，在二三月间，没有完全顶住成都军区个别负责人把无产阶级文化大革命变成"镇反运动"的方向路线错误，在处理持有不同意见的革命群众组织的关系问题上，错误地支持了一方，压制了另一方，支持了公安部门错捕革命群众，把一批革命群众打成"反革命"。他们已经开始认真地纠正自己的缺点错误。

第三，中央同意立即建立重庆市革命委员会筹备小组，由当地驻军副政治委员蓝亦农同志，副军长白斌同志，重庆市军分区司令员唐兴盛同志等负责组织革命委员会筹备小组，以蓝亦农同志为组长，白斌同志为副组长。革命委员会筹备小组成员应当吸收有代表性的，持有不同意见的各主要革命群众组织的负责人及其他适当的负责人参加。中央同意重庆市革命委员会筹备小组迅速建立工、农业生产领导班子。

第四，对被错误宣布为"非法组织"或"反动组织"的革命群众组织要平反，对错捕的革命群众和革命群众组织负责人要释放，并恢复名誉。各个革命群众组织都要进行整风，加强对毛主席著作的学习，加强政治思想工作，着重进行自我批评，整顿思想，整顿作风，整顿组织。双方的争论应通过摆事实，讲道理的方法去正常地进行和解决，不准武斗，不准打、砸、抢、抄、抓。对煽动武斗的坏人，必须追究。

第五，要热烈响应毛主席拥军爱民的伟大号召。要坚决执行中央军委的八条命令和十条命令。要坚决执行中共中央关于处理四川问题的决定。要牢记毛主席提出的三个相信和三个依靠，坚定不移地相信和依靠群众，相信和依靠人民解放军，相信和依靠干部的大多数。在毛泽东思想伟大红旗下，在以毛主席为代表的无产阶级革命路线的指引下，进一步加强军民团结，加强各个革命群众组织之间的团结，实现革命的大联合，实现革命的"三结合"，彻底粉碎资产阶级反动路线，完成斗、批、改的伟大任务，把无产阶级文化大革命进行到底。

《意见》肯定重庆驻军在"支左"中有"显著成绩"，又指出他们"在处理持有不同意见的革命群众组织的关系问题上，错误地支持了一方，压制了另一方，支持了公安部门错捕革命群众，把一批革命群众打成'反革命'。"并称"他们已经开始认真地纠正自己的缺点错误。"周恩来在解释中特别说明："驻川野战军（54军）曾参加抗美援朝，六二年参加中印边界反击战，是全国很好的野战军之一，是有红军传统的一支部队。今年，党和毛主席，下给了部队很大的光荣任务，任务非常重，'三支两军'的任务同时并举。任何一个部队，不犯错误是不容易的。54军一开始就支持了左派，但压制了另一派革命组织。这与成都军区性质不同，成都军区是方向性错误，""他们的主要错误，是没有完全顶住成都军区个别领导人把文化大革命搞成了镇反运动，重庆受了成都的影响。"周恩来特别点名，说"成都军区派公安厅长杨岗到重庆开片会，布置镇反，54军没有完全顶住。"

最为重要的是，"五条"让曾主持革联会的54军政治部副主任替换为更高级别的军头出面组建领导"革命委员会筹备小组"，军副政委蓝亦农[69]、副军长白斌[70]分别担任市革筹组正副组长。印把子依

69　蓝亦农，文革爆发时为驻重庆的陆军54军副政委。1967年5月16日由中共中央任命为重庆市革命委员会筹备小组组长。1967年7月升任54军政委。1968年6月2日重庆市革命委员会成立任主任。年底因部队换防调离重庆，后任昆明军区副政委、昆明市革委会主任。1969年中共九大上被安排为候补中央委员。同年10月被中央任命为中共贵州省革委会核心小组代理组长、省军区第一政委。1971年5月任重建的中共贵州省委第一书记、省革委主任。同年"九一三"事件后，1972年9月15日，经毛泽东批示同意，中共中央转发《贵州省地、师级领导干部批林整风汇报会议总结提纲》，称蓝亦农与贵州另一领导人"站在林彪反党集团一边，犯了方向、路线错误和宗派主义错误"，"蓝亦农同志的错误更严重"。1973年8月至1980年7月下放工厂学习、劳动。文革中所定罪名被推倒后，1983年5月至1985年6月任昆明军区顾问。

70　白斌（1921-1990），文革爆发时为驻重庆的陆军第54军副军长。1967年5

旧牢牢握在支持八一五的军人手上。可惜的是,"五条"对重庆两派均吵得你死我活的最敏感的焦点:"革联会(砸派称'伪革联')",中央的操盘手只能采取回避之态,不说好歹,不提了事。

周恩来对此的解释可谓八面玲珑,无懈可击:"在文件中避开革联会,是不是和稀泥?不是的,如果涉及革联会,争论就没有结果的,一月革命以来,夺权的大方向是正确的,可是必须要革命组织联合起来,才能夺得好。重庆大联合没有联合好,有一派同意,有一派反对。开始没有意识到'三结合','三结合'是后来才发展的。革联会吸收几个人(过去负责的一些同志)也没有在群众中真正'亮相',所以有争论。条件还不成熟,但是,不能说这是资本主义复辟逆流,不是走资本主义道路当权派摇身一变。尤其体现革联会是野战军领导的解放军是支持的革命造反派。夺权后有了权对另一派压制,形成对立,形成二、三月的紧张。说革联会对了,但条件不成熟;说不对,那时又做什么?……如果争论下去,就是吵架,如果再这样吵下去,三天三夜都吵不完。我们应向前看,在四川做出表率,就是由军队领导人出面组织临时筹备小组,向前进,促进其联合,把争论停止下来,再要争论就会不能前进,影响生产任务,广大劳动人民是不同意的。"[71]

最后,周恩来指挥大家唱《大海航行靠舵手》,会议结束。

重庆又煮了一锅夹生饭。

月 16 日由中共中央任命为重庆市革命委员会筹备小组副组长。1968 年 6 月 2 日重庆市革命委员会成立任副主任。8月调离重庆,先后调任国防科委第 21 基地司令员、济南军区副司令员等。

71 《周恩来、康生第二次接见重庆代表讲话记录》,宋永毅主编《中国文化大革命文库》光盘。

第六章

"十条"下达后之四川局变

（1967年5月—9月）

1967年初，毛泽东发出夺权号召后，不无乐观地说："今年2、3、4月看出眉目，明年这个时候看出结果，或更长一点时间。"[1] 所谓"2、3、4月看出眉目"，就是在1967年2月、3月、4月大体建立完成全国各省、市、自治区的"新生红色政权"。四川省革筹组有幸成为北京亲自操控成立，继上海、山西、山东、黑龙江、贵州革委会之后的第六名，也是粉碎了"自上而下的资本主义复辟逆流"之后按"大联合""三结合"政治指标新建的"准新生红色政权"，对毛泽东大治天下，"看出眉目"，具有重要的示范价值。

可惜事实让北京大失所望。虽然有北京亲自确立了新的地方权力核心，使社会的无政府状态得以缓解，但是，半年多的折腾造成的多种矛盾非但没有缓和，反而进一步加剧。中共执政17年，政治身份对每个人及其家族成员的影响，让所有人都刻骨铭心。文革带来的身份改变因此显得尤其致命。"红十条"给全川百姓重新划分出的"左派"，非"左派"和保守派标准，不但对弥合已然撕裂的社会于事无补，反而使各群众组织把派斗拔高到"两个阶级、两条路线、两条道路"的高度，必须你死我活。

---

[1] 转引自周恩来1967年4月18日-19日在广东群众组织代表和驻军代表座谈会上的讲话。

第六章 "十条"下达后之四川局变

第一节 保守派覆灭前的回光返照

"四川十条"下达，正式宣判了保守派死刑。共产党执政的基本盘、长期倍享荣耀、数量巨大的人群沦为政治弃儿，遭到了"新生红色政权"省革筹与新改组的成都军区穷追猛打。

5月23日，省革筹和成都军区联合颁发通告，对"十条"精神贯彻实施之。6月20日，成都军区专发《平反公告》对打成反革命的组织及个人公开平反，要求"二月镇反"中的主要责任人公开检查。7月6日和8月17日，成都军区再发《进一步做好平反善后工作的意见》和《进一步做好平反善后工作的补充意见》，规定"凡在二月下旬以来'镇压反革命运动'中，由公安机关或军队出面打成'反革命'的革命群众组织、革命小将、革命群众和革命干部，一律平反，一律释放，恢复名誉，并赔礼道歉"；"因错拘、错捕和收容致伤（病）的人员，在住院或医疗期间误工的工资、工分，一律补发"；"住院期间的伙食费，无固定工资收入的，给予报销""所需经费由军区拨款解决"；"对错拘、错捕和收容的革命小将、革命群众、革命干部，由军区统一制发平反证，并给每人赠送像章一枚"[2]。11月10日，省革筹和成都军区又联合发出《关于做好"二月镇反"平反善后工作的意见》，就平反善后的方式方法、抚恤救济等再作详细规定[3]。

新当局大张旗鼓对镇反受害者实施"平反"安抚，同时，原来受"老当局"窜唆利用的保守派"打手"被正式作负面定性——"党内一小撮走资本主义道路当权派操纵的保守组织"。保守群众头顶扣上这一政治罪帽，实如佛祖镇压孙悟空的五行山，永世断难翻身。他们必须起而拼死一搏。

"四川十条"下达后，5月13日宜宾"五一三血案"，5月19日成都近郊的"中和场事件"及6月3日发生在川东万县的"六三惨

---

[2] 成都军区[67]司办字第8号《进一步做好平反善后工作的补充意见》，1967年8月17日。

[3] 中共四川省委党研究室《中国共产党四川历史（1950-1978）》，页346。

案",由是相继爆发。

1. 宜宾"五一三血案"

川南重镇宜宾是刘、张黯然坠落又高调复出之地,如今被北京定义为解决四川问题的"突破口","红十条"第四条明确规定,与刘、张同案得中央平反的"王茂聚、郭林川同志负责组织宜宾地区的革命委员会筹备小组",刘、张及其追随者一荣俱荣,对其拥护与否成为划分"左"与"右""革"与"保"、革命与反革命的唯一标准。"刘、张、王、郭好干部,敌人反对我拥护"一时成为红旗派[4]的宣言。相反,惨遭败绩的红色造反总司令部("红色派")对抗性的应激反应瞬间升达峰值,他们抵制"平反通知",继续向北京状告刘、张、王、郭。

5月13日,胜利狂喜的红旗派大游行,欢呼"平反通知"和"红十条"。游行队伍遭红色派阻击,大批农民接基层武装部通知进城助阵红色派"镇压反革命"。北京南下红卫兵赴宜支持红旗派,急找军分区请求军人干预,分区军人本反感红旗派,对北京红卫兵更不愿理睬,直接将京城来人推出营门。北京工业学院"东方红"成员张玄杰和王俊英[5]顷遭红色派群殴,在军分区前被乱棒、钢钎殴毙而死。宜宾武斗正式启幕。

从5月13日始,分属两派的数千群众用砖头、石块、棍棒、钢钎、大刀、长矛血暴相向,在人民路及西、北城角一带拉锯攻防,古街穷巷的民居屋脊成了制高点,每块瓦片都是现成的投掷武器。战斗结束,小城光秃秃的房檩屋檩,凄惶如荒野海滩一堆堆被啃噬得光秃秃的鱼尸骨架。从保留下来的老照片可以看到武斗时的惨烈与旧城的凄怆:妇女箪食壶浆支援"前线战士",甚至小脚老太也参与其中,为战场输送砖头和石块……一周武斗,双方人员和无辜草民死亡10余,受伤者数百,房屋毁损2300多间,直到19日军人强力制止方

4　红旗派因以"革命造反红旗宜宾方面军"为主而获名。
5　张玄杰为该院机械系61级学生,王俊英(女)为该院无线电系64级学生。

告平息，时称"宜宾五一三血案"。血案致宜宾金沙江大桥工程全部停工、铁道部大桥局有关档案和技术资料受严重损失，一幢四层大楼被烧毁，火车站附近仓库数万斤粮食被抢。[6]

"红色派"在武斗中打死京城学生二人，事情很快闹大。北京工业大学东方红召开"向王俊英、张玄杰烈士学习，继承烈士遗志将文化大革命进行到底誓师大会"，王母在讲话中自豪表示，王俊英是她的独生女，生前曾表示为保卫毛主席牺牲也心甘，"这回她的愿望总算达到了"。北京市革委负责人吴德、常委周景方到校表示慰问。四川本土造反"大哥大""红成"，其政治地位刚刚被降格为"上中农（团结对象）"，为表示自己正宗左派身份，也抓紧发表了《红卫兵成都部队就宜宾局势的严正声明》[7]，称"5月13日在宜宾发生的大规模的流血事件，正是继成都五四事件、五六血案之后，成都产匪大量逃窜宜宾，与宜宾党内走资本主义道路的当权派操纵的御用工具32111、思想兵、政法兵团等勾结在一起，在以李井泉、牟海秀为首的党政军内一小撮走资本主义道路当权派的密谋策划指挥下，发生的又一大规模的流血事件。""我们坚决支持方面军和宜宾一中红旗等革命造反派组织的一切革命行动，我们永远和他们团结在一起，战斗在一起，胜利在一起！"重庆大学八一五赴宜游击纵队配合印发《宜宾的"二月黑风"——在工厂、学校、地专机关、市政机关》传单，揭露宜宾走资派对造反派的镇压；重大《815战报》第23期在《愿将七尺还天地，誓以碧血染红旗》通栏标题下，刊登了一组武斗现场照，声援红旗派。新晋"正宗左派"川大八二六战斗团的声援规格更高，5月18日在成都人民南路广场召开"声援宜宾地区革命造反派大会"，成都军区副司令员李文清代表张国华、梁兴初出席并发表谴责讲话；5月19日，周恩来就"五一三事件"发出三点电话指示：1. 派军队保护造反派。2. 把反动组织包围起来，进行政治瓦解。3. 对少

6　中共宜宾市委党史研究室编《中共宜宾地方史大事记(1911-1996)》，1999年印，页184。

7　刊发于红成总部主办的《红卫兵》报第27期，（1967年5月16日）。

数坏头头，必须镇压，把幕后策划者宜宾军分区副司令员徐德有抓起来[8]。

为防宜宾武斗外溢，19日，成都军区命宜宾驻军7791部队[9]急调泸州以备不测；次日，成都军区派直升机飞临宜宾上空大撒"四川十条"传单。红旗派欢呼雀跃。红色派知道闯了大祸，政治和武力已坠入劣势，遂撤退到长江以北的宜宾纸厂避祸待变。红旗派轻松控制了宜宾城。

2. 中和场事件

五月农事忙。甫获全胜的川大"八二六"按文革前旧例，组织全校师生到市郊帮助农民"双抢（抢收、抢种）"，同时宣传"红十条"，动员避难郊外的产业军返回原单位"抓革命、促生产"。

川大广播站甫播通知，消息立即传到设于土桥的"三军一旗"总部。惨遭败绩的省会保守派退守农村已半月余，一门心思遵从毛泽东教导，创建"农村根据地"，实施"农村包围城市"。惨遭当局抛弃的产业军编撰了文稿《十评"黑十条"》发泄不满，正等时机给政治暴发户狠狠一击。得知川大数千人要下乡支农，立即调集"三军一旗"青壮年和农村丁壮，对"出城搞武斗的'撬杆''地富反坏右分子'"精心布下伏击口袋。

参加支农的师生约两千，以校旗和"八二六"战旗导向，浩浩荡荡排出一字长蛇阵。是日天气晴和，野花盈路，平原一派小麦金黄。大学生绝大多数空手轻腿，一路载笑载言，没承想一场灾难訇然降临。物理系女生敖艾莉当时尚属"逍遥派"，几十年后，对那场灾难记忆犹新：

走了十几里路，天上下起了小雨，我们决定到附近一个叫作中和场的乡镇暂歇。队伍一进场口，街道两边的店铺就关了门，一大群戴

8　宋永毅《周恩来文革讲话集》，页261。
9　五十四军驻内江一三〇师下属团级编制。

着红袖套的贫下中农手持钢钎、钉耙、锄头、棍棒拦住了去路。我们队伍中不知谁在喊:"同学们排好队,手挽手,不要乱……"话未说完,只见空中飞来密集的石块,立即有人被击中,头破血流。

我还来不及跑,头上就挨了一闷棒,我眼前一黑,一头倒下。等我迷迷糊糊从地上爬起来时,眼镜已不知飞到哪儿去了,脑袋一阵眩晕和疼痛。我周围的同学一个都不见了,稍远处好像还有人在追打学生。

我顾不得伤痛,只想赶快冲过包围圈。只听见周围的贫下中农在喊缴枪,只要交出武器就放我们出场。我看见不少手中有棍棒的男同学纷纷缴械。农民们让出一条路让我们走,没走多远,突然响起一阵锣声,从四面八方涌出无数手持武器的农民。我们被赶进了水田。他们围住水田,开始捉人。

两个农民捉住了我,他们不知从哪里弄来那么多绳子,把我们一个个都捆了起来,还用一根绳子把几个人串在一起,以防逃跑。

农民们得意扬扬地押着我们这群俘虏沿乡间小路向前走。我浑身是泥,赤足被小道上的碎石扎得生痛……走到一个院坝,很多人围在那里。坝子中间的一辆板车上躺着一个人,浑身血迹,肚子上有一个大的伤口,肠子露在外面,显然已经死了。农民们让我们挨个过去参观,说这是造反派杀死贫下中农的罪证。每个经过死尸的俘虏都被抽了一记耳光,我感到眼冒金星,脸上一阵火辣辣的疼痛。

当天晚上我们被关进了一个粮仓,没有窗户,里面漆黑一团。五月中旬的川西平原,夜间依旧很冷。又冷又饿,我很久都睡不着。我不知道事情会怎样发展?明天还会受到怎样的折磨?……后来,由投靠产业军的学生指认:哪些参加了"八二六"战斗团,哪些没有参加。有点像电影中敌人把参加八路军的人和群众分开一样。我被分在没有参加任何组织一边并分批释放。

许多"八二六"同学被转移到双流、眉山、新津等县农村由农民们监督劳动,一个多月后才陆续释放……我系一位姓马的同学在这次事件中被杀死,埋在中和场一条小河边的泥地里,直到几个月后遗体才被找到。

中和场事件使原来比较温和的我也变得革命起来。我在日记中写道:"从这次以后,我更深地体会到用生命和鲜血保卫毛主席的革命路线的意义。在要我用生命和鲜血保卫毛主席的革命路线的时候,我将毫不犹豫。"[10]

著名巴蜀文化学者袁庭栋其时为川大历史系研究生,文革初为保守派,"二月镇反"时感动于学生的壮怀激烈断然加入八二六并成为战团核心人物。他即属于被押解远离成都农村者,他在回忆录中设专章记录其九死一生的经历[11]:

我们6人一组被对方押着向乡间走去。雨愈来愈大。雨水把新麻绳逐渐浸湿收紧,愈紧愈痛,特别是被绕了两圈又被拉了上去的手腕,简直剧痛钻心。

走了一个多钟头,不知到了什么地方,由该地的生产队派人看守。第二天,听见头上有飞机的声音,从看守的农民口中知道,是直升飞机在乡镇上空撒传单,传单就是中央处理四川问题的决定。我们判断,省革筹正在采取措施营救我们。几天后又被押至中兴场粮站……剩下来承认是"川大八二六"成员的男生不到两百人,全部集中关押在未装粮食的大仓库里。要求我们每天外出劳动,干的都是比较重的农活……除了干活就是被审讯。"三军一旗"设立了几个审讯室,几乎把我们每个都审讯了一遍。要我们交代下乡进攻贫下中农的计划、交待这里有哪些是"川大八二六"的负责人……

审讯毫无进展,于是采取传统招式,如派卧底搜集情资,如将普遍审讯改为重点突破等。袁庭栋没有想到,自己这新"入籍"者竟成了重点突破的对象,原因是1962年袁在全国受过学术表彰而在学校大有名气,关押时被大家共推为临时召集人,负责领饭菜、领劳动工具诸般事宜。对袁的审讯专门安排在夜间。黑夜最能强化恐怖气氛。审讯内容与前述无异,但要求对录音机"坦白认罪",恐怖氛围再加

10　敖艾莉网文《"五一九"惊魂》。
11　袁庭栋《小草春秋》引文略有删节。

第六章 "十条"下达后之四川局变

一码。第一次审讯没有动武,第二次则有拳头、木棒加身,第三次直接将他吊上房梁。

三审均无收获,于是再上狠招,将袁五花大绑,黑布蒙眼,毛巾堵嘴,推上卡车去中兴场巡街示众。押解者满乡街大呼小喊:"大家来看呀!这就是下乡搞武斗、打死打伤我贫下中农的'八二六''撬杆'反革命!"呼喊声起,石头、瓦块、泥巴、烂草鞋便乱纷纷直从车下掷打而来。卡车继续前开,从又一场镇穿街而过,又重复一次石头、瓦块、泥巴、烂草鞋的掷打狂欢。惊魂一幕接着发生:

出场镇不久,卡车停了下来,押送者把我从车上拉下,押我走上一条上坡的小路。后来,蒙眼黑布和塞嘴毛巾取了下来,捆绑我的绳子也解开了。眼前是一偏僻土坡,脚下是一沙凼。押送我的共有5人,手中拿有木棒和圆锹。

押解主持人开始向我发话宣布:

"姓袁的,今天再问你娃一次,你娃愿不愿意坦白交代,录一个音?"

我答:"我该说的都说过了,我们是来宣传'红十条'的,不是来搞武斗的。"

"你娃说你们不是来搞武斗的,可是我们手中有证据。"

"什么证据?"

"我们从你们手中缴获有用于武斗的木棒。"

"我们的队伍有人手中拿的只是木棍和树枝。因为有的女教师和女同学说怕狗。一些男同志就在路边的小树上扳下树枝给她们,也有人在路边捡到木棍就拿在手中。"

对方说不过我,于是直接宣布:"你娃顽固不化,老子不想跟你多说了。动手!"

话音刚落,背后的人一掌就把我推下了沙凼[12],手拿圆锹的两个人就开始往沙凼里铲土。天哪!"老产"要想活埋我呀!我不禁大声

---

12 袁庭栋原注:"沙凼"是四川方言,就是山坡上每一块坡地最下边的一个人力挖成的大坑。

叫了起来:"你们要做啥子?你们要做啥子?"

负责人点燃一支烟抽起来,口中吐出了一个又一个烟圈。铲土的继续往下铲土。抽烟人继续威胁:"我说最后一遍,只要你娃愿意承认出来搞武斗,愿意录音,我们就放你娃回川大。如果你娃还要嘴硬,明年今天就是你娃的周年。"

铲土的继续往下铲土。我一下子紧张了起来,几乎吓昏了,几秒钟后才明白:"狗日的'老产'要下黑手了!"年轻气盛的我不禁大声骂出粗话:"老子日你'老产'的先人板板!"各种各样的问题在我在心中激烈地斗争着……最严重、最关键的问题是,我现在该怎么办?

想着想着,泥土已埋到大腿了,不过我在寻求活路的思考中还留着一丝侥幸,我想,如果对方在铲土之时往沙凼中泼水,泥土加水就会产生压力,就会挤压血管,我早就昏过去了。而现在是在干燥的土坡上,所以我还有坚持一会的可能……我与对方僵持着,都不说话。他们只是往沙凼中铲土。我则只想再熬一会……泥土已经埋过了我的腰部,突然,那个负责人说:"算了算了,不铲了。"对方停止了铲土,我被他们拽住往上拉了出来。我活下来了。

袁庭栋最后一个被营救回校,时间过了近一月。在此期间,四川新当局采取了各种措施实施营救,如飞机撒传单,警告"三军一旗"不准伤害学生并立即释放。此外,还派军人凭失联者线索和照片下乡寻人。袁庭栋就是根据姐姐提供的照片找到的。他成了八二六的英雄。几十年后,回忆这段生死历程,袁庭栋感觉更多的却是无奈:"如果对方再坚持几分钟,沙凼中的泥土没过了我的胸部,眼睁睁看到真要把我活埋,很有可能我就投降了。"

3. 万县"六三惨案"

"二月镇反"直接开枪射杀造反派的万县,是北京解决四川问题时关注的又一热点。"红十条"下达,万县造反学生主力"赤旗"旋于6月1日贴出大字报,要求市公安局长王杰兑现在北京"立即放人"的承诺,并于6月3日上午12点以前,到东方红广场向全市人民检讨并接受批判。不料此议遭公安局保守组织"公安造反军"断然怒怼并贴出大字报称:"你们胆敢来揪王杰局长,王局长说了:'小心尔等狗头'!"

警方之顽劣顿遭"赤旗"强力回击。6月3日上午,"赤旗"学生如潮水般直扑公安局。市局坐落于U形街区之中,三层办公楼正南的局机关门外,青石墙壁间的上行窄巷是一溜烟高高石阶。U型街道很快被"赤旗"女生列队站满,男生则只管顺石阶直往上方的局大院冲击。现场的北大中文系学生张甦记录了惊魂一幕:

> (11点过)突然从大院东面过道传来"乓乓""乓乓"几声爆响(后来知道是"公安造反军"向"赤旗"学生砸砖头、石块),里边逃出几个惊慌失措的男生,飞奔跑下巷道;后边跟着又跑出一拨接一拨男生,都向石巷奔。有人慌乱跌倒,后边涌上来的人失控,又扑倒在前边倒下的人身上……顷刻间挤压成一堆,很快把巷道塞满,谁也动弹不得。
>
> 这时我看见过道里冲出两名戴头盔的警察,手持长长的钩镰枪,直往前边奔跑的"赤旗"学生身上使劲捅!……院坝里有三四个男学生手执弹弓,躲在院坝东边南头和西边北头树干后,向警察发射石子,逼他们缩回去。我趁机跑到石巷道旁的栏杆大喊"后边的,退到院坝里!"。这时,二楼、三楼的过道又冒出戴头盔的警察,直往院里的"赤旗"学生砸砖头、石块。
>
> 我弯身下去继续呼喊学生后退,不料眼镜从鼻梁上滑落掉进人堆里,什么都看不清楚了,只得退到西边一间打开的房间,推开窗户下望,离大街地面足有七八米高度,正好有三个男生跑进屋,从屋外墙壁上取下一根晾衣竹竿伸去窗外,刚够得着底下街面。于是,由一个男生在屋里掌着竹竿,另一学生跨出一条腿骑窗户上,让我们顺着竹竿滑下来……[13]

万县师范"赤旗"学生吴登洋是另一批成功逃脱者之一,他说同

13　张甦《激情岁月(我们与万县)》香港,时代文献出版社,2019,页109-119。

学们从头手执钩镰枪的公安"保皇军"攻击中退至办公室躲避，大家把身上的腰带解下来连在一起放去窗外，然后一个一个下到大街，逃离了虎口。

主力军负责人之一黄嘉馨也亲历了双方的生死对阵：

公安局临街三楼有人拿大瓶子往下扔。我进入公安局险些被公安局执钩镰枪的人刺中，连忙退出。此时从小礼堂的前门抬出伤员，一看是同学乔兴光，我连忙和吴和等人把他背送专区医院。乔被王仁俊医生按氯气中毒治疗救活，但视力一直无法恢复，终身半盲——这是氯中毒反应。下午，北京红代会赴万学生组织验尸，亲见许多死者头发中有珠状玻璃，这系高压玻瓶爆裂所致，我确信学生死于公安暴力而非踩踏。"六三事件"学生死了30多，公安却无一死亡，这只能称为屠杀！

"主力军"一号头领熊道生得知"赤旗"学生在市公安局被打，立即电告搬运公司、港务局等单位"主力军"队员赶去支援，接着飞跑赶到公安局门口，但见医务人员正将一具具学生尸体及受伤学生往救护车上搬。医生说已跑了四五趟，还没搬完。熊一声怒吼："冲进去，抓那些凶手王八蛋！"七八十名"主力军"应声而上，在公安局大楼一层层、一间间地搜。可惜人邈楼空，但见过道里堆得满满的砖头、石块。他们一直搜到市看守所门口，警卫人员提醒："你们不能进到里面！""里面除了未决犯，没别的人！"主力军只得无奈返回——后来得知，施暴的"公安造反军"其时恰恰全躲里面，局长王杰则藏在看守所岗楼的天花板内。等主力军全部撤走了，公安军才一个个溜出来。

许多年后，原"红联站"主要负责人之一向思义承认，6月2日军分区政治部主任马忠庆打电话告诉他说，6月3日"主力军""赤旗"将冲击市公安局，要他们做好充分准备，向思义马上调动"轻骑兵""铁骑兵"几百人，每人一根铁棍，埋伏在市公安局周围几百米之内。"我（向思义）就藏身在市公安局对面的居民楼上，楼下10步一人，共40多，专门传达我的命令，只要看见'主力军'冲进公安局，我就发出命令，埋伏的几百人就冲出来同市公安局'公安造反军'里应外合，痛打'主力军'。幸好'主力军'没来，如果来了，那天双方的死伤就不是百把人，而是几百人了！"[14]

万县"六三惨案""中和场事件"和宜宾"五一三血案"终场。四川的保守组织整体被当局遗弃，无任何腾挪存活的余地了。

中国古训云"兄弟阋于墙，外御其侮"。造反派共同的"外侮"消匿，现在就该轮到原来的自家兄弟捉对儿厮杀了。四川造反派已被"红十条"钦划了层级，红成以造反鼻祖之身屈居下风，成为闹分家立户的老部属八二六的"团结"对象，被民间谑称为"二老产"（即"产业军"第二）。心中不平之气可想而知。

第二节　红成宣泄情感的行为表达

1. 抵制"五二三大会"

政客处事遵循的是"责任伦理"，一事当前，必得先通过理性的利益权衡再做出行为决策；普通人遭遇"情感刺激"，总是直接用行动作为道德情绪的宣泄，诚如苏轼《留侯论》所言"匹夫见辱，拔剑而起，挺身而斗"。不幸的是，红成的学生领袖们仅仅是一帮政治幼童，面对北京将他们定为"团结对象"的羞辱，他们实难不做"匹夫"之斗了。

1967年5月16日，张国华、梁兴初、刘结挺和张西挺在北京参加完关于四川、重庆问题的会议，乘机飞抵成都，次日即召开省革筹的第一次会议，决定于5月23日热热闹闹集会庆祝《中共中央关于处理四川问题的决定》的颁发。

14　2015年10月初，张甦采访向思义记录。文中其余回忆，均摘自张甦与当事人的访谈。

直接向"中央十条"泄愤显然不行，红成需要找一个替代物以泄心中悲怒。最合适的替代物当然就是刘结挺和张西挺。刘、张在最困难时一直得红成的支持和保护，而今翻身上位，却完全把红成撂去一边，欺人如此，是可忍？孰不可忍！成都地院红筹解大《25033》小组的大字报《看刘结挺、张西挺同志在京期间对红成、八一五的评价》如此抱怨：

刘结挺、王茂聚等在二月反革命逆流时，是住在地院解大的。解大战士对他们是了解的。因此当时大家冒着生命危险也要保护他们，总团勤务组当时红成负责人敢于扣压逮捕他们的逮捕证，同志们就是这样掩护他们安全地到了北京，然后他们在北京去散布什么"地院解大把我们软禁了""我们被解大赶出来了"，郭林川就曾多次扬言地院解大总部就是要"砸烂"。当时北京流传红卫兵成都部队在二月风中是"叛徒"，是"打手""右"了"修"了……而且解大战士赶走了刘结挺这样坚定的左派。[15]

刘、张于4月4日获正式平反并授命参与解决四川问题。红成赴京代表4月7日写信请求中央首长单独接见，控诉成都军区韦杰等人对红成的迫害，以期表白"二月逆流"时期他们对抗成都军区错误路线的一片赤忱。红成代表委托刘结挺将信转交周恩来及康生、陈伯达、江青等中央首长，刘结挺确实帮忙转了此信，但却在信中越俎代庖地擅加一节，说是要"检讨我们红成在韦杰、甘渭汉散发假信（指中央军委二一七信件）后，曾一度配合镇压革命造反派，是极端严重的政治错误"，这不是帮忙，完全是落井下石！让红成无可奈何！红成总部第一届勤务组负责人伍玉生认定："刘结挺，张西挺夫妇到省革筹上任伊始就亲一派疏一派，把'八二六'派当作'左派'，而把一直帮忙为他们翻案的'红成'派作为团结对象。'红成'的广大战士认为他们忘恩负义，翻脸不认人，感到十分气愤。"[16] 西南民族学院红成派头头沙振中在学院作形势报告，更公开叫板："我们提出'四

15　川医《915战报》第18期第四版，1967年7月8日出版。
16　伍玉生《见证成都文革》（未刊稿）。

川十条'中的第二条和第五条就是有问题,就是要修改。"[17] 情绪化的策略判断不仅让他们与刘、张对立,甚至直接和北京最高当局也拧上了。这就注定他们的处境愈益被动。

5月17日,省革筹举行筹备会,上午由刘结挺主持,下午由成都军区政治部副主任钱春华主持。参会单位有工人组织"兵团""红卫东"、成铁"二七"、有学生组织川大八二六、红成、解放军造反派和首都红代会等。议题论及大会发言代表问题,红成代表要求"地总"代表亦应参与会议筹备,但不承认八二六派"解大联总"的发言资格,说"解大联总"是大杂烩,不算革命组织,决不能与"地总"相提并论,等等。钱春华说中央不承认跨行业跨地区的群众组织,"地总"和"解大联总"均属于跨行业组织,因此不予承认,都不能安排大会发言。红成代表愤然退场,会议无疾而终。刘、张幕僚郭一民后来披露:

> "五二三大会"的筹备工作是我、田禾和钱春华找成都两家协商的。协商结果,让各自通知所属组织来开会。第二天,"红成"提出没有"地总"发言就不参加。我把这个情况向张西挺汇报,她说:"你这个人,第一次就办了个蠢事,为什么要叫他们自己分头通知?为什么不用省革筹广播车去通知,你一通知,群众来参加会议,他们头头不来,至少要垮了一半。你失策了!"[18]

第二次筹备会仅由钱春华主持。时间是21日,离开大会只有两天。省筹办工作人员田禾宣布:"省筹备小组根据517会议的情况,考虑到八二六和红成的分歧一时不能马上解决,但是,誓师大会再也不能推迟了,必须尽快召开,所以,省革筹决定:大会由省革筹负责主持召开,不建立大会筹备小组。大会工作人员和警卫人员,一律由省革筹派解放军担任。上主席台的,除省革筹同志和各单位发言人

---

17 引自上海市革委写作小组《无产阶级文化大革命期间各种反动思潮资料汇编》(1967年7月19日),该资料汇编是根据张春桥指示编写的。
18 袁光厚《悲剧是这样造成的(上)》,页313。袁系新华社四川分社长住重庆站记者。

外,其他人一律不上去。"田明确指出:"今天工作,主要是把省革筹拟定的大会方案,拿来征求大家的意见,最后决定权在省革筹手里。今天虽然还缺席三个单位,也没关系,下来再征求他们的意见。"接着直接讨论大会的具体布置方案。22日,召开最后一次筹备会,红成代表提出,他们没有参加21日会议,故不承认21日会议的意见。郭一民代表省革筹直接宣布最后确定的发言名单、顺序,红成表示反对并发表反对声明。

5月23日,省革筹一、二把手张国华、梁兴初会前亲自到红成总部,诚邀他们出席大会,遭红成头目再次拒绝。庆祝大会只能按21日宣布的计划召开。

大会果然发生了让红成极为难堪的情节:"地总"的成铁"二七"一号勤务员刘喜发言,"二七"虽属红成阵营,"二月镇反"中仍有人员被抓,出狱后对红成在"镇反"中的表现极为不满,对红成领导层持强烈批评态度。虽然组织上仍留在红成,但观点却倒向了八二六。刘喜在五二三大会上代表二七总部宣读《严正声明》,不讲情面地指责"地总":"对于重大的活动必须经过充分协商讨论,而不能把某些少数人的意见强加于各革命组织。凡是不符合毛泽东思想的,不利于团结的任何行动,我总部将予以抵制,不受任何约束,我总部有独立自主的权利。"

同日,地总发表《关于昨天召开大会前筹备情况的声明》,明确支持张、梁首长,却只字不提刘、张二人。成都电讯工程学院"东方红"和成都地院"解大"学生随即到成都闹市春熙路、提督街一带贴出大标语:五二三大会是个分裂的大会!

第二天下午,"地总"同样在人民南路广场另行召开"誓师大会",同样宣布"坚决贯彻中央处理四川问题的决定"。为顾全大局,团结红成,张国华、梁兴初出席了这次大会。

针对前一天刘喜的《严正声明》,隶属"地总"的成铁二七总部的代表在24日大会上宣读另一份《严正声明》,强调总部没有派出代表参加五二三大会,刘喜的发言无效。红成代表在发言中则批判首都红代会和四川大学八二六等提出的"大动荡、大分化、大改组"

等口号。

红成迁怒于刘、张，用悲情记忆强化群体认同，进而掀起仇恨的风暴，让自己在政治上进一步陷入被动。5月24日大会后，工院"十一"战团大字报的调子持续拉高："刘结挺，你为什么拉一方、打一方？""舍得一身剐，敢把刘结挺、张西挺拉下马。"矛头直指省革筹和刘、张。红成其余院校迅速跟进。不少大字报作者署名："打倒分裂主义"战斗组、"舍剐卫东"战斗组。为表革命斗争大方向始终正确，5月26日，地总在成都体育场召开大会，把最方便使用的道具李井泉揪出来批判一通[19]，以泄满腹怨气。

2. "炮轰刘张"的策动

6月初，红成总部在成都中医学院召开了一次形势分析会，会议对形势及对策进行了分析。勤务组成员、成都大学能言善写的政治经济系学生张定中提出了"三股势力""两次夺权"[20]之说，称"全国二三月份是极右，现在是极左，八二六提出'武装保卫成都'就是证据"，极左的代表就是刘结挺、张西挺。

"两次夺权论"实际提出者是红成幕后"高参"、成大副校长庄顷。庄顷，四川广安人，四川大学高才生，毕业当年已被学校举荐赴德国留学，正逢抗战爆发，于是断然奔赴延安加入中共。庄性格刚烈，一身傲骨，据同事介绍："如果100人在一起开会就某事讨论，99人持反对意见，他（庄顷）如果认为对的，一人也会坚持"[21]，如此性格在李井泉这样的"家长"治下绝不会有好运。文革初起，成都大学被省委最先点名抛出的正是此公，而非书记兼校长的叶兆琪。庄顷告诉红成学生，俄国二月革命之后，大权落到资产阶级克伦斯基手

---

19 1967年4月，重庆市革联会已经将委托重大八一五监护的李井泉交给了成都军区。
20 张定中所称"三股势力"，系指李、廖，造反派的稳健势力和激进（极左）势力。
21 二月雪《总有一天你们会知道，我爸爸是好人》，（美）《华夏文摘》2001年第6月8日，cm0106b期。作者系庄顷女儿庄梅的闺蜜。

里，无产阶级进行十月革命，这就是二次夺权。四川成立了省革筹，权落在八二六手里，红成必须要进行第二次夺权。

精辟而简约的理论阐释，总能用高度凝练的语言为现实困境提供简明而清晰的认知，从而将抽象理论转化为具体策略，让芸芸众生充满信心向宏伟目标前进。

庄顼的见地让年轻人大受启发。以至于后来的西南民族学院会议上，有人提出组织"高参团"动议。所谓"高参"，即各校持红成派观点的老干部，他们谙悉党内斗争秘籍、特别对四川上层争斗的沿革恩怨、来龙去脉熟稔于心，认知老辣。当时红成负责人说，他们"（以为）这样可以取胜。我同意了。各学院派人到参谋部组织高参团。"[22]

可悲的是，红成的同学们偏偏忘记了面临了一个最要命的前提："十条"是中央制定，毛泽东亲批的，所谓"二次夺权"，就是向中央挑战，把红成引上与中央对抗、从而注定失败的道路。

有了理论共识，紧接开始行动，6月8日成电"东方红""锦江风雷"战斗组发布《关于对省革筹办公室造反的宣传提纲》，历数省筹办罪状，号召对省筹办"造反有理"，大字报正式提出"炮轰刘张"，再接下来，红成在西南民族学院开总部会议，决定掀起"炮轰刘张"的高潮。"炮打"是需要材料的。回顾文革进程，正是批判资反路线时期砸抄"黑材料"，才开始了实质性的"刺刀见红"，当时红成负责人就提出，我们现在搞刘、张还没有材料，需从砸省筹办下手，我们这样一动，刘、张一表演，就可以抓到更多材料。此前，各高校都先后作出决定派人到北京制造舆论，成电、成地还有人买了车票准备出发，当时红成负责人认为如此零敲碎打根本不行，必须要来一票大的：万人上京！引起轰动，方能给中央施加压力。[23]

22　1968年10月25日、11月1日、11月14日、12月13日，成都地质学院的红成头头和骨干在校内四次批斗武陵江。武在批斗会上答复了许多问题，并作检讨，以下相关引证均以"当时红成负责人"名义注明。

23　《成都地质学院的红成头头和骨干批斗武陵江会议记录（摘要）》，（1968年10～12月）。

如果说红成抵制五二三大会只是撒了撒气，那么接下来将发生的事情，则让红成为自己的政治战车加足马力，向失控的道路狂奔。

第三节　重庆"五条"之后的迷乱

1. 误判引发的闹剧

作为四川文革的另一极重庆，中央五条的下达，让两派的情绪化演出几近闹剧。

重庆问题的特殊性，首先在于 54 军不可动摇的权力存在，其次，54 军支持的，确是四川影响最早、势力最强的八一五造反派。两个因素结合，已经顺利构建了一个虽显粗糙、但却是既成事实的夺权版本：革联会。因此，在解决四川问题之后，中央让四川新当局参与、搞了一个面面俱到四川十条"子版本"《关于解决重庆问题的意见》（中发［67］159 号文件，俗称"红五条"），文件明确肯定 54 军在支左、支工、支农、军管、军训工作中"是有显著成绩的""支持的是革命群众组织。"他们的缺点错误在于"没有完全顶住成都军区个别负责人把无产阶级文化大革命变成'镇反运动'的方向路线错误"，"他们已经开始认真地纠正自己的缺点错误。"

这个面面俱到的文件，把重庆两派的情绪搞了个迷乱癫狂。几个月来，两派对革联会一个要"保"一个要"砸"，闹得你死我活，迷迷瞪瞪，让革联会差不多变成了一个"精神图腾"，反倒忘记了双方都真正想要的是"现实权力"。北京为缓解矛盾，在五条意见中故意"和稀泥"，避而不提"革联会"[24]，首先就让势力占优的八一五情绪

24　周恩来对中央为何要回避革联会问题作了如下解释："在文件中避开革联会，是不是和稀泥？不是的，如果涉及革联会，争论就没有结果的，一月革命以来，夺权的大方向是正确的，可是必须要革命组织联合起来，才能夺得好。重庆大联合没有联合好，有一派同意，有一派反对。开始没有意识到

顷刻失控。

"五条"传来是 5 月 17 日，当晚，重大八一五即在风雨操场举行辩论会，对北京"否定"革联会公开表达了强烈不满。次日，八一五派集结大队人马前往市中区，举行声势浩大的游行宣示"誓死保卫革联会"，对"五条"未承认革联会表示强烈不满和抗议。重大八一五的队伍最引人注目，由人高马大的校体育队学生前导，手执铜头皮带，簇拥一面巨幅标语牌示威，标语牌大书："强烈要求张国华、梁兴初到重庆答疑！"

5 月 19 日出版的《815 战报》第 21 期刊发重大八一五战斗团《对目前时局的严正立场》只字不提"五条"，只管固执地发誓：

坚决支持革联会，誓死捍卫"一月革命"的伟大成果，"一月革命"万岁！革联会的革命精神万岁！

山城八一五革命造反派必须联合起来，彻底粉碎党内一小撮走资本主义道路当权派勾结社会上的牛鬼蛇神，蒙蔽一批群众，搞反夺权的大阴谋。我们的态度是：针锋相对，寸权不让，寸权必夺！

不止重庆大学，八一五派其他组织也用不同方式表达自己的愤怒。《新重庆报》报社由编辑、记者组成的"鲁迅战斗团"，5 月 18 日给中央发出电报称：

《中共中央关于重庆问题的意见》，我们认为是违背毛泽东思想的，是违背山城广大无产阶级革命派的意愿的，这个意愿不符合重庆地区文化大革命的情况。

'三结合'，'三结合'是后来才发展的。革联会吸收几个人（过去负责的一些同志）也没有在群众中真正'亮相'，所以有争论。条件还不成熟，但是，不能说这是资本主义复辟逆流，不是走资本主义道路当权派摇身一变。尤其体现革联会是野战军领导的。解放军是支持的革命造反派。夺权后有了权对另一派压制，形成对立，形成二三月的紧张。说革联会对了，但条件不成熟；说不对，那时又做什么？……如果争论下去，就是吵架，如果再这样吵下去，三天三夜都吵不完。我们应向前看，在四川做出表率，就是由军队领导人出面组织临时筹备小组，向前进，促进其联合，把争论停止下来，再要争论就会不能前进，影响生产任务，广大劳动人民是不同意的。《周恩来、康生第二次接见重庆代表讲话记录》，宋永毅主编《文化大革命文库》光盘。

对这个意见我们坚决抵制，如果按这个意见办事，山城的无产阶级文化大革命就会被断送，广大无产阶级革命派就会重新被打成反革命，这是历史的倒退。[25]

砸派对"红五条"内容所指其实心中有数。曾为重大八一五核心人物又刚刚反水而出的邹世友[26]，代表砸派参加了解决重庆问题的会议，他回忆说："在中央解决重庆问题的第一次会议上，我就改变了我的想法，认为砸派不会赢，八一五也赢不了，只会各打50大板，各吃几砣糖。"[27] 于是他拒绝参加了第二次、即宣布"红五条"的会议。如今五条意见既然明确判定重庆大权依旧握在支持八一五的军方手上，他们能高兴得起来吗？只是砸派没想到重大八一五学生情绪会如此失控，实在正中下怀。20日，砸派立即还以颜色，大张旗鼓在市中区集会游行："热烈拥护'红五条'！""欢呼革联会寿终正寝！"，他们还在劳动人民文化宫大门外扎起两座巨大纸糊的"革联会之墓"以刺激八一五派的脆弱神经，纸墓旁边还插着祭幛、招魂幡之类祭祀用品，欢天喜地的游行队伍中还专设一支"哭丧队"，呼天抢地舞着手帕，不停抹着并不存在的眼泪。一些顽童在游行队伍旁边快乐地奔跑，用竹竿挑着不知从哪里捉来的癞蛤蟆（川语俗称"癞格宝"），快活地喊着挑逗性口号："革联会，就是好，革联是个癞格宝"……

重大八一五的失态让军方大为着急。20日，54军军长韦统泰、副政委蓝亦农、副军长白斌、韩怀志、参谋长耿志刚，及重庆军分区司令员唐兴盛一体出动，匆匆赶去重大风雨操场辩论会灭火。他们从中印边境反击战如何听从主席教导，说到这次主席如何亲自批示"红五条"的真实性，从"能作为一个八一五战士，我感到很光荣"说到"我们来向同学们学习，趁这个机会给同志们做个汇报"……真的个

25　上海市革命委员会写作组《无产阶级文化大革命期间各种反动思潮资料汇编》第四部分，由上海文革学者李逊提供。
26　邹世友，重庆大学电机系二年级学生，最早参加发动八一五造反，1967年3月后有感于当局对反对派不公，起而从八一五内部反出，邹及同时反出的吴桂伦组建的"重大八一五东方红纵队"与徐光明重组"红岩公社"而建"重大井冈山兵团"，大量吸收垮台后的原保守派同学，人员一时大得扩充。
27　邹世友《文化大革命回忆录》（未刊稿）。

字字诚恳、句句熨帖。白斌的讲话直截了当：宣布"革联会不是资本主义反革命复辟的产物""革联会的大方向是正确的"，中央的"五条""字面上没有革联会，实质上是有革联会的，因为我们是支左，我们支持的是革联会一派，我们支持的是革联会，我们要理解精神实质。"蓝亦农明确宣布："由革联会过渡到筹备小组，是更上一层楼。"[28]

得54军领导苦口婆心开导，八一五派终于"顿悟"，明白了"革联会"与"革筹组"只不过是像方糖与圆糖那样仅外观不同而已。八一五坊间很快便发出了"方糖甜，圆糖甜，砸派有个铲铲权"[29]的释然之叹。

随即，中央任命的重庆市革筹组于6月12日正式开始办公，原"临时权力机构"革联会主持各部门工作的军人全部退出，各执政功能同时全部移交。"革联会"班子重新改选，更名"八一五派革联会"，由权力机构改变为八一五派群众组织的联络协调机构。

5月21日，八一五再次举行非常热烈却迟到了整整五天的盛大游行，高调宣布拥护"红五条"，喊出"革联开新宇，革筹更上一层楼"的全新口号。砸派意识到继续挖苦革联会寿终正寝已没有任何实际意义，关于革联会的闹剧悄然落幕。

2. "六五血案"和施家梁兵败

西南师范学院位于重庆远郊北碚，是大陆鼎革前著名社会改革家卢作孚[30]精心打造的模范区和文化区，风景优美，区容整洁，乃就

---

28 《驻军首长在重大八一五形势辩论会上的讲话》，载革联委重庆红卫兵革命造反司令部重庆师专红卫兵总部、八一五战斗团主办《八一五烽火》第十四期，1967年6月4日出版。
29 "铲铲"系巴蜀俚语，空空如也、一无所有之意。
30 卢作孚（1893-1952），近代著名爱国实业家、教育家、社会活动家；民生公司创始人、中国航运业先驱，被誉为"中国船王"、"北碚之父"。1938年秋，卢作孚领导民生公司组织指挥宜昌大撤退，用40天时间抢运150万余人、物资100万余吨，挽救了抗战时期整个中国的民族工业，受到国民政府嘉奖。1952年，"五反"运动中受诬陷，在重庆服安眠药自尽。

学、旅游、度假的极佳去处。西南师范学院、西南农学院和四川外语学院均坐落于此。

就学校名气、办学规模和学生素质而言，重庆大学和西南师范学院理所当然成了重庆学生闹事的两极：重大造反早于西师，位处离市中区较近的沙坪坝，对全市文革影响最大。西师八三一战斗纵队不甘落后，遂联络名流罗广斌、造反军等与重大较劲。夺权前夕，以"反右倾""大动荡、大分化"正式分裂而出，另立山头，成为重庆造反派另一极。西师八三一争权未遂，于是带头攻击革联会，后被打为"反动组织"勒令解散，主要头头被抓。已经垮台的"思想兵""工纠"及其他员工，在反转立场的八三一学生召集之下成立新组织"春雷造反兵团"并迅速扩展，最多时人数几近3000，成为西师人数最多的组织。"春雷"因保守派旧人偏多，故被外间戏称为"春麻儿"。"春雷"总部设在刚封顶断水的新图书馆大楼，地处坡顶，而八三一总部恰好位于其下方的中文系大楼，两者互为毗邻而高差相悬，于是争执、摩擦不断。6月5日下午，西师八三一发起突然袭击，执棍棒钢钎攻击春雷，迅速占领主楼一、二楼和与之相连的藏书楼。冲击主楼三层遭到顽强抵抗。6日上午，八三一改用火攻：堆起柴火，撒上666农药，点火烧熏，浓烟滚滚冲出楼顶。时已山城酷暑，被困楼头的"春麻儿"吃水、粮食均难以为继。时任春雷总团负责人的王希尧回忆：

> 被困在四楼的春雷人员写了"告别山城人民书"，发誓决不投降，声言如果攻上四楼，他们就集体跳楼，"誓死保卫毛主席！"。他们将"告别书"包在石头上扔下楼来，被春雷方的同学捡到交给了北碚支左部队7789部队，部队政委张继臣看了很着急，立刻向重庆军部报告，重庆军部又向成都军区做了报告。重庆市革联会召开了紧急会议，决定派革联会副主任熊代富到北碚，"做两派工作"，让双方停止冲突。[31]

31　王希尧："重庆北碚、西师1967年'65、68'武斗记实"（未刊稿）王系西师《春雷》总部一把手，后曾任四川省革委委员。

已是全市八一五派群众组织联络机构的革联会迅速组织数十车武斗人员，由副主任熊代富带队黉夜前往增援，一路遭遇砸派伏击、阻挡，到达武斗现场已是次日凌晨。参与增援行动的周孜仁记录了亲历的现场情景：

西师图书馆现场让我大吃了一惊：完全一幅典型的原始部落械斗图。废墟一样的楼顶上站满手持棍棒的躯体。他们全光着身子，或穿着破烂不堪的背心，裸露的脸部、肩膀、肚子、腿部和手臂均被熏得斑斑驳驳的漆黑。没有头盔保护，他们便把被子里撕出的棉花裹在头上，很像蛮山荒岭间的印第安土人头插翎毛。废墟间火烟缭绕，其味焦臭刺鼻。

城里赶来的支援人员，北培嘉陵江对岸赶来的天府煤矿318战团及北碚其他单位的八一五派，人数已达2000余，气势和精力正旺，于是从三个方向同时冲击图书馆主楼和书库。周孜仁亦执械投入了攻打图书馆的武斗，其状记忆犹新：

总攻开始，号手将冲锋号吹得凄厉，云梯被长绳迅速拉上三楼，武斗人员顿时潮水一般从四面八方向大楼涌扑过去，援云梯攀爬而上，多是中学生。他们什么装备没有，光着头，也不穿劳保服什么的，一个个勇如飞蝗，势不可当，全不管石飞如雨，只顾闷着头前赴后继，奋勇争先。有人被砸，有人落梯，或仰坠，或立扑，血流横飞，喊声震天，但无一退缩，那场面真的个惊心动魄。飞石是从二楼倾泻下来的，如瀑如雨，飒啦啦掷地有声。三四楼的"春雷"为配合冲锋登楼者，奋力向二楼洒石灰、扔石头以为掩护。云梯上虽有伤者坠落，但更多人已冒死上楼，爬进窗口接应早已疲惫不堪的"春麻儿"。[32]

国学大师吴宓时任西师教授，他在日记中按时序记录了家务女

---

[32] 周孜仁《红卫兵小报主编自述——中国文革四十年祭》，（美）溪流出版社2006版，页184。

工唐昌敏的听闻讲述和他亲眼所见的"六五事件"过程：[33]

6月5日："晚，闻唐昌敏报告：今日八三一进攻春雷总部（居高临下之新图书馆），大败，伤多人；校大门及校后门均严闭，禁人出入，为阻春雷之外援冲进校内，云云。""晚间八三一广播不断。8—9时，忽来怪声巨响，类抗战时期之空袭警报鸣笛，而更粗粝，闻之心跳、欲呕，且若晕眩……"[34]

6月6日："夜1时醒一次，晨5:30起，皆闻八三一号召'战斗'之广播不断。""宓得悉春雷总部即新图书馆，其三楼四楼仍为春雷坚守，而一楼二楼则早为八三一军攻占，其外则为春雷军包围一圈，更远则两军各据一半，分疆对峙。昨日下午四时攻守大战开始，八三一大举仰攻新图书馆（山上之碉堡），激战大败，盖由三楼四楼之春雷军由窗口抬掷巨石下击，八三一死一人，伤百余人。剧战终夜，春雷军之死伤亦相等。入夜，八三一布哨守全院围墙，并严闭大小校门，只纳外来之八三一援军。然八一五等来援春雷军者[35]大量冲入校内（晚8—9宓所闻之怪声，即是八三一军毁坏春雷援军自外来者之汽车，或拆卸车轮，或凿坏汽车之橡皮轮胎，放出其中之压缩空气，致有大声耳）。总之，双方之外来援兵大集，终夜混战，死伤甚众；迄今仍分疆（双方驻守区，皆戒严，断绝交通，禁止行人来往）对战（援春雷之八一兵团兵皆荷枪实弹，余军皆用砖石、棍棒、锄与铁器、刀剑、硫黄熏燃及水龙、弹弓等，互击相斗），胜负未分。""9时散归。……（途见许多男女儿童搬运碎砖、小石，供两军作战投击之用）。""上下午，各闻如昨晚之怪声巨响三四次，惟在白昼，可望见舍前游泳池之南（文化村二舍与六舍之间）广场中黑烟大起，卷升天空如柱，怪声巨响即发自该处（以目可望见，故不觉其可怖）。夕闻唐昌敏言，始知有救火队之救火车一辆来此，由水管吸收游泳池之

---

33 吴宓著、吴学昭整理注释《吴宓日记续编》，生活•读书•新知三联书店2006年4月，页147。
34 《吴宓日记续编》第八册，页147。
35 指是日北碚地区及嘉陵江对岸天府煤矿318战团等八一五派前来救援者，因指挥松散告败。

水入车，其时即发出此怪声巨响；救火车然后开往新图书馆，复由水管射出水至新图书馆三楼四楼，俾其内之春雷军可用该水下淹困居于一楼二楼之八三一军云。闻此救火车后为八三一之友军砸毁其机器；又闻小校门已被自外冲破，门已坏颓，今人尽可出入，不复能防守矣。"[36]

6月7日："……（3）大小校门已摧毁，故今日出入无阻。（4）校内电话线已割断；自昨晚起，不复闻八三一之广播矣。……（6）八三一今势蹙，故凡家中有大人或子女为八三一队员者，其家今皆栗栗危惧，恐春雷及其友军来抄家、捕人；吾邻左右数家，已将重要衣物送至校外藏匿，且送幼孩至乡间暂住云云。"[37]

6月8日："上午7：30后，宓出，拟往三教楼或菜圃上，正值多人，各持木棍（如锄柄），由六舍、一舍后山、川外语学院三路奔来，向幼儿园沿延安路东趋，似将有大战，……宓乃退归。""近9时，持大棍之春雷军（本校学生）来，排列于本舍（一舍）前，游泳池周围及马路上则云是八一五军。远处呼声大起，久久战斗。结果：盘踞新图书馆一楼、二楼内之八三一军全被驱出；春雷与八一五军遂进攻办公大楼（八三一总部），命楼内非春雷人员愿降者举手走出。"[38]

吴宓日记中所记听来的有关"死伤甚众""八一兵团兵皆荷枪实弹"等只是以讹传讹、不实传闻，实际上这次武斗并未死人也并未带枪。其他细节庶几确实。

双方力量悬殊。不出半天，八三一即从图书馆撤离溃败，八一五开始打扫战场，准备撤离返城。救援方所抓俘虏当场教育释放，多为北碚中学生，组织"学习毛主席语录"后通知家长领回；大学生仅数名，押回重庆大学审讯后释放。整个过程不过大半天，真正热闹的故事随后发酵：西师八三一宣称己方死了人，传单、大字报、小报上连篇炒作，6月13日出版的《红岩》报"六五——六八惨案特刊"上，

---

36 《吴宓日记续编》第八册，页147-149。
37 《吴宓日记续编》第八册，页150。
38 《吴宓日记续编》第八册，页150-151。

克隆半年前"一·二四事件"的闹剧,煞有介事发表编辑部文章《踏着烈士的鲜血奋勇前进》,悼念子虚乌有的"烈士"。

3. 熊代富"虎口余生"和砸派向军方挑战

6月8日,革联会组织的救援行动完成。为避免双方再发冲突,经北碚驻军与革联会代表熊代富商量后劝说,春雷等组织亦答应暂时撤离校园,转移到嘉陵江对岸的天府煤矿。根据人员年龄和健康状况,实施车载和步行同时进行。八一五返程队伍沿山路蜿蜒行进,途经施家梁山谷,突然遭遇军工井冈山总部调来支援八三一的数十辆卡车武斗人员前后堵截。八一五寡不敌众,一部分向山上散跑,一部分向通往嘉陵江的一座小桥溃逃,砸派仅抓到20多个"俘虏",让他们大喜过望的是,"伪革联"副主任、救援春雷的总指挥熊代富,在撤退队伍中被发现并抓获了。

砸派先将熊打得昏迷不醒,继而用铁丝和绳索反绑,扔进西南农学院暖棚的泥地关押,醒来已不知过了几日几夜。砸派计划将熊偷运北京"交中央文革处理"。为防途中不测,押解者对熊代富实施医学麻醉,然后到成渝线一小站上车,直接背进软卧车厢隔离。所幸被一八一五观点的乘警徐登海发现并暗中提前报警,熊刚到北京站即被警方接走,后经重大八一五派驻京人员辗转寻找,方得组织人员将熊救回。《熊代福虎口余生》这一戏剧性事件,一时成为重庆市民街谈巷议的绝好题材。熊代富事后自述:"(我)被抓后来,被注射大量麻醉剂弄去北京,病愈后手便无法复原了。"[39]

---

39 周孜仁《红卫兵小报主编自述——中国文革四十年祭》页193-194。熊被营救回来后,较长时间都在住院治疗。几乎脱离了文化大革命。但因为他的名气和代表性,在1967年底重庆大学革命委员会成立时,他仍被安排为校革委副主任。1968年6月重庆市革命委员会成立时,他又被安排担任了副主任。1971年4月,被批准加入中国共产党。1973年7月,被安排担任共青团四川省委副书记。6月,被安排担任共青团重庆市委书记。在工作中,他与老干部相处较为融洽,颇得信任。在"批林批孔"和"批邓、反击右倾翻案风"运动中,他都冷静对待,没有跟着一些前"造反战友"重新造反,而始终坚持"党的一元化领导",一些前造反派成员甚至骂他是"投降派"

由"六五"事件引发的另一冲突,则让砸派与重庆驻军直接撕破了脸。

军工井冈山赶去北碚追击溃散的八一五派,在嘉陵江边与前来制止武斗的军人相遇。军人正欲乘船渡江,护送春雷学生转移天府煤矿,井冈山人员认定军人是特来助战八一五派的"凶手",遂抓走其中4人押回井冈山总部所在地重庆医学院审问。军人坚称执行任务,奉命制止武斗。其中一人系连长,名陈干清,气怒难遏,与井冈山头儿拍桌子争吵辩论。军工井冈山将3士兵"教育释放",将"态度恶劣"的陈连长继续羁押。

得闻报告,54军大怒。6月11日,中国人民解放军重庆警备司令部以编号"(67)警司字第22号"文件,向军工井冈山发出《公函》称:"6月9日八时左右,重庆炮校侦察营一连连长陈干清率本连40余名战士,和警司派出的部队(均系徒手)共同在西师执行调解武斗任务后,乘军车返回天府煤矿(归警司统一担任军管),在北碚渡口候船时,军工井冈山1000余人,手拿木棍,头戴安全帽,从北碚街上吹着冲锋号,朝渡口冲来,先打、抓群众,后围住我侦察营的军车,不问青红皂白将连长陈干清、班长周长军、战士郑克俭、刘家荣等4同志,从车上拉下来,拳打脚踢,抢走帽徽,强行抓走。14时左右,陈等被押至西农八二六,17时左右又押至军工井冈山总部进行非法审讯,审讯前用木棒压在肩上,铁棒压在头上,逼着战士承认'打死了人',并说:'不老实,就打死你'。审讯中,均遭毒打。23时左右,班长周长军等3同志被赶出门外。周长军、郑克俭重伤入院治疗,刘家荣轻伤归队。连长陈干清至今仍被扣押未放。"《公函》警告:"我们严正指出,军工井冈山必须立即释放连长陈干清,并对这一事件进行赔礼道歉。""否则,如对我们的劝告置若罔闻,一切后果,由你们完全负责。"《公函》特地注明"抄送重庆市革命委员

"宋江"。因为他的这些表现,"四人帮"倒台后,他还被提拔担任了中共重庆市委常委。1987年,在"整党"中"清理'三种人'",这位原本可能大有前程的年轻干部被定为"造反起家、干了坏事、情节严重的人",开除中共党籍并撤销一切职务。

会筹备小组、各革命群众组织"。

军工井冈山总部收到《公函》，不但不放人，反而于 6 月 12 日《复函》一封并满城张贴。《复函》口气更加强硬，称："你部于 6 月 11 日给军工井冈山的公函已收悉。由专政机关给革命群众组织发出如此'公函'的事例是罕见的，但又是预料得到的——你们的所言所行，早已对我军工井冈山和其他真正革命造反组织发表过没有行文的'公函'。""十分明显，企图扼杀我军工井冈山，进而镇压围剿真正的革命造反派，把西师八三一、西农八二六、重医兵团等革命组织再次打成'反革命'，为党内、军内一小撮走资本主义道路当权派开脱罪责，为其喽啰向革命造反派发动更大规模的进攻提供'理论'根据，从而实现资本主义反革命复辟——这就是'公函'的实质。"《复函》警告"炮制'公函'的指使者：不准你们打着红旗反红旗，不准你们借实行通令之名，行镇压革命造反派之实！如果你们不悬崖勒马改弦更张，迅速回到毛主席革命路线上来，我军工井冈山将与山城真正的革命造反派一起，奋起毛泽东思想的千钧棒，坚决打倒之！"《复函》最后要求："警司必须立即收回非法的、反毛泽东思想的'公函'，并在'公函'所及的范围内公开消毒，否则必将自食其果！"

军工井冈山《复函》极大地刺激了砸派组织挑战重庆军方的胆气。7 月 3 日，中学生红卫兵九一纵队主办的《九一纵队》第二期发表文章《蓝亦农、白斌回头是岸》；7 月 17 日，后工 242"红总"发表《敦促蓝亦农、白斌二同志改正错误书》；北京地院赴渝学生以"北地东方红警备司令部"名义发表的《关于砸烂重庆黑警司的严正声明》及《敦促蓝亦农、白斌投降书》，敦促书模仿毛泽东《敦促杜聿明投降书》的格式，直呼"蓝亦农校官、白斌校官和诸位师长团长营长连长"，接下来恫吓说："你们现在已经到了山穷水尽的地步……"此外，还有更极端的标语："绞死匪首白斌！"……这些言论或激于匹夫之怒，或图一时口舌之快，总之，对军方如此公开辱骂，完全抛弃了"红五条"对 54 军的肯定，而且，五条下达不久的 5 月 27 日，毛泽东还专门批示《关于中央军委转发 54 军对反对派进行工作情况报告》，对该野战军再次作出了肯定：

五十四军在重庆的工作做得不错，可供你们参考。凡属两派革命群众组织互相对立很严重的，只要进行细致的思想政治工作，问题总是可以解决的。对于有群众的保守组织，甚至反动组织，也要细致地进行思想政治工作。

砸派不断升级的决绝言行，将自己彻底置于军方的对立面。作为"红五条"认定的重庆权利人和仲裁者，54军对两派保持中立的难度继续加大。

第四节　主战场的缠斗

1. 红成被边缘化

四川"新政权"成立伊始，一把手张国华总揽全局，作超然佛态以保持仲裁者主动，可谓聪明之举；梁兴初履新四川，成都军区的老班子黄新亭、郭林祥问题犹未了结，新班子甘伟汉、韦杰又惹下镇反烂摊，这些都亟待司令员收拾。地方一摊行政事务顺理成章归入三把手刘结挺和四把手张西挺夫妇二人彀中。

省革筹设三大机构：办事组、政工组和生产组。办事组相当于原省委和省政府办公厅，是为省革筹的行政中枢，由张西挺任组长；政工组相当于原省委组织部+宣传部，是为省革筹的人事权力和决策权力中枢，由成都军区政治部副主任钱春华任组长（钱与刘、张配合默契，运作顺遂）；生产组相当于原省计委+省经委，负责全省生产经济运行，由成都军区副政委余洪远任组长（该组全干费力不讨好的事，刘、张基本不插手）。政工组下属有个"地区组"职权最为要紧：负责各专县革委会筹组、成员审批等基层权力的把控，实权之大可知，组长由刘、张的亲信郭一民担任。

省筹办成立之初，曾明确规定职能机构对两派分别给出配额：八二六派学生 10 名，红成派学生 12 名，仅表面看，八二六名额比红成名额还少 2 名，其中玄妙之处在于：各职能组担任组长的，大多数是军内造反派"红纵""千钧棒"、空字 028 "红总"一类二月镇反的受害者，或观点倾向于兵团、八二六者。少许红成学生摆进去，无非花瓶而已。028 "红总"头目冯德华[40]后来对此作了披露：

> 早在 1967 年 4 月北京解决四川问题的会议上，张西挺就说过，部队开展"四大"的单位"今后有用处"。一回到四川，刘、张就极力把我们拉到他们一边。刚刚组建（省革筹）筹办时，就从我们那里要了一批人，以后一直作为刘、张操纵的办事机构的骨干，使我们和刘、张操纵的办事机构联系起来，通过我们在办事机构工作的同志，不断把刘、张的思想灌输给大家。刘、张接见群众代表，安排在 028；刘、张要开"黑会"，在军区、筹办不敢开，就到 028 来开。
>
> 刘、张还在 028 搞了一个属于信访组的处理群众来信的办事点，控制革命群众向省革筹主要领导同志反映情况的通道。1967 年 6 月 28 日半夜，刘、张在 028 召集了拥护刘张这一派的五个群众组织头头的会议，一方面大肆攻击"红成"，一方面组织这一派力量，并指定 028 "红总"领头。张西挺说："这一派散得很，要组织一下。"刘结挺宣布："今后你们有事，多找 028 '红总' 研究商量。"
>
> 刘、张封我们当这一派的头头以后，就把许多重大的消息，事先通过 028 "红总"传到五大组织[41]，扩散到这一派群众组织中去。刘、张的黑旨意，也事先由他们面授机宜或通过丁祖涵[42]等人告诉我们，由我们再捅向其他组织。许多小道消息，从我们那里传出去，许多一派的会议，在我们那里召开，许多大的行动，也在我们那里策划，有时刘、张还亲自来布置。[43]

---

40 冯德华在中央办的毛泽东思想学习班四川班《革命大批判发言之六（1970年》，冯为空军 13 航校（代号"空字〇二八"）造反派组织"红总"一号勤务员。
41 指 028 红总、西指、省红联、兵团和川大 826。
42 丁祖涵时为刘、张重要幕僚。
43 袁光厚《悲剧是怎样发生的》，第十一章，电子版。

红成成了权力局外事实上的在野派。公开对抗的烈火,后来终因一偶然事件点燃。

2. 红成冲冠一怒

事情因省筹办出版的内刊《情况快报》惹起。这份内刊每期均标明报总理、江青、伯达、康生等首长名字及日期、期数等,属统一格式打印的正规文件。每期内容都不长,就三五百字,便于中央领导阅看。《情况快报》还有增刊。相对于快报,增刊多为一些小报传单包括街谈巷议之类动态,亦供领导参阅。刊物由成都军区青年部副部长黄步尧负责,属下则清一色八二六派人士,这就注定了《快报》内容明显的倾向性。

关于《情况快报》,几十年后,空军某部负责人、原重庆后工(二四二部队)学员张家立曾对笔者介绍,说他曾收集过《快报》,阅读印象大体是:

(快报)遣词造句完全不像一个省级机关应有的风格和口气。完全是派性语言,就像街上贴的群众组织的传单。印象最深的几点是:一、消息来源清一色全是反到底来电指控八一五挑起武斗。二、来电人多是反到底派的知名代表人物,如黄廉和 242 红总张龙宝。他们反映八一五数万人围攻西师八三一,300 人生命垂危即将跳楼。三、消息末尾多数要落到指责重庆警司袒护八一五,对反到底受难群众不予帮助或推出不管。四、不少条消息末尾会点明省筹办接电人对反到底来电人的关心爱护或指导性语言。当时 242 文筹原院办秘书舒泽生、姚秘书等正在给中央调查组和总后撰写《为什么重庆武斗特别严重》专题报告……嘱我将"情况快报"挑选一些带回,作为论据素材予以引用(见附件照片),这些"情况快报"不止一人看见过。几位秘书议论说:"怎么能完全以省革筹的名义为一派说话?这种水平的报告也敢往中央上报?"[44]

---

44 张先生电邮笔者介绍,并附有搜集保留的《情况快报》照片。

某日，地院学生王菊芳告诉武陵江一偶获情资，说她在50军[45]曲竟济政委那儿看到省革筹搞红成的一份"黑材料"[46]内容盖云："红成负责人吴某某6月13日中午，在他妹家里吃饭，酒后，同一位邻居谈了一些红成的内部情况。"并大骂"狗日的扒二驴和撬狗最坏[47]""他们不团结产业军。我们就是要同产业军联合，最近产业军要打进城里来啦，我们准备在6月份抓一大批人。主要抓撬狗和扒二驴"云云。武陵江顿时恼怒，认定省筹办的把柄被抓到了，因为红成总部根本就没有姓吴的，内容也纯属臆造。6月23日晚，红成总部召开支队长会，决定砸筹办抄"黑材料"，要求各支队都要出动。当晚，武陵江又接报告，说省筹办正在转移材料，武陵江立即通知地院提前行动。

24日，红成地院支队、省技校九一五支队冲击省筹办，筹办工作人员为避冲突，迅速撤离办公室，任红成学生砸抄，上面说及那些《情况快报》和增刊均被成功缴获。砸完省筹办，红成随即在筹办附近的26中和顺城街总部先后两次召开会议，并决定去北较场军区大院抓刘、张到北京告状。如抓不到刘、张，就召开一个全市群众大会造势，再出发去北京……不管哪个方案，都得搞出一个大轰动效应。[48]

次日，红成1000多学生冲进了北较场，宣称要找住在大院的刘结挺、张西挺，就抄出整"红成"和"八一五"的"黑材料"进行对质。成都军区高挂"免战牌"，刘、张不露面，其他人也不露脸，只管把学生晾在操场上。正是情绪高昂时，于是与4个月前川大八二六来此静坐一样，红成派在同一地方出演了一场相似度极高的戏剧。上千学生坚坐大院，又呼口号又唱歌，煞是热闹。川大学生来此静坐

---

45 文革前四川仅驻54军一个野战军，开展"三支两军"后，凸显任务太重；再者二月镇反成都军区和四川各地方军分区、武装部普遍均犯了错误；"红十条"下达后，中央急调沈阳军区第50军入川。

46 笔者查阅，此处王所说"黑材料"系指《情况快报》增刊第23期，题为"两篇内部谈话"。

47 "扒二驴"系民间蔑称"八二六"，"撬狗"又记作"撬杆"，为兵团之蔑称。

48 伍玉生回忆录《见证成都文革》。

时属岁初，春寒犹料峭，现今虽已入夏，是夜偏偏风雨交加，地坝上的学生遭遇的是另一番凄苦和憋屈。千回百转寻刘、张不得，红成不再恋战，按既定计划，次日便撤离，马上到北京向毛主席告状！武陵江当晚没去军区，他说担心被张国华见到不好说话。他一直在地区总部筹备次日的万人大会。

地院学生伍玉生这样表述按时举行的群众大会：

6月26日，"红成"在人民南路广场隆重召开了约十万人的上京告状誓师大会。"红成"的头头们感到没有其他道路可走，这是破釜沉舟，背水一战。当天，我们地质学院的"红成"战士个个都把头推得平平的，准备当"反革命"。他们在游行过程中，步伐整齐，威武雄壮。高呼的口号是："生，做毛主席的红小兵。死，做毛主席的红小鬼。"成都产业工人造反组织"红卫东"，成铁"二七"，工人硬骨头，"二四九"联总，星火以及贫下中农成都部队等誓作红成的坚强后盾。他们排着整齐的队伍前来送行，他们高呼的口号是："红成小将往前冲，后面有我红卫东""红成小将放心走，蓉城有我二四九！"[49]

"上京汇报誓师大会"一结束，告状团直接从广场徒步出发。所有队伍都以毛泽东画像、语录牌和各战团、支队战旗为前导，5至8人一排，学生头戴草帽、身背挎包、手举小红书一边走一边高呼口号前进，口号都是"炮轰刘结挺""火烧张西挺""砸烂伪筹办，建立新筹办！"一类。气势威武雄壮。

3. 艰难北上路

徒步队伍当晚即赶到了第一站：新都。成都到新都仅20多公里，露宿一夜，继续开始北上之路。自古人称蜀道难。从成都出发到秦岭隘口阳平关，几十年后高速公路距离是410多公里，当时还要漫长

---

49 "二四九"系大型国有企业成都无缝钢管厂的信箱代号，"二四九联总"属红成派组织。

许多，其间需过广汉、德阳、绵阳、广元、阳平关等许多蜀汉征战的漫道雄关，真要徒步走到北京，路途之艰难漫长难以想象！明知难为、甚至不可为而要坚持为之，与其说红成在侥幸追寻"成功概率"，毋宁说是想用"推石英雄"西绪弗斯[50]的悲情勇气向北京施压。

告状队伍走到广汉，张国华即委托军区副司令韦杰赶来劝慰，要他们打道回蓉。对于这个侥幸留职的"二月镇反黑干将"，武陵江回避一边，不予理睬，只让人把他带去县武装部，派几个学生与之纠缠而已。

告状队伍出发次日晚 11 时，周恩来通过成都军区转致电报，要求红成告状团停止上京，有问题找四川省革筹解决。红成万人上京，本是状告四川省革筹，中央怎么如此劝返？"万人团"继续徒步前行。29 日，周恩来得知部分人员已抵达绵阳，同意红成派 10 名代表赴京。武陵江认为指标太少，带大队伍继续前行。30 日，周恩来再次致电四川省革筹，指示："红成到京人数，10 人不行，力争 50 人，万一不行，无论如何不能超过 100 人"。7 月 1 日，周恩来得知告状团还在北进，急电张国华转告红成："对上京人员要进行劝阻，希望以大局为重。"张国华和 50 军副军长孙洪道亲赴绵阳，张苦口婆心规劝武陵江，说有什么问题都要到省革筹才能解决，旋被武怼回："刘、张是省革筹的，回去还是受压"虽然答应动员队伍返回，实际不过虚应故事，应付了之。

队伍到达广元，武陵江接到留守成都的张定中电话，转达高参庄顷意见：出广元便是秦岭、蜀道出川最险恶的山区地段，建议队伍屯兵于四川边境，看中央的态度。武陵江当时亦计划在此休整，准备干粮，做好穿越原始森林的前置安排。既然庄、武谋策契合，于是让陆续到达剑阁、梓潼等地的人集结广元待命，继续给北京施压。

周恩来直接致电武陵江，"同意派 60 名代表来北京，并派飞机接代表。已在途中的北上人员立即停止前进，靠近铁路的用火车运

---

50 西绪弗斯是希腊神话中的悲剧人物，由于触犯了众神而受到惩罚：要他将一块巨石推上山顶，而每当快接近目标时，诸神又让巨石滚落山脚。西西弗斯就在这艰难无望的苦役，慢慢耗尽生命。

回,以免发生武斗。"此意再次被武拒绝。他认为60名太少,理由是材料带到北京后会被北地东方红抢走。北地东方红人多势众,红成的人太少扛不住。[51]同日,中央文革小组组长陈伯达打来电话,同意红成将代表人数增加到100。

事情已到边沿,告状团顺坡下驴,见好就收,接受了这一解决方案。7月11日早晨5点21分,由成都军区派出一个武装班护送,告状团100名代表乘34次列车从广元赴京,其余人等则由部队安排列车送返成都。100名代表到达北京后,被安排在沙沟总参第三招待所住下。几天之后,震动中外的"七二〇"事件[52]爆发变,谁也顾不上这帮来自艰难蜀道的告状者。他们只好无奈地呆在京城,开始漫长的求见等待。

第五节　钦差大臣巡游旋风

1. 谢、王短暂川行

7月4日,红成告状大部队出发后一周,钦差大臣谢富治和王力便经由昆明来到了成都。这是二人奉毛泽东之令到各地"就地解决"问题西南行的第二站。抵蓉当晚的第一场接见是与省革筹领导见面。自一年前刘、张赴京冒死告状到咸鱼翻身、衣锦上位,王力都是他二人的第一"恩公"。"恩公"亲自前来关照新宠上任性状,刘结挺、张西挺的兴奋可想而知,以至于憋不住接见会老抢风头,甚至打断张国华,只管告"红十条"反对派的状,一告一个准。冯德华如此回忆:

51　红成告状期间武陵江的活动和讲话均引自"武陵江检讨"。
52　受毛泽东急召去武汉配合"就地解决"当地问题的王、谢7月14日下车伊始便四处活动、表态,支一派压一派(支持人数居少的极端派,压制人数占优并得军方支持的"百万雄师"),激起对中央大员的公开冲击,7月20日,反叛民众公开抓走王力进行批判,几乎危及毛泽东的安全、以至毛不得不破例乘飞机匆匆离开武汉。史称"七二〇"事件。

张西挺告红成说筹办整群众组织的黑材料，王力即答：这是红材料，不是黑材料。刘结挺告军区支左办公室与筹办唱对台戏。王力即说："这就是两个司令部嘛！"并立即命令撤销支左办公室。接见会后，刘、张按捺不住心情愉快，连声说："真解决问题，简直太好了，真痛快！"张西挺跟郭一民说："你没去，叫人听了真高兴，你不要慌，等一会再给你讲。你（指冯德华）马上通知"826"准备明天接见。"刘结挺马上就对我说："田禾也去，把今天讲的跟他们讲讲，叫他们就按照这些问题准备一下这方面的材料。"[53]

7月6日第一次接见红成派，气氛就大不相同了。接见会本来通知参会代表数为30，红成一涌而来就100多，而且要求把"顽固执行资产阶级反动路线"的"伪省筹办"工作人员赶出接见会场。谢息事宁人道："还是好好平心静气，有什么意见还是平心静气地提出来。咳！不要提这个（原稿注：会场乱）……你们不能这个态度的，你们这个态度是要输理的。"接见记录载明，谢、王同意让一个人离场，红成接着就提出谢王随行的人也要离开。谢便顶住了，道："多了一个人，而且人家已经走了，可是你们要把所有的人都赶出去，那我们不答应。有的是毛主席派来的（原稿注：指北京的同学和记者）[54]，你们要把毛主席派来的人都赶走，那我们也就走了。（原稿注：众辩论、拍桌）你们来了100多人，怎么不允许人家派一个人呢？（原稿注：众：我们要审查他们是哪里来的）……"

谢富治最权威的定场语总是，（我们）"代表伟大领袖毛主席和伟大领袖毛主席的亲密战友林彪副主席、大家很熟悉的周恩来总理、中央文革小组大家很熟悉的伯达同志、康生同志、江青同志及今天在座的王力同志，还有关锋同志、戚本禹同志以及中央文革小组的其他同志们，还有张春桥、姚文元同志，向你们问好""受到伟大领袖毛主席及伟大领袖毛主席的亲密战友林彪副主席、党中央、中央军委、中

---

53 冯德华在中央办的毛泽东思想学习班四川班《革命大批判发言之六（1970年）》。
54 随谢、王西南巡行的成员还有北航红卫兵井岗山、尹聚平、胡慧娟和吴介之。

央文革小组的派遣……到四川也是向你们来学习和同志们交换意见，交换无产阶级文化大革命中间的意见，交流经验。""向在座的同志们、战友们表示最亲切的问候。（原稿注：欢呼！鼓掌）"还有："我们来时见到了伟大的领袖毛主席，毛主席的身体非常健康，非常健康。（原稿注：欢呼）我们同时也见到了伟大领袖毛主席的亲密战友林彪同志，林彪同志的身体也是非常健康的。（原稿注：欢呼）我们同时也见到了中央首长周恩来总理，还有中央文革小组，你们都很熟悉的伯达同志、康生同志、江青同志、张春桥同志、戚本禹同志、关锋同志，他们这些同志身体都很好。（原稿注：鼓掌）"[55]只是一说到具体问题，双方各执一词，立马翻脸。比如"五二三大会"议题，红成代表称："筹备小组个别负责人无视我们100多万人的地区总部，个别负责人欺骗了张梁首长。"谢马上回怼："筹备小组几个人是个完整的嘛！筹备小组决定的嘛！并不是某一个人就可以决定这件事情嘛！这还是经过总理批准的嘛！这件事情我看没有什么好说的了"；红成辩称："为什么不参加二十三号大会就是错误？我想不通！"谢怼："你想不通嘛，你自己解释！"；红成代表称"十条中所指出的'兵团、八.二六这样的革命组织'，我们理解是这样犯了严重错误的革命组织，而兵团、八二六却歪曲说，兵团、八二六是贫农，红卫兵成都部队是上中农，贫农应该团结上中农。"王力此时顶上："根据中央决定上说的就是正确的嘛！哪有什么上中农、下中农？"红成想主攻的正是王力，于是不客气开炮："他们说是你说的。"谢富治马上掩护："那个谣言多得很，按照中央文件上的规定嘛，不能按照这个传说，那个传说，这样的谣言多得不可胜数。"此题争论无果，红成再拿北上遭遇说事，称广元工人造反兵团打死他们4个人，"请谢副总理解决"谢脾气很好，趁机劝红成必须把人撤回来，大讲"铁路是血管，是动脉，动脉不通了，十天八天不通了，这件事是大

---

55 《谢富治副总理、王力同志等在川期间有关文化大革命的讲话汇编（第一辑）》，1967年7月由四川省革命委员会筹备小组办公室编印，而由中国人民解放军战旗红色造反团、中共中央西南局机关革命造反指挥部、成都轻化工系统革命造反联合指挥部1967年7月翻印本。

事，不是小事。同志们把人撤回来。不管千条理由，万条理由，这件事是一件大事，这件事情就是大事，不是小事。……"。记录稿随处可见"众哄闹""众吵闹""拍桌子""辩论"一类气氛记录，双方所想完全不在一个频道，效果之失败不堪，可想而知。

谢、王二人成都之行的活动先后有：7月5日接见八二六代表，7月6日见红成派代表，7月7日接见成都军区支左、军管办公室代表，7月8日接见成都军区军事代表，7月9日接见红成派代表（主题是要参会代表动员北上告状人员返回），7月10日接见省革筹办公室全体人员，7月11日接见成都军区师职以上干部，视察132厂（7月6日），成都发动机制造公司（7月12日）及《四川日报》社（同日）等，可谓马不停蹄。四川省革筹办公室很快将这些讲话汇编成册，印发全川。红成宣称这些都是"大毒草"，于7月20日这一天将准备运往全川散发的讲话汇编一万多册一火焚之。

走完成都程序，7月13日谢、王紧接赴渝，红成的政治盟友八一五在重庆实力占优，这就注定谢、王重庆之行的难堪。西师"六五血案"之后，重庆武斗迅速升级，特别西师所在地北碚，打得更是热闹，砸派甚至还组建了武斗专业队伍、后来声名显赫的"武斗之花""猛虎团"[56]。谢、王下车伊始首先就找两派谈停止武斗问题，陪同谢、王到渝的张国华、刘结挺立即发布停止武斗的六条命令，接着谢富治应邀主持重庆国防工业系统两派达成的停止武斗协议签字仪式、两派代表3000余人召开"团结大会"云。可惜就在停火协议签字当天，北碚区前进公社两派便发生大规模武斗，战事愈益猛烈。

谢、王刚到重庆，14日便接周恩来急令，要二人急赴武汉协助毛、周解决武汉问题。

谢、王川行以钦差大臣之身现场宣谕十条，无非是再次传递一个明确的、不容置疑的信号："我们为什么支持刘、张、王、郭，因为他们也是代表一条路线，是代表一条正确的路线。""反对李井泉这

---

[56] "猛虎团"系由西师八三一主持组建的类似野战军的专业武斗组织，成员主要是一些被从八一五派占优势的企业和农村生产队中赶出来的工人、农民中的退伍、复员军人，后曾参加过武装支泸等著名武斗。

个大黑帮的都是革命派嘛，支持刘、张的就是革命派嘛，这不是个人的问题，它是四川1962年以来两条路线斗争的问题。""在整个文化大革命运动过程中，谁要转移这个斗争目标，谁就要犯方向的错误。"[57] 所有这些，都为正抓紧扩展个人权力边界的刘、张实实在在再壮了一回胆；其次，是时红成主力已经北上，赌注全押在京城告状成功，张西挺作为省革筹办公室主任实际控制了大权。省城无战事。挟钦差巡游之威，张西挺获得向全省扩展"突破口权力"的最佳窗口期；第三，张国华、刘结挺一路陪同谢、王[58]，钦差大臣离开后，借机又滞留重庆活动数日。八一五与驻军54军关系弥深，刘结挺得张国华护佑，亲自将触角探入"敌营"作线下活动，不失为难得良机，虽然受点羞辱，所获附加成果亦不可小觑。

谢、王离渝次日，刘结挺即随张国华、李再含在重庆市革筹组长蓝亦农及54军军长韦统泰陪同下视察北碚区。刘结挺及郭一民专门会见猛虎团团长邱开全并面授机宜。邱回忆：

> （张国华、刘结挺、李再含）到了西师，把我接过去，当时就认识了郭一民，郭一民问了我的情况，刘结挺也问了你们是怎么回事，我给他们讲了猛虎团是怎么组织起来的。刘结挺说，猛虎团不解散，但是一定要好好坐下来学习毛主席的著作，抓革命促生产。不要解散，就地学习整顿……后来还一起合了影，张国华喊邱开全过来过来，把我拉到一起，还有刘结挺也站在一起，合了个影。[59]

作为重庆之行的实际效果，猛虎团很快在王茂聚发动的著名战事"武装支泸"中被派上了用场。当时猛虎团被强势的八一五派赶出，暂栖璧山县，邱开全忽接通知，说省革筹要他赶快到成都去，领导要见。邱被安排到成都军区第一招待所住下，张国华接见之前，张西挺先接见了他：

---

57 引自《谢富治副总理、王力同志等在川期间有关文化大革命的讲话汇编》。
58 贵州省革委会主任李再含当时也赶来重庆候训。
59 引文摘自重庆市政协组织的重庆文革人物口述系列之"邱开全口述"（2011年7月20日）。

张西挺对我说：小邱你上来了，情况怎么样？我把情况讲了一下。郭一民这时来了，把我抱起，好亲热，说自从你们从西农撤离后，根本不知道你们的去向，没想到你们在西泉打了过后，汇报上去，才找到你们了。所以通知你赶快上来，有事情安排。郭一民很激动。

第二天刘结挺把我找到，他说小邱，造反派不仅是你们自身，应该是全川的造反派联合起来，互相支援。我说知道了。他说具体情况郭一民给你讲。简单讲了几句后，就由郭一民找到我详细谈。他说你不要住璧山了，把人调到永川，好好训练，特别要训练攻坚战，到时候恐怕有人要找你们。你们要互相支援。[60]

刘结挺视察重庆还有一个很小但不能不提的成果：亲自提议为"砸派"改一个更响亮的名号："反到底"[61]。由"砸"而"反到底"，从此，这个群众派别的政治色彩更鲜明了。

2. 刘、张势力扩容

谢、王的短暂巡游成渝的效应刚刚在四川发酵，一场震惊世界的风暴又席卷而来：武汉"七二〇"事件。7月14日，谢、王急匆匆离川，正是应毛泽东急召前去武汉"就地解决问题"，王、谢下车伊始便四处活动、公开表态，大支人数居少数的极端组织，大压人数占优并得军方支持的"百万雄师"，很快激起性格暴烈的武汉庶民公开反叛，7月20日，"百万雄师"包围毛泽东下榻的东湖客舍，抓走王力进行游街批判。造反行动险些直接危及毛泽东本人，以至毛不得不破例乘飞机匆促离汉去上海暂避。公开攻击朝廷宠臣的弥天罪孽，惹得北京当局大怒，号召全国、全军声讨之。"七二〇"事件中被武汉民众抓获批斗的干臣王力，顿时成大英雄，风头一时无人可比。文革战车由是马力全开，向更加左倾之路狂奔。1967年6、7、8三个月，全中国几近失控。

60　同上注。
61　中共四川省委党史办《中国共产党四川历史（1950-1978）》，页351。

如此时局对刘、张夫妇实在大为利好。权力扩容于是全面推进。具体举措盖有：

第一，扩充社会组织实力圈。6月28日，刘结挺和张西挺二人在空军13航校黉夜召集八二六派5个核心群众组织头头开会，他们分别是：空字028"红总"、西南局造反指挥部（西指）、省红联、兵团和川大八二六，张西挺抱怨说"这一派散得很，要组织一下"。会议指定028"红总"牵头负责，刘结挺明确："今后你们有事，多找028'红总'研究商量"，重大信息都由028"红总"集散。后来提出，要搞一个联络站把大家统起来。红成派总是用"地区总部"向刘、张叫板，八二六派也必须有一个名号响亮的统一组织与之抗衡。

7月21日，八二六派名号"打倒李井泉联络总站（简称'打李总站'）"的跨地区跨行业组织正式挂牌。"打李总站"利用省革筹现成的权力网络实施民间运作，效率和风头轻而易举便盖过了"地区总部"。"打李总站"迅速同各专区八二六派挂上钩，专区纷纷成立"打李分站"，很快完善了组织系统。这样，五大组织——打李总站——打李分站，就成了刘、张覆盖全川的组织网络。成都开会，专县立即响应，也开同样的会；成都有行动，消息传去专县，专县便立即行动。"打李总站"还通过出小报、报告组、接待来访、人员串连等方式直接影响全川。专县人员给中央文革、省革筹、军区发电报、送材料同时抄送028"红总"，穿军装的造反派妙用由是大显。其时，川民遂有戏称，叫028"红总"为"二筹办"。

第二，严厉整饬老干部。干部是毛泽东夺权规划"三结合"的重要组件。刘、张既已掌控全省革筹组阁大权，所有老干部遂统统纳入彀中，按顺逆表现被进行分类处置。8月14日，省革筹在锦江宾馆正式启动一场马拉松式的"干部学习班"，班名标称："揭发李（井泉）、廖（志高）死党罪行"。1000多名省管老干部人一律被圈禁于锦江宾馆检查交代，实施政治站队。开班之前，先来"杀威棒"：在人民南路广场组织召开有50万造反派群众参加的大型批斗会，将"反革命修正主义分子李井泉及其一小撮同伙"押解亮相，挂之以黑牌，刑之以"喷气式"，会后押赴市街巡游示众，肃杀之状恐怖骇然。

开办半月后，9月9日，成都大学副校长、红成干部参谋团成员庄顷不堪折磨，第一个从学习班楼头坠亡；紧接坠楼的，是同为红成参谋团的四川医学院党委书记、老红军孙毅华[62]；西南局书记处书记兼组织部部长刘植岩[63]亦在重点批斗之列，学习班开班4个月后亦终挺不住，12月12日，从关押地宾馆9楼举身下跃，终年49岁。

第三，舆论攻势。舆论是塑造权力合法性的重要手段。刘、张用"革命事迹"进行自我形象包装一度热热闹闹，此事发端，竟因同为文革"新贵"李再含而起，李随谢、王巡川返回贵州，9月2日《新贵州报》即安排显著版面发表专题特写：《捍卫毛主席革命路线的坚强战士——刘结挺、张西挺同志访问记》，以此滥觞，刘、张自我包装的舆论从外围引向成都而迅速大旺。

第四，武力扫荡。领土是执政者行使权力的区域载体，刘、张既在四川取得完整的政治强势，与之配套，还必须控制省会行使权力的地理空间。据官史记载：当时成都两派的势力分布是：城内以兵团、八二六派为主，城郊（特别是东郊）以红成派为主，双方以府河、南河为界。

8月11日，"兵团派"与"红成派"在成都人民南路广场召开"掀起批判大高潮誓师大会"时发生摩擦。会后，"兵团派"部分造反人员回厂途经成都市区东郊时，遭到"红成派"的袭击，被打死2人。8月14日，"兵团派"在人民南路召开所谓的"立即制止武斗大会"。会后，"兵团派"造反人员冲击、打砸了"红成派"设在市区的广播站、联络站等，企图把"红成派"赶出成都市中心城区。随后，"兵团派"和"红成派"为争夺地盘、控制制高点、封锁市区主要交

---

62 孙毅华，安徽金寨人。1917年出生。1930年参加红军参加长征到达延安后，入延安白求恩医科大学学习，后历任四方面军总医院看护长、二野十军总医院院长等职，随军入川后，一直任四川医学院党委书记。

63 刘植岩（1918-1967），河北昌黎人。出身书香门第；大学就读北京，参加"一二·九"运动，1936年入党；中共建政后，先后任昆明市委书记、西南局书记处书记兼秘书长、组织部部长。其子新世纪刘鹤曾任中共十九届中央政治局委员、国务院副总理，中央财经领导小组办公室主任，因主持中美贸易谈判名世。

通要道而展开了更激烈而频繁的武斗。8月18日,"兵团派"和"红成派"便在成都市区的牛市口等地武斗28起,因此造成了成都无缝钢管厂建设项目停工。双方经过激烈较量,最后形成了"兵团派"控制成都市中心城区、"红成派"控制东郊工业区的武装割据与尖锐对峙的态势。[64]

其时,重庆反到底不敌八一五的人多势众,不少被赶出者无枝可依,纷纷逃成都投靠战友八二六。据统计,武斗期间成都市接待重庆来人最多时达18万人,这些来自重庆的"哀兵",复仇之心正好利用。兵团、八二六派趁着省会红成人力空虚,8月14日举行了"全市人民紧急行动起来,立即制止武斗"大会,趁热打铁,会后即向市内的红成联络站、广播站和多个单位发起冲击。现场目睹者回忆红成据点破防的景象:重庆中学"崽儿"一律赤膊短裤,手挺铁矛,排成整齐方阵狂呼口号:"为毛主席而战,完蛋——就完蛋!完蛋就完蛋!"雄赳赳呼啸而前,神经脆弱者一见如此拼命步架,宁不吓得落荒而逃?重庆反到底的赤膊方阵兵不血刃,一天之内便把市区"红成"的多个据点、广播站一举端光。同时借用这股力量把"红成"大部分赶去东郊。随着文化宫被"反到底"占领,城中心几乎没有红成派的据点了[65]。

第六节 "万人告状团"京城铩羽

1. 红成坐冷板凳

红成告状队伍甫抵北京的7月19日和20日,总理联络员曾连

---

[64]《"文化大革命"时期资料选编》,页13。成都市委党史研究室、成都市档案局编。
[65] 参见张雪帆《血火石室:文革武斗纪实》,四川省社科院《当代史资料》2016年第四期。

续两天前往沙沟总参三招待所听取红成的意见。"七二〇事件"怦然爆发，周恩来急赴武汉处理危局，红成只能被晾在沙沟驻地，无人关照。

七二〇事件让龙颜盛怒，从大张旗鼓揪"军内一小撮"到宣布"还我长城"[66]，从林彪亲率中央大员登上天安门城楼欢迎王力"凯旋"回京到将王力、关锋、林杰（后来是戚本禹）投入大牢、从主张由"天下大乱"达到"天下大治"到担忧中国长期分裂[67]……从庙堂到江湖，整个国家都在坐"过山车"。相比之下，区区红成万人跋山涉水自找苦吃，实在显得微不足道。

万人告状既暌违"天时"，又失之于"地利"。一月夺权以来，北京红卫兵与红成、八一五结下梁子，如今红成单枪匹马来京，京城地头蛇自然不会放过送上门来的报复机会。7月10日晚，红成告状队伍正集结广元当天，得闻消息的北京地院东方红就在大操场召开群众大会，京城及全国在京的250多个单位两万人与会，扬言要将红成告状人员从首都轰出去。7月21日，配合告状团先期到达的红成宣传队、展览队在北京东郊军工厂较为集中的酒仙桥工业区开展"李井泉罪行"和"红成造反历程"，24日至26日便连续痛遭砸场，先

---

[66] "720事件"发生11天后的1967年8月1日，《红旗》杂志第12期发表了题为《无产阶级必须牢牢掌握枪杆子》的文章。该文提出："要把军内一小撮走资本主义道路当权派揭露出来，从政治上和思想上把他们斗倒、斗臭"，"这是当前的大方向。""目前，全国正在掀起一个对党内、军内最大的一小撮走资本主义道路当权派的大批判运动。"毛泽东严厉批评了这篇社论，指出要"还我长城"。此前从"五一六通知"开始早就大提"揪军内一小撮"，此时来把罪责算到这篇社论中，完全是借题发挥。见王年一《大动乱的年代》河南人民出版社，1988年，267页。

[67] 1967年9月9日晚，毛在上海虹桥宾馆对杨成武、张春桥、余立金说："文革搞到现在，估计有两种前途，一是搞得更好了；一是从此天下分裂，如南京、无锡、北京两大派，势不两立。全国到处两大派，如果统一不起来，这样会不会像辛亥革命以后那样全国出现混乱状况、长期分裂？我们会不会出现那种局面，你们看法怎么样？"在座的认为分裂的可能性不大，提出了五条理由。第一条"有伟大领袖毛主席的崇高威望，有伟大的毛泽东思想。"毛说："你们强调的这一点讲思想可以，对个人不要多讲。讲多了将来你们要吃亏的。马克思叫我走了怎么办？一个人的出现是带有偶然性的，离开也是带有偶然性的。"见《毛泽东年谱1949-1976》第六卷，页115-116。

是北京无线电工业学校、北京邮电学校学生，26日晚，地质部政干校学生300余人亦来骚扰，并在展览队住地京东二处接待站发生武斗，"红成展览队"和"红卫东"工人数人受伤，不少同学丢了钱和衣服，事情无法为继，展览队只好搬景山公园北京少年宫暂住，旧宫屋宇高大，可惜不是起居之地，床铺卧具全无，红成学生只能砖地恶卧，更哪堪蚊叮虫咬，彻夜难眠。只能昼伏夜出：晚上演出、展览、贴大字报，白天睡大觉。即使如此，"政敌"依旧不依不饶，北地东方红还专领中学生到少年宫主动向红成宣传队挑衅斗殴。

红成到京一月有余的召见等待渺无定期，发传单、刷标语、搞演出难以吸引眼球——京城热点大事太多，包括徐向前元帅被抄家[68]、冲击外交口、揪斗陈毅部长、火烧英国代办处……红成的告状实在微不足道，只好主动挑起事端吸引眼球。8月19日，红成组织200多人冲击中南海西门，接着又以批斗之名，到中组部招待所抢走保护在那儿的李井泉、廖志高及四川副省长杨超。廖志高子女这样回忆"抢人"的现场险况：

> 造反派学生是把父亲从墙内丢到墙外卡车上的，混乱中把父亲的手表也摘走了。那只手表是转战陕北时任弼时赠送给他的，他一直十分珍惜。周总理得知他们被强行抓走后，亲自打电话，责令造反派立即把人送回。后来，周总理又把他们转移到南苑机场一个师部招待所[69]……

100名代表滞留北京，更多想去北京凑热闹的造反民众陆续强行爬车跟随而来。9月8日《中共中央对第五十九期<铁路情况快报>的批示及附件》[70]显示："有大批人员无票扒车来京，其中以四川和东北为最多。206次客车上有四川学生700多人，昨夜停在清风店车站，经过6个小时的动员，劝阻下车300多人，其余400多人坚决不下

---

68 "720事件"被揪出来的头号人物、武汉军区司令员陈再道原属四方面军徐向前元帅麾下战将。
69 廖晓村、廖晓光、廖晓元的回忆文章《父亲廖志高在文化大革命中》，载《革命一生志不移——廖志高纪念文集》。
70 中发[67]292号文件。

车已来北京,被劝阻下车的 300 多人也拒不回去,可能继续扒车北上。近来从成都开出的客车,每列车都有少则数百多则上千人的无票群众扒车,成都车站无人负责,秩序很乱。"

9月20日,周恩来、陈伯达、康生、江青、谢富治、李先念等出席国庆节筹备工作动员大会,周恩来谈及红成万人告状事,称:红卫兵成都部队本来只请了来100人,却来了2000多,不回去批四川的李井泉等走资派,中央就有意推迟接见,只要他们保证走,马上接见。

2. 周恩来接见

9月下旬,毛泽东南巡返回北京。最终决定转变战略,不再鼓动"武装左派"[71],而开始对各派力量(包括保守派)实施怀柔:

在工人阶级内部,没有根本的利害冲突。在无产阶级专政下的工人阶级内部,更没有理由一定要分裂成为势不两立的两大派组织。

站队站错了,站过来就是了。[72]

史载,9月26日,毛泽东应中央军委办事组之请接见军队学习班代表,接见一开始,毛泽东便问:"陈再道来了没有?"陈赶快起立,大声答:"主席,我在这儿!"毛向他招手点头,说"好!好!来

71　7月18日晚上毛对周恩来、王力、谢富治、陈再道、钟汉华的谈话中说:"为什么不把工人学生武装起来?我看要把他们武装起来。"毛还说武汉"钢工总"在水电学院修筑工事好,还说要亲自去看一看。7月22日,江青就在北京接见河南代表时讲"文攻武卫"。1967年8月4日,毛泽东给江青写了一封信,提出要武装左派,要搞第二武装。毛在信中说,百分之七十五以上的部队干部是支持右派的,因此当前文革中的一个主要问题是武装左派。这封信是在林彪主持的常委扩大会上,江青拿出来传阅的,信头的称呼是"江青",署名是"润之"。见《王力反思录》第2版(下)香港,北星出版社,2011,页256。

72　见《毛主席视察华北、中南和华东地区的重要指示》,9月16日毛泽东离开上海,经杭州、南昌、长沙、武汉、郑州回北京,他沿途找这些省的负责人谈话。他回到北京后,中共中央发出了该重要指示。

了就好！你学习一段时间好！不要泄气，要继续革命。"[73] "七二〇事件"之后剑拔弩张气氛大为纾解。

周恩来也在同一天挪出时间来对付等待近三个月的红成告状代表了。两个月前巡视四川的钦差王力已成阶下囚，陪同周恩来接见的只有谢富治，再加上陈伯达。据民间小报刊发的讲话记录稿，全文共24000余字，陈伯达讲话仅2100字左右，谢富治更少，仅1100多。接见会基本上就周恩来一人唱独角：

你们在这儿两个多月，够耐心的啰。不过你们把邓妈妈（黄继光的母亲邓芳芝[74]）找来，用老人来示威啊！她是人大代表，家里有很多事情。你还参加他们这一部分哪？（邓答：参加了。）你不是在成都吗？（邓答：可以走起来嘛。）你们有件事情还办得好呢，你们听话，把其他同学们、同志们、战友们动员回去了，只留下160人，首先要称赞你们。这160人中，有60人是我代表中央请你们来的，另外100人是陈伯达同志代表中央和中央文革请你们送材料来的。其他近两千人都回去了。闹革命要回去闹，你们在北京怎么闹革命？不过，有个好处，主席也说过，来一次可以学一点东西。[75]

接着直截了当宣布："对中央的决定（指四川十条），你们说哪一点不对？那不行。这是毛主席亲自批的，这个决定是不能改变的。"

折腾经月，红成已经明白以万人行动逼北京收回成命绝无可能。告状代表立即高呼："拥护中共中央的决定！"周表扬："你们表这个态我欢迎，我得鼓掌。"紧接着提出两大要求："第一支持中央决定。第二支持四川省革命委员会筹备小组。有这两个前提，你们的立场就站稳了，就是站在毛主席的革命路线上了，就是站在毛泽东思想的原则基础上了，合乎毛泽东思想的要求水平了。

"你们在132厂门口共同流血，有你们，也有川大八·二六、工

---

73 程光《心灵的对话》页158。
74 邓芳芝所在中江县红成派势力占优。为壮大力量，将邓聘为政委。红成为增加告状筹码，有意将邓拉入并参与向周恩来告状。
75 "周总理、谢富治、陈伯达同志九月二十六日接见红成代表时的讲话"，载《八二六炮声》1967年11月3日。

人造反兵团，大家一道去，被机关枪打了，被枪打了，是很勇敢的嘛！（红成代表插话：川大八.二六就牺牲了一个）不要计算多少，你多几个，他少几个，这不是无产阶级革命派。无产阶级革命派要支持世界革命，我们准备牺牲多一些。'为有牺牲多壮志，敢教日月换新天'记不记得主席这两句诗啊？（众答：记得。）无产阶级革命派要有这种精神。邓芳芝同志她牺牲了儿子，二儿子又参加了解放军。（邓：两个孙子也参加了解放军。）准备不是牺牲一个黄继光，还准备多嘛！这才是无产阶级革命派嘛！"老太太的无厘头对答使现场气氛变得些微轻松，周恩来继续训导：

西南现在确实解放了……走资派抓出来这么多，点名的是李井泉、廖志高两个，贾启允、阎红彦、黄新廷、郭林祥，至少六个，那还算少啊！这六个人所做的事情就够你们批了，何况中央还有刘、邓、陶。所以集中目标、集中火力批判党内最大的一小撮走资派，要联系到你们大西南。为这个工作努力达成了结果了嘛，你们西南这些走资派现在不是已经捉回去斗了吗？你们赶快回去斗他们嘛！所以在这一点上说，你们是有功的，并且你们（指红成和八二六）又是站在一起并肩战斗的。

告状代表开始念事前起草的《大联合倡议书》，倡议书出现了一个新提法："陶二世"。《人民日报》9月8日发表的姚文元文章《评陶铸的两本书》启发了红成笔杆子，暗喻刘、张是"陶铸式人物"。对顶层关系极端敏感的周恩来，为此提法立即表现出杯弓蛇影的警觉从而愤怒，立斥：

你们不要在这里像有人说"拿显微镜在中央领导同志间找一个裂痕"，这种做法是小动作，是资产阶级政客的做法，我劝你们不要学这个。你们要学毛主席的无产阶级革命家的气魄，中央的事情你们不要干预。你们既然信任毛主席，毛主席为首的中央司令部内部的问题自己不能解决要你们来解决，要你们钻空子？不对嘛，你们把你们自己的问题解决好了，这就很有功了。

我要警告你们一下：你们那些传单不要发，把它收回来，不然你们要犯大错误。不要乱发传单,不要干预中央的事情,把你们四川搞好就对了。

无从知道720事件后惊心动魄的时局之下,"陶铸式人物"这一提法到底触动了周恩来的什么痛点?接下来的谈话周恩来一再拿此提法嗔怒,背后玄机待考。总而言之,恼怒既起,周就开始历数红成呆在京城的种种不是,计有:"冲中南海西门,200多人,在8月19日晚一直到第二天""把李井泉、廖志高、杨超三个人偷走,从东墙上运走,这完全是绑架嘛!""把解放军推倒,用足踢了解放军头部,一个战士叫崔永刚被踢成脑震荡……打伤我们战士17个人""还有第三,就是拿自行车的事,也是把一个接待站的工作人员抓走,审讯、打骂,我要你们放,你们不放,押了几天。这些办法是从旧社会学来的。"再接下来,周恩来开始念成都军区发来的一份电文。原纪录如下:

(周恩来念电报)"14日上午,由军内无产阶级革命派组织召开了批判、斗争李井泉以及一小撮同伙大会……军内造反派的同志曾六次派人同'红成''红卫东'、等革命组织协商,邀请他们参加大会,共同批判、斗争李井泉,均遭到拒绝。"

(一红成代表:造谣。这个报告是假的!)

周:你连中央都不相信了?军区的电报嘛,那你还是不支持解放军嘛!邓芳芝同志,你要出来讲公道话,我提醒你,你不能受他蒙蔽啊!你这个革命的红旗不要倒下来,你回去要讲公道话。难道军区打电报来欺骗中央啊?你们这完全是对中央都不信任了嘛!……你是哪个组织的?

(答:是"红卫东"的)

周:"红卫东"就不对!……说六次都是假的,怎么可能呢?怎么可能呢?张国华同志在欺骗中央?……你们证明,回去好好批评他。叫什么名字?

(答:×××。另一代表:斗李井泉是请过我们,不过次数没有那么多。)

周：为什么不去呀？……

周（继续读电报）"他们认为要批判李井泉，必须同时批判极左派陶铸二世人物。"

周：什么叫'陶铸二世'？你们干涉中央的事情！……如果继续这样做下去，你们'红成'要犯错误……谁是"陶铸二世"呀？你们就找这些岔子，根本不对嘛！"

谢富治打圆场："刚才我就说了，你从那里解决不了矛盾，要从自我批评中解决矛盾。"周恩来坚持："讲了半天，一点自我批评也没有。"谢富治又转圜："想找'陶铸二世'、找朱成昭[76]是解决不了矛盾的。"

周恩来继续警告："中央内部的事情你们来干涉，你们能解决问题吗？我告诉你们吧，要犯更大的错误！就是今天这100多人，我也可以使他们大部分觉悟起来，把你们孤立起来……邓妈妈[77]也不会跟你们走的，（问邓芳芝）到底是跟毛主席走，还是跟他们错的走啊？"

老太太非常顺溜地接茬："跟毛主席走，读毛主席的书，听毛主席的话，按毛泽东思想办事。毛主席号召大联合大批判。"

周恩来："大批判就是批判李井泉嘛，揪什么'陶铸二世'？什么'陶铸二世'？封建语言嘛，就是你们知识分子搞出来的，邓妈妈就不会懂'陶铸二世'，你（问邓老太太）懂不懂'陶铸二世'啊？你大概也不懂。"

谢富治继续做好人："总理这个批评是很重要的……刚才我们来的时候总理就说了，还是要鼓励他们，教育他们，帮助他们，不要过分地批评他们。"

周恩来："你看，不仅'陶铸二世'还有陶铸伸到四川的黑手，

---

[76] 朱成昭（1942-1998），北京地质学院学生。文革造反，成为北地东方红一号领袖和首都三司的总负责人，因与叶剑英元帅之女叶向真恋爱，受军方观点影响，对文革始有反思。后与叶向真私奔南方，被中央文革以企图越境外逃为名抓获关押。北地东方红于是换马，由王大宾接替朱，成为北京"五大领袖"之一。

[77] 黄继光之母名邓芳芝，民间多称黄妈妈。周在讲话中屡次将黄妈妈说错，足见其时情绪之激动。

这叫什么话？（接着继续读电报）红成负责人石福全[78]等人说：你们批判李井泉是假批判，开这次大会的目的是转移极左人物陶铸二世……借大批判为名，分化瓦解'地总'13日下午，军区造反派同志第六次去说服'红成'参加大会时，石福全说：'你们敢开，我们就敢造反！'"周怒问："造谁的反？造毛主席的反？造毛主席缔造的、林副主席亲自指挥的人民解放军的反？你们敢造，你们试试看！你们几个知识分子……"

周恩来宣布："我本想念到这就不念下去，你逼着我把它（电报）念下去"，接着继续一边念电报一边斥责红成"把军区司令部看成是'白虎堂'""把毛主席派的军区司令员、政治委员张国华、梁兴初说成高俅""你们敌视了人民解放军，敌视了毛主席跟林副主席，你犯多大的罪呀！你逼得我要说出这段话来……你们自己暴露也好。"

念完电报，周恩来直接批群众组织红成"地总"："就是以你们为核心。难怪你们冲中南海，打解放军，绑架李井泉这套都做得出。我还替你们解释呢，让你们自己主动回去承认错误。我看你们的神情，就从你们这两位[79]看，回去就不会承认错误。"

红成代表无奈表白开会斗争李井泉"我们（和八二六和兵团）目的完全一致。应该一起开。当时八二六请石福全时我在场。'白虎堂'事件，我没有听石福全说过……"，"我们一定按照总理的指示，回去承认错误，而且在城市里大量承认！普遍承认！"

陈伯达："我看不要多辩护了，不必多替自己辩护了，你这个错误到现在还没有自我批评。"

周恩来最后再次警告："中央、国务院、军委到中央文革小组这四个机构是一个东西，我们在一起办公的，都是在毛主席和林副主席的领导下，哪分得开呢？个别的成员说几句错话是免不了的，我都会说错话嘛。在这里头找（什么），就是像有人说的，'拿显微镜去找裂痕。不能在这里找稻草。你们走到错误的边缘了'"。

78　石福全为成都工学院"十一战团"（红成派）一号学生领袖。
79　记录稿未注明"两位"是谁，据前后分析，应为武陵江和另一位带队学生。

最后，还是谢富治圆场，说要留代表们在北京过国庆，于是众人高呼"毛主席万岁"等口号，接见勉勉强强完结了。

3. 武陵江的无奈应对

万人行动彻底失败，组织者却没有功夫哭泣。一道更大难题摆在面前：这样的结果，如何向家乡弟兄交代？

事后资料披露[80]，九二六接见结束，被逼到绝境的武陵江能想到的，偏偏是一个无奈却别无选择的主意：为避免大家情绪崩溃、队伍瓦解，必须首先封锁消息，将接见内容进行技术处理，再分步骤一点点披露。年轻造反者能够模仿的样板，唯有中共首领们遭遇困境，如大跃进破产、"彭大将军"庐山挑战、铁杆盟友苏联彻底翻脸一类突发危机时的一贯办法。武陵江明白，兵团、八二六肯定会很快得到接见内容并向全社会公布，红成自己必须首先稳住阵脚。

武陵江让告状团勤务组工作人员倪子英向参会代表宣布了一个"不准打电话、不准写信、不准外传"的规定。同时，让倪子英按武的意思整理出一个"九要点"稿先打电话传回成都安抚交差。

九要点其意盖有：1. 总理的接见，肯定了红成是无产阶级革命派；2. 总理的批评是对红成的爱护，只批评了红成未经中央同意，就翻墙去抓李井泉来斗，到处揪"陶二世（指王力）"；3. 没批评红成打刘、张。红成如果打刘、张打错了，总理对红成是很爱护的，一定要指出，总理没指示，是中央没有表态的表态，意思就是讲"还可以不公开打刘、张"；4. 全国都在搞王力，批极左思潮，刘、张是王力在四川的代理人。中央还要让王力跳一跳，也就是要让刘、张跳一跳。总理讲了日久见人心。（倪子英认为就是讲，刘、张表演不充分，还

---

80 1968年下半年，红成败局已定。10月25日、11月1日、14日、12月13日，成都地质学院的红成头头和骨干在校内四次批斗总部第一号头头武陵江，武对红成所作各事件面对面接受批判、质询和回答。形成了《成都地质学院的红成头头和骨干1968年10～12月批斗武陵江会议记录》，武陵江的回答在强大的政治压力之下完成，虽多自暴自弃、被迫接受的成分，但所言基本符合实际。本文采信了这一记录。

要让刘、张表演）；5. 黄妈妈讲："红成的缺点比八二六少。"总理批评黄妈妈对红成要求要严格，像爱护自己的儿子一样，不然红成就要翘尾巴了。总理承认了红成比八二六的缺点少；6. 总理给我们传达主席的最新指示"斗私批修"，是对我们大的关怀，最大的爱护。现在红成只是"斗私批修"的问题。大方向正确；7. 总理、伯达、谢副总理又请我们上观礼台，这更证明了我们的大方向正确，未必总理请一个保守组织上观礼台吗？这是不会的；8. 总理还不知道"地总"，这说明了中央对四川问题不完全了解，要争取再给中央汇报；9. 总理接见时有人讲："他们要分化瓦解红成。"总理讲，怎么能分化瓦解你们呢？我打个电话给张、梁，你们回去吧！情况就不同了。这说明了刘、张犯了方向性的错误，这说明我们打刘、张没打错，等等。只可惜，文革的群众组织都是一哄而起的狂热之众，与中共这类具有严苛纪律的政党完全不可同日而语。"豪侠死士"武陵江，即便燃烧自己的全部忠诚和政治智慧也只能就此为止了。这些照葫芦画瓢的策略不可能为挽回失败于万一，反倒只会为后来挨批徒添"罪状"，不能不让人为之一叹！

国庆已至，北京确实给告状团送来两张上观礼台的票。武陵江哪有心思留下来观礼？他急匆匆只管往成都赶。滞留者人心已散，将武陵江的笔记本也强扣了。

武陵江回成都召集红成总勤务组会议进行了选择性传达，周恩来关于红成已滑到危险边缘、省革筹小组是不可分割的、反十条就是反中央这三层意思，他只抽出来作了空泛解释。轰轰烈烈的万人告状行为由此划上了大失颜面的句号。配合万人告状而派出的红成宣传队和展览队员，也于10月6日从北京乘火车黯然返川。

悲情故事就此落幕。北京文革操盘手亲自组建的新政权并没有给四川带来和平与安定，恰恰相反，因省革筹成立而加速分裂的两大派，即被刘、张亲自定义为"红十条派"和"反红十条派"，他们都带着造反基因破土而来，权力分配的不公让他们一旦互撕开打，就注定难以停息，只会越发疯狂。黄继光家乡一姚姓造反领袖放出过一句名言："杀人算什么？杀一个是杀，杀七十、八十乃至七百八百，也是杀，逼急了，有原子弹，老子也敢甩！"[81]红成情绪壮烈但方式古典的冤民上京告御状，企图以此扳倒对立派的权力后台，与此同时，整个巴蜀的两大派，事实上已经开始在各自领地上秀肌肉，真刀真枪地开战了。

---

81 网刊《昨天》第 38 期（2014 年 8 月 30 日）曾伯炎、曾仲恢《中江武斗访谈录》。

www.ingramcontent.com/pod-product-compliance
Lightning Source LLC
Chambersburg PA
CBHW060546080526
44585CB00013B/461